Israel Regardie

Der Baum des Lebens

TAHUTI
The Patron of Magic.

Israel Regardie

Der Baum des Lebens

Eine Studie über Magie

Impressum

FSC
www.fsc.org
MIX
Papier aus ver-
antwortungsvollen
Quellen
Paper from
responsible sources
FSC® C105338

Bibliografische Information der Deutschen Nationalbibliothek:
Die Deutsche Nationalbibliothek verzeichnet diese Publikation in der
Deutschen Nationalbibliografie; detaillierte bibliografische Daten sind im
Internet über http://dnb.dnb.de abrufbar.

© 2024 EDITION SEVEN RITES

Übersetzung Bernd Wollsperger – Edition Seven Rites
Lektorat: Rafaela Wollsperger – Edition Seven Rites

Verlag: BoD · Books on Demand GmbH, In de Tarpen 42, 22848 Norderstedt

Druck: Libri Plureos GmbH, Friedensallee 273, 22763 Hamburg

ISBN: 978-3-7597-9691-2

Du musst daher verstehen, dass dies der erste Weg zur Glückseligkeit ist, der den Seelen eine intellektuelle Fülle göttlicher Vereinigung bietet. Aber das priesterliche und theurgische Geschenk der Glückseligkeit wird tatsächlich das Tor zum Demiurgos der Ganzheiten oder der Sitz bzw. Palast des Guten genannt. In erster Linie besitzt es ebenfalls die Kraft, die Seele zu reinigen. Danach bewirkt es eine Anpassung der Denkkraft an die Teilnahme und Vision des Guten und eine Befreiung von allem, was gegensätzlicher Natur ist, und schließlich bewirkt es eine Vereinigung mit den Göttern, die die Geber allen Guten sind.

IAMBLICHUS.

EINFÜHRUNG ZUR ZWEITEN AUFLAGE

HAT ein Elternteil ein Lieblingskind? Eines, das er insgeheim als seinen Augapfel betrachtet? In den meisten Fällen ist das, trotz aller gegenteiligen Beteuerungen, sicherlich der Fall.

So ist es auch bei mir. Als ich gebeten wurde, eine Einleitung zu dieser neuen Ausgabe von DER BAUM DES LEBENS zu schreiben, fühle ich ein warmes inneres Glühen, das eine Reihe ganz unterschiedlicher Emotionen vereinte. Dieses Buch hat für mich eine besondere Bedeutung, die keines meiner anderen Werke je hatte.

In erster Linie ist da die grundlegende Tatsache, dass es das erste Buch war, das aus meinem aufkeimenden Geist entstand. *A Garden of Pomegranates*, eine frühere Veröffentlichung, entwickelte sich einfach aus einer Reihe kabbalistischer Notizen, die ich mehrere Jahre lang aufbewahrt hatte – und das war auch alles, was es jemals war.

Der Baum des Lebens gilt als die umfassendste Einführung in die zahlreichen, komplexen und manchmal obskuren mystischen Schriften von Aleister Crowley. Beide Bücher waren ihm gewidmet, dem ich mehrere Jahre als Sekretär diente. Symbolisch wurden beide zu Gesten der Unabhängigkeit von ihm.

Der Baum des Lebens führte auch zu einem Briefwechsel in die ganze Welt, der zu mehreren tiefen und dauerhaften Freundschaften führte. Dafür bin ich äußerst dankbar.

Obwohl dieses Buch viele kleinere Druckfehler enthält – hauptsächlich aufgrund von Eile und jugendlicher Nachlässigkeit – hat es sich als Leitfaden für das umfangreiche, komplizierte und wunderbare Initiationssystem des Golden Dawn, dem ich verpflichtet bin, als nützlich erwiesen; eine Verpflichtung, die hier erwähnt werden muss. Die beiden Bände von *The Golden Dawn* (Llewellyn Publications, St. Paul, Minn. 1970) enthalten nach Ansicht einiger Studenten eine so vielfältige Fülle an Informationen, dass ein guter Leitfaden Voraussetzung ist, um sich einen verständlichen Weg durch die Abhandlungen, Rituale und Anweisungen bahnen zu können. Diese neue Ausgabe soll einen solchen Leitfaden bieten.

Beim Schreiben von *Der Baum des Lebens* habe ich viel gelernt. Es hat viele isolierte Fragmente unzusammenhängenden Wissens und unzusammenhängender Erfahrungen zusammengeführt. Aus der Korrespondenz ging hervor, dass es anderen ebenso gute Dienste geleistet hat.

Abgesehen von seiner Extravaganz und einer Neigung zu Adjektivitis, die Kennzeichen meiner Jugend waren – seit seiner Niederschrift sind etwa 35 Jahre vergangen –, wurde es als aufrichtiger, einfacher Leitfaden zu einer komplizierten und ansonsten obskuren Kunst bezeichnet. Ein britischer Psychiater war so freundlich zuzugeben, dass er Ehrfurcht und sogar Bewunderung dabei empfindet, dass ein Mensch Mitte Zwanzig so viel spirituelle Einsicht und Synthesefähigkeit zeigen kann wie in diesem Buch. Sollte diese Schlussfolgerung zutreffen, gebührt Aleister Crowley große Anerkennung, dem ich sehr viel zu verdanken habe. Seiner endgültigen Rehabilitierung von der Idiotie der Biographen und Enthüllungsjournalisten habe ich viele Jahre meines Lebens gewidmet. Sein Material wird nie sterben, es wird für Studenten der fernen Zukunft eine Inspiration bleiben, so wie es für mich eine Inspiration war.

Es muss auch meinem höheren und göttlichen Genie zugeschrieben werden, dass ich die schöne Sprache des Golden Dawn verwenden konnte – denn ohne diese innere Führung würde keine Literatur, wie tiefgründig, schön oder ekstatisch sie auch sein mag, viel bedeuten. Da die Anleitung, die ich später vom Hermetic Order of the Golden Dawn erhielt, aus der Veröffentlichung von *Der Baum des Lebens* resultierte, wurde das Schreiben dieses Buches nicht vom Orden beeinflusst. Später jedoch spielte es eine bedeutende Rolle bei meinem inneren Wachstum und beim Schreiben späterer Bücher.

Rückblickend führte dieses Zeugnis meiner Unabhängigkeit von Crowley zu einem Brief des Chefs einer Sektion des Golden Dawn, in dem sowohl ich als auch das Buch in unmissverständlichen Worten verurteilt wurden. Andererseits führte es zu einer Einladung des Chefs einer anderen Ordensabteilung, Mitglied zu werden. Ich nahm die Einladung an. Obwohl es in späteren Jahren zu einer Trennung vom Orden kam, bereue ich heute meine jugendliche Anmaßung und Arroganz. Dennoch muss das Schicksal eingegriffen haben, was zu einer Neuauflage der geheimen Lehren des Ordens führte, deren erste Enthüllung kurz vor dem Ersten Weltkrieg von Crowley im *Equinox* versucht wurde.

Bei allem Respekt für Crowleys überaus großes Genie wurde gesagt, dass meine Präsentation dem Orden eher gerecht wurde als seine. Es sollte ein zweites Mal wiederholt werden, dass diese neue Ausgabe von *Der Baum des Lebens* dem Studenten einen Überblick aus der Vogelperspektive über die westliche magische Tradition bietet. In diesem Zusammenhang steht Crowley trotz

kleiner doktrinärer und ritueller Abweichungen in direkter Ab-
stammungslinie der Adepten des Golden Dawn; nichts, was er
geschrieben hat, kann ohne Bezugnahme auf ihre Lehren verstanden werden. Sowohl der Golden Dawn als auch Aleister
Crowley gewinnen an Bedeutung und Tiefe, wenn ein Neuein-
steiger in diese Studien zunächst einen Überblick über den
Baum des Lebens erhält.

Schließlich ist eine frühere Vorsicht noch immer unerlässlich.
Ich bin seit langem der Auffassung, dass die moderne psychologische Analyse mit den Methoden des Großen Werkes verbunden
werden sollte – eine Aufgabe, die noch nicht erfüllt ist. Es wird
dringend empfohlen, dass sich der ernsthafte Student einer Art
psychotherapeutischer Behandlung unterzieht, bevor er mit diesen Praktiken zu weit geht. Zumindest wird er dadurch an
Selbstbewusstsein gewinnen und einige körperliche und emotionale Spannungen beseitigen, die durch die magische Kunst
noch verstärkt würden.

Zu dieser neuen Ausgabe von *Der Baum des Lebens* kann ich
also nur in Bescheidenheit, Aufrichtigkeit und Überzeugung sagen: Gehen Sie los und verbreiten Sie die Botschaft. Sie beschreibt eine gute Lehre, eine edle Philosophie und ein archai-
sches, wenn auch praktisches System der Verwirklichung, des
Erreichens sonnendurchfluteter Höhen, nach denen die gesamte
Menschheit letztlich streben und sie bewahren muss. Mögen alle
Leser so viel Befriedigung, spirituelle Hilfe, Trost und Erleuchtung erfahren, wie ich sie beim ursprünglichen Schreiben und
in den darauffolgenden Jahren erfahren habe. Viel Glück!

ISRAEL REGARDIE
12. Mai *1968*
Studio City, California, 91604

EINLEITUNG

AUFGRUND der weitverbreiteten Ignoranz gegenüber der souveränen Natur der Göttlichen Theurgie konnte im Laufe der Jahrhunderte, trotz häufiger Bezüge zum Thema Magie, ein großes Missverständnis entstehen.

Heute gibt es nur wenige, die auch nur die vage Vorstellung davon zu haben scheinen, was das hohe Ziel dieses Systems war, das die Weisen der Antike als die Königliche Kunst und die Transzendentale Magie betrachteten. Und weil es noch weniger Menschen gab, die bereit waren, ihre Philosophie bis zum letzten zu verteidigen und ihre wahren Prinzipien unter jenen zu verbreiten, die es für würdig erachteten, empfangen zu werden, wurde das Schlachtfeld, das mit dem ruinierten Ruf seiner Magier übersät war, den Scharlatanen überlassen. Diese nutzten ihre Gelegenheit leider zur Plünderung im großen Stil. Und zwar in einem solchen Ausmaß, dass das Wort Magie selbst mittlerweile zum Synonym für alles Abscheuliche und als etwas Widerwärtiges angesehen wird.

Mehrere Jahrhunderte lang wurde dieser ungerechtfertigte Zustand in Europa geduldet. Er hielt eine Zeit lang an, bis etwa Mitte des letzten Jahrhunderts Eliphas Levi, ein Autor mit einer gewissen Ausdruckskraft und einem Gespür für Synthese und oberflächliche Darstellung, versuchte, der Magie ihren jahrhundertealten, hohen Ruf zurückzugeben. Es ist äußerst schwer zu sagen, wie erfolgreich seine Bemühungen gewesen wären, wenn sie nicht durch das Aufkommen der Philosophie der Theosophischen Bewegung im Jahr 1875 und die darauffolgende offene Diskussion okkulter und mystischer Themen erfolgreich und begünstigt worden wären. Trotzdem waren sie nicht allzu erfolgreich. Denn trotz fast achtzig Jahren der Beschäftigung mit und der unverhohlenen Diskussion der esoterischen Philosophie und Praxis in ihren verschiedenen Zweigen findet sich beispielsweise im Katalog des Lesesaals des British Museum kein einziges Werk über Magie, das versucht, eine klare, eindeutige und genaue Auslegung zu liefern, welche nicht durch zu viel Gebrauch von Symbolen und Redewendungen gehemmt würde. Achtzig Jahre okkulte Studien! Und kein einziges ernsthaftes Werk über Magie!

Seit einiger Zeit ist in verschiedensten Kreisen bekannt, dass der Autor sich mit Magie beschäftigt hat. Infolgedessen wurden häufig Anfragen nach ihrer Natur an ihn gerichtet. Im Laufe der Zeit wurden sie so zahlreich und die unbeabsichtigte Ignoranz an dem Thema, die alle an den Tag legten, war so abgrundtief, dass es höchste Zeit zu sein scheint, der Öffentlichkeit eine zusammenfassende und eindeutige Darstellung zur Verfügung zu stellen. Da sich bisher kein anderer Mensch an diese überaus wichtige Aufgabe herangewagt hat, obliegt diese schwierige Arbeit dem Autor. Er beabsichtigt nicht, sich auf fadenscheinige Bemerkungen über die Unvermittelbarkeit okkulter Geheimnisse zu beschränken. Ebenso wenig wird er die Unmöglichkeit erwähnen, die wahre Natur der Mysterien der Antike zu vermitteln, wie es einige neuere Autoren getan haben. Obwohl all dies wahr ist, gibt es in der Magie dennoch genug, das vermittelbar ist. Trotz Hunderter Seiten, die es zu erläutern gilt, muss gegen diese Autoren auch die grimmige Anschuldigung erhoben werden, viel getan zu haben, um die öffentliche Meinung in der bereits festen Überzeugung zu bekräftigen, dass Magie mehrdeutig, dunkel und albern sei. Ein größeres Missverständnis als das, könnte kaum bestehen. Denn Magie, darauf möchte ich beharren, ist völlig klar. Sie ist eindeutig und präzise. Es gibt keine vagen Formeln oder Zweifel, die in den Bereich ihrer Genauigkeit fallen; alles ist klar und für praktische Experimente konzipiert. Ihr System ist absolut wissenschaftlich und jeder Teil davon kann verifiziert und eindeutig nachgewiesen werden. Der Baum des Lebens wird mit dem einzigen Ziel veröffentlicht, wenn auch etwas zögerlich, die bestehende Lücke zu schließen. Der Autor möchte die Grundprinzipien, aus denen das gewaltige, hoch aufragende Gebäude der Magie aufgebaut ist, für den normalen intelligenten Laien, den Studenten der Mysterien und diejenigen, die mit dem Wissen anderer mystischer Systeme und Philosophien vertraut sind, verständlich und nachvollziehbar machen. Mit einer Ausnahme, die der breiten Öffentlichkeit leider nicht bekannt oder nicht geeignet ist, wurde diese notwendige Aufgabe bisher nie vervollständigt.

Die Häufigkeit langer Zitate aus den Schriften magischer Autoritäten, die der Autor hier eingefügt hat, ist ganz einfach erklärbar. Sie geschah einzig und allein aus dem Wunsch heraus, zu zeigen, dass die wesentlichen Grundzüge dieser Darlegung nicht das Ergebnis irgendeiner Erfindungsgabe des Autors sind, sondern fest in der Weisheit der Antike verwurzelt sind. Der Autor muss auch nicht darüber informiert zu werden, dass grobe Ausdrucksweisen, mögliche Fehlinterpretationen von Tatsachen oder Theorien, Unterlassungs- und Begehungssünden enthalten sind. Hierfür entschuldigt er sich demütig. Seine Jugend und Unerfahrenheit sollten ihm verziehen werden. Mögen seine Bemühungen einen anderen gelehrteren Menschen anspornen, der mit größerer Schreibkunst begabt und ein tieferes Wissen über das Thema und seine Begleiterscheinungen besitzt, eine bessere Formulierung der Magie zu liefern. Der Autor wird einer der Ersten sein, der sie willkommen heißen und loben wird.

Ich möchte auch die Freundlichkeit der Herren Methuen & Co. würdigen, die mir die Erlaubnis erteilt haben, Abbildungen der vier ägyptischen Götter aus *The Gods of the Egyptians* von Sir E. A. Wallis Budge zu reproduzieren.

Israel Regardie - London August 1932

INHALTSVERZEICHNIS

Das Chaos der modernen Zivilisation. Die Zerstörung nationaler Organisationen. Versäumnis, in Verbindung mit der Wirklichkeit zu treten. Eine mögliche Ursache dieser Störung. Traditionelle Philosophie der Magie, Die Natur der Gene, Ihr Ursprung ist eine spirituelle Erfahrung. Magie als Schlüssel zur Kreativität. Yoga und Magie sind die beiden Zweige der Mystik. Definitionen beider Systeme. Theurgen sind das Licht der Welt. Eliphas Levi und der Himmlische Mensch.

Angriffe gegen die Theurgie. Ihre grobe Ungerechtigkeit und Absurdität. Der Mensch ist ein Kind der Götter, und er muss nach Vereinigung mit ihnen streben. **Magie ist kein Psychismus. Hat nichts mit Hexerei zu tun.** Führt nicht zum Dasein als Medium. Grundlagen der magischen Philosophie. Der Lebensbaum der Kabbalisten.

Notwendigkeit einer philosophischen Ausbildung vor der Aufnahme praktischer Arbeit. Zusammenhang zwischen ägyptischer Magie und der Kabbala, die Natur der Zahl und die Bedeutung von Symbolen. Grundriss der magischen Theorie des Universums. Tetragrammaton und die vier Welten. Levis magisches Dogma. Spirituelle Hierarchien im Raum. Theurgie nach dem Konzept von Jamblichus.

TEIL EINS

„MAGIE IST DIE TRADITIONELLE WISSENSCHAFT VON DEN GEHEIMNISSEN DER NATUR,
DIE UNS VON DEN MAGIERN ÜBERMITTELT WURDEN."

Eliphas Levi

KAPITEL EINS

EIN häufig gehörter Ausdruck auf den Lippen vieler ist die Wiederholung der Behauptung, dass die Menschheit heute mit all ihren Übeln und Verirrungen blind in einem schrecklichen Morast zappelt. Dieser todbringende Morast, der sie mit krakenartigen Tentakeln der Zerstörung immer fester an seine Brust drückt, wenn auch mit großer Subtilität und Heimlichkeit. Sein Name ist Zivilisation, merkwürdigerweise moderne Zivilisation. Die Tentakel, welche die unwissenden Instrumente seiner katastrophalen Schläge sind, münden aus der kranken, falschen und abscheulichen Struktur des verfallenden sozialen Systems und des Wertesystems, in das wir verwickelt sind. Und im Augenblick scheint sich das gesamte Gefüge der sozialen Welt im Prozess der Auflösung zu befinden. Die Struktur der nationalen Organisation scheint durch wirtschaftlichen Ruin in das letzte verrückte Schlingern zu geraten, das sie über den gähnenden Abgrund in die völlige Zerstörung verschwinden lassen könnte. Fest verwurzelt in der Fülle des individuellen Lebens, sind die bisher starken Bollwerke unseres Lebens bedroht wie nie zuvor. Mit dem Untergang jeder Sonne scheint es für jeden immer unmöglicher, auch nur den geringsten Teil seines göttlichen Erbes, seiner Individualität, zu bewahren und das auszuüben, was ihn zum Menschen macht. Obwohl sie in unserem Zeitalter und unserer Zeit geboren wurden, sind jene wenigen Individuen, die sich mit Gewissheit bewusst sind, dass sie ein Schicksal gebieterisch vorantreibt, um ihre ideale Natur zu erfüllen, vielleicht die einzigen Ausnahmen. Diese Minderheit stellen die geborenen Mystiker, die Künstler und Dichter, diejenigen dar, die hinter den Schleier blicken und das Licht des Jenseits zurückbringen. Innerhalb dieser Masse gibt es jedoch noch eine weitere Minderheit, die sich zwar weder eines alles bestimmenden Schicksals noch der Natur ihres tieferen Selbst voll bewusst ist, aber dennoch danach strebt, sich von der

21

selbstgefälligen Masse zu unterscheiden. Die Wahrheiten und Möglichkeiten eines wiedereingliedernden Kontakts mit der Realität, der hier und jetzt, während des Lebens und nicht notwendigerweise nach dem Tod des Körpers, herbeigeführt werden kann, werden blind ignoriert. Die außerordentlich unkluge Haltung, die der Großteil der modernen „intelligenten" europäischen Menschheit gegenüber diesem Streben einnimmt, stellt eine ernste Gefahr für die Rasse dar. Sie hat sich nur zu gern erlaubt, das zu vergessen, wovon sie tatsächlich abhängt und von dem sie in ihrem inneren und äußeren Leben ständig genährt und erhalten wird. Dass sie sich gierig an der schwankenden Vergänglichkeit der hastigen äußeren Existenz festklammert, ihre Nachlässigkeit gegenüber spirituellen Angelegenheiten sowie ihre Ungeduld gegenüber den weitsichtigeren ihrer Mitmenschen ist ein Zeichen extremer Rassenmüdigkeit und Nostalgie.

Ein abgedroschenes Sprichwort, das aber nichtsdestotrotz wahr und nichtsdestotrotz einer Wiederholung wert ist, da es die heute weit verbreitete Situation besonders gut zum Ausdruck bringt, besagt: „Wo es keine Vision gibt, wird das Volk zugrunde gehen." Die Menschheit als Ganzes, oder genauer gesagt das westliche Element, hat auf unverständliche Weise ihre spirituelle Vision verloren. Eine ketzerische Barriere wurde errichtet, die sie von jenem Strom des Lebens und der Vitalität trennt, der auch jetzt noch, trotz vorsätzlicher Behinderung und Erschwernis, leidenschaftlich in ihrem Blut pulsiert und vibriert und ihre gesamte universelle Form und Struktur durchdringt. Die heute präsentierten Anomalien sind auf diese krasse Absurdität zurückzuführen. Die Menschheit begeht langsam, aber sicher ihren eigenen Selbstmord. Durch die Unterdrückung aller Individualität im spirituellen Sinne und all dessen, was sie menschlich machte, wird eine Art Selbststrangulation bewirkt. Sie fährt in übertragenem Sinne fort, die spirituelle Atmosphäre von ihren Lungen fernzuhalten. Und durch die Abtrennung von den ewigen und nie versiegenden Quellen des Lichts, des

Lebens und der Inspiration, hat sie sich bewusst gegenüber der Tatsache – die an Bedeutung nicht mit anderen vergleichbar wäre – blind werden lassen, dass es sowohl innerhalb als auch außerhalb ein dynamisches Prinzip gibt, von dem es sich abgewendet hat. Das Ergebnis ist innere Lethargie, Chaos und der Zerfall all dessen, was früher als ideal und heilig galt.

Die vor Jahrhunderten von dem Buddha gelehrte Doktrin empfiehlt sich für mich als möglicher Grund für diese Trennung, dieses Chaos und diesen Verfall. Für die meisten Menschen ist die Existenz unvermeidlich mit Leid, Kummer und Schmerz verbunden. Obwohl Buddha lehrte, dass das Leben voller Schmerz und Elend sei, bin ich angesichts der Psychologie der Mystik und der Mystiker, deren Ebenbild er zweifellos war, geneigt zu glauben, dass er diesen Standpunkt nur einnahm, um die Menschen aus dem Chaos herauszuholen und ihnen eine höhere Lebensweise zu ermöglichen. Sobald der Standpunkt des persönlichen Egos, das Ergebnis jahrhundertelanger Evolution, erst einmal überwunden ist, kann der Mensch erkennen, wie sich die eisernen Fesseln der Unwissenheit lösen und einen ungehinderten Blick auf eine absolute Schönheit, der Welt als Lebewesen und einer immerwährenden und ewigen Freude ermöglichen. Gibt es keine Möglichkeit für alle, die Schönheit von Sonne und Mond zu sehen, die Pracht der wechselnden Jahreszeiten, die süße Musik des Tagesanbruchs und die Magie der Nächte unter freiem Himmel? Was ist mit dem Regen, der durch die Blätter der Bäume fällt, die bis an die Tore des Himmels reichen, und dem Tau am frühen Morgen, der über das Gras kriecht und es mit silbernen Speerspitzen bedeckt? Die meisten Leser werden von der Erfahrung des großen deutschen Mystikers Jakob Böhme gehört haben, der nach seiner göttlichen seligen Vision in die grünen Felder in der Nähe seines Dorfes ging und die ganze Natur in einem so herrlichen Licht erstrahlen sah, dass selbst die zarten Grashalme eine göttliche Lieblichkeit und Schönheit widerspiegelten, die er nie zuvor gesehen hatte. Ein so großer Mystiker der Buddha auch war – vielleicht größer als es der durchschnittliche Leser erkennen würde – und so groß sein Einblick in die Funktionsweise des menschlichen Geistes gewesen ist, ist es doch unmöglich, seine Aussage, dass Leben und Lebensweise ein Fluch seien, für bare Münze zu nehmen. Ich glaube vielmehr, dass er diese philosophische Haltung in der Hoffnung einnahm, die Menschheit wieder dazu zu bringen, die unnachahmliche Weisheit zu suchen, die sie verloren hatte, das innere Gleichgewicht und die Harmonie der Seele wiederherzustellen und so ihre Bestimmung zu erfüllen, ohne durch Sinn und Geist eingeschränkt zu werden. Diese ekstatische Freude am Leben und allem, was das Sakrament des Lebens geben kann, wird durch eine Grundursache des Kummers verhindert. Mit einem Wort: Unwissenheit. Weil der Mensch nicht weiß, was er wirklich in sich selbst ist, nicht weiß, welchen wahren Lebensweg er einschlägt, ist er, so lehrte es der Buddha, so von Kummer umgeben und so schwer von Leid geplagt.

Nach der traditionellen Philosophie der Magier ist jeder Mensch ein einzigartiges autonomes Zentrum individuellen Bewusstseins, Energie und Willens – mit einem Wort eine Seele. Wie ein Stern, der durch sein eigenes inneres Licht leuchtet und existiert, verfolgt er seinen Weg in den sternenübersäten Himmeln, einsam und ungestört, außer sein himmlischer Kurs wird durch die Anwesenheit anderer Sterne, ob nah oder fern, gravitativ verändert. Da es in den riesigen Sternenräumen selten zu Konflikten zwischen den Himmelskörpern kommt, es sei denn, einer kommt zufällig von seinem festgelegten Kurs ab – was sehr selten vorkommt – gäbe es in den Reichen der Menschheit kein Chaos, wenig Konflikte und keine gegenseitige Störung, wenn jeder Einzelne damit zufrieden wäre, in der Realität seines eigenen hohen Bewusstseins verankert zu sein, sich seiner idealen Natur und seines wahren

Lebenszwecks bewusst und begierig darauf wäre, den Weg zu verfolgen, dem er folgen muss. Weil die Menschen sich von den dynamischen Quellen, die in ihrem Inneren und dem Universum wohnen, entfernt haben und ihren wahren spirituellen Willen aufgegeben haben, weil sie sich von den himmlischen Essenzen getrennt haben, verraten durch ein Gericht, das noch kränker ist als das, das Jakob jemals Esau verkauft hat, präsentiert die Welt heute ein Volk, das einen so hoffnungslosen Anblick bietet und eine Menschheit, die von einem so mutlosen Gebaren geprägt ist. Die Unwissenheit über den Lauf und die Bedeutung der Himmelsbahn, die für immer in den Himmel eingeschrieben ist, ist die Wurzel allgemeiner Verwirrung, Unzufriedenheit, des Unglücks und der Rassen-Nostalgie. Und aus diesem Grund ruft die lebende Seele die Toten um Hilfe und das Geschöpf einen stummen Gott an. All dieses Rufen bewirkt normalerweise nichts. Das flehende Erheben der Hände bringt keine Ahnung von Erlösung. Das wilde Zähneknirschen führt nur zu stummer Verzweiflung und dem Verlust der Lebensenergie. Erlösung kommt nur von innen und wird von der Seele selbst mit Leiden und im Laufe der Zeit, mit viel Mühe und Anstrengung des Geistes erwirkt.

Wie können wir also zu dieser ekstatischen Identität mit unserem tieferen Selbst zurückkehren? Auf welche Weise kann diese notwendige Vereinigung zwischen der individuellen Seele und den Essenzen der universellen Realität erreicht werden? Wo ist der Weg, der schließlich zur Verbesserung und Vervollkommnung des Individuums und damit zur Lösung der verwirrenden Probleme der Welt der Menschen führt?

Das Erscheinen eines Genius ist, ungeachtet der verschiedenen Aspekte und Felder seiner Manifestation, durch das Auftreten eines merkwürdigen Phänomens gekennzeichnet, das fast immer von Visionen und höchster Ekstase begleitet wird. Diese Erfahrung, auf die ich mich beziehe, ist zweifellos Kennzeichen und wesentliches Stigma echter Befähigung. Der Mittelmäßigkeit ist diese apokalyptische Erfahrung nicht vergönnt. Einem gewöhnlichen Menschen, der mit Dogmen und einer überholten Tradition behaftet ist, wird selten dieser Blitz spirituellen Lichts zuteil, der in herrlichen Flammenzungen herabsteigt wie der Heilige Geist zu Pfingsten, strahlend vor Freude und höchster Weisheit, schwanger mit spontaner Inspiration. Die Anspruchsvollen, die Blasierten, die Dilettanten – sie sind durch unüberwindliche Barrieren von den Verdiensten seiner Segnung ausgeschlossen. Diese Offenbarung wird nicht nur denen zuteil, die Talent haben, obwohl Talent das Sprungbrett zum Genie sein kann. Genie ist nicht und war auch in früheren Jahren nie nur das Ergebnis von unendlicher Sorgfalt und Geduld. Aber ich denke, man muss der oft wiederholten Definition von einem bestimmten, sehr hohen Prozentsatz an Schweiß plus einem sehr kleinen Rest an Inspiration nur wenig Bedeutung beimessen. Egal wie wertvoll Schweiß sein mag, er kann nicht die großartigen Auswirkungen eines Genies hervorbringen. In jedem Bereich des täglichen Lebens sehen wir, wie eine riesige Menge hervorragender Arbeit geleistet wird, die für das, was sie ist, unverzichtbar ist und buchstäblich Liter Schweiß vergossen werden, ohne dass in Wahrheit auch nur der Bruchteil einer kreativen Idee oder Begeisterung hervorgerufen wird. Diese äußeren Ausdrucksformen des Genies – Sorgfalt, Geduld, Schweiß – sind einfach Manifestationen eines Überflusses an Energie, die aus einem verborgenen Zentrum des Bewusstseins hervorgeht. Sie sind nur die Mittel, durch die sich das Genie auszeichnet, indem es versucht, jene Ideen und Gedanken auszudrücken, die ins Bewusstsein geschleudert wurden und jene Grenze durchdrungen haben, die erfolgreich das Profane vom Göttlichen trennt. Das Genie selbst wird durch eine spirituelle Erfahrung der höchsten intuitiven Ordnung verursacht oder geht gleichzeitig mit ihr einher. Es ist eine Erfahrung, die wie ein feuriger Blitz aus Jupiters Himmel aus dem Himmel donnert und eine augenblickliche Inspiration und anhaltende Erregung, zusammen mit einer Erfüllung aller Sehnsüchte des Geistes und der emotionalen Verfassung mit sich bringt.

Nach der Hauptursache dieser Erfahrung, die jenen seltenen Individuen vertraut ist, deren Leben auf diese Weise von früher Kindheit bis in ihre letzten Tage gesegnet wurde, möchte ich nicht forschen. Eine solche Untersuchung würde mich zu weit führen, da sie in das Reich der metaphysischen und philosophischen Nichtkommunizierbarkeiten führen würde, auf das ich mich im Augenblick nicht einlassen möchte. Die Reflexion bringt jedoch eine sehr bedeutsame Tatsache zutage. Die Personen, die den Titel „Genie" erhalten haben und von der Menschheit als die Größten bezeichnet wurden, waren Empfänger einer solchen unnachahmlichen Erfahrung, wie ich sie erwähnt habe. Dies mag zwar eine Verallgemeinerung sein, aber es ist eine, die dennoch das Siegel der Wahrheit trägt. Viele andere, weniger bedeutende Personen, deren Leben auf ähnliche Weise erfreut und erhellt wurde, wurden dadurch in die Lage versetzt, ein bestimmtes Lebenswerk zu vollbringen, sei es künstlerisch oder weltlich, was sonst nicht möglich gewesen wäre.

Es ist nun ein mehr oder weniger logisches Postulat, das sich als direkte Konsequenz aus der vorhergehenden Prämisse ergibt, dass, wenn es durch eine Art psychologischer und spiritueller Schulung möglich wäre, diese Erfahrung im Bewusstsein verschiedener Männer und Frauen von heute hervorzurufen, die Menschheit als Ganzes sogar über die höchsten Vorstellungen hinaus erhoben werden könnte und eine mächtige neue Rasse von Übermenschen entstehen würde. In Wirklichkeit ist dies das Ziel, auf das die Evolution hinzielt und das von allen Reichen der Natur angestrebt wird. Seit Anbeginn der Zeit, als der intelligente Mensch erstmals auf der Bühne der Evolution erschien, gab es technische Methoden zur spirituellen Verwirklichung, mit deren Hilfe die wahre Natur des Menschen ermittelt werden konnte und durch die sich darüber hinaus Genies höchster Ordnung entwickelten. Letzteres, möchte ich hinzufügen, wurde nur als Nebenprodukt und irdische Blüte der Entdeckung der Umlaufbahn des Sternenselbst angesehen und wurde von den Autoritäten dieses Großen Werkes zu keiner Zeit als würdiges Ziel der Bestrebung angesehen. „Erkenne dich selbst" war die oberste Anweisung, die ihren hohen Bemühungen Antrieb gab. Wenn die Kreativität des Genies als Ergebnis der Entdeckung des innersten Selbst und der Erschließung der Quellen universeller Energie folgte, wenn Inspiration durch die Musen folgte oder ein Anreiz in Richtung einer Kunst oder Philosophie oder weltlichen Beschäftigung, umso besser. Zu Beginn der Ausbildung standen diese Musen – denn als solche wurden diese Autoritäten bekannt – jedoch jedem Ergebnis, das kein spirituelles war, völlig gleichgültig gegenüber. Selbsterkenntnis und Selbstentdeckung – wobei das Wort „Selbst" in einem erhabenen, noetischen und transzendentalen Sinne verwendet wurde – waren die primären Ziele.

Wenn die Künste ihren Ursprung im Ausdruck der Seele haben, die hört und sieht, wo für den äußeren Geist Stille und Dunkelheit sind, dann ist Mystik offensichtlich eine und vielleicht die größte der Künste, die Verkörperung künstlerischen Ausdrucks und Bemühens. Mystik ist durch eine sanfte Fügung der Natur immer und zu allen Zeiten die heiligste der Künste gewesen. Der Mystiker trägt in der Tat jene Ruhe in seiner Brust, die man oft auf dem zum Altar erhobenen ruhigen Gesicht des Priesters erkennt. Er ist anerkannter Vermittler und Sprachrohr, die beiden Schlüssel liegen in seinen Händen. Er hat, wie sowohl die Zeitalter als auch seine Kollegen in den anderen Künsten zugeben, direkten Zugang zum Heiligtum im Innern und wird unmittelbarer von der Psyche kontrolliert. Aus diesem Grund sind seine Erfolge ein Erfolg für alle Menschen zu allen Zeiten. Aber seine recht häufigen Misserfolge werden bitter verworfen, fast wie ein neuer Ruin Luzifers. Ein schlechter Dichter oder ein schlechter Musiker ist nur eine Schande für seine spezielle Kunst und sein Name verschwindet schnell aus dem Gedächtnis seines Volkes. Ein Scharlatan oder ein betrügerischer Zauberer jedoch gefährdet die ganze Welt, indem er einen schweren Schleier über das durchscheinende Licht des Geistes wirft, obwohl es seine erste Pflicht war, es den Menschensöhnen zu bringen. Aus diesem Grund ist er auch nur für die Wenigen in jedem Zeitalter; aber ebenso ist er für all die Wenigen in allen Zeitaltern da. Verherrlicht durch die Seligpreisungen aller Wissenden und Propheten aller Zeitalter, erleidet er schmachvoll ihre Verleumdungen, denn sie sind wie er Mystiker. Er ist einsam, denn er hat sich in eine subjektive Einsamkeit zurückgezogen. Wohin er gegangen ist – wohin ihm nur wenige folgen können, wenn sie nicht ebenfalls die Schlüssel besitzen – wird er mit Liedern und Dithyramben lobend bejubelt.

Der Mystiker sucht nicht nach einer theoretischen Erkenntnis des Selbst, sondern nach einer rein intellektuellen Philosophie des Universums – obwohl auch diese ihre Berechtigung hat. Der Mystiker sucht eine tiefere Ebene der Erkenntnis. Trotz ihrer Rhetorik über die Absolutheit der Vernunft waren die Logiker und Philosophen aller Zeiten innerlich von der grundsätzlichen Unzulänglichkeit und Ohnmacht des logisch denkenden Geistes überzeugt. Sie glaubten, dass in ihm ein Element des Selbstwiderspruchs liege, dass seine Verwendungsmöglichkeit bei der Suche nach der höchsten Wirklichkeit zunichtemache. Die gesamte Geschichte der Philosophie ist hierfür beredter Zeuge. Es war der Glaube der Mystiker - und die Erfahrung hat dies wiederholt bestätigt - dass nur durch die Transzendierung des Geistes oder das Leeren des Geistes von allem Inhalt und seiner Beruhigung hin zu einer Lagune mit stillem, blauem Wasser, ein Blick auf die Ewigkeit gespiegelt werden könne. Erst wenn die Veränderungen des Denkprinzips beruhigt oder überwunden worden sind, wenn das ständige Wirbeln, das ein Merkmal des normalen Geistes ist, unterdrückt und durch eine

heitere Ruhe ersetzt worden ist, kann jene Vision der Spiritualität entstehen, jene erhabene Erfahrung der Zeitalter, die das ganze Wesen
mit der Wärme der Inspiration und Tiefgründigkeit und einer Tiefe der
Vorstellungen erleuchtet; der höchsten und allumfassenden Art.

Die Technik der Mystik teilt sich natürlich in zwei große Bereiche auf.
Der eine ist Magie, mit der sich diese Abhandlung befassen wird; der
andere ist Yoga. Es ist notwendig, heftigen Protest an jene Kritiker zu
richten, die im Gegensatz zur Mystik – unter diesem Begriff wird ein
Prozess wie Yoga oder Kontemplation verstanden – Magie als etwas
völlig Abgetrenntes, Unspirituelles und Erdhaftes darstellen. Diese Einteilung widerspricht meiner Ansicht nach den Anwendungen beider
Systeme und ist absolut ungenau, wie ich im Folgenden zeigen werde.
Yoga und Magie, die reflektierende bzw. die erhöhende Methode, sind
beides verschiedene Phasen, die in dem einen Begriff Mystizismus zusammengefasst werden, auch wenn dieser Begriff oft als Wort miss-
braucht und falsch verwendet wird. In diesem Buch wird durchgehend
der Begriff Mystizismus verwendet, da er der richtige Begriff für die
mystische oder ekstatische Beziehung des Selbst zum Universum ist.
Er drückt die Beziehung des Individuums zu einem umfassenderen Bewusstsein innerhalb oder außerhalb seiner selbst aus, geht über seine
persönlichen Bedürfnisse hinaus und lässt ihn seine Anpassung an größere, harmonischere Ziele entdecken. Wenn diese Definition mit unseren Ansichten übereinstimmt, ist es offensichtlich, dass Magie, die
ebenfalls entwickelt wurde, um dieselbe notwendige Beziehung herzustellen - wenn auch mit anderen Methoden - nicht zufriedenstellend
dem anderen System gegenübergestellt werden kann und die Vorteile
des einen Systems nicht lobend über die Unzulänglichkeiten des anderen erhoben werden können. Denn die feineren Aspekte der Magie,
wie auch das Beste des Yoga, sind ein Teil dieses allumfassenden Systems– des Mystizismus.

Zum Thema Yoga ist schon viel geschrieben worden; manches davon ist Blödsinn, manches wenig überaus wertvoll. Aber das ganze Geheimnis des Weges der königlichen Vereinigung ist im zweiten Aphorismus der Yoga-Sutras von Patanjali enthalten. Yoga versucht, zur Wirklichkeit zu gelangen, indem es die Grundlagen des gewöhnlichen Wachbewusstseins untergräbt, so dass auf das ruhige Meer der Mentalität, das auf das Beenden aller Gedanken folgt, die innere ewige Sonne spiritueller Pracht scheinen und einen Strahl aus Licht, Leben und Unsterblichkeit verbreiten kann, um den gesamten Wert des Menschen zu steigern. Alle Praktiken und Übungen der Yoga-Systeme beinhalten viele wissenschaftliche Schritte, deren einziges Ziel das beliebige vollständige Beenden aller Gedanken ist. Magie hingegen ist ein mnemotechnisches System der Psychologie, in dem die fast endlosen zeremoniellen Einzelheiten, Umrundungen, Beschwörungen und Räucherungen bewusst auf die Erhöhung der Vorstellungskraft und der Seele abzielen, mit der völligen Überwindung der normalen Gedankenebene. In dem einen Fall wird die spirituelle Axt an die Wurzel des Baumes gelegt und es wird bewusst versucht, die gesamte Struktur des Bewusstseins zu untergraben, um die darunterliegende Seele zu enthüllen. Die magische Methode dagegen versucht, sich ganz über die Ebene hinaus zu erheben, auf der Bäume, Wurzeln und Äxte existieren. Das Ergebnis ist in beiden Fällen – Ekstase und ein wunderbarer Ausbruch von Freude, wild verzückt und unvergleichlich heilig – identisch. Es ist also ohne Schwierigkeiten klar erkennbar, dass das ideale Mittel, um die perfekte Perle zu finden, das Juwel von unermesslichem Wert, durch das man die Heilige Stadt Gottes sehen kann, eine wohlüberlegte Kombination beider Techniken ist. In jedem Fall erweist sich Magie als wirksamer und mächtiger, wenn sie mit der Kontrolle des Geistes kombiniert wird, die das Ziel des Yoga ist. Und ebenso erhalten die Ekstasen des Yoga gewissermaßen einen rosigen Anstrich von Romantik und inspirierenden Wert, wenn es mit der Kunst der Magie in Verbindung gebracht wird.

Es erübrigt sich zu erwähnen, dass ich mich, wenn ich hier von Magie spreche, auf die göttliche Theurgie beziehe, die in der Antike gepriesen und verehrt wurde. Ich schreibe über eine spirituelle und göttliche Suche; eine Aufgabe der Selbsterschaffung und Wiedereingliederung, die Wiedereinführung von etwas Ewigem und Dauerhaftem in das menschliche Leben. Magie ist nicht jene allgemein anerkannte Praxis, die als Kind der Halluzination und aus wilder Unwissenheit hervorgegangen ist und den Gelüsten einer verdorbenen Menschheit nachgibt. Aufgrund der unwissenden Doppelzüngigkeit der Scharlatane und der Zurückhaltung ihrer eigenen Schreiber und Autoritäten wurde Magie jahrhundertelang zu Unrecht mit Hexerei und Dämonenanbetung verwechselt. Mit Ausnahme einiger weniger Werke, die entweder zu spezialisiert oder für die breite Öffentlichkeit eindeutig ungeeignet waren, wurde bisher nichts veröffentlicht, das als endgültige Aussage über das dienen könnte, was Magie wirklich ist. Dieses Werk hat nicht den Anspruch, sich in irgendeiner Weise mit Liebeszaubern, Zaubertränken und Tränken zu befassen, noch mit Amuletten, die verhindern, dass die Kuh des Nachbarn Milch gibt, ihn seiner Frau berauben oder den Verbleib von Gold und verborgenen Schätzen ermitteln. Solche abscheulichen und dummen Praktiken verdienen zu Recht den vielfach missbrauchten Begriff „Schwarze Magie". Mit diesem Aspekt der Dinge hat diese Studie nichts zu tun; obwohl dies nicht so zu verstehen ist, dass ich die Realität oder Wirksamkeit dieser Methoden leugne. Aber wenn jemand bestrebt ist, die ewige Quelle zu entdecken, aus der die Flamme der Gottheit entspringt, sollte es jemanden geben, der in sich ein edleres und erhabeneres Bewusstsein des Geistes erwecken möchte und in dessen Herzen der Wunsch brennt, sein Leben dem Dienst an der Menschheit zu widmen, sollte sich eifrig der Magie zuwenden. In ihrer Technik kann vielleicht das Mittel zur Erfüllung der erhabensten Träume der Seele gefunden werden.

In akademischen Quellen wird Magie als „die Kunst, natürliche Ursachen anzuwenden, um überraschende Wirkungen zu erzielen" definiert. Mit dieser Definition – und auch in der Ansicht eines Schriftstellers wie Havelock Ellis, es handele sich dabei um einen Namen für die Gesamtheit individueller menschlicher Handlungen– sind wir insofern völlig einverstanden, als jede denkbare Handlung im gesamten Lebensverlauf eine magische Handlung ist. Welche übernatürliche Wirkung könnte erstaunlicher oder wundersamer sein als ein Christus, ein Platon oder ein Shakespeare, der aus der ehelichen Verbindung zweier Bauern hervorging? Was könnte wunderbarer und überraschender sein als das Heranwachsen eines kleinen Babys zum gereiften Menschen? Jede Willensanstrengung – das Heben eines Arms, das Aussprechen eines Wortes, das stille Aufkeimen eines Gedankens – all dies sind per Definition magische Handlungen. Die „überraschenden" Effekte, die Magie zu umfassen sucht, bewegen sich jedoch auf einer etwas anderen Ebene als der gerade aufgezählten, obwohl letztere, weil sie so häufig vorkommen, nichtsdestotrotz überraschend und wundertätig sind. Das Ergebnis, das der Magier vor allem erreichen möchte, ist eine spirituelle Rekonstruktion seines eigenen bewussten Universums und nebenbei auch des Universums der gesamten Menschheit, die größte aller denkbaren Veränderungen. Die Technik der Magie ist eine, durch die eine Seele wie ein Pfeil, der von einem gespannten Bogen abgefeuert wird, geradeaus zur Gelassenheit fliegt, zu einer tiefen und undurchdringlichen Ruhe.

Aber nur der Mensch selbst kann die Sehne des Bogens spannen; niemand sonst kann diese Aufgabe für ihn erfüllen. In dieser Einschränkung lauert natürlich der Fehler. Die „Erlösung" muss selbst herbeigeführt und selbst erdacht werden. Die universellen Essenzen und kosmischen Zentren sind allgegenwärtig, aber der Mensch muss den ersten Schritt zu ihnen tun, und dann, wie Zoroaster in den chaldäischen

Orakeln sagte, „werden die gesegneten Unsterblichen schnell kommen." Ursache und Schöpfer von Schicksal und Bestimmung ist der Mensch selbst. So wie er handelt, muss auch sein zukünftiges Leben verlaufen. Und nicht nur das, sondern in seiner Handfläche ruht das Schicksal der gesamten Menschheit. Nur wenige Menschen werden sich dazu in der Lage fühlen, den schlummernden Mut und die grimmige Entschlossenheit zu wecken, die das Universum beherrscht, damit die Menschheit auf einem direkten und hindernisfreien Weg zu einem edleren Ideal und einer erfüllteren und harmonischeren Lebensweise geführt werden kann. Würden sich nur ein paar Menschen anstrengen, herauszufinden, wer sie wirklich sind, und ohne jede Spitzfindigkeit den funkelnden Glanz der hellen Herrlichkeit und Weisheit erkennen, der in ihrem tiefsten Herzen brennt, und die Bande entdecken, die sie mit dem Universum verbinden, dann denke ich, dass sie nicht nur ihren eigenen Lebenszweck erreicht und ihre eigene Bestimmung erfüllt haben, sondern, was unendlich wichtiger ist, sie hätten die Bestimmung des Universums erfüllt, das als ein einziger gewaltiger lebendiger Organismus des Bewusstseins betrachtet wird.

Was ist mit dem Anzünden einer Kerze gemeint? Bei diesem Vorgang trägt nur der oberste Teil der Kerze die Flamme. Obwohl nur der Docht angezündet wird, spricht man üblicherweise davon, dass die Kerze selbst brennt und die Dunkelheit um sie herum erhellt. Darin findet sich ein suggestiver Bezug, der einen bedeutenden Einfluss auf die Welt als Ganzes hat. Wenn nur wenige Menschen in jedem Land, jeder Rasse, jedem Volk auf der ganzen Welt sich selbst finden und in eine heilige Verbindung mit der Quelle des Lebens eintreten, dann werden sie aufgrund ihrer Erleuchtung zum Docht der Menschheit und werfen eine strahlende und herrliche Aureole aus Gold über das Universum. In jenen Individuen, die eine winzige, fast mikroskopische Minderheit der Weltbevölkerung ausmachen und bereit und begierig sind, sich einer spirituellen Sache zu widmen, liegt die einzige Hoffnung auf die endgültige Erlösung der Menschheit. Eliphas Levi, der berühmte französische Magier, wagt eine neuartige Ansicht, die meiner Meinung nach eine gewisse Bedeutung für dieses Problem haben könnte und einen erhellenden Strahl auf diesen Vorschlag wirft. „Gott erschafft ewig", schreibt er, „den großen Adam, den universellen und vollkommenen Menschen, der in einem einzigen Geist alle Geister und alle Seelen vereint.

Dieser protoplastische Adam wird in dem kabbalistischen Werk *„The Book of Splendour"* der Himmlische Mensch genannt und umfasst, wie der gelehrte Magus bemerkt, in einem Wesen die Seelen aller Menschen und Kreaturen und die dynamischen Kräfte, die durch jeden Teil des Sternenraums pulsieren. Ich möchte mich in diesem Moment nicht in die Metaphysik einmischen und diskutieren, ob dieses ursprüngliche universelle Wesen von Gott erschaffen wurde oder ob es sich einfach aus dem unendlichen Raum entwickelt hat. Alles, was ich aktuell in Betracht ziehen möchte, ist, dass die Gesamtheit allen Lebens im Universum, riesig und weit verbreitet, dieses himmlische Wesen ist, die Überseele, wie sie einige andere Philosophen genannt haben, die für immer in den Himmeln erschaffen wurde. In diesem kosmischen Körper sind wir, Individuen und Tiere und Götter, die winzigen Zellen und Moleküle, von denen jedes eine eigene Funktion in der sozialen Ordnung und dem Wohlergehen dieser Seele zu erfüllen hat. Diese philosophische Theorie legt auf wunderbare Weise nahe, dass es, wie im Menschen der Erde, eine Intelligenz gibt, die die Handlungen und Gedanken des Menschen steuert, ebenso, bildlich gesprochen, dem Himmlischen Menschen eine Seele gibt, die seine zentrale Intelligenz und seine wichtigste Fähigkeit darstellt. „Alles, was auf der Erde existiert, hat sein spirituelles Gegenstück im Himmel, und es gibt nichts in dieser Welt, das nicht an etwas Oben gebunden ist und nicht unabhängig davon ist." So schrieben es die Doktoren der Kabbala. So wie die graue Hirnsubstanz beim Menschen die empfindlichste, nervöseste und feinste im Körper ist, so bilden auch die empfindlichsten, am weitesten entwickelten und spirituell fortgeschrittensten Wesen im Universum Herz und Seele und Intelligenz des Himmlischen Menschen. In diesem Sinne sind, kurz gesagt, die wenigen, die sich anschickten, das Große Werk zu vollbringen - das heißt, sich selbst aus spiritueller Sicht zu finden und ihr ganzes Bewusstsein mit den Universalen Essenzen, wie Jamblichus sie nennt, oder den Göttern zu identifizieren, die das Herz und die Seele des Himmlischen Menschen bilden - die Diener der Menschheit. Sie vollbringen das Werk der Erlösung und erfüllen das Schicksal der Erde.

Mystik – Magie und Yoga – sind daher die Mittel zu einem neuen universellen Leben, reicher, größer und mit mehr Ressourcen als je zuvor ausgestattet, so frei wie Sonnenlicht, so anmutig wie das Aufblühen einer Rose. Es ist am Menschen, sie sich zu nehmen.

KAPITEL ZWEI

ES ist sehr wahrscheinlich, dass mit donnerndem Lärm aus bestimmten Quellen die Verurteilung kommen wird, dass sich das in diesem Werk als Magie bezeichnete System ausschließlich auf jenes Prinzip in der Konstitution des Menschen bezieht, welches ausschließlich die niedere Natur betrifft. Aufgrund dieser Klassifizierung ist nicht schwer vorauszusehen, dass die gesamte theurgische Technik beispielsweise in theosophischen Kreisen generell als „Psychismus" verurteilt wird. Tatsächlich ist diese Verurteilung, wie nur wenige Studien zeigen müssen, fehl am Platz und völlig ungerechtfertigt. Um diese Ansicht für alle Zeiten zu korrigieren, wurde für die Leserschaft der Baum des Lebens herausgegeben. Ich verabscheue diese theosophische Ausdrucksweise. Es muss mir gestattet sein, meinen Hass auf ihre allzu oberflächliche Klassifizierung und ihre ständige Bereitschaft, Dinge, die nicht völlig verstanden werden, mit beißenden Etiketten zu versehen, zu äußern. Wäre es nicht so, dass ich so tiefe Gefühle für die Magie hätte – und in ihr die Mittel finden könnte, das Himmelreich mit Gewalt zu erstürmen – dieser theosophische Missbrauch und die beabsichtigte Kritik zu Recht ignoriert und in jene Sphäre der Verachtung verbannt werden würde, in die sie zu Recht gehört. Es gab insgesamt zu viele Missverständnisse darüber, was Magie ist und was sie bezweckt, und es ist an der Zeit, diesen ständigen Quell der Verwirrung ein für alle Mal zu beseitigen, indem die elementaren Prinzipien ihrer Kunst dargelegt werden.

In ihren berühmten Dzyan-Strophen, auf denen die gesamte Geheimlehre als Kommentar basiert, informiert uns Madame Blavatsky, dass jeder Mensch ein Schatten oder ein Funke einer Gottheit von höchster Weisheit, Macht und Spiritualität ist. Diese fühlenden Wesen werden von einer der theurgischen Autoritäten Götter oder universelle Essenzen genannt. Eine moderne theosophische Autorität, Dr. Gottfried de Purucker, schreibt: „Der beste Teil der Konstitution des Menschen ist in jedem Fall ein Kind des spirituellen Teils der einen oder anderen der herrlichen Sonnen, die im grenzenlosen Raum verstreut sind. Ihr seid Götter in eurem Innersten, Atome einer spirituellen Sonne ...“ Die Definition, die einem Gott in der Geheimlehre gegeben wird, ist die eines hierarchischen Wesens, das in den entferntesten Epochen evolutionärer Bemühungen vor langer, langer Zeit einmal ein Mensch war, so wie wir es heute sind. Durch Anstrengung und bewussten Fortschritt vereinigte es sich mit jener spirituellen Realität, die sich in allen Verästelungen und Grundlagen des Universums ausbreitete. Zum Zeitpunkt der Vereinigung blieb jedoch die wesentliche Individualität der Erfahrung erhalten. Doch die Persönlichkeit transzendierte, das Wesen nahm seine natürliche Rolle als Herrscher oder Regent des Universums oder eines bestimmten Teils oder Aspekts des Universums wieder ein. Da der Mensch nach dieser Definition der Funke eines so erhabenen Bewusstseins ist, ein Kind der kosmischen Götter, gibt es keine Alternative zu seinem Lebensweg, als dass er eine Vereinigung mit seinen spirituellen Vorfahren anstreben sollte. Dieser Vereinigung verdankt die Magie ihren Ursprung und ihre Existenzberechtigung.

Auf diesen Seiten hoffe ich zu zeigen, dass die Technik der Magie in größter Übereinstimmung mit den Traditionen der Antike steht und dass sie die ausdrückliche oder implizite Billigung der besten Autoritäten besitzt. Jamblichus, der göttliche Theurg, hat in seinen verschiedenen Schriften viel über Magie zu sagen; ebenso gibt es bei Proklos und Porphyrios und sogar in der modernen maßgeblichen theosophischen Literatur dunkle Hinweise auf die göttliche Magie, die nicht erklärt und nie näher erläutert werden. Gegen Ende dieses Buches werden mehrere großartige Anrufungen aus gnostischen Aufzeichnungen und den verschiedenen Rezensionen des Totenbuchs vorgestellt, und in anderen dieser Kapitel finden sich Abhandlungen, die auf ägyptischen und kabbalistischen magischen Konzeptionen basieren.

Jede beiläufige Zusammenfassung von Magie mit einem einzigen Wort „Psychismus" ist, gelinde gesagt, völlig absurd. Ich kenne jedoch Theosophen und erkenne die Notwendigkeit, ihren Einwänden mit einer umfassenden Antwort zuvorzukommen. Der Magier muss seine ganze Natur unter Kontrolle haben; jedes konstituierende Element seines Wesens muss durch Willenskraft bis zum höchsten Grad der Vollkommenheit entwickelt werden. Kein Prinzip darf unterdrückt werden; jedes ist ein Aspekt des höchsten Geistes und muss seinen eigenen Zweck und seine eigene Natur erfüllen. Wenn sich der Theurg beispielsweise auf Astralreisen begibt – gegen diesen Teil des Großen Werkes werden in erster Linie theosophische Einwände erhoben –, dann aus drei Hauptgründen. *Erstens*, damit er im sogenannten Astrallicht eine genaue Widerspiegelung seiner selbst in all seinen verschiedenen Teilen, Eigenschaften und Eigenschaften wahrnehmen kann, wobei eine Untersuchung dieser Widerspiegelung ganz natürlich zu einer Art Selbsterkenntnis führt.

Zweitens ist die Definition des Astrallichts aus magischer Sicht äußerst weit gefasst und umfasst alle subtilen Ebenen oberhalb oder innerhalb der physischen, und das Ziel des Magiers ist es, ständig in die feurigeren und klareren Bereiche der spirituellen Welt aufzusteigen. Die gröberen Elemente der Sphäre von Azoth mit ihren sinnlichen Bildern und getrübten, undurchsichtigen Visionen müssen immer transzendiert und weit hinter sich gelassen werden. Eliphas Levi geht so weit, aus praktischen Gründen nur zwei große Unterteilungen der Ebenen im Universum vorzunehmen: die physische Welt und die spirituelle Welt.

Drittens: Bevor dieser besondere Teil der unsichtbaren Welt transzendiert werden kann, muss er in jedem seiner Aspekte erobert und gemeistert werden. Alle Bewohner dieser Sphäre müssen dazu gebracht werden, sich dem Magier und seinen magischen Symbolen zu unterwerfen und der Realität des königlichen Willens, den sie symbolisieren, eindeutig zu gehorchen. Auf unserer Ebene und in unserem täglichen Bereich der gewöhnlichen Erfahrung sind Symbole lediglich willkürliche Darstellungen einer inneren, verständlichen Bedeutung. Sie sind sozusagen die sichtbaren Signaturen einer metaphysischen oder spirituellen Gnade. Im Astrallicht jedoch nehmen diese Symbole eine unabhängige Existenz an, die ihre greifbare Realität offenbart, und daher sind sie von größter Bedeutung. Der Magier unternimmt Beschwörungen nicht aus Neugier oder um seinen Durst nach Macht zu stillen, sondern mit dem alleinigen Ziel, diese verborgenen Facetten seines eigenen Bewusstseins in den Bereich seines Willens zu bringen und sie so seiner Herrschaft zu unterwerfen.

Psychismus kann vielleicht so definiert werden, dass sein Ziel die Stimulation und Erhaltung des niederen Selbst auf Kosten oder in Unkenntnis des höheren Selbst ist. Dies ist eine Abscheulichkeit, die die strengste Kritik verdient. In der Magie wird kein Versuch unternommen, Kräfte um ihrer selbst willen oder für irgendeinen niederen oder schändlichen Zweck zu erwerben. Jede erworbene Kraft muss sofort dem Willen untergeordnet und an ihrem eigenen Platz und in der richtigen Perspektive gehalten werden. Diese Frage der Kräfte ist, wie ich hinzufügen möchte, eine höchst merkwürdige, die erst seit dem Aufkommen des Kults des Spiritualismus und der Gründung theosophischer Organisationen in der Öffentlichkeit größere Bedeutung erlangt hat. Warum Einzelpersonen – insbesondere einige Theosophen – um ihrer selbst willen nach astralen oder anderen okkulten Kräften gieren oder darüber nachdenken sollten, zeugt von einer pathologischen Krankhaftigkeit und übersteigt als solche mein Verständnis. Zu Beginn seiner Karriere muss der Magier verstehen, dass sein einziges Streben nach seinem Höheren Selbst, seinem Heiligen Schutzengel, gerichtet ist und dass alle Fähigkeiten, die er erlangt, auf dieses Streben ausgerichtet sein müssen. Jede kleinere Arbeit muss mit einem eindeutigen spirituellen Motiv ausgeführt werden. Ein Streben nach etwas Anderem als dem Heiligen Schutzengel stellt in Wirklichkeit und mit nur wenigen Ausnahmen einen Akt schwarzer Magie dar und ist daher im höchsten Maße abscheulich. Es muss daher für alle offensichtlich sein, dass Psychismus als Wunsch nach abnormalen psychischen Kräften als Selbstzweck der Absicht und dem Zweck dieser Technik völlig fremd ist.

Ein weiterer Einwand, der wahrscheinlich erhoben wird, ist, dass Magie zu einem Dasein als Medium führen kann. Auch dies ist aus einer Vielzahl von Gründen ein falscher Tadel. Es wurde richtig festgestellt, dass sowohl das Medium als auch der Magier Trance kultivieren. Aber damit hört die Genauigkeit der Beobachtung auf, denn es gibt einen himmelweiten Unterschied zwischen den jeweiligen Bewusstseinszuständen. Im allgemeinen Sprachgebrauch gibt es den abgedroschenen Ausdruck, dass Genie und Wahnsinn miteinander verbunden sind. Der wirkliche Unterschied besteht darin, dass in dem einen Fall das Schwerkraftgleichgewicht über dem normalen Bewusstseinszentrum liegt. Im zweiten Fall liegt es darunter, und das Wachbewusstsein ist von einer unentwickelten Horde unkontrollierter unterbewusster Impulse überfallen worden. Dieselbe Idee trifft mit noch größerer Kraft auf den Vergleich von Medium und Magier zu. Denn das Medium pflegt eine passive und negative Trance, die sein Bewusstseinszentrum nach unten in das schleudert, was wir als *Nephesch* bezeichnen können. Der Magier hingegen ist sowohl aus geistiger als auch aus spiritueller Sicht äußerst aktiv, und obwohl auch er in noetischer Trance versucht, die rationalen Prozesse in der Schwebe zu halten, besteht seine

Methode darin, sich über sie zu erheben, sich den telestischen Strahlen des Höheren Selbst zu öffnen, anstatt planlos in den relativen Schlamm des *Nephesch* abzusteigen. Dies stellt den einzigen Unterschied dar. Die Kultivierung des magischen Willens und die daraus resultierende Erhöhung der Seele ist die Technik der Magie. Die spiritistische Trance ist nichts weiter als ein unnatürlicher Abstieg in die Trägheit und das tierische Bewusstsein. In der passiven negativen Trance wird auf alle Menschlichkeit und Göttlichkeit verzichtet und sie wird durch tierisches Leben und dämonische Besessenheit ersetzt. Der Verzicht des rationalen Egos im Magier erfolgt zugunsten einer noetischen spirituellen Errungenschaft, nicht einer Erstarrung des instinktiven und vegetativen Lebens. Magie hat daher aus keiner möglichen Perspektive aus etwas mit einem passivem Dasein als Medium zu tun.

Bevor ich mit der Darlegung der grundlegenden Prinzipien der Magie fortfahre, ist es notwendig meine Position in Bezug auf die Quellen der theoretischen Philosophie offenzulegen, die meiner persönlichen Interpretation ihrer Technik zugrunde liegen. Es wird ziemlich offensichtlich sein, dass ich der Theosophie zutiefst verpflichtet bin. Viele der magischen Praktiken haben ihre Grundlage in der praktischen Kabbala der hebräischen Philosophen und in der priesterlichen Theurgie der Ägypter. Fragmente wurden aus verschiedenen Quellen zusammengetragen, ich bin einer großen Anzahl von Denkern sowohl vor mir als auch in meiner Zeit zu großem Dank verpflichtet und sie möchte ich gerne anerkennen.

Was die Theosophie angeht, so halte ich es für ehrlich - trotz abfälliger Bemerkungen über das Verhalten einzelner Theosophen - zu gestehen, dass ich für Blavatsky nichts als höchste Bewunderung und höchsten Respekt empfinde. Vieles von dem philosophischen Überbau, der in ihrer Geheimlehre offenbart wird, gebietet nur stumme Einwilligung und herzliche Zustimmung. Meine eigene Auffassung der magischen

Philosophie verdankt das wenige, was konsistent und klar ist, den Entwicklungen in der vergleichenden Religionswissenschaft und Philosophie, die Blavatsky mir vermittelt hat. Dennoch ist meine Haltung eklektisch, ich wähle hier, lehne dort ab und bilde aus dem Ganzen eine kohärente und konsistente Synthese, die dem Geist gefällt und die Seele befriedigt. Ich habe das Gefühl, dass ich die Gesamtheit von Blavatskys Lehre in ihren verschiedenen Ausprägungen nicht akzeptieren kann. Es gibt vieles, dem ich voll und ganz zustimme und das man mit Stolz und Freude in die persönliche Philosophie assimilieren würde, gleichzeitig gibt es vieles, das dem inneren Empfinden missfällt und zuwider ist.

Auch den Werken von Arthur Edward Waite, insbesondere seinen Zusammenfassungen der kabbalistischen Lehren, bin ich in nicht geringem Maße zu Dank verpflichtet. Es gibt eine beträchtliche Menge hervorragender Literatur, die von diesem inzwischen betagten Zeitgenossen geschrieben wurde, die außerordentlich anmutig, informativ und erhaben ist und manchmal vor unvergleichlicher Eloquenz singt. Und es ist dieser Aspekt hervorragender Gelehrsamkeit und Lyrik, der meiner Meinung nach nicht vergessen werden sollte - auch wenn er zuweilen durch die Häufigkeit von Passagen in seinen Schriften getrübt erscheinen mag, die gerechtfertigte Kritik hervorrufen. Sie sind von abgrundtiefer Schwülstigkeit und Wichtigtuerei und weisen eine unnötige Tendenz zu destruktiver Kritik auf. Aber was meine persönlichen Gefühle betrifft, habe ich einen warmen Platz in meinem Herzen für Mr. Waite und schulde ihm weit mehr, als es bloße Worte ausdrücken können, und als Ergänzung zu der vorliegenden Studie würde ich jedem Leser seine Geheimlehre über Israel und die Heilige Kabbala enthusiastisch empfehlen.

Obwohl es in den Werken des berühmten französischen Magiers, dessen Pseudonym Eliphas Levi Zahed war, viel bedeutungsloses Geschwafel gibt, das nicht den geringsten Bezug zur Magie hat, erkennt man doch hier und da in *Dogme et Rituel de la Haute Magie* und seinen anderen Werken, die wie Sterne in der Schale des Firmaments glänzen, helle Nuggets aus reinstem Gold im dunklen Erz der Unklarheit und Trivialität. Ich muss jedoch gestehen, dass ich von seinen eigenen Aufzeichnungen über seine Fähigkeiten als praktischer Magier in jeder Hinsicht ziemlich unbeeindruckt bin, da beispielsweise seine sogenannte Beschwörung des Schattens von Apollonios von Tyana zu einem völligen Mangel an Ergebnissen führte. Er ist für die meisten Leser ein schwieriges Problem. Darüber hinaus hat er sich mit der Verwechslung oder dem albernen Versuch, Magie mit dem römischen Katholizismus in Einklang zu bringen, belastet. Ohne ein solides Verständnis der grundlegenden Prinzipien der Kabbala und der vergleichenden Philosophie wird der Student daher zwangsläufig in die zahlreichen Fallen geschleudert, die er für die Unvorsichtigen bereithält.

S. L. McGregor Mathers und W. Wynn Westcott haben mir ebenfalls viel Grundlegendes für diese magische Philosophie geliefert, insbesondere ersterer, und aus den Werken beider kann viel nützliches Material entnommen werden. Die Welt muss Mathers für seine Übersetzung von *The Sacred Magic of Abramelin the Mage* ewig dankbar sein; und *The Introduction to the Study of the Kaballah* von Westcott ist vielleicht eine der einfühlsamsten aller elementaren Abhandlungen zu diesem Thema. Die Ansichten dieser Autoren in Gänze zu akzeptieren, bedeutet jedoch, akute geistige Verdauungsstörungen zu bekommen. In jedem von ihnen gibt es mehrere Elemente der Wahrheit – zumindest Wahrheit für den einzelnen Schüler – und darunter lauert ein kleiner Rest an Übertreibung, Missverständnis oder Fehlern.

Es wird zudem darauf hingewiesen, dass ich häufig Aleister Crowley zitiert habe, und es ist zwingend erforderlich, meine eigene Haltung gegenüber diesem Genie klar zu definieren. Wenn man die Schande der schwarzen Magie außer Acht lässt, die von vielen Menschen geäußert wird, die überhaupt nicht wissen, was er lehrte, gibt es bei Crowley viel Wichtiges, viel Philosophie und originelle Gedanken sowohl zur Kabbala als auch zur Magie, wunderschön in Prosa und Versen ausgedrückt und tiefgründig in der Konzeption. Ich finde es schade, dass die Öffentlichkeit seiner überragenden Frische und Originalität und jener Aspekte seiner Lehre beraubt wurde, die gut, erhebend und beständig sind, und zwar einfach aufgrund eines bestimmten Anteils seines literarischen Schaffens, der sicherlich banal, belanglos, unwichtig und zweifellos äußerst verwerflich ist.

Die Persönlichkeiten und das Privatleben dieser Personen gehen mich überhaupt nichts an, und ich fühle mich nicht geneigt, darüber zu sprechen. Fast alle von ihnen haben irgendwann einmal die Stiche und Pfeile einer Fehleinschätzung durch eine lüstern blickende Menge erlitten. Mit dieser Menge und der Art der Beschimpfungen, die sie von sich geben, habe ich ebenfalls nichts zu tun, denn Magie ist in keiner Weise etwas für sie.

Daher obliegt jedem Schüler die Aufgabe, selbst festzustellen, was als wahr und zuverlässig angesehen werden muss, und sich selbst einen unumstößlichen Bezugsstandard zu setzen. Und dieser Standard muss auf spiritueller Erfahrung beruhen. Aus diesem Grund wurde der kabbalistische Baum des Lebens als Rahmenwerk der praktischen Magie übernommen, da er in erster Linie einer synthetischen und konstruktiven Klassifizierung zugänglich ist und etwas bietet, das man treffend als magisches Alphabet bezeichnen könnte. Es muss angemerkt werden, dass das Wort „Alphabet" verwendet wird, und zwar anstelle von Sprache und den Entwicklungen daraus. Die Kabbala versucht nicht, eine vollständige magische Sprache oder eine vollständige Philosophie bereitzustellen. Letztere kann nur durch spirituelle Erfahrung erworben werden. Doch aus dem Alphabet der Ideen, Zahlen und Symbole und den darin enthaltenen Andeutungen mag sich der Student mithilfe der magischen Forschung möglicherweise in der Lage sehen, ein zufriedenstellendes Gebäude hoher Philosophie errichten, das ihn durchs Leben führen kann.

KAPITEL DREI

ALLE bedeutenden Theurgen der Vergangenheit bestanden darauf, dass die erhabene Philosophie, die der Theorie und Technik der Magie zugrunde liegt, von gleicher Bedeutung ist wie die praktische Arbeit und dieser Arbeit als radikale Notwendigkeit den Vorrang einräumt. Sie ist Voraussetzung für jede weitere Diskussion. Tatsächlich kann es kaum ein wirkliches Verständnis der Logik der Magie geben und sicherlich keine Erkenntnis der Komplexitäten, die innerhalb und außerhalb der Konstitution des Magiers stattfinden, wenn der Grundstein der Philosophie nicht fest in seinem Geist verankert ist. Wenn die Ausübung der Magie gefährlich ist, entsteht diese Gefahr nur dann, wenn der Anwender keine genaue Kenntnis davon hat, was er tut. Die Wirksamkeit der Riten hängt weitgehend von einem intelligenten Verständnis der Bedeutung der Occuli-Symbole und der Realitäten ab, die sie in erster Linie vermitteln sollen. Die Symbole und die Hilfsmittel der Magie würden in profanen Händen von jemandem, der mit den Grundlagen der Kunst nicht vertraut ist, mit Sicherheit nicht die richtigen thaumaturgischen Ergebnisse erzielen. Die bloße intellektuelle Vertrautheit mit diesen geheimnisvollen Prinzipien nützt jedoch wenig, wenn keine spirituelle Erfahrung vorhanden ist. Andererseits erhält die magische Erforschung des Universums und die daraus resultierende spirituelle Verwirklichung im Bewusstsein eine größere Würde und eine reichere Bedeutung und Tiefe, wenn sie durch theoretisches Verständnis gut untermauert wird.

In seinem jüngsten Werk *The Mysteries of Egypt* bestätigte Lewis Spence, dass das philosophische System der Magie „alle Weisheit und geheimnisvolle Wissen der antiken Welt zusammengetragen und offenbart hat, das auf diese Weise kristallisiert und systematisiert wurde, so dass es, wäre es in unverfälschter Form erhalten geblieben, spätere Zeitalter mit Sicherheit vor vielen religiösen Katastrophen und viel falschem Mystizismus bewahrt hätte. Aber durch die Trägheit und Nachlässigkeit seiner Bewahrer und vielleicht auch durch die zynischen Einflüsse, die von außen auf sie einwirkten, ging seine frühe göttliche Schönheit allmählich verloren, bis schließlich nur noch die skelettierte Form seines Rituals und seiner Zeremonie übrigblieben."

In den orthodoxen exoterischen Religionen wurden einige der verstreuten Fragmente des magischen Skeletts beibehalten, die größtenteils unwirksam und aufgrund skrupelloser Manipulationen für die meisten unverständlich waren. Aber das Wesen der Magie, ihre „frühe göttliche Schönheit", wurde von selbstlosen Händen bewahrt und erhabenen Geistern geschätzt, und wenn man viel Sorgfalt walten lässt, kann man es sogar in veröffentlichten Büchern finden. In den Werken der Gnostiker, die in den neuplatonischen Schriften enthalten sind, in den absichtlichen Unklarheiten der Alchemisten, in der Literatur der Rosenkreuzer – überall finden wir leuchtende Spuren der Philosophie und Praxis dieser Magie des Lichts, die - sorgfältig auf der synthetischen Grundlage des Baum des Lebens zusammengestellt - ein erhabenes und funktionsfähiges System bilden, das jedem, der es sehen will, strahlendes Verstehens verleiht. Die Hauptbestandteile des magischen Systems sind die Quelle der Referenz, der Baum des Lebens der Kabbalisten, und die hieratische Religion der Priesterkaste Ägyptens. Ich möchte hier erwähnen – wobei ich dem Leser eine Interpretation überlasse –, dass die Kabbala als heiliges Gut von Moses auf dem Berg Sinai empfangen wurde und er sie an Josua weitergab, der sie den Richtern übergab, und diese dem Sanhedrin, bis sie schließlich von den Tanaim und den späteren kabbalistischen Rabbis aufgegriffen und ausgearbeitet wurde. Andere Leute sind fest davon überzeugt, dass - sollte es jemals eine Person wie Moses in der Geschichte gegeben haben und die Kabbala und ihre Abhandlungen von ihm stammen - er sie von ägyptischen Priestern erhalten hat, mit denen er zweifellos in den

Tempeln am Nil studierte. Nur wenige andere Länder der Welt, außer vielleicht Indien, können sich einer so beredten Chronik mystischer und magischer Tradition rühmen wie Ägypten, das zu Recht als Mutter der Magie bezeichnet wird. Ob die Kabbala tatsächlich von den Ägyptern oder einem anderen Volk stammt, ist ein strittiger Punkt, und trotz aller Legenden und fantasievollen Spekulationen gibt es keine stichhaltigen historischen Beweise in dieser Richtung. Doch die praktische Theurgie der Ägypter harmoniert bemerkenswert gut mit den philosophischen Theorien der Kabbala, und die Erfahrung einer Vielzahl von Magiern lässt darauf schließen, dass es kaum eine passendere oder befriedigendere Kombination geben könnte.

Daher wird hier eine Darstellung der zugrundeliegenden Prinzipien des Universums wiedergegeben, wie sie von den Magiern konzipiert wurden, und deren Studium die Grundlage aller praktischen Arbeit bilden muss. Diese Konzeption des Universums wird in den philosophischen Begriffen der Kabbala kurz dargelegt und um die zentrale Struktur des Lebensbaums herum aufgebaut. „Wenn man in das Heiligtum der Kabbala eindringt, wird man von Bewunderung ergriffen angesichts einer so einleuchtenden und zugleich so absoluten Lehre. Die notwendige Vereinigung von Ideen und Zeichen, die Weihe grundlegendster Wirklichkeiten durch primitive Zeichen, die Dreieinigkeit von Wörtern, Buchstaben und Zahlen; eine Philosophie, einfach wie das Alphabet, tiefgründig und unendlich wie der Logos; Lehrsätze, leuchtender und vollständiger als die des Pythagoras; eine Theologie, die man durch Abzählen an den Fingern zusammenfassen kann; eine Unendlichkeit, die man in der hohlen Hand eines Kindes halten kann: zehn Ziffern und zweiundzwanzig Buchstaben, ein Dreieck, ein Quadrat und ein Kreis – das sind die Elemente der Kabbala, das sind die Grundprinzipien des geschriebenen Wortes, Schatten jenes gesprochenen Logos, der die Welt erschuf!" So dachte Levi, und man muss ihm fürwahr voll und ganz zustimmen. Denn die bewundernswerte Grundlage der Kabbala ist eine einfache mathematische Struktur aus Symbolen, Zahlen und Namen, die zehn Zahlen und die Buchstaben des Alphabets der Engel verwendet, wie das hebräische Alphabet genannt wurde. Die Mathematik wurde von den Anhängern der esoterischen Philosophie, insbesondere von den Pythagoräern, schon immer als göttliche Wissenschaft angesehen, da sie mithilfe von Zahlen die kreativen Prozesse sowohl des Universums als auch die Entwicklung des Menschen skizziert. Mehrere Magier waren der Ansicht, dass die Natur durch die in Zahlen ausgedrückten Ideen im Schoß des unendlichen Raums gezeugt wurde. Aus diesen Ideen oder Universalien gingen die Urelemente, die immensen Zeitzyklen, die kosmischen Körper und die ganze Schar himmlischer Veränderungen hervor.

Da Zahlen die Mittel oder Symbole waren, mit denen die Bedeutung der abstrakten universellen Ideen erfasst werden konnte, wurden sie im Laufe der Zeit an die Stelle der Ideen selbst gesetzt. Den Zahlenphilosophen wurde zu Beginn ihrer Studien gelehrt, Wachstum und Entwicklung in Zahlen zu denken und kosmische Realitäten in ihren fortschreitenden Zuständen als Abfolge numerischer Fortschritte zu betrachten. Diese verschiedenen Zustände wurden mit Zahlen gleichgesetzt. Wenn man sich in der magischen Philosophie beispielsweise auf die Null bezieht, bedeutet dies in erster Linie, dass die unmanifestierte Essenz des Universums noch vor Entstehung der Welten gemeint ist, die Grenzenlosigkeit und Unveränderlichkeit des unendlichen Raums, in dem es weder Sterne noch Sonnen, Planeten noch Menschen gab. Der Kreis, in seiner Form eine Null (0), wurde daher als angemessene Darstellung jener ursprünglichen Realität angesehen, die allen Lebewesen und Wesen in den riesigen Weiten des Weltraums Existenz verliehen hatte. Der metaphysische und spirituelle Punkt, der in strikter Übereinstimmung mit dem zyklischen Gesetz erscheint, wurde durch einen Strich oder eine Linie dargestellt, die sich von oben nach unten im Kreis erstreckte, eine aufrechte Eins. Die Zahl selbst bezeichnete dann den Prozess das Keimen der Welten. Jede Zahl stand aufgrund des Evolutionsprozesses, auf den sie sich ursprünglich bezog, dementsprechend für den Prozess selbst. Infolgedessen sind wir in Besitz der geometrischen Figuren und Sigillen sowie der Symbole, die in magischen Zeremonien verwendet werden. Während sich die Philosophie der Kabbala entfaltet, wird der Leser erkennen, welche grundlegenden Implikationen den Zeichen und Symbolen, die die Theurgie verwendet, zugrunde liegen. Und es wird klar erkennbar, dass es sich nicht mehr um willkürliche Zeichen von zweifelhafter Bedeutung handelt, sondern um strenge Realitäten, die mit einer erhabenen Wahrheit ausgestattet sind. Ich muss den Schüler jedoch bitten, in diesem und den folgenden Kapiteln eine Weile Geduld mit mir zu haben, da ich mich mit einem äußerst komplexen und schwierigen Thema befasse. Egal wie gut eine Vereinfachung für das allgemeine Studium bereitgestellt wird, sie muss immer große Aufmerksamkeit und viel Übung erfordern.

Zunächst einmal ist die Philosophie der Kabbala eine Philosophie der Evolution. Das Universum mit all seinen Planeten und Welten und unabhängigen Wesen wurde als Emanation eines urzeitlichen Substanzprinzips betrachtet, das manche als Gott, das Absolute, die Unendlichkeit, das All und so weiter bezeichnet haben. In der Kabbala wird dieses Prinzip, das die eine Wirklichkeit darstellt, *Ain Soph*, Unendlichkeit, genannt. Der *Sepher haZohar*, der vielleicht wichtigste aller kabbalistischen Texte, begreift es als unveränderlich, für den Verstand ungreifbar, grenzenlos, unmanifestiert und absolut. In sich selbst jenseits aller intellektuellen Auffassungsgabe, da es niemals von einer Mentalität erfasst werden könnte, die nur ein Teil seiner Allumfassenheit ist, wird es als *Ain* -Nichts bezeichnet. Da es jedes endliche Verständnis übersteigt, so unveränderlich und grenzenlos seine Erscheinungen für den menschlichen Geist sind, dessen tiefgründigste Spekulation nicht einmal an die schwächste Andeutung dessen heranreichen könnte, was es an sich ist, muss es immer eine geheimnisvolles Leere – ein Nichts bleiben. In diesem Zusammenhang ist die grafische Konzeption der frühen Ägypter sowohl eindringlich als auch malerisch. Der Himmel oder Raum vor aller Manifestation wurde als der nackte Körper der Göttin Nuit, der Königin des unendlichen Raums, begriffen und aus ihren Brüsten austretend wurde die Milch der Sterne, das Urgewässer der Substanz, dargestellt.

Alles, was man mit Wahrheit über diese absolute und höchste Realität sagen kann, ist, dass SIE IST. Dies muss genügen. Allgegenwärtig, ewig und selbstexistent – das sind Ideen, die selbst die erhabensten Flüge der geschulten Vorstellungskraft übersteigen, Abstraktionen jenseits des Begriffs sterblicher Geister. Eines der Symbole dieses Potenzials des Ain während einer Ruhephase ist ein Kreis, der bedeutet, dass alles in Homogenität zurückgezogen wurde und die Bewegung fortwährend in sich selbst zurückkehrt, so wie in der Glyphe der Schwanz der Schlange in den Kopf zurückkehrt und von ihm verschluckt wird. Der Kreis wird praktisch nur durch das Gesetz der Periodizität unterbrochen. Dieses Gesetz, das alles betrifft und der Natur der Dinge innewohnt, regelt den ständigen Fluss und Rückfluss, das Erscheinen und Verschwinden der Welten. Das Potenzial des *Ain Soph* spiegelt sich nur im Ausströmen des Atems der Kreativität wider, am Beginn eines Zyklus, wenn das Eine Leben in Geist und Materie polarisiert wird. Das Durchbrechen des Kreises der immerwährenden Bewegung wird durch eine Kontraktion seines Unendlichen Lichts erreicht, durch die Platzierung eines winzigen Punktes funkelnden Glanzes innerhalb der Grenzen des Raums. Wie diese Konzentration des Lichts in einem kosmischen Zentrum bewirkt wurde, was sein dunkler Ursprung ist, können wir nicht sagen. Es gibt verwirrte Erklärungen über den Willen von *Ain Soph* oder das Gesetz der Zyklen, aber sie führen nicht wirklich zu intelligenter Befriedigung. In dem einen Fall ist es völlig unmöglich, sich einen so unendlichen und abstrakten spirituellen Zustand wie *Ain Soph* vorzustellen, der einen Willen besitzt, der in Gang gesetzt werden kann, ebenso wenig wie er einen Geist oder einen Körper besitzt. Die philosophische Tradition besagt, dass *Ain Soph* nicht Geist oder Wille ist, sondern die zugrundeliegende Ursache von beiden; nicht Kraft oder Materie, sondern das, was ihnen zugrunde liegt, ihre ultimative Ursache. Im zweiten Fall weist dieses Postulat des zyklischen Gesetzes zur Erklärung des Erscheinens des Lichtzentrums auf etwas hin, das unabhängig von Ain Soph ist oder ihm eine Notwendigkeit auferlegt. Wenn das zyklische Gesetz mit dem Absoluten identifiziert wird, wird das Postulat identisch mit dem Willen zur Manifestation. Da wir uns in der Theurgie jedenfalls einig sind, dass die Vernunft nicht der letzte Gebieter sein kann, was diese und ähnliche metaphysische Fragen betrifft, muss die philosophische Tradition einfach in ihrer bloßen Aussage akzeptiert werden, ohne dass man versucht, rationale Erklärungen für ein kosmisches Zentrum der Strahlung zu liefern, das im Weltraum erscheint.

Dieses kosmische metaphysische Zentrum wird *Kether*, die Krone, genannt und ist die erste Manifestation des Unbekannten, eine Konzentration seines Unendlichen Lichts. Es ist ebenfalls in gewissem Sinne unbekannt, der Sohar nennt es das Verborgene. Blavatsky betrachtet es als den ersten Logos- unmanifestiert - denn aus ihm werden sowohl der Geist als auch die Wurzel der kosmischen Materie erst noch geboren. Seine Zahl ist Eins, denn der Punkt im Kreis, verlängert und als aufrechter Strich gezeichnet ist, ist diese Zahl.

Als die Krone, die das Emanationssystem überragt, als die Spitze des Baums des Lebens, der seine Wurzeln im Himmel hat und in Richtung Erde herabwächst, ist *Kether* das tiefste Gefühl des Selbst, das das Substrat des menschlichen Bewusstseins und die ultimative Wurzel der Substanz bildet. Dieser zentrale sensible spirituelle Punkt, dieses metaphysische Zentrum oder diese Monade des Bewusstseins, erfüllt beide Anforderungen, da er als wahre Individualität und ultimative Teilung der Materie existiert. Aus der Monade geht die Dualität hervor, zwei unterschiedliche Aktivitätsprinzipien, die während einer gesamten Manifestationsperiode dauerhaft sind, koexistieren und gleich ewig sind. Dies sind das Bewusstsein und die metaphysische substanzielle Basis, auf der das Bewusstsein immer wirkt, die kosmische Wurzelsubstanz. Das eine wird *Chokmah* - Weisheit genannt, und dem anderen wird der Titel *Binah* - Verstand zugeschrieben. Um abstrakte Dinge für die Geister, die sie in dieser Metaphysik zu unterweisen versuchten, etwas verständlicher zu machen, bestand eine der Charakteristiken der kabbalistischen Philosophen darin, ihre komplexen und schwierigen Lehrsätze so weit wie möglich anhand menschlicher Verhaltensweisen, menschlicher Aktivitäten und menschlicher Emotionen zu erklären. So wird *Chokmah* der Titel des Vaters und *Binah* der der Mutter gegeben. Allen Sephiroth, wie diese Emanationen unterhalb der Krone genannt werden, werden männliche und weibliche Zuschreibungen gegeben, und die Aktivität zwischen männlichen und weiblichen Sephiroth in der Versöhnung ist sozusagen ein „Kind"; eine neutrale Sephira, die im Gleichgewicht wirkt. So entwickelt sich der Baum des Lebens, der diese zehn Emanationen umfasst, von der höchsten Abstraktion zum konkretesten Material in mehreren Triaden von Potenzen und spirituellen Kräften. Männlich, weiblich und Kind; positiv, negativ und ihre daraus resultierende Vermischung in einem dritten versöhnenden Faktor.

Diese beiden Prinzipien oder Sephiroth, die als Vater und Mutter bezeichnet werden, werden auch Buchstaben des sogenannten Tetragrammatons zugeschrieben, dessen vier Buchstaben YHVH sind. Im Zusammenhang mit dieser Lehre des Tetragrammatons muss ich den Leser daran erinnern, dass die Zuschreibungen dieses Namens und die Art und Weise der exegetischen Verwendung außerordentlich wichtig sind, und insoweit sein Verständnis davon klar und präzise ist, wird auch seine Einsicht in die später zu betrachtenden praktischen Formeln der Magie klar und präzise sein. Dem Vater wird der Buchstabe „Y" dieses Namens gegeben, und das erste „H" wird der Mutter zugeschrieben. Aus der Vereinigung des Y und des H entspringt der Rest aller geschaffenen Dinge. Mit anderen Worten, aus dem Bewusstsein und seinem Vehikel werden alle Dinge geformt, und jedes vorstellbare Wesen, ob Gott oder Mensch, göttlich oder tierisch, hat seine Grundlage im Y und im H des göttlichen Namens.

Nebenbei sei erwähnt, dass die Haltung der sogenannten Christian Science, die die Existenz von Materie leugnet, in der Philosophie der Theurgen keine Bestätigung findet. Es stimmt, dass letztere behaupten, die physische Welt sei eine Illusion, d. h. in dem Sinne, dass sich ihre äußeren Formen ständig ändern, dass sie sich in einem Zustand des ständigen Wandels befindet. Aus dieser Sichtweise, von „oben" betrachtet, könnte das Universum für eine Illusion gehalten werden. Aber seine Existenz gründet sich auf einer Realität, der Wurzelsubstanz von *Binah*, die sich vom Bewusstseinsaspekt von *Chokmah* unterscheidet und von ihm getrennt ist. Allein in dieser einen Hinsicht, wenn man mehrere andere Argumentationspunkte außer Acht lässt, hat die Magie kein Interesse oder Sympathie für die Christian Science. Sowohl Geist als auch Materie sind real, das heißt real während einer Zeit der Manifestation. An sich sind sie nur vorübergehende Modi der Aktivität von *Ain Soph*.

Die Energien von Chokmah, die sich über den gesamten Raum ausbreiten und Binah als unmittelbares Vehikel verwenden, führen zu den verbleibenden sieben Emanationen, die zur Erscheinung der greifbaren physischen Welt führen. In Chokmah wird der ideale oder imaginäre Weltenplan vom Logos formuliert, der sich in Kether befindet, Ideen, auf denen die zukünftige Welt basieren wird. Im ägyptischen

Totenbuch wird der Gott Tahuti oder Thoth - die Gottheit, die Chokmah zugeschrieben wird, da die wesentlichen Merkmale beider identisch sind - als die „Zunge" des Schöpfers Ptah angesehen, und er drückte zu allen Zeiten den Willen des großen Gottes aus, indem er die Worte sprach, die jedem Wesen und jedem Ding im Himmel befahlen, ins Dasein zu treten. Sir E. A. Wallis Budge, der angesehene Ägyptologe, bemerkt in der informativen Broschüre des British Museum über das Totenbuch: „Thoth hat die Gesetze aufgestellt, nach denen Himmel, Erde und alle Himmelskörper bestehen; er hat die Bahnen von Sonne, Mond und Sternen geordnet." Dies alles steht in harmonischer Übereinstimmung mit der Natur von Chokmah, der Ideenbildung oder Vorstellung des Kosmos, in der alle Dinge zuerst erdacht und dann ausgeführt und schließlich in der Substanz manifestiert wurden.

Die Mutter aller Formen, dies ist Binah, die dritte Sephira. Nach dem großen Kabbalisten des 16. Jahrhunderts, Rabbi Moses Cordovero, ist diese Zahl die Wurzel aller Dinge. Kosmische Wurzelsubstanz und Urenergie sind Begriffe, die Blavatsky für diese besondere Manifestation verwendet, die in der Kabbala das Große Meer genannt wird. Die Form der Buchstaben des hebräischen Wortes für Meer ist eine Glyphe, die beredt das Aufsteigen und Anschwellen der Wellen im Meer umschreibt. Die Alten symbolisierten mit dem Meer sehr weise die unberührte jungfräuliche Substanz, die sich im Raum ausbreitet; denn Wasser ist plastisch, verändert ständig seine Form und nimmt die Form des Gefäßes an, in das es gegossen wird. Das Meer ist ein äußerst passendes Symbol für diese plastische Substanz, aus der alle Formen gemacht werden, und repräsentiert auch eine unaufhörliche, aber passive Energie. Die Farbe von Binah wird als schwarz angegeben, da Schwarz alle anderen Farben absorbiert, so wie alle materiellen Formen nach zahllosen Transformationen und Mutationen wieder zur Wurzelsubstanz zurückkehren und wieder von ihr absorbiert werden.

Diese drei Emanationen sind auf besondere Weise einzigartig. Die Krone mit ihren beiden Ableitungen, Vater und Mutter, werden als überirdische Sephiroth angesehen, die keinerlei Beziehung zu den von ihnen ausgehenden Emanationen haben. Auf der Karte des Lebensbaums sieht man die Überirdischen jenseits des Abgrunds existieren, jener großen Kluft zwischen dem Idealen und dem Tatsächlichen, die sie von den Unteren trennt, das Obere von dem, was Unten ist. So wie Wellen aufsteigen und unter den normalen Wasserspiegel sinken, ohne eine dauerhafte Wirkung auf das Wasser selbst auszuüben, so wird auch die Beziehung des tatsächlichen Universums zu den überirdischen Sephiroth betrachtet, denn letztere liegen auf einer Ebene, die völlig von allem entfernt ist, was wir intellektuell begreifen können. Erst mit dem Erscheinen der vierten Emanation haben wir etwas, das für den menschlichen Verstand wirklich erkennbar ist.

Aus diesem Grund gibt es eine zweite Methode zur Nummerierung, zusätzlich zu der bereits angegebenen. Die Überirdischen gelten als völlig unabhängig von den niederen Sephiroth, und während letztere aus und in ihrer eigenen göttlichen Essenz geboren werden, wird das Wesen der Überirdischen in keiner Weise beeinträchtigt. So wie Licht in die Dunkelheit scheint und sie erhellt, ohne eine Verminderung seiner eigenen Existenz zu erleiden, so fließen die Wirkungen der Überirdischen aus ihrem zentralen Wesen heraus und vermindern dadurch in jedem Grad die Realität ihrer Quelle. Daher existieren sie allein jenseits des Abgrunds, obwohl ihre Essenz im ganzen Raum verteilt ist, und ihre Nummerierung ist mit Drei abgeschlossen. Beginnend mit den Unteren unterhalb des Abgrunds, der Ebene der bedingten endlichen Existenz, beginnt die Nummerierung erneut mit der Zahl Eins. Somit hat jede Sephira in diesem Sinne zwei Zahlen, was auf eine deutliche duale Entwicklung des Lebensstroms hinweist. Chesed ist sowohl die Zahl Vier als auch die Zahl Eins, da es die erste Sephira auf der Ebene der Kausalität unterhalb des Abgrunds ist. Jupiter, als Vater der Götter, wird im magischen Alphabet manchmal Kether zugeordnet. Aber er gehört in anderer Weise auch zu Chesed, da Chesed auf einer niedrigeren Ebene die Widerspiegelung der Krone ist. Die einfache Nummerierung wird beibehalten, um die Verwechslung zweier unterschiedlicher Zahlenreihen zu vermeiden, und geht ohne Unterbrechung von eins bis zehn weiter. Sie wird nur erwähnt, weil diese Tatsache allein die isolierten Fragmente erklären kann, die zum pythagoräischen Zahlensystem gehören, welches - wenn es auf den Baum des Lebens angewendet wird, ohne dass man sich an die doppelte Nummerierung erinnert - zu unsagbarer Verwirrung führen kann.

Von der ersten Triade wird dann eine zweite Triade von Emanationen reflektiert oder unter den Abgrund projiziert. Sie bestehen ebenfalls aus einer männlichen und weiblichen Potenz mit einer dritten Sephira, die in direkter Versöhnung entsteht, um ihre Kräfte zu harmonisieren und auszugleichen. Die vierte wird sowohl Chesed genannt, was Güte bedeutet, als auch Gedulah, was Größe bedeutet, und die alten Philosophen haben ihr die astrologische Qualität zugewiesen, die Jupiter genannt wird. Vier ist eine Zahl, die für System und Ordnung steht, wobei letztere die Eigenschaften sind, die die astrologische Tradition dem Planeten Jupiter zuschreibt. Nach Ansicht einiger Autoritäten ist dies die erste Zahl, die die Natur der Festigkeit zeigt, und da wir oben gesehen haben, dass Chesed die erste Sephira unter dem Abyss und die erste der „wirklichen" Sephira ist, sind diese Bemerkungen gerechtfertigt. Die männliche Sephira Chesed symbolisiert die Möglichkeiten der objektivierten Natur und bestätigt die astrologische Zuordnung von Jupiter, einschließlich der mythologischen Figur des gleichnamigen Schutzgottes. Die Pythagoräer nannten die Vier „das größte Wunder, den Gott einer anderen Art als die Triade."

Die fünfte ist Gevurah - Stärke, und obwohl sie ihrer Qualität nach eine weibliche Emanation ist, scheint ihre Natur sehr männlich zu sein. Einige der Alten haben gesagt, dass die Fünf ein Symbol der schöpferischen Kraft ist, und in diesem Konzept von Kreativität und Macht haben wir den Charakter von Gevurah. Sie ist eine formende Kraft, wie ihr Name Macht und die planetarische Zuordnung des Mars vermuten lassen, durch die der in der kosmischen Vorstellungskraft formulierte und als Bild in die Wurzelsubstanz unterhalb des Abgrunds in Chesed projizierte Plan in Aktivität und Manifestation gewirbelt wird. Fünf besteht aus drei und zwei, wobei erstere die passive Energie der Mutter und letztere die Weisheit des Vaters darstellt. Sie drückt nicht so sehr den Zustand der Dinge aus, sondern vielmehr eine Handlung, einen weiteren Übergang und einen Übergang von der Idealität in die Wirklichkeit.

Sechs ist die Sephira, die entwickelt wurde, um den früheren Kräften Harmonie und Gleichgewicht zu verleihen, und wird *Tiphareth* genannt, ein hebräisches Wort, das Schönheit und Harmonie bedeutet. Die Zahl ist ein Symbol für alles, was gut ausgewogen, harmonisch und von angenehmer Proportion ist, und da sie das Doppelte von drei ist, spiegelt sie die vielfältigen Ideen wider, die durch diese Zahl repräsentiert werden. Da also drei die wirklich motivierenden Kräfte der Evolution darstellt, den Macroprosopus oder den Logos, finden wir in *Tiphareth* eine angemessene und ausgewogene Widerspiegelung in einem kleineren Logos, dem Microprosopus. Dieser Sephira schrieben die Kabbalisten die Sonne zu, den Herrscher und Mittelpunkt des Sonnensystems. Durch einen Blick auf die Tabelle kann der Leser erkennen, dass *Tiphareth* eine auffällige Position im Zentrum der gesamten Struktur des Lebensbaums einnimmt. Die pythagoräischen Zahlenphilosophen sagten, dass sechs das Symbol der Seele sei, und später werden wir entdecken, dass im menschlichen Wesen *Tiphareth*, der harmonischen Emanation der Sonne, die Sephira der Seele des Menschen, des

Zentrums des mikrokosmischen Systems und der leuchtende Vermittler zwischen dem grübelnden Geist oben und dem Körper mit seinen Instinkten unten ist. Die zoharischen Doktoren der göttlichen Philosophie haben den dritten Buchstaben „V" des göttlichen Namens *Tiphareth* zugeordnet, und da letzterer das Kind des Himmlischen Vaters und der Himmlischen Mutter ist, wird er der Sohn genannt. Das Siegel Salomons, die ineinander verschlungenen Dreiecke, ein wahres Symbol des Gleichgewichts, ist das passende Zeichen.

Die Reflexionsprozesse gehen noch weiter, und die zweite Triade, die aus den Zahlen vier, fünf und sechs besteht – obwohl sie selbst von den himmlischen Sephiroth projiziert wurden –, führt wiederum zu einer dritten Triade, indem sie sich auf einer noch niedrigeren Ebene reproduzieren. Der erste dieser Sephiroth ist männlich – *Netzach*, was Triumph oder Sieg bedeutet. Sieben wird als vollkommene Zahl aufgefasst, die eine Vollendung der Dinge, Vollendung eines Zyklus und seine Rückkehr in sich selbst darstellt. So werden in der siebten Sephira, die eine neue Triade beginnt und die zweite Sephiroth-Reihe abschließt, alle früheren Kräfte erneut zusammengefasst. Ihre Natur ist eine der Liebe und der Anziehungskraft; die Kraft des Zusammenhalts im Universum, die eine Sache an eine andere bindet und als instinktive Intelligenz unter Lebewesen fungiert. Der Planet Venus, das Sinnbild der Liebe und der Emotionen, ist der Planet, den die magischen Philosophen dieser Sephira zuschreiben; ebenso die Farbe Grün, die traditionell der Aphrodite zugeschrieben wird, da die Kräfte dieser Sephira besonders mit Wachstum, Ernte und Landwirtschaft verbunden sind.

m Gegensatz zu *Netzach* als zweiter Sephira der dritten Triade wiederholt *Hod*, Glanz oder Majestät, eine weibliche Qualität, die Eigenschaften von Chokmah, wenn auch auf einer weniger erhabenen und sublimeren Ebene. Sie stellt im Wesentlichen eine quecksilbrige Qualität der Dinge dar – immer fließend, sich verändernd und in ständigem Fluss, und sie wurde, glaube ich, als „stabile Veränderung" bezeichnet. Ihr gegenüber, mit einer sehr ähnlichen Natur, steht die neunte Sephira *Yesod*, die Grundlage, die eine „verändernde Stabilität" ist. So wie die enorme Geschwindigkeit von elektronischen Teilchen die Stabilität des Atoms gewährleistet, so bilden die flüchtigen Formen und die Bewegung von *Yesod* die Beständigkeit und Sicherheit der physischen Welt. Sie ist die neunte Sephira und daher die neunte Ziffer, die alle vorhergehenden Zahlen umfasst. *Yesod* wird allgemein als Astralebene oder Seele der Welt bezeichnet und ist die Grundlage einer feinen elektromagnetischen Substanz, in der alle höheren Kräfte konzentriert sind und die die Basis oder das endgültige Modell bilden, auf dem die physische Welt aufgebaut ist. Yesod ist lunarer Natur, wobei ihm der Mond als Licht zugeordnet ist, da eine merkwürdige Beziehung zwischen dem toten Satelliten der Erde und dem Astrallicht besteht. Es vervollständigt die drei Triaden, denen *Malkuth* als Pendant dient, die zehnte und letzte Sephira, die in konkreter Form, in einer vollständigen, für die Sinne sichtbaren und greifbaren Kristallisation, alle Eigenschaften der vorhergehenden Ebenen repräsentiert. Das Wort selbst bedeutet Königreich, das Königreich der physischen Welt und den Schauplatz der Aktivitäten und Inkarnationen der von oben verbannten Seelen, den Wohnort des Heiligen Geistes. Im Sohar erhält *Malkuth* den Buchstaben „H" des göttlichen Namens und wird die Tochter genannt, da sie die weltliche Reflektion des ersten „H" ist, das die Mutter ist. Diese zehnte Sephira wird an anderer Stelle die Braut, die Tochter und die Jungfrau der Welt genannt.

Zugegebenermaßen bietet dieser Überblick nur einen kurzen und sehr flüchtigen Blick auf das numerische System der Evolution und kosmischen Entwicklung, das Levi so viel Respekt und beredte Bewunderung einbrachte. In dieser elementaren Skizze wird deutlich, dass Zahlen mit kreativen oder evolutionären Prozessen in Zusammenhang stehen und dass die Natur der Zahlen, im Grunde genommen Rhythmus ist. Diese letzte Aussage ist wichtig, da harmonische Proportionen und Aktivitäten tatsächlich die ersten Manifestationen des Einen Lebens in den Elementen und zahlreichen Substanzen leiten und markieren, die überall um uns herum vorhanden sind. Diese Differenzierungen werden zu Recht durch Zahlen symbolisiert, die als genaue Veranschaulichung der Entfaltungsprozesse aufgefasst werden können. Sie repräsentieren die Entwicklung eines explizit greifbaren Universums aus einer implizit greifbaren Essenz; von der Konzeption eines Ideals bis zur Vervollständigung der konstruierten Form, in der das Ideal seine irdische Behausung findet. Für den Theurgen symbolisieren die Zahlen den Rhythmus des Lebens selbst und deuten mit den entsprechenden Siegeln die Kräfte und Wesenheiten an, mit denen er in Verbindung treten möchte.

Es gibt einen anderen Gesichtspunkt des Baums des Lebens, auf den ich eingehen möchte. Er betrifft die sogenannten Vier Welten. Diese Welten sind metaphysische Regionen sowohl des Bewusstseins als auch der Materie, denn die Theurgie besagt, dass jeder Bewusstseinszustand sein eigenes Vehikel, eine angemessene Substanzstufe besitzt. Diese Welten können von zwei unterschiedlichen Analysepunkten aus betrachtet werden, von denen der erste in jede der vier Welten einen Baum einordnet, was uns insgesamt vierzig Sephiroth ergibt. Die vier Welten werden die Archetypische Welt genannt, in der die ursprünglichen Archetypen oder Emanationen in Form eines Lebensbaums entwickelt werden. Man kann sich diesen archetypischen Baum des Lebens auch als eine menschliche Form vorstellen, die im Buch *Splendour* Adam Kadmon genannt wird, der Himmlische Mensch, der alle Seelen, Geister und Intelligenzen in jedem Teil des Kosmos in sich trägt. Es ist die Universalseele, der göttliche Elternteil und Stammvater aller anderen. Es ist diese Seele, dieser göttliche Mensch, von dem Levi spricht und auf den bereits Bezug genommen wurde; jene Seele, an deren großem Leben jedes einzelne Wesen und jedes einzelne Bewusstsein teilhat. Zu zahlreich sind die Entwicklungen, die sich aus diesem einzelnen Postulat ergeben, und zu zahlreich sind die suggestiven Ideen, die es hervorruft, um hier darauf einzugehen. Meine Absicht war es zunächst, nur einen kurzen Überblick über die magische Philosophie zu präsentieren und es dem Leser zu überlassen, die vielen bewusst offen gelassenen Lücken selbst auszufüllen.

Die Gesamtheit der Sephiroth im *Olam Atsilus*, der archetypischen Welt, nimmt die höchste Ebene des spirituellen Bewusstseins ein, das erste Auftreten des Bewusstseins aus dem *Ain Soph*. Während die Prozesse der Evolution fortschreiten, projiziert sich Adam Kadmon allmählich weiter in die Materie, etwas dichter, wobei seine Einheit scheinbar aufgespalten wird, sich in vielen Facetten widerspiegelt und die Schöpferische Welt, *Olam Briah*, bildet. In dieser Welt wird der in der schöpferischen Vorstellungskraft des Macroprosopus enthaltene Plan noch weiter ausgearbeitet, wobei die einzelnen Funken oder Ideen mit dem feinstofflichen Zustand bekleidet werden, der dieser Sphäre angemessen ist. Auch hier wird durch Reflexion ein vollständiger Lebensbaum entwickelt. Von der ideativen Welt wird der Baum auf eine dritte Ebene projiziert, die formative Welt, *Olam Yetsirah*, wo die fantasievollen Ideen des Logos, die spirituellen monadischen Funken, die bereits in die subtile mentale Substanz der kreativen Welt gekleidet sind, zu bestimmten kohärenten Einheiten geformt werden, den astralen Modellen, die die physische Welt entstehen lassen oder als stabile Grundlage dienen. Der physische Norden, *Olam Assiah*, ist die vierte und letzte Ebene und als kristallisierte Projektion der formativen Welt die Zusammenfassung und konkrete Darstellung aller höheren Welten.

In dieser Auffassung sehen wir die Rechtfertigung des hermetischen Grundsatzes: „Wie oben, so unten." Denn das, was unten existiert, hat sein ideales, archetypisches Gegenstück in den höheren Welten. In mannigfaltigen Formen finden die archetypischen Ideen unten ihre besondere Darstellung; Steine, Juwelen, Parfüms und geometrische Formen sind alle in der weltlichen Sphäre einer himmlischen Idee besonders bezeichnend. Diese metaphysische Formel liefert Levi auch ausreichend Grund, vom „einzigen Dogma der Magie" zu sprechen – dass für uns das Sichtbare das proportionale Maß des Unsichtbaren ist. „Der französische Magus bemerkt auch an einer anderen Stelle, dass `das Sichtbare die Manifestation des Lächerlichen ist, oder anders ausgedrückt, der perfekte Logos steht in Dingen, die wahrnehmbar und sichtbar sind, in genauem Verhältnis zu denen, die für unsere Sinne nicht wahrnehmbar und für unsere Augen unsichtbar sind. ... Das Wort steht im Verhältnis zur Idee ... und wir wissen, dass die angeborene Kraft der Dinge Worte geschaffen hat und dass ein genaues Verhältnis zwischen Ideen und Worten besteht, die die ersten Formen und artikulierten Realisierungen von Ideen sind. ` Es ist diese philosophische Aussage über die Beziehung zwischen Ideen und Dingen, die die grundlegende Begründung für vieles liefert, was in der Magie wahr ist. Darauf werde ich später zurückkommen müssen, da es in der Zwischenzeit einige weitere Ideen gibt, die einer Ausarbeitung bedürfen.

Die Formel des Tetragrammatons wird auch auf die vier Welten und die ursprünglichen vier Elemente angewendet. Der archetypischen Welt wird der Buchstabe „Y" gegeben. Daher ist die archetypische Welt der Vater, der Allerzeuger, der Verschlinger aller Welten. Das „Y" steht in diesem Fall auch für das Element Feuer und zeigt die wilde, aktive, spirituelle Natur des Vaters. Das ursprüngliche „H" des Tetragrammatons ist der schöpferischen Welt zugeordnet, zu der das Element Wasser gehört, da es empfänglich und passiv ist. Diese Ebene repräsentiert die Mutter, die, bevor der Sohn geboren werden kann, die schöpferische Energie und den Zufluss göttlichen Lebens vom Vater erwartet. Die formgebende Welt ist dem Buchstaben V zugeordnet, dem Sohn, und dieser ist wie der Vater aktiv, männlich und voller Energie; daher wird ihm das Element Luft zugeordnet. Der göttliche Name wird durch ein zweites H vervollständigt, wobei dieser Buchstabe dem der Mutter ähnlich ist, passiv und träge, und alle Einflüsse empfängt, die in ihn fließen. Das „H" wird im Buch der Pracht der Königspalast und die Tochter genannt und repräsentiert die physische Welt, die die Synthese aller Welten ist.

Die zweite Methode unterscheidet sich geringfügig von der oben beschriebenen. In diesem Fall wird ein einziger Baum verwendet, auf dem die vier Ebenen folgendermaßen angeordnet sind. Kether, die Krone, die allein eine Ebene einnimmt, ist die archetypische Welt, das Reich des Logos. Die zweite und dritte Sephiroth, der himmlische Vater und die himmlische Mutter, bilden die schöpferische Welt, die die göttliche Vorstellungskraft empfängt und ausführt. Die dritte Ebene oder die formgebende Welt, die eigentliche Astralebene – über die im folgenden Kapitel mehr gesagt wird – besteht aus den nächsten sechs Sephiroth, in denen alles für die sichtbare Manifestation vorbereitet ist. Malkuth, das Königreich, ist die physische Welt. Alle Zuschreibungen, die der ersten Beschreibung der vier Welten folgen, gelten auch für diese zweite Methode, mit der Ausnahme, dass sie, wie ich gerade bemerkt habe, auf einem Baum angeordnet sind.

Bevor wir dieses Kapitel abschließen, muss noch eine Reihe von Konzepten erwähnt werden. Aus theurgischer Sicht ist das ganze Universum Bewusstsein, Leben und Intelligenz, verkörpert in sichtbarer und unsichtbarer Form. Im ganzen Kosmos pulsiert und vibriert eine Intelligenz, ein spirituelles Bewusstsein, das in Myriaden von Funken oder Monaden angedeutet ist, jede Form durchdringt und von dem nichts in diesem Kosmos in irgendeiner Weise ausgenommen ist. So wie es verschiedene Grade mineralischen, tierischen und pflanzlichen Lebens

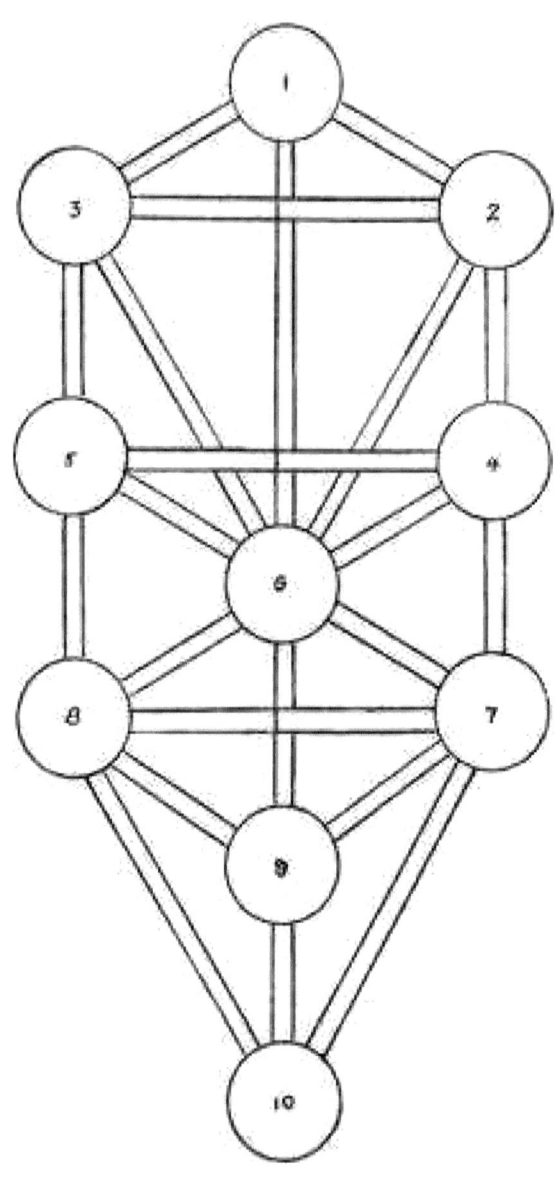

BAUM DES LEBENS

und zahllose Grade der Intelligenz unter den Menschen gibt, so existiert gemäß den magischen Traditionen diese gleiche hierarchische Skala der Intelligenz jenseits und über dem Menschen. Dies gilt nicht nur für unser eigenes Universum, sondern auch anderswo in den Unendlichkeiten des Weltraums gibt es andere Hierarchien erhabener spiritueller Wesen und göttlicher Intelligenzen. Aus der unbekannten, unverständlichen Dunkelheit, die *Ain Soph* ist, gibt es nur ein unteilbares Bewusstsein, sowohl im niedrigsten hundegesichtigen Dämon wie auch in der größten himmlischen Hierarchie. Es gibt Hierarchien des Bewusstseins, die himmlisch sind, und es gibt solche, die irdisch sind; einige sind göttlich, andere dämonisch, und wieder andere umfassen die höchsten Götter und universellen Essenzen. Dies ist der Dreh- und Angelpunkt der gesamten magischen Philosophie. Es ist gleichzeitig Monotheismus und Polytheismus in einem einzigen philosophischen System. Das ganze Universum ist von Leben durchdrungen und dieses manifestierte Leben wird durch Heerscharen mächtiger Götter, göttlicher Wesen, kosmischer Geister oder Intelligenzen repräsentiert, nennen Sie sie, wie Sie wollen. Der spirituelle Zustand und die Vielfalt, die ihnen zugeschrieben werden, sind groß und gewaltig; unter ihnen sind jene göttlichen Kräfte der Morgenröte der kosmischen Manifestation, aus denen wir hervorgegangen sind, spirituelle Funken, die aus ihrer göttlichen Essenz herabgeworfen wurden.

Nun ist es möglich, die Vorstellung des Lebensbaums und der vier Welten in Bezug auf das Bewusstsein zu erweitern. Die ersten manifesten Wesen sind Götter oder Wesen mit dem höchsten Bewusstsein, die aus der Krone hervorgehen und den Geist des Logos oder die mittelbaren Verwalter des formulierten Plans bilden. Diese Wesen sind die Götter, Dhyan, Chohans, Elohim, Teletarchae – egal welche Bezeichnung auch immer gewählt wird, die grundlegende Idee sollte fest begriffen werden, dass es im Raum riesige Hierarchien von Wesen gibt, in einer geordneten, sequenziellen Abstiegsfolge von den höchsten

Göttern in den höchsten Welten zu kleineren Hierarchien von Engelwesen in den niederen Welten, ist grundlegend für dieses Schema. Mit jeder Sephira und jeder Welt, die aus *Ain Soph* hervorgegangen ist, ist eine bestimmte Hierarchie von Göttern verbunden, die in der Evolution und Lenkung des Universums eine bestimmte Aufgabe und eine charakteristische Natur haben. So wie *Kether*, die Krone, die anderen Sephiroth hervorbrachte, so entwickeln sich aus den höchsten Göttern andere Gottheiten, die weniger erhaben und weniger sublim sind wie sie selbst. Da den Sephiroth Zahlen zugewiesen wurden, um schöpferische Prozesse im Kosmos zu symbolisieren, und da die Götter den Sephiroth zugewiesen sind, können die Götter auch durch Zahlen symbolisiert werden, und die mit einem bestimmten kosmischen Prozess verbundenen Ideen können ebenso gut auf die Natur eines bestimmten Gottes angewendet werden. Pythagoras hat treffend gesagt, dass „es eine geheimnisvolle Verbindung zwischen Göttern und Zahlen gibt."

„Wie oben, so unten." Alle Dinge auf der Erde haben ihre spirituellen Prototypen, deren Ursprung auf ewig im Himmel beheimatet ist, und alle Wesen sind die kindlichen Abbilder, schwach und kraftlos, der Götter. Je weiter (metaphysisch und relativ) eine Emanation von ihrer Quelle entfernt ist, desto kraftloser und kraftloser ist ihr Abbild dessen, woher sie kam. Die Götter oder universellen Essenzen drücken die unaussprechliche spirituelle Natur von *Ain* klarer und glanzvoller aus, und in ihren irdischen Eidola, den niederen Göttern, wird dieser klare Glanz verschleierter und blasser und an seinem Ausdruck gehindert. Im Menschen, dem Schatten des Bildes der Götter, erscheint der Glanz der brahmanischen Pracht in den meisten Fällen gänzlich unterdrückt. Wie die Hitze in steigender Entfernung zum Feuer immer weniger wird, je weniger Einfluss von der Flamme ausstrahlt, so verhält es sich mit dem Menschen zu den Göttern. Je weiter er sich von ihnen entfernt, desto mehr neigt er zur Selbstzerstörung. Diese Beziehung zwischen der Ordnung des Lebens und den Sephiroth, zwischen den Göttern und Menschen und Zahlen liefert eine Erklärung für die Wirksamkeit der magischen Symbole und die Rolle, die sie in den theurgischen Riten spielen. Die Zeichen und Siegel sind auf tiefste Weise bezeichnend für innere Realitäten, und jedes einzelne Symbol steht stellvertretend für einige der Hierarchien der Götter und spirituellen Intelligenzen. Durch diese Lehre der Signaturen ist jedes Phänomen unauflöslich mit einem idealen Noumenon verbunden, wodurch die Wirksamkeit der Theurgie gewährleistet ist.

Ziel der Magie ist also die Rückkehr des Menschen zu den Göttern, die Vereinigung des individuellen Bewusstseins zu Lebzeiten mit dem größeren Wesen der universellen Essenzen, dem umfassenderen Bewusstsein der Götter, die die ewigen Quellen des Lichts, des Lebens und der Liebe sind. Nur so kann dem Menschen Freiheit und Erleuchtung zuteilwerden und die Kraft, die Schönheit und Erhabenheit des Lebens zu sehen, wie es wirklich ist. Nur indem er im Geiste zu den Quellen zurückkehrt, aus denen er kam, und sich ihnen wieder öffnet, wie sich eine goldene Blume öffnet und der Sonne zuwendet, um sehnsüchtig und begierig ihre Nahrung und ihr Licht in sich aufzunehmen, so kann dem Menschen Erleuchtung zuteilwerden und die irdischen Fesseln und Ketten aufgehoben werden. Indem er zunächst seinen eigenen inneren Gott entdeckt und eine unauflösliche Beziehung zu den Göttern des universellen Lebens aufbaut, liegt hierin die Lösung der Probleme des Menschen und der Welt. In diesem edleren Bewusstsein der Erleuchtung, die aus der göttlichen Vereinigung hervorgeht, können die Feinheiten des Weltchaos gelöst werden. Die Bande, die den Menschen mit einer Stärke binden, die alle sterblichen Ketten und Fesseln übersteigt, können so durchtrennt werden. Es gibt keine andere Möglichkeit, diese Eisen aufzulösen, als durch die magische Erkenntnis seines eigenen inneren Selbst und der Götter aller Existenz. „Wenn das Wesen und die Vollkommenheit alles Guten in den Göttern erkannt werden und ihre erste und alte Macht bei uns Priestern (Theurgen) liegt und wenn von jenen, die in ähnlicher Weise an vorzüglicheren Naturen festhalten und aufrichtig eine Vereinigung mit ihnen erreichen, der Anfang und das Ende allen Guten ernsthaft angestrebt werden; wenn dies der Fall ist, ist hier die Betrachtung der Wahrheit und der Besitz intellektueller Wissenschaft zu finden. Und die Erkenntnis der Götter geht mit der Erkenntnis unserer selbst einher.[1]

---

[1] *The Mysteries. Iamblichus.*

KAPITEL VIER

Es gibt einen Wirkstoff, der natürlich und göttlich, materiell und spirituell ist, einen universellen plastischen Vermittler, einen gemeinsamen Behälter für Bewegungsschwingungen und Formbilder, eine Flüssigkeit und eine Kraft, die man in gewisser Weise die Vorstellungskraft der Natur nennen kann. . . . Die Existenz dieser Kraft ist das große Arkanum der praktischen Magie."

Der magische Wirkstoff, auf den Levi sich hier bezieht, ist die Substanz der Formativen Welt oder genauer die Sphäre von *Yesod* - ein hebräisches Wort, das als Grundlage oder Basis übersetzt werden kann. Das direkte Äquivalent des kabbalistischen *Yesod* in der theosophischen Philosophie, wie sie von Madame Blavatsky niedergelegt wurde - und hier werde ich den groben Umrissen folgen, die in ihrem System festgelegt wurden und die Levi in *Transcendental Magic* formulierte - ist als Astrallicht bekannt. An einigen Stellen als allgegenwärtige und alles durchdringende Flüssigkeit oder Medium aus äußerst subtiler Materie definiert, ist dieses Licht im gesamten Raum verbreitet und durchdringt jede sichtbare Form und jedes sichtbare Objekt. Um diese Idee anders auszudrücken: Es ist eine vierdimensionale Ebene, die aus einer leuchtenden ätherischen Substanz in einem äußerst zarten Zustand, elektrischer, magnetischer und radioaktiver Natur besteht.

„Dieses alles durchdringende Fluidum, dieser Strahl, der von der Pracht der Sonne losgelöst und durch das Gewicht der Atmosphäre und durch die Kraft der zentralen Anziehungskraft fixiert ist, dieser Körper des Heiligen Geistes, den wir das Astrallicht und den Universalwirkstoff nennen, dieser elektromagnetische Äther, diese vitale und leuchtende Wärme wird auf antiken Monumenten durch den Gürtel der Isis dargestellt, der sich in einem Liebesknoten um zwei Pole windet, durch die stierköpfige Schlange, durch die Schlange mit dem Kopf einer Ziege oder eines Hundes, in den antiken Theogonien durch die Schlange, die ihren eigenen Schwanz verschlingt, Sinnbild der Klugheit und des Saturn. Es ist der geflügelte Drache der Medea, die Doppelschlange des Caduceus und der Versucher der Genesis; aber es ist auch die eherne Schlange des Moses, die das Tau umkreist, das heißt den generativen Lingam; es ist die Hyle der Gnostiker und der Doppelschwanz, der die Beine des Sonnenhahns des Abraxas bildet."

In diesen auf ihre Weise beredten und seltsam ausdrucksstarken Symbolen, die für den flüchtigen Leser weitschweifig klingen mögen, beschreibt der französische Magus das Astrallicht. Es sind höchst interessante und bedeutsame Symbole, und wenn man ihrer Interpretation viel Aufmerksamkeit widmet, sind sie sehr erbaulich und können viele wertvolle Informationen liefern, die zumindest zum intellektuellen Verständnis der Natur und der Eigenschaften dieser subtilen Ebene beitragen. Das Astrallicht schwingt mit einer anderen Geschwindigkeit als die grobe Substanz der physischen Welt und existiert daher auf einer höheren Ebene. Es enthält sozusagen den Bauplan oder das Modell des Erbauers, das durch die Ideen oder Vorstellungskraft des Vaters nach unten projiziert wird; den Plan, nach dem die Außenwelt aufgebaut ist und in dessen Essenz die Potenz allen Wachstums und aller Entwicklung verborgen liegt. Alle Kräfte und „Ideen" aus den schöpferischen und archetypischen Bereichen sind in diesem plastischen Agens, der formgebenden Welt, repräsentiert und konzentriert. Sie ist zugleich Substanz und Bewegung, wobei die Bewegung „gleichzeitig und fortwährend in spiralförmigen Linien entgegengesetzter Bewegung" erfolgt. Es war der verstorbene Lord Salisbury, darf ich hier hinzufügen, der den Äther als Nominativ des Verbs „undulate (wogen)" definierte.

In vielerlei Hinsicht ist diese Gestaltende Welt, der Empfänger der höheren schöpferischen Kräfte, in ihren niedrigsten Aspekten mit dem

Äther der Wissenschaft vergleichbar. Es gibt jedoch diese Ausnahme. Das Astrallicht hat in der Vergangenheit existiert und kann in der Zukunft durch direkte visuelle Erfahrung verifiziert werden. Die heutige wissenschaftliche Vorstellung vom Äther unterscheidet sich radikal von dem, was die Wissenschaftler vor fünfzig Jahren mit dem Äther des Lichts meinten. So sehr, dass nach seinen Maßstäben und in seiner Sprache die moderne Vorstellung vom Äther und seinen Strahlungswellen überhaupt nicht real ist. Und doch, bemerkt Sir James Jeans in *The Mysterious Universe*, ist der Äther seltsamerweise eines der realsten Dinge, „von denen wir Wissen oder Erfahrung besitzen und ist daher so real, wie etwas für uns nur sein kann." Die Entität, die die Experimentalphysiker heute als Äther definieren würden, muss eine sein, die qualitativ und quantitativ auf ihre Instrumente und mathematischen Gleichungen reagiert. Wenn die Theurgen andererseits von der magnetischen und elektrischen Substanz des Astrallichts sprechen, ist damit ein metaphysischer Zustand oder Substanzzustand gemeint, der gegenwärtig nicht mit physischen Instrumenten gemessen oder beobachtet werden kann, obwohl seine Existenz in identischer Weise von einer Reihe ausgebildeter Seher und Magier bestätigt wird. Er liegt, wie bereits erwähnt, auf einer völlig anderen Ebene der Existenz und des Bewusstseins, und seine Partikel vibrieren auf eine solche Weise und mit einer so hohen Bewegungsgeschwindigkeit, dass sie für unsere gewöhnlichen äußeren Sinnesorgane völlig unsichtbar und nicht wahrnehmbar sind.

In den letzten Jahren hat sich im Bereich der wissenschaftlichen Spekulation die elektromagnetische Theorie entwickelt, die die viktorianische Hypothese eines alles durchdringenden, wogenden Äthers für praktische Zwecke der Physik als unnötig verwirft. An ihre Stelle wurde wie auf einem hohen Thron, gekrönt und mit Hingabe verehrt, ein noch abstrakteres mathematisches Konzept gesetzt - die Raum-Zeit-Krümmung oder das Kontinuum. Eine Gruppe von Wissenschaftlern ist voll und ganz für die Beibehaltung der Ätherhypothese; während mehrere andere, nicht weniger bekannte und nicht weniger maßgebende, ebenso sicher sind, dass eine so subtile Struktur wie Äther nicht existiert oder auch nur möglich ist. Sie lassen ihn nur als theoretischen Bezugsrahmen zu, in welchem Fall er den Charakter einer Arbeitshypothese annimmt, ohne jeglichen Grad objektiver Wirklichkeit. Doch eine Untersuchung der wissenschaftlichen Definitionen dieser beiden wissenschaftlichen Gruppen offenbart die Tatsache, dass mit dem Äther und dem vierdimensionalen Raum-Zeit-Kontinuum ein und dasselbe Konzept gemeint ist. Sir Arthur Eddington drückte in einem seiner neuesten Werke bei der Bezugnahme auf diese beiden wissenschaftlichen Konzepte die Überzeugung aus, dass beide Parteien genau dasselbe meinen und nur durch Worte getrennt sind. Sir James Jeans bemerkt in seinem zuvor erwähnten Werk vorsichtig in Bezug auf diese obskure Frage, dass es angemessen erscheint, das Wort „Äther" zu Gunsten des moderneren Begriffs „Krümmung" oder „Kontinuum" zu verwerfen, obwohl das wesentliche Funktionsprinzip fast völlig unverändert ist. An anderer Stelle im selben gelehrten Buch wird von einem gelehrten Wissenschaftler die Aussage gemacht, dass man sich alle Phänomene des Elektromagnetismus als in einem Kontinuum von vier Dimensionen auftretend vorstellen kann – drei Raumdimensionen, verbunden mit einer Zeitdimension –, in dem es unmöglich ist, Raum und Zeit auf irgendeine absolute Weise zu trennen. Ich empfehle diese Beobachtung besonders, da sie mehr oder weniger eine genaue Bestätigung dessen darstellt, was die bedeutendsten Magier aller Zeiten über die *Anima Mundi* oder die Azoth geschrieben haben. Jeans weitere Bemerkungen können ganz grob so formuliert werden: Wenn wir uns die Ausbreitung von Lichtwellen und elektromagnetischen Kräften als Störungen in einem Äther vorstellen möchten, können wir uns unseren Äther als eine vierdimensionale Struktur vorstellen, die das gesamte Kontinuum ausfüllt und sich so durch allen Raum und alle Zeit erstreckt, in welchem Fall wir alle denselben Äther genießen.

Dieser wissenschaftliche Äther, den alle genießen können und der sich durch Raum und Zeit erstreckt und als Medium für Schwingungen aller Art dient, unterscheidet sich in wenigen wesentlichen Punkten von Levis Astrallicht. Die Definition, auf der die Theurgen hinsichtlich dieser ätherischen Ebene immer wieder beharren, ist, dass es sich um eine Art verfeinerter plastischer Substanz handelt, weniger dicht und grob ist als die, die wir normalerweise um uns herum sehen, magnetischer und elektrischer Natur ist und als realer Untergrund dient, auf dem sich die Formen und Ansammlungen von Atomen im physischen Universum anordnen. Es ist diese Ebene, die in ihrer niedrigsten Form die wahrste Jauchegrube des Universums ist und jene Facette des Bewusstseins umfasst, die die Instinkte und Energien der Tiere lenkt; in ihren höheren Verzweigungen, die über diese weltliche Sphäre hinausgehen, grenzt sie tatsächlich an das Göttliche. Dass dies so ist, kann man sich anhand des Baum des Lebens vergegenwärtigen, auf dem die Gestaltende Welt nicht nur die Sphäre von Yesod umfasst, sondern in der Einteilung des Baums in die vier Welten weit über *Yesod* hinausgeht und *Tiphareth*, das Haus der Seele, sogar bis an den Rand des Abgrunds einschließt. Die Sphäre der Grundlage ist nur ihre unterste Phase. Als *Yesod* allein ist sie jene grobe Region des metaphysischen Kosmos, die die abgeworfenen astralen Überreste lebender Geschöpfe enthält, den tierischen und geistigen Schmutz, den die Menschen beim Aufstieg nach dem Tod in höhere Sphären abstreifen. In ihren Aspekten von *Chesed* und *Gevurah* ist sie sozusagen der himmlischste Himmel, die devachanische Wohnstätte. In Bezug auf diese Betrachtungsweise wird sie gelegentlich als das göttliche Astral und die Seele der Welt bezeichnet.

"An sich ist er eine blinde Kraft, kann aber von den Führern der Seelen, die Geister der Tat und Energie sind, gelenkt werden. Dies ist zugleich die ganze Theorie der Wunder und Wundertaten. Wie könnten in der

Tat sowohl Gute als auch Schlechte die Natur zwingen, ihre außerge-wöhnlichen Kräfte zu offenbaren? ... Wie könnte der verworfene, ir-rende, perverse Geist in manchen Fällen mehr Macht haben als der Geist der Gerechtigkeit, der in seiner Einfachheit und Weisheit so mächtig ist, wenn wir nicht die Existenz eines Instruments annehmen, das alle unter bestimmten Bedingungen nutzen können, einerseits zum größten Guten, andererseits zum größten Bösen." Ich möchte ganz nachdrücklich auf dieser doppelten Interpretation des magischen Äthers bestehen, die Levi hier gibt, nämlich, dass in ihm ein niederes, minderwertiges Element und ein veredelndes, höheres Element ent-halten ist. Ersteres ist der Sitz der selbstgeschaffenen Ursache vieler Übel der Menschheit, letzteres ist das zentrale Feuer und die Seele der Welt. Das göttliche Astral ist solarer und himmlischer Natur, während das grobe Astral lunarer, reflektierender und rein automatischer Natur ist. Blavatsky bestätigt diese Hypothese der dualen Natur des Astral-lichts mit diesen Worten: „Das Astrallicht oder Anima Mundi ist dual oder bisexuell. Der (ideale) männliche Teil davon ist rein göttlich und spirituell, es ist die Weisheit, es ist Geist oder Purusha; während der weibliche Teil in gewisser Weise mit Materie befleckt ist, tatsächlich Materie und daher bereits böse ist."[2] Selbstverständlich befasst sich der Theurg ausschließlich mit den höheren, übergeordneten Regionen des Astrallichts, den Sonnenfeuern.

Aus praktischer Sicht ist diese Ebene das magische Mittel, dem die ak-kumulierte, geschulte Sicht der Theurgen die Fähigkeit zugeschrieben hat, Schwingungen und Eindrücke nicht nur von physischem Licht, Wärme und Ton zu übertragen, sondern auch jene subtileren und we-niger greifbaren Schwingungen, die jedoch aufgrund ihrer Unwahr-nehmbarkeit nicht weniger real sind und die sich auf projizierte Ströme

---

[2] *The Secret Doctrine, Vol. I.*

von Willen, Gedanken und Gefühl beziehen. Levi bezeichnet dieses Instrument als die Vorstellungskraft der Natur, da es immer voller reicher Formen und exotischer Träume, luxuriöser Bilder und des unmittelbaren Vehikels der geistigen und emotionalen Fähigkeiten ist. Die Kontrolle dieser Ebene stellt aus einer Sichtweise das Große Werk dar. Einige Magier, darunter der angesehene Levi, waren der Meinung, dass das zentrale magische Geheimnis die gewollte Lenkung dieses Arkanums sei. Da es das Medium ist, in dem die Leidenschaften und Gedankeneindrücke der gesamten Menschheit dynamisch aufgezeichnet werden, das Gedächtnis der niederen Natur, und da es ständig auf der Erde präsent ist, da es allgegenwärtig ist und nur eine Ebene von der physischen entfernt ist, muss sein Inhalt die Gedanken schwacher und sensibler Menschen enorm beeinflussen. Nicht nur letztere, sondern die meisten Kinder der Erde werden in irgendeiner Weise von den Strömen beeinflusst, die durch ihre Substanz fließen. Sich daher von ihren blinden Wellenbewegungen zu isolieren und sie völlig zu transzendieren, um sich in dieser höheren Schicht zu bewegen, die ihre Seele ist, ist keine geringe Leistung, sondern eine, die aller Energien der Menschen würdig ist.

Eine moderne magische Autorität, der pseudonyme Therion, stellt fest, dass in den oberen Schichten des Astrallichts „zwei oder mehr Objekte gleichzeitig denselben Raum einnehmen können, ohne sich gegenseitig zu beeinträchtigen oder ihre Umrisse zu verlieren. In diesem Licht können Objekte ihr Erscheinungsbild völlig verändern, ohne eine Veränderung ihrer Natur zu erleiden. Das gleiche Ding kann sich in einer unendlichen Anzahl verschiedener Aspekte offenbaren. In diesem Licht ist man schnell ohne Füße und fliegt ohne Flügel; man kann reisen, ohne sich zu bewegen, und ohne herkömmliche Ausdrucksformen kommunizieren."[3] Im Zusammenhang mit dem Vorgang des Reisens im Lichtkörper erwähnt die Autorität, die ich oben zitiere, zusätzlich, dass man dort unempfindlich gegenüber Hitze, Kälte, Schmerz und anderen Formen der Sinneswahrnehmung ist und dass man in diesem Licht an das gebunden ist, was oberflächlich betrachtet eine völlig andere Reihe von Gesetzen zu sein scheint. Auf dieser Ebene, die das magische Mittel *par excellence* ist, sind Symbole, Embleme und Sigillen keine intellektuellen Konventionen und auch keine willkürlichen Darstellungen universeller Ideen und Naturkräfte. Sie sind absolute Lebewesen, die auf dieser Ebene ein unabhängiges, reales Leben und eine eigene Existenz haben. Auf den ersten Blick mag dies nicht wichtig erscheinen, aber diese Aussage ist tatsächlich von größter Bedeutung für die magische Arbeit. Symbole repräsentieren auf der Astralebene reale und greifbare Wesen. In einem früheren Kapitel wurde versucht zu zeigen, dass Zahlen zutiefst auf evolutionäre und entwicklerische Prozesse hinweisen und sowohl kosmische Rhythmen als auch bestimmte okkulte Kräfte und Intelligenzen synthetisch zum Ausdruck bringen, die wir Götter, Dhyan Chohans und Essenzen genannt haben. Auf diese Zahlen, die ungeheuer mächtige Kräfte repräsentieren, sind verschiedene Siegel und Piktogramme anwendbar, die in dieser formenden Welt eine Existenz haben, die überhaupt nicht in dem Sinne symbolisch ist, wie wir diesen Begriff normalerweise verstehen, sondern real, vital und lebendig. In der plastischen, formbaren Substanz des Astrallichts können diese Symbole durch einen geschulten Willen und eine geschulte Vorstellungskraft zur Aktivität angeregt werden. Seine Substanz ist besonders empfänglich für die Höhenflüge und die Arbeit der Vorstellungskraft, die die Macht besitzt, ihren unaufhörlichen Fluss und ihre Formlosigkeit in Formen und Matrizen umzuwandeln, die der

---

[3] *Magick. The Master Therion (Aleister Crowley)*

Wille stabilisieren und in eine bestimmte Richtung kraftvoll energetisieren kann. Unter zahlreichen anderen sind Fälle dokumentiert, in denen eine schwangere Frau einen Nervenschock erlitt und der Eindruck sofort durch das Medium der Vorstellungskraft, die auf das Astrallicht einwirkt, auf den sich in ihrem Bauch bildenden Fötus übertragen wurde. Historisch gesehen waren die Göttinnen, die bei den Alten über die Geburt herrschten, Göttinnen des Mondes und damit des Astrallichts. Unter diesen Rassen wird angenommen, dass der Mond eine größere Macht besitzt, das Wachstum von Leben, Pflanzen und aller Vegetation zu beschleunigen, als sogar die Sonne selbst. Er wurde immer als der Planet der Veränderung, der Zeugung und Fruchtbarkeit angesehen. In *The Secret Doctrine* gibt es eine Menge abwegiger Informationen und Spekulationen über die okkulte Beziehung des Mondes zu unserem Planeten, obwohl es für praktische Zwecke des Neulings ausreicht, einfach zu wissen, dass eine solche Beziehung besteht. Die Verbindung des Mondes mit dem Astrallicht ist jedoch durchaus gültig, die meisten Autoritäten sind sich in diesem Punkt völlig einig. Astrologisch ist der Mond der Planet, der Wandel und Fluss und die ständigen Veränderungen der Formen, die Veränderung der Bedingungen symbolisiert. Auf der Astralebene hat das geschulte Auge aufgezeichnet, dass Formen dort ihre Gestalt, Farbe und Größe auf die außergewöhnlichste Weise verändern; und für den Neuling im Hellsehen ist es ein äußerst beunruhigendes und rätselhaftes Phänomen, wenn eine Reihe von Wahrnehmungen direkt vor der eigenen Nase verschwindet und durch eine andere Veränderung der Szenen ersetzt wird, die sehr bald darauf dasselbe Schicksal erleidet. Es ist ein schwankendes Kaleidoskop von Phänomenen; die Figuren, Formen und Energien sind keinen Augenblick ruhig. Daher ist die Herstellung einer Beziehung zwischen dem Mond und dem Astrallicht eine vollkommen offensichtliche Entsprechung. Darüber hinaus wurde beobachtet, dass der Mond nicht durch sein eigenes, nach innen gerichtetes und selbst erzeugtes Licht leuchtete, sondern das Strahlen der Sonne reflektierte. *Yesod*, die

Sphäre des Mondes, befindet sich auf dem Baum des Lebens direkt unter *Tiphareth*, der Sphäre der Sonne, und reflektiert somit die schöpferischen Kräfte von oben. Es gibt eine Reihe weiterer höchst bedeutsamer Gründe, die zu zahlreich sind, um sie hier zu erwähnen, die diese Verbindung des Mondes mit dem Astrallicht erklären, obwohl Studium und magische Erfahrung die Gültigkeit und Genauigkeit der Entsprechung beweisen werden.

In den Legenden aller Völker, selbst der primitivsten wilden Stämme, findet sich die Vorstellung des Astrallichts als Medium von Gedankenschwingungen und magischen Handlungen. Sir J. G. Frazer, der hervorragende Anthropologe und Volkskunde-Experte, hat in seinem Buch *Golden Bough* eine Reihe davon beschrieben. Auch andere haben die Natur dieser hypothetischen Kraft erörtert, die von den Primitiven erkannt wurde, ohne jedoch eine klare Formulierung ihrer Natur als große magische Kraft gefunden zu haben. Dies war auch kaum zu erwarten, da ihre Studien und Forschungen nie auch nur für einen Augenblick die akademische Ebene verlassen haben. Die Melanesier der Südseeinseln glauben, wie Professor Bronislaw Malinowsky in seiner Broschüre über *Mythen* festhält, an ein Lagerhaus oder Reservoir übernatürlicher oder magischer Kraft, die sie Mana nennen und die, wie eine ähnliche Kraft, die die nordamerikanischen Ureinwohner als *Orenda* bezeichnen, ihren Mittelpunkt im Mond haben soll. Letzterer scheint demnach einen riesigen Tank dieser okkulten Kraft zu enthalten, die sie offenbar mit der Quelle des Lebens und der Energie in Verbindung bringen. Es ist nicht schwer zu erkennen, dass diese Vorstellung - ob sie nun von den Anthropologen unvollständig aufgezeichnet oder von den Primitiven ungenau beschrieben wurde, ist schwer zu sagen; wahrscheinlich liegt der Fehler bei beiden Parteien - eine sehr vage Formulierung jener Realität ist, die wir in der Magie das Astrallicht nennen.

Es wurde jedoch von den ägyptischen Theurgen ganz klar erkannt, und in diesem Zusammenhang wird man durch keine vagen Theorien oder Beschreibungen beunruhigt. Denn wir beobachten, dass fast jeder Meter der sogenannten Ober- und Unterwelten, Amentet und Duat, die die beiden Aspekte der Astralebene, der untere und der obere, sorgfältig kartographiert und seine Eigenschaften vermerkt wurden. Nicht nur das, sondern in einigen Kapiteln des Totenbuchs wird sogar jede Unterteilung zum Nutzen des Verstorbenen - und nebenbei auch für den Theurgen - genau beschrieben, zusammen mit den Namen der Wächter der Pylone, durch die die verstorbene Seele gehen musste, um Zutritt zu einer anderen Halle im Königreich Osiris zu erhalten. Indem er die ägyptische Ansicht wiederholt, zitiert Budge, dass die Duat weder unterirdisch noch im Himmel oder an seinen Grenzen befindlich betrachtet wurde; aber sie befand sich an den Grenzen der sichtbaren Welt. Dass es kein besonders glücklicher Ort war, wird im Totenbuch beschrieben, als der Schreiber Ani dort scheinbar verwirrt ankam. „Hier gibt es weder Wasser noch Luft, ihre Tiefe ist unergründlich, es ist so dunkel wie die finsterste Nacht und die Menschen irren hier hoffnungslos umher." Eine letzte Beobachtung des ehrwürdigen Bewahrers ägyptischer Altertümer im Britischen Museum ist, dass die Duat eine Region der Zerstörung und des Todes war, ein Ort, an dem die Toten verrotteten und verwesten, ein Ort der Abscheulichkeit und des Schreckens und des Terrors und der Vernichtung. Dass dies perfekt mit den niederen Astralsphären der Auflösung oder dem *Kamaloka* übereinstimmt, versteht sich von selbst.

Das göttliche Astral war als das Königreich des Osiris oder Amentet bekannt; auch die Insel der Wahrheit genannt, wohin keine Seele nach ihrem Ableben gebracht werden konnte, bis sie von den Göttern bei der Großen Abrechnung für „wortgetreu" erklärt worden war. Eine Ecke dieser Region war speziell als Wohnort für seliggesprochene Seelen vorgesehen, wo Osiris als Gott der Wahrheit die Hoffnung und der ewige Trost der spirituell Gesinnten war. Theosophisch könnte Amentet Devachan, Wohnstätte der Götter, genannt werden; und aus theurgischer Sicht würde es jenen Teil des Azoth einnehmen, den wir als das göttliche Astral bezeichnet haben. Dem Totenbuch zufolge gibt es sieben große Hallen und einundzwanzig Pylone, die Zugang zu dieser himmlischen Region gewähren, wobei es für jeden der einundzwanzig Pylone zwei heilige Wächter oder Hüter gibt. In einem anderen Teil dieses Buches werden die Namen der Herolde und Türhüter sowie die Formeln der praktischen Magie, mit denen sie überwunden und ein Eintritt in die Insel der Wahrheit ermöglicht werden können, ausführlich aufgeführt. Die ägyptischen Magier waren in ihrem Denken so präzise, dass sie sich Entsprechungen zwischen den verschiedenen Teilen Ägyptens und den metaphysischen Reichen der Duat und Amentet vorstellten. Jede der verschiedenen Schichten oder Regionen der Astralwelt, sowohl die grobstofflichen als auch die göttlichen, wurde mit einer Präzision kartiert, die selbst heute noch nicht ihresgleichen gefunden hat.

Es gibt noch einen weiteren sehr bedeutsamen Vergleich, auf den die Aufmerksamkeit gelenkt werden sollte. Unter offiziellen Psychoanalytikern gibt es das Konzept des Unbewussten. Dieser Begriff impliziert einen dynamischen Strom von Gedanken, Erinnerungen und Tendenzen, der unterhalb der Ebene unseres normalen individuellen Bewusstseins verläuft und als Gefäß für Instinkte und Rassenerinnerungen sowie für jene Komplexe dient, die oft das Ergebnis bewusster Konflikte sind. Da diese Ansammlung von Instinkten und automatischen Impulsen einen evolutionären Ursprung hat, der lange vor der Bildung und Entwicklung des Intellekts im Menschen liegt, ist sie in ihm stärker und dringlicher verankert. Aus diesen Schichten von Gewohnheit und vererbtem Rassenbewusstsein sollen die Primitiven bei der Erfindung ihrer eloquenten Mythen und Legenden geschöpft haben. Letztere sind somit nicht nur eine Aufzeichnung der prähistorischen Rassengeschichte, sondern ein dynamischer Ausdruck dessen, was diese Psychologen das kollektive Unbewusste nennen würden, da die Mythen und Legenden bei jeder primitiven Rasse und jedem primitiven Volk im Wesentlichen identisch sind, unabhängig davon, ob es sozialen Umgang und Kommunikation gab oder nicht. Da das, was die Analytiker das Unbewusste nennen, praktisch gleichbedeutend mit einem Aspekt dessen ist, was die Kabbalisten als *Nephesch* bezeichnen, und da letzteres auf ähnliche Weise im Astrallicht verankert ist, wie der physische Körper in grober Materie verankert ist und aus dieser geformt ist, besteht zwischen dem Astrallicht und dem Konzept des kollektiven Unbewussten eine klare Entsprechung. So wie das Unbewusste bei manchen Menschen ein unterirdisches vulkanisches Wesen ist, das die Integrität und Einheit des Bewusstseins zerreißt, so besagt auch die magische Tradition, dass ein Großteil der Menschheit seine Probleme, Übel und bedauerlichen Konfliktquellen dem niederen Aspekt des Astrallichts, dem Lagerhaus der Rassenerinnerungen, der räuberischen Gelüste, Instinkte und aller tierischen Impulse verdankt. Auf diesen Teil des *Nephesch* oder des Unbewussten muss der Magier laut Levi seinen Fuß setzen, er muss erobert, kontrolliert und an seinem richtigen Platz gehalten werden. Gleichzeitig kann das sogenannte Unbewusste mit seinem Reichtum an belebtem Material, seiner Fruchtbarkeit an eindrucksvollen Ideen und Vorschlägen für manche Menschen Quelle poetischer und künstlerischer Inspiration sein. Diesen Aspekt des Unbewussten, den höheren oder göttlichen Aspekt des Astrallichts oder der *Neschamah* im Menschen, versucht der Magier zu kultivieren und zu erweitern, denn mit seinem Wachstum, seiner Entwicklung und seiner Ausdruckskraft geht auch seine eigene individuelle Integrität und die Fähigkeit einher, sich selbst zu übertreffen.

In diesem Astrallicht, das wir allzeit und überall mit uns tragen, leben und bewegen wir uns und haben wir unser Dasein. Jeder Gedanke, den

wir denken, hinterlässt einen unauslöschlichen Abdruck auf der beein-
flussbaren Substanz dieser Ebene – der Überlieferung zufolge verbindet er sich mit einem der Geschöpfe dieser Ebene und entzieht sich
dann unserer unmittelbaren Kontrolle in diesen pulsierenden Ozean
der Vitalität und des Gefühls, um andere Geister zum Guten oder zum
Schlechten zu beeinflussen. Jedes Lebewesen atmet und nimmt dieses
Licht frei auf, und es ist für niemanden exklusiv oder privat. Tatsächlich
leben wir darin ganz ähnlich wie ein Fisch im Wasser, umgeben von
allen Seiten und in jeder Richtung; und wie ein Fisch atmen wir es ständig durch Astralkiemen ein und aus, entnehmen daraus Energie und
fügen ihm mit jedem Augenblick eine Vielzahl von Eindrücken hinzu.
Dieses magische Mittel ist nicht nur die Vorstellungskraft der Natur,
sondern es füllt auch die Rolle des Gedächtnisses der Natur aus, denn
jede Handlung, die wir ausführen, jeder Gedanke, der in unser Gehirn
eindringt, jede Emotion, die das Herz verlässt, registriert sich in der
Astralmaterie und verbleibt dort für alle Zeit als ewige Aufzeichnung,
damit sie diejenigen, die dazu in der Lage sind, sehen und lesen können. Zu diesem Thema hat Eliphas Levi bezeichnenderweise bemerkt:
„Das Buch des Gewissens, das nach der christlichen Lehre am jüngsten
Tag geöffnet wird, ist nichts anderes als das Astrallicht, in dem die Eindrücke jedes Logos, d. h. jeder Handlung und jeder Form, aufbewahrt
werden. Es gibt keine einsamen und geheimen Handlungen; alles, was
wir wirklich wollen, d. h. alles, was wir durch unsere Taten bestätigen,
ist im Astrallicht festgeschrieben."

Manch Einer mag denken, dass es für den Theurgen kaum etwas Inte-
ressanteres und Erhellenderes geben könnte, als die Erinnerung an
dieses Licht zu untersuchen, doch in Wirklichkeit tut der Theurg dies
gar nicht, da es für ihn weder interessant noch von praktischem Nutzen ist. Sein einziges Ziel ist der Gewinn von Selbsterkenntnis und göttlicher Vereinigung, und es wäre nichts weniger als eine Verschwendung wertvoller Zeit, sich mit der Transliteration dieser Aufzeichnung

zu befassen. Obwohl es für den Magier notwendig ist, die Natur dieses Lichts in seinem Lichtkörper zu untersuchen und sich mit den vielfältigen Aspekten des Bewusstseins vertraut zu machen, die diese Ebene ständig präsentiert, versucht er, was seine eigene Arbeit betrifft, immer, in die feurigeren spirituellen Bereiche aufzusteigen. Sein Interesse am Astrallicht besteht darin, dass es als dynamische magnetische Ebene leichter und angemessener als alles andere dazu dient, die Kräfte und Intelligenzen zu bündeln, mit denen er in Kontakt treten möchte. Daneben kann er, weil er sich in diesem Licht oder in seinen höheren Schichten im Spiegelbild so wahrnehmen kann, wie andere ihn sehen, so zuverlässige Daten erlangen, die zur Selbsterkenntnis führen.

Wenn man das Gute vom Bösen trennt, den göttlichen Sonnenäther vom bösartigen Mondäther, kommt es automatisch zu einer Trennung in diesem Licht. Auf dieser Ebene scheinen die unreinen Gedanken der Menschen länger zu bestehen als die guten, da letztere anscheinend in die höheren Schichten aufsteigen, in die Regionen der Harmonie und die oberen Teile der Gestaltenden Welt. Das Ergebnis ist, dass das Astrallicht, dessen Mondraum von den gröberen und bösartigeren Elementen des Seins bevölkert ist, allmählich immer stärker verunreinigt wird und sein Schmutz wie ein giftiges, todbringendes Leichentuch über der Menschheit hängt. In den Büchern der Kabbala werden die Bestandteile dieses giftigen Leichentuchs mit den *Qliphoth* oder den Exkrementschalen der niedrigsten Existenzstufen verglichen. Sie sind die abholden Cortices, gemäß den chaldäischen Orakeln "hundegesichtige Dämonen", "in denen es keine Spur von Tugend gibt und die den Sterblichen niemals ein Zeichen von Wahrhaftigkeit zeigen." Es ist dieser Aspekt des Astrallichts, der für jeden Menschen die böse, verführerische Schlange der Genesis repräsentiert, und es ist dieser blinde Aspekt, der vom Theurgen überwunden werden muss, da er in seiner eigenen Konstitution dem entspricht, was die Vollendung des Großen

Werks behindert. Würde dieser Vorgang, die Astralebene mit *Qliphoth* zu füllen, auf unbestimmte Zeit fortgesetzt, ohne angemessene Mittel, sie zu beseitigen und eine Reinigung zu bewirken, würde dies zu einer völligen Vergiftung der Menschheit durch ihre eigenen abscheulichen Ausstrahlungen führen. Trotz aller Bemühungen der dürftigen Schar von Mystikern und Theurgen im Laufe der Jahrhunderte, die durch ihr eigenes Leben und ihre spirituellen Errungenschaften die Grundelemente in ein beständiges und gnädiges Gutes verwandeln, wird das Böse dennoch sozusagen kopflastig. Die übermäßige bösartige Kraft wird dann gemäß den natürlichen und zyklischen Gesetzen ausgelöst. Diese Ausfällungen astraler Unreinheit treten in Form von verheerenden Naturerschütterungen auf. Erdbeben, Elementarfeuer und Überschwemmungen sowie katastrophale Verbrechen und Krankheiten sind einige ihrer Erscheinungsformen. Eliphas Levi bekräftigt diese Ansicht in seinen tiefgründigen Schriften und drückt die Überzeugung aus, dass das Astrallicht „die geheimnisvolle Kraft ist, deren Gleichgewicht das soziale Leben, den Fortschritt, die Zivilisation und deren Störung Anarchie, Revolution und Barbarei ist, aus deren Chaos sich schließlich ein neues Gleichgewicht entwickelt, der Kosmos einer neuen Ordnung, wenn eine andere Taube über den geschwärzten und aufgewühlten Wassern gebrütet hat. Dies ist die Kraft, durch die die Welt aus dem Gleichgewicht gebracht wird, die Jahreszeiten verändert werden, durch die die Nacht des Elends und der Misswirtschaft in den Tag Christi verwandelt werden kann ... in die Ära einer neuen Zivilisation, wenn die Morgensterne gemeinsam singen und alle Söhne Gottes einen Freudenschrei ausstoßen."

Somit ist das Astrallicht gleichzeitig ein Nimbus höchster Heiligkeit und eine niederträchtige Schlange der Zerstörung; die höchste Vorstellung eines himmlischen Reiches und zugleich die niederträchtigste Hölle der Verderbtheit. Wenn durch die Kanäle des Astrallichts universelles

Unheil bewirkt wird und wenn Anarchie und Katastrophen das Ergebnis seines Ungleichgewichts und seiner Störung sind, dann folgt daraus, dass auf diese Weise auch in unserer Zeit eine neue und verbesserte Ordnung des Gleichgewichts und der Harmonie auf der Erde geschaffen werden kann. Eine gnädigere Zivilisation könnte daher das Ergebnis unserer gegenwärtigen, planlosen Passage durch Chaos und unwürdige Verwirrung sein. Hier haben wir also einen Schlüssel zur Hand.

Manche haben den Theurgen beschuldigt, egoistisch zu sein, da er zunächst nach seiner eigenen Erlösung zu streben scheint. In Wirklichkeit hat er sich dieser großen Leistung verschworen, zu dieser Verwandlung der Welt der Misswirtschaft in ein helleres Zeitalter; der unsichtbare und stille Herold einer neuen und besseren Welt zu sein. Oberflächlich betrachtet mag es scheinen, als versuche er nur für sich selbst ein gewisses Maß an spirituellem Bewusstsein zu erlangen und als kümmere er sich überhaupt nicht um das Wohl der Menschheit. Aber seine Bemühungen, Göttlichkeit zu erlangen, wirken sich schließlich zum größten Vorteil auf die normale Menschheit aus. „Ich", sagte ein Weiser, „werde die ganze Menschheit mit mir erheben, wenn ich erhöht werde." So ist es mit dem Theurgen. Proklos hat beobachtet, dass die göttlichen Essenzen durch die magischen Anrufungen und die spirituelle Vereinigung in die Welt herabkommen und sich unter den Menschen zu inkarnieren scheinen. Wenn der Theurg die Vereinigung mit der Universalseele vollzogen hat und mit den großen Essenzen eins geworden ist, die die Seele bilden und die Intelligenz von Adam Kadmon, dem Himmlischen Menschen, erschaffen, liegt es in seiner Macht, der Menschheit tatsächlich einen unvergleichlichen Dienst zu erweisen. Denn die Menschheit wird durch den Abstieg der Götter in höchste Erhabenheit erhoben werden. Dann wird es definitiv möglich sein, die notwendigen Veränderungen in der plastischen Substanz und den Archetypen der Gestaltenden Welt vorzunehmen, die sich entsprechend auf der physischen Ebene auswirken und dazu beitragen, den Geist der Menschen zu erheben und die ewige Harmonie und Ordnung der Sphären, der Quellen des Lebens und Seins, wiederherzustellen. Aber bis der Magier selbst Harmonie in der Sphäre seines eigenen Bewusstseins bewirkt hat, ist seine Macht begrenzt. Solange Schönheit und Erleuchtung nicht Regel seines Lebens sind und bis er diese Sphäre mit den universellen Essenzen, den ewigen Zentren des Lichts und Lebens, die das Universum in all seinen Zweigen erhalten, ins Gleichgewicht gebracht hat, kann er diesen utopischen Traum der Menschheit nicht endgültig zur Erfüllung bringen.

KAPITEL FÜNF

I N Verbindung mit der komplexen philosophischen Kontroverse der Jahrhunderte über die Subjektivität oder Objektivität von Phänomenen gibt es einige höchst abstruse Probleme, die von jedem einzelnen Theurgen gelöst werden müssen. Jedes einzelne verlangt gebieterisch nach einer Antwort. Die Kabbala lässt die ganze Frage offen, damit sie schließlich im Lichte spiritueller Erfahrung beantwortet werden kann. Dieses große Problem darf nicht leichtfertig übergangen werden, obwohl die magische Praxis nicht unbedingt von einer Ansicht beeinflusst werden muss, die einer anderen vorgezogen wird. Viele Theurgen haben die offensichtliche, geradlinige Betrachtungsweise bevorzugt, die frei von allen Komplexitäten der Metaphysik ist. Sie geht davon aus, dass alle individuellen Dinge, die Götter und alle Kräfte der Natur unabhängig voneinander und außerhalb des individuellen Bewusstseins existieren; dass der Theurg nur ein infinitesimaler Teil der majestätischen Erhabenheit der Universalität ist. Diese Theorie setzt voraus, dass die spirituellen Hierarchien in der objektivsten Art und Weise existieren, die man sich vorstellen kann. Irgendwo im Universum auf einer subtilen, unsichtbaren Ebene gibt es beispielsweise eine Intelligenz namens Taphthartharath, die auf ihre Weise ein ebenso reales Wesen ist wie ein Schneider, und die wie ein Schneider reagiert, wenn sie durch die entsprechenden Methoden hervorgerufen wird. Taphthartharath ist somit so unabhängig vom Sensorium und Bewusstsein des Magiers, wie dieses unabhängig von dem einer gewöhnlichen Stubenfliege ist. Beide existieren objektiv, jeder auf seiner eigenen Ebene und auf seine eigene Art. Dieselben Bemerkungen gelten für die verschiedenen subtilen Ebenen der Natur, mit denen der Magier in Kontakt kommt. Obwohl sie unsichtbar sind und aus einer sehr subtilen und verdünnten Substanz bestehen, sind sie für seinen eigenen Geist ebenso objektiv. Der Fortschritt in der Theurgie impliziert somit eine tatsächliche Vereinigung zwischen dem geringeren Bewusstsein des Magiers und dem größeren Bewusstsein des Gottes. Ersterer wird in die Struktur und Natur des Anderen assimiliert.

Eines der grundlegenden Postulate der Magie ist, dass der Mensch ein genaues Miniaturabbild des Universums ist, sowohl objektiv betrachtet als auch, dass das, was der Mensch als äußerlich existent wahrnimmt, in gewisser Weise auch im Inneren repräsentiert ist. Eine Interpretation dieser Idee von Blavatsky – und eigentlich von allen okkulten Philosophen, einschließlich Steiner und Heindl – ist, dass der Mensch durch die Vermittlung mehrerer schöpferischer Hierarchien geformt wurde, von denen jede nicht nur einen Teil von sich selbst zum Wesen im Entstehungsprozess beitrug, sondern tatsächlich herabstieg und sich in der menschlichen Natur inkarnierte. Ebenso gibt es im Totenbuch Beweise dafür, dass es bei den Ägyptern keinen Teil des Menschen gab, der nicht mit den universellen Essenzen verbunden war; dass jedes Mitglied und jeder Teil seiner Natur tatsächlich Mitglied eines Gottes war. Nach dieser Theorie werden die Götter und die universellen Essenzen in der inneren Konstitution des Menschen begriffen, was die Interpretation zulässt, dass mit der theurgischen Kunst nicht das Hervorrufen fremder Wesenheiten gemeint ist, wie dies bei der objektiven Theorie der Fall ist, sondern die Entfaltung der dem Menschen eigenen Fähigkeiten. Von diesem Standpunkt aus betrachtet hat die mystische Erfahrung keinen primären Bezug zu einem externen Wesen. Um die Sache etwas genauer zu formulieren: Die spirituelle Veränderung der Vereinigung ist im Grunde eine Neuanpassung psychischer Elemente zueinander, die es der gesamten Maschine ermöglicht, harmonisch zu arbeiten. Es ist nicht notwendig, durch die Kanäle des magischen Rituals neue Ideen oder Götter einzuführen. Auf diese Weise werden verfallende Ideen ausgetrieben, die den Lebensprozess mit katastrophalen Folgen verstopft haben. Die psychische Organisation oder die Seele war nicht in Harmonie mit sich selbst, und durch die Maschinerie der Magie dreht sie sich nun wirklich um ihre eigene Achse und findet dabei gleichzeitig ihre wahre Umlaufbahn im kosmischen System. Indem sie eins mit sich selbst wird, diese dynamische Neuanpassung vornimmt, diese Wiederherstellung der Integrität ihres Bewusstseins, wird sie eins mit dem Universum oder mit einem Teil des Universums. Der Prozess ist analog zu einem, der bei einer Person auf der physischen Ebene stattfindet, z.B. deren Kiefer ausgerenkt ist. Der unglückliche Mensch mit einem ausgerenkten Kiefer ist nicht nur nicht in Harmonie mit sich selbst, sondern auch nicht mit dem Universum; weder seine eigenen Bemühungen noch die seiner Freunde können ihm helfen. Aber da kommt ein Chirurg ins Spiel, der den Kiefer durch einen leichten Druck wieder an seinen Platz springen lässt; die Harmonie des Menschen ist wiederhergestellt – und natürlich wird das Universum ekstatisch verwandelt. Somit ist die „Vereinigung mit einem Gott" und die daraus folgende Ekstase das Ergebnis der Harmonisierung oder des Ausgleichs der verschiedenen, bisher widersprüchlichen oder getrennten Teile des Bewusstseins durch Magie. Dem Geist wurde nichts Neues hinzugefügt oder ist von außen in die Bewusstseinssphäre eingedrungen, ohne dass der Mensch erleuchtet und in die Lage versetzt werden könnte, mit großer Verzückung die Schönheit der Natur und die herrliche Herrlichkeit im Herzen aller Dinge wahrzunehmen. Bestimmte Zentren seines Geistes oder mächtige Ideen, die bisher in den Bereichen seines eigenen Wesens schlummerten, wurden in dem Maße stimuliert, dass eine höhere Synthese und eine bessere Welt enthüllt werden.

Da der Magier sein eigenes Bewusstsein beeinflussen, erweitern und seine Grenzen erhöhen möchte, muss ein kurzer Überblick über die Methoden gegeben werden, mit denen die Theurgen dieses Bewusstsein begreifen. Früher wurde der Baum des Lebens als numerisches

Symbol für die geordnete Entwicklung des Universums vom Ideal aus betrachtet; als klassifizierendes Medium, auf das die spirituellen Hierarchien systematisch bezogen werden können; und drittens als Bezugsrahmen für Ideen, Symbole und Zeichen, die in die praktische Magie einfließen. Die Sephiroth können als kosmische Kräfte betrachtet werden; als Emanationen, deren Hauptwirkungsbereich im Makrokosmos liegt. Analog dazu und da der Mensch per Definition der Mikrokosmos ist, gelten ähnliche Prinzipien in der menschlichen Wirtschaft. Die Hierarchien der Götter, die in ihren Aktivitäten kosmisch sind, werden auch, vom Allergrößten bis zum Allerkleinsten, in einigen Teilen der Prinzipien dargestellt, die in ihrer Gesamtheit das ausmachen, was wir als Mensch kennen, so wie sie selbst, als Gesamtheit der kosmischen Kräfte, in der vereinenden Vorstellung des Himmlischen Menschen enthalten sind. Der keltische Dichter A. E. nimmt diese Vorstellung in seinem jüngsten Werk *„Song and Its Fountains"*, in dem er die Quelle der lyrischen Schöpfung auf eine innere spirituelle Entität jenseits der Vorstellungskraft zurückzuführen versucht, am schönsten wahr. "Ich denke, wir könnten bei tiefgründiger Meditation feststellen, dass die Speichen unseres Egoismus in einem himmlischen Tierkreis verlaufen. Und wie im Traum ist das Ego auf dramatische Weise in Dies und Das und Du und Ich gespalten, so wie sich die Menschen in der Gesamtheit unserer Natur alle Wesen vorgestellt haben, Äonen, Erzengel, Herrschaften und Mächte, die Heerscharen der Dunkelheit und die Heerscharen des Lichts, und wir können dieses vielfältige Wesen zu einer Einheit führen und Erben seiner unzähligen Weisheit sein."

Von den großen Wesen, die am Anfang der Zeit entstanden, bis hin zu den niedrigsten Elementarwesen und Äonen sind alle himmlischen Götter und Kräfte im Menschen enthalten, welcher der lebendige Tempel des Heiligen Geistes ist. Die Krone, die erste Sephira, repräsentiert den selbstexistierenden Geist, ewig, erhaben, ohne Geburt und Tod und erhaben beständig durch die flüchtigen Zeitalter hindurch.

Von den Zoharisten *Yechidah* genannt, die „Einzige", ist sie per Definition ein metaphysischer und spirituell empfindsamer Bewusstseinspunkt, unteilbar und erhaben, das Zentrum, aus dem die Energie und Kraft des Menschen fließt. Der ganze Mensch ist ein Geist, ein ewiges Bewusstseinszentrum, alle anderen Prinzipien sind Variationen seiner Aktivitäten, umschließende Hüllen seiner eigenen Substanz, Spiritualität und Körperlichkeit sind nur zwei Facetten ein und derselben Essenz. Die Monade ist wie ein Spiegel, und obwohl sie in sich selbst unveränderlich ist, spiegelt sie gleichzeitig die Harmonie aller anderen Monaden wider, mit denen sie im Körper von Adam Kadmon in unteilbarer Verbindung steht. Ihre direkten Träger sind die Kräfte von *Chokmah* und *Binah* – Weisheit und Verständnis, die beiden manifestierten Pole des kreativen Instruments, das sie verwendet. Doch sie sind nicht nur Instrumente, sondern in Wirklichkeit die höchsten Aspekte der Aktivität des spirituellen Wesens, dessen heiliges Licht unendlich und ewig ist. Im Menschen werden diese beiden Sephiroth durch Prinzipien namens *Chiah* und *Neschamah* dargestellt, den Willen und die spirituelle Seele, deren Natur Intuition ist. Der Wille und die Seele existieren auf der kreativen Ebene und spiegeln die Kräfte wider, die vom göttlichen Selbst in der archetypischen Welt ausgehen. Zusammen mit der Monade bilden sie den unvergänglichen, unveränderlichen Menschen. Nicht die Monade allein, denn als Prinzip ist sie zu abstrakt und zu spirituell distanziert, um sie jemals als Mensch zu begreifen, sondern diese Dreifaltigkeit der Sephiroth bildet gemeinsam eine metaphysische Einheit, die der innere Gott ist, der Schöpfer im individuellen Leben, der Künstler und der Dichter, das Genie, dessen ideale Schöpfungen aus seiner eigenen göttlichen Essenz in das Weltbewusstsein seines unmittelbaren Vehikels projiziert werden. Es ist diese himmlische Triade, die Monade mit ihren Vehikeln des Willens und der Intuition, die tatsächlich ein Gott ist, eine göttliche Intelligenz auf Erden zum Erlangen von Erfahrung und Selbstbewusstsein. Je mehr man mit dieser Entität in Verbindung tritt und je fester das persönliche Bewusstsein in seinem allumfassenden, zarteren und umfassenderen Bewusstsein verankert ist, desto vollständiger erkennt man das Sakrament der Inkarnation und erreicht die volle Pracht dieses ewigen Wunders - der Menschheit. Im Schöpfer des individuellen Universums leben wir, bewegen wir uns und haben wir unser Dasein. Doch die Wege der Menschen sind so absurd und wir haben uns so weit vom Wesentlichen entfernt, dass nur wenige von uns sich ihrer Göttlichkeit bewusst sind; dass wir, wie Christus, wie Buddha, wie Krishna, Söhne Gottes sind, Götter in aller Wahrheit.

Chiah ist der Wille, das erste kreative Vehikel der Monade, und seine Aktivität ist Weisheit und Urteilsvermögen sowie jene geheimnisvolle Kraft der Kreativität, die Blavatsky *Icchashakti* nennt. Er ist auch der aktive Aspekt des theosophischen Buddhi, normalerweise der Behälter der Monade, der besonders mit der Pracht der zusammengerollten Schlange, der Kundalini, verbunden ist, symbolisiert durch den *Uräus*, der auf der Stirn und dem Kopfschmuck vieler ägyptischer Gottheiten zu finden ist. So wie *Chiah* die aktive energetische kreative Kraft ist und da in der praktischen Magie der Zauberstab das zeremonielle Instrument der Schöpfung ist, ist der Zauberstab das wahre Symbol des spirituellen Willens, einer aufrechtstehenden, in den Himmel ragenden, mächtigen und unwiderstehlichen Kraft der Schöpfung.

Die *Neschamah*, die im Gegensatz zu Chiah auf dem Baum steht, ist weiblich und passiv und repräsentiert die wahre spirituelle Vision der Intuition oder Vorstellungskraft. Wie der Kelch auf dem Altar ist sie immer offen, um die von oben kommenden Gebote und Befehle zu empfangen. Auch die vergeistigte Vorstellungskraft, die Kriyasakti genannt wird, wird ihr zugeordnet. Sie ist zusammen mit dem Willen die Kraft schlechthin, die in der Magie eingesetzt wird. Diese drei Prinzipien existieren wie die himmlischen Sephiroth jenseits des Abgrunds und spiegeln sich nach unten in das phänomenale Universum des menschlichen Bewusstseins wider, wo die menschliche Seele mit dem niederen Willen, Gedächtnis und der Vorstellungskraft herrscht. Aber während diese letzteren unterhalb des Abgrunds existieren, existieren ihre Noumena oberhalb des Abgrunds ohne die Begrenzungen und Beschränkungen, die ihnen der niedere Geist und die menschlichen Bedingungen im Allgemeinen auferlegen. Je mehr man sich dem göttlichen Willen und der göttlichen Vorstellungskraft des inneren Gottes öffnet, desto größer wird man in der Manifestation seiner Göttlichkeit, ein Orakel des Allerhöchsten, ein unbeflecktes Vehikel des reinsten spirituellen Feuers. So wie ein Dichter oder Musiker nur dann so und nie anders ist, wenn die apokalyptische Inspiration aus seiner eigenen göttlichen Quelle in ihn gegossen wird, was jedoch in den meisten Fällen kaum erkannt, geschweige denn verstanden und gefördert wird, so ist ein Mensch ein besserer Mystiker und ein größerer Magier, wenn er in aller Aufrichtigkeit auf die Opferung seines eigenen menschlichen Willens und Egos verzichtet, damit der Wille seines Vaters im Himmel auf Erden geschehen kann.

So wie die himmlischen Sephiroth und die kosmischen Essenzen sich in dichtere Formen und weniger subtile Materie projizieren, so tun dies auch die menschlichen Sephiroth, indem sie dem Gesetz des Makrokosmos gehorchen. Unterhalb des Abgrunds werden die nächsten fünf Sephiroth die menschliche Seele oder die *Ruach* genannt, ein zusammengesetztes Prinzip aus Vernunft, Wille, Vorstellungskraft, Gedächtnis und Emotion, das in der Sephira der Harmonie zentriert ist. Es ist diese *Ruach*, die das geschaffene Vehikel des wahren Selbst ist, mehr oder weniger ein Mechanismus, der durch lange Äonen der Evolution, Mühe und Leiden geschaffen wurde, als Mittel, um Kontakt mit der Außenwelt herzustellen, sodass das Selbst durch die so gewonnene Erfahrung zu einer selbstbewussten Erkenntnis seiner eigenen göttlichen Kräfte und seiner höheren Natur gelangen kann. Im *Ruach* ist das Selbstbewusstsein zentriert, obwohl die psychologische Anomalie stimmt, dass dieser Wahrnehmungsmechanismus, der sich ausschließlich als Instrument entwickelt hat, die Macht dessen usurpiert, was ihm die Geburt gab, und sich selbst als Ego auf ein Podest stellt, als das, was wirkliche Macht, Einsicht, Willen und die Fähigkeit besitzt, die Probleme des Lebens zu lösen. Dieser *Ruach*, der sich selbst „Ich" nennt und sich im Lauf der Zeit kontinuierlich verändert durch den Fluss und die drängende Flut veränderlicher Gedanken und krampfhafter Emotionen aus der Fassung gebracht wird, ist genau das, was „Ich" nicht ist. Er ist lediglich ein Vehikel und hat - wie ein Affe die Handlungen seines Herrn nachahmt - das Vorrecht einer separaten Existenz angenommen und sich von seinem eigenen göttlichen Herrn losgesagt, der Energie, die ihm allein Leben und Nahrung gibt. In der Magie ist es dieses empirische Ego, dieses niedere Selbst, das dem Heiligen Schutzengel geopfert werden muss. Wie der Begriff des Opfers impliziert, dass das, was aufgegeben wird, das beste und größtmögliche Opfer sein sollte, so ist ein gut entwickelter *Ruach*, der in allen Prozessen der Logik und des Denkens gut ausgebildet ist, gut mit Wissen und Beobachtung ausgestattet ist und in den Dingen seines eigenen Bereichs so vollkommen ist wie möglich, das größtmögliche Opfer, das der Magier als Opfergabe dem Allerhöchsten auf den Altar legen kann. „Er, der sein Leben verliert, wird es finden."

Normalerweise ist unsere Sicht auf das Höhere Selbst aufgrund der illusionären Natur des Geistes, in dem das Zentrum des Bewusstseins konzentriert ist und aufgrund seiner eigenen Vorliebe für kalte und illusionäre Dinge getrübt, was unseren engeren Kontakt mit dem echten, dauerhaften und unsterblichen Bewusstsein, das wirklich unser ist, verhindert. Nur durch die Abkehr vom falschen Ego können wir zu spiritueller Konversation mit dem einzigen Schutzengel und dem Wissen um ihn gelangen. Nur durch die Abkehr vom Geist und die völlige Zerstörung seiner illusionären Natur, die Ausrottung jenes Elements, das einer bloßen Kombination von Wahrnehmungen, Neigungen und Erinnerungen Egoismus verleiht, kann der innere Gott sich offenbaren und der menschlichen Seele den erhabenen Segen der mystischen Ekstase verleihen. Damit die Worte „Zerstörung", „Verleugnung" und „Opfer" des Egos nicht falsch ausgelegt werden, sei klargestellt, dass das Prinzip selbst nicht zerstört wird. Das ist in jedem Fall unmöglich. Aber der falsche Wert des Egos, seine Selbstgefälligkeit, die Illusion, die es besitzt, dass es allein real und beständig ist und alles andere seine Schöpfungen sind – diese werden der Zerstörung preisgegeben. Wenn die Selbstgefälligkeit und der falsche Egoismus im *Ruach* ausgerottet sind, ist es ein Instrument der Seele, das kaum besser sein könnte.

Die neunte Sephira ist die Grundlage des niederen Menschen. Sie wird *Nephesch* genannt und ist jenes vegetative und instinktive Mondprinzip, das sich ausschließlich mit dem Akt des Lebens befasst. Diese tierische Seele ist zugleich ein Prinzip der Energie und der plastischen Substanz, die Gesamtheit der vitalen Lebensströme sowie die unsichtbare astrale Form, auf der sich die groben Atome als physischer Körper anordnen. Als substanzielles Prinzip ist sie der Astralkörper, das plastische Doppel, das aus astraler Substanz aufgebaut ist und als Grundlage oder Entwurf des physischen Körpers dient. Es wird vom Astrallicht genährt, aus dem es genauso schöpft, wie der physische Körper von den Produkten und Energien der Erde genährt wird. Es ist vergleichbar mit dem, was allgemein als Unterbewusstsein bezeichnet wird - obwohl es weder einen eigenen Geist noch eine eigene Intelligenz besitzt -, da jeder Gedanke, den wir denken, jedes Gefühl, jede ausgeführte Handlung auf dieser Substanz einen unauslöschlichen Eindruck oder eine Erinnerung hinterlässt und so im Astralkörper die Reflexion und automatische Aufzeichnung des vergangenen Lebens bewahrt. Alle oder fast alle Eigenschaften, die Psychoanalytiker dem Unterbewusstsein zuschreiben, sind ebenfalls dem *Nephesch* zuzuschreiben, oder zumindest dem Aspekt des *Nephesch*, der sich auf die Instinkte und Impulse bezieht und als automatischer Speicher für Empfindungen und Eindrücke fungiert, so wie der Begriff des kollektiven Unbewussten gut auf unser Konzept des Astrallichts angewendet werden kann. Alle Grundinstinkte eines Menschen, die ursprünglichen Wurzelimpulse, die er erfährt, stammen aus der Sephira von *Yesod* - der Grundlage, aus der alle Lebensenergie fließt.

Alle diese Prinzipien sind im Prinzip des physischen Körpers, dem *Guph*, enthalten und wirken als lebender Organismus. Dieser Körper wird der zehnten und letzten Sephira des Königreichs zugeschrieben, dem Sitz aller Kräfte und Funktionen aller subtilen Ebenen der Natur und aller spirituellen Kräfte des Menschen. In aller Wahrheit und in diesem Sinne ist der menschliche Körper der Tempel des Heiligen Geistes.

Ich möchte mich insbesondere mit dem *Ruach* oder dem niederen Manas etwas ausführlicher beschäftigen. Obwohl es die fünf Sephiroth von vier bis einschließlich acht umfasst, ist sein zentraler Sitz in *Tiphareth*, der Sphäre der Harmonie und des Gleichgewichts. Obwohl auch der Wille und die Vorstellungskraft in ihren lebenswichtigen Aspekten über dem Abgrund in den himmlischen Sephiroth in der unvergänglichen Konstitution des inneren Menschen platziert sind, sind im Ruach dennoch die blassen Widerspiegelungen dieser beiden Kräfte, die für Theurgen bei der Ausübung ihrer Künste von besonderem Interesse sind. Ein weiteres Problem, das den Magier betrifft, ist die Tatsache, dass dem Ruach ein Prinzip des Selbstwiderspruchs innewohnt, das seine Verwendung unabhängig von höherer Hilfe bei der Suche nach Wahrheit und Licht verhindert. An anderer Stelle habe ich versucht, mich mit der Frage der Unfähigkeit des rationalen Menschen, die phänomenale Welt zu transzendieren, zu befassen. Eine viel ausführlichere Ausarbeitung dieses Themas findet sich in Kants großartiger Abhandlung über die vier Antinomien der Vernunft in den Prolegomena, in Bradleys *Erscheinung und Wirklichkeit*, und eine ausgezeichnete Zusammenfassung findet sich in *Tertium Organum* von P. D. Ouspensky.

Wenn der Mensch nur seine Vernunft benutzt, kann er nie zu einer wahren Erkenntnis dessen gelangen, was er in sich selbst ist; das heißt, er kann nie nur mit dem Verstand verstehen, dass er ein ewiges spirituelles Wesen ist, ein strahlender Stern, der im Licht seines eigenen Wesens im glitzernden Körper von Nuit, der Königin des unendlichen Raums, leuchtet. Um sich selbst wirklich als Gott zu erkennen und in die Gemeinschaft mit dem persönlichen Schöpfer einzutreten, muss der Mensch andere Instrumente und andere Fähigkeiten benutzen. Jamblichus legt das Gesetz in *The Mysteries* ganz klar dar, dass man nicht nur durch diskursives Denken oder philosophisches Denken in Gemeinschaft mit den Göttern gelangt. Die Vollendung der langen Zeitalter wird durch das Erwachen der höheren spirituellen Kräfte mittels der Riten der Theurgie bewirkt. „Denn eine Vorstellung des Geistes verbindet Theurgen nicht mit den Göttern; wenn dies der Fall wäre, was würde dann diejenigen, die nur theoretisch philosophieren, daran hindern, eine theurgische Verbindung mit den Göttern einzugehen? … Nun in Wirklichkeit ist dies jedoch nicht der Fall. Denn die vollkommene Wirksamkeit unaussprechlicher Werke, die göttlich auf eine Weise vollbracht werden, die jede Intelligenz übersteigt, und die Macht unerklärlicher Symbole, die nur den Göttern bekannt sind, vermitteln eine theurgische Verbindung. Daher vollbringen wir diese Dinge nicht durch intellektuelle Wahrnehmung."

Es ist eine allgemeine Beobachtung, dass ein Individuum, das nur über wenig intellektuelle Kraft verfügt, häufiger Kontakt mit einer spirituellen Präsenz hat und für Intuitionen offener ist als sein begabterer intellektueller Bruder. Paracelsus hat uns versichert, dass die großen Mysterien oft besser von einer einfachen Frau an ihrem Spinnrad als von der tiefgründigsten Gelehrsamkeit erfasst werden können. Und wenn ich mich recht erinnere, hat Levi irgendwo in seinen magischen Schriften auch bemerkt, dass die wahren praktischen Magier oft auf dem Land zu finden sind, unter unkultivierten Personen, das heißt unintellektuellen und unkultivierten oder einfachen Hirten. Es ist nicht der Mangel an Mentalität oder Intellekt, der den Bauern überlegen macht. Wenn dem Bauern die Mentalität fehlt, ist er tatsächlich unterlegen, da es offensichtlich der Verstand ist, der den Menschen von den Tieren auf dem Feld unterscheidet. Aber wenn diese Mentalität durch Selbstgefälligkeit, durch die Überzeugung, sie sei das Höchste, durch egoistische Sophisterei verdorben wird, wie es meistens der Fall ist, dann wird das Fehlen dieser Mentalität vergleichsweise zu einer hohen Tugend. Havelock Ellis führt ein Beispiel zur Bestätigung des oben Gesagten an. Er erzählt, dass ihm während eines langen Ritts durch den australischen Busch mit einem ruhigen, einfachen Siedler dieser plötzlich anvertraute, dass er manchmal auf die Spitze eines Hügels stieg und sich in sich selbst und in allem verlor, während er in Betrachtung der ihn umgebenden Szenerie stand. Diese Momente der Ekstase, der selbstvergessenen Vereinigung mit der göttlichen Schönheit der alles umgebenden Natur waren, so bemerkt Ellis, völlig vereinbar mit der Einstellung eines einfachen, hart arbeitenden Mannes, der nicht durch Theologie, dogmatische Tradition und die Raffinesse zivilisierter Lebensweisen belastet war.

Nun ist es wahr, dass die Mysterien leichter verständlich waren und sind und dass sich Intuitionen häufiger bei den Ungebildeten und Unintellektuellen (ich sage nicht Unintelligenten) öffnen, weil es in ihnen keine rationale Barriere für die telestischen Strahlen der *Neschamah* gibt. Da sich der *Ruach* jedoch aufgrund langer Evolution entwickelt hat, sollte er nicht völlig vernachlässigt, sondern ermutigt werden, sich auf seinem eigenen Gebiet und auf der ihm zugewiesenen Anwendungsebene zu entwickeln. Und hier lauert in gewissem Sinne eine Gefahr der Theurgie. Es genügt nicht, dass der Theurg gottberauscht und in das Wissen und die Unterhaltung mit seinem Heiligen Schutzengel und den Essenzen der Götter vertieft ist. So großartig dies an sich auch sein mag, es genügt noch nicht. Denn in den, dessen Geist ungeordnet, unwissend und undiszipliniert ist, gießen die Götter ihren Wein vergeblich. Da die Vernunft aufgegeben wird, um eine höhere Synthese und eine edlere Art von Bewusstsein zu erreichen, gibt es keinen Grund, die Anwendung dieser Fähigkeit auf die Angelegenheiten zu vernachlässigen, die ihren eigenen Platz in der Natur betreffen. Deshalb wurden im System des Pythagoras Grammatik, Rhetorik und Logik gelehrt, um den Geist zu kultivieren und zu verbessern; und auch Mathematik, weil die Methoden dieser Wissenschaft diszipliniert und geordnet waren. Geometrie, Musik und Astronomie wurden ebenfalls eingeschärft und daraus ein System von Symbolen entwickelt. Wenn der moderne Theurg diesem Schema der intellektuellen Ausbildung folgt, kann er nichts falsch machen. Die Kultivierung der intellektuellen Einsicht ist eine wesentliche Aufgabe; aber, wenn dies getan ist, bleibt noch ein Schritt zu tun. „Der König der Zauberer", schreibt Vaughan, „baut seinen Turm der Spekulation mit den Händen menschlicher Arbeiter, bis er das oberste Stockwerk erreicht, und ruft dann seine Genien herbei, um die Zinnen aus Diamant zu formen und sie mit Sternenfeuer zu krönen." Es hat wenig Sinn, über die Zinnen des Turms nachzudenken, bis der Turm selbst eine Möglichkeit ist. Ebenso wenig ist es besonders ratsam, die Spitze der Pyramide zu bauen, bevor das Fundament geschaffen wurde, auf dem die Pyramide stehen kann. Aber sobald das Fundament vorhanden und der Turm der Vernunft gebaut wurde, sind die Zinnen und die Spitze der spirituellen Erfahrung eine dringende Notwendigkeit.

Das höchste Ziel aller magischen Rituale ist also der Bau der Pyramidenspitze und die Installation der Zinnen auf dem intellektuellen Turm; mit anderen Worten, die Verbindung mit dem Höheren Selbst. Für jeden Menschen ist dies der wichtigste Schritt, und kein anderer kann sich in Bedeutung und Gültigkeit mit ihm messen, bis diese eine Verbindung vollzogen ist. Sie bringt neue Kräfte, neue Erweiterungen des Bewusstseins und eine neue Vision des Lebens mit sich. Sie wirft einen strahlenden Lichtstrahl auf die bisher dunklen Phasen des Lebens und entfernt die Wolken aus dem Geist, die die Herrlichkeit des spirituellen Lichts hemmen. Mit dem Erreichen der Vision und des Parfüms sieht man, wie es Jakob Böhme wahrnahm, buchstäblich das gesamte Feld der natürlichen Existenz in einer göttlichen, unvergleichlichen Pracht entzündet, so dass sogar die Bäume ihre Köpfe zum Himmel erheben und die Gräser auf den grünen Wiesen leise Lob und Dank singen und dem himmlischen Licht Ruhmeshymnen darbieten.

In der Fülle des Wissens und der Konversation mit dem Heiligen Schutzengel ist der Theurg in der Lage, mit der Erweiterung des Lichts der Vernunft vorauszusehen, welche weiteren Schritte in der großen Suche unternommen werden müssen, die mit der Erleuchtung des Engels nicht beendet ist, sondern, wie er sieht, gerade erst begonnen hat. Das gesamte Universum ist eine weite Reihe spiritueller Hierarchien, und der Heilige Schutzengel steht nur auf einer Sprosse dieser großen Leiter, die sich nach oben und unten in die Unendlichkeit erstreckt. Der Theurg erkennt, dass er nur ein Funke ist, der aus der spirituellen Essenz eines Gottes hervorgegangen ist, und so erstaunlich brillant sein eigener Engel auch sein mag, wenn dieser Engel, wie ihn die Prinzipien seiner Kunst lehren, nur ein Funke ist, wie viel glorreicher ist dann der Gott, der ihn geboren hat? So ist sein Streben unter der Führung seines Engels immer nach oben und vorwärtsgerichtet und fördert seine innere Vision zum Einen Leben, zu *Ain Soph*, der Unnennbaren Quelle

von allem. Die Natur schreitet nicht ruckartig voran oder mit unüber-
brückbaren Lücken oder Sprüngen. Ihr Voranschreiten ist ein schritt-
weiser Prozess, und dieser stetige Vorwärtsschub des Fortschritts versucht der Theurg nachzuahmen. Die Vereinigung mit *Ain Soph* kann
nicht sofort erfolgen; er muss langsam die Leiter des Lebens erklimmen und sich auf jeder Sprosse in Liebe und Weisheit mit jedem höheren Hierarchen vereinen, bis das Grenzenlose Ewige Licht erreicht ist.
Jamblichus fasst dasselbe Verfahren in diesen Worten auf: „Und wenn
die Seele Ihn als ihren Führer angenommen hat, steht der Dämon sofort der Seele vor, vollendet ihr Leben und bindet sie an den Körper,
wenn sie herabsteigt. Er regiert auch das gewöhnliche Tier der Seele,
lenkt ihr besonderes Leben und teilt uns die Prinzipien all unserer Gedanken und Überlegungen mit. Wir führen auch solche Dinge aus, die
er unserem Intellekt vorschlägt, und er regiert uns weiter, bis wir durch
priesterliche Theurgie einen Gott als inspizierenden Wächter und Führer der Seele erhalten. Denn dann unterwirft sich der Dämon entweder einer erhabeneren Natur oder übergibt seine Herrschaft einer erhabeneren Natur, unterwirft sich ihr als Beitrag seiner Vormundschaft,
oder dient ihm in irgendeiner Weise als seinem Herrn."

Es ist nicht so, dass der Heilige Schutzengel die Herrschaft über die
menschliche Seele der Gegenwart Gottes überlässt, sondern dass die
Seele, die bereits mit dem Engel vereint ist und so ein vollständiges
Wesen bildet, sich ebenso mit Gott vereint. Oder es kann sein, dass
der Engel, der das Leben der Seele in sich aufgenommen hat, entsprechend in das große und überlegene Leben Gottes aufgenommen wird,
der für den Engel das ist, was der Engel zuvor für die Seele war. Und
Jamblichus fährt noch weiter fort und fügt hinzu: „Nachdem sie (das
ist die Theurgie) die Seele mit den verschiedenen Teilen des Universums und mit den gesamten göttlichen Kräften, die es durchdringen,
verbunden hat, führt sie die Seele zum gesamten Demiurgen und setzt
sie dort ab. Sie macht sie unabhängig von aller Materie und vereint sie

allein mit der ewigen Vernunft. Aber nach meinem Verständnis verbindet sie die Seele in besonderer Weise mit dem selbstgezeugten und selbstbewegten Gott und den alles erhaltenden Intellektuellen und alles schmückenden Kräften des Gottes und ebenso mit seiner Kraft, die zur Wahrheit erhebt, und mit seinen selbstvollkommenen, wirksamen und anderen demiurgischen Kräften; so, dass die theurgische Seele vollkommen in den Energien und demiurgischen Intellektuellen dieser Kräfte verankert wird. Und damit endete bei den Ägyptern die priesterliche Erhebung der Seele zur Göttlichkeit."

Eine größere, vollständigere Vision könnte kaum gefunden werden. Die Theurgie schlägt vor, einen Menschen zu nehmen, ihn sozusagen nach und nach von allem Unwesentlichen zu befreien und schließlich zu der Seele im Inneren vorzudringen. Dann wird diese Seele im Inneren ganz allmählich erhöht und emporgehoben, bis sie ihren eigenen souveränen Herrn, den Geliebten, findet. Indem sie immer höher und höher erhoben wird, während sie noch menschlich und in einem Körper aus Fleisch und Blut ist, wird der Mensch über die Himmel erhoben und tritt in spirituellen Kontakt und Gemeinschaft mit den Mächten, die das Universum sind, den Quellen, die der gesamten manifestierten Existenz Leben und Nahrung geben. Immer weiter über sie hinaus erhebt sie sich und steigt auf, transzendiert sogar die Götter, die beim ersten Erröten der goldenen Morgendämmerung hervorkamen, bis sie in einer unvergleichlichen Ekstase der Stille zur Großen Quelle von allem zurückkehrt.

KAPITEL SECHS

W IE gezeigt wurde, hat die höhere Magie unter anderem die Verbindung mit dem Göttlichen im Diesseits und Jenseits zum Ziel, eine Verbindung, die nicht durch bloße Doktrin und sterile intellektuelle Spekulationen erreicht werden kann, sondern durch die Ausübung anderer, spirituellerer Fähigkeiten und Kräfte in Riten und Zeremonien. Unter dem „Göttlichen" verstanden die Theurgen ein ewiges, spirituell dynamisches Prinzip und dessen gebrochene Manifestation in Wesen, deren Bewusstsein, individuell und einzeln, einen so hohen und erhabenen Grad an Spiritualität aufweist, dass es tatsächlich den Begriff Götter verdient. Dies ist offensichtlich die objektive Sichtweise, und ich werde in diesem Kapitel ausschließlich von diesem Standpunkt aus über die Götter sprechen und es dem Leser überlassen, sie anders zu interpretieren, wenn er dies wünscht.

An dieser Stelle muss jedoch ein Vorbehalt angebracht werden. Man darf nicht denken, dass die Theurgen und die göttlichen Philosophen im gewöhnlichen Sinne Polytheisten waren. Eine solche Schlussfolgerung wäre in der Tat sehr weit von der tatsächlichen Wahrheit entfernt. Sogar für die Ägypter, die ein reichhaltiges Pantheon von Hierarchien und himmlischen Göttern besaßen und denen so oft vorgeworfen wird, primitiv und roh polytheistisch zu sein, bietet E. A. Wallis Budge eine Verteidigung. Denn, obwohl die Ungebildeten eine Vielzahl von Göttern liebten, „übernahmen die Priester und gebildeten Klassen, die Bücher lesen und verstehen konnten, die Idee eines einzigen Gottes, des Schöpfers aller Wesen im Himmel und auf Erden, die, in Ermangelung eines besseren Wortes, ‚Götter' genannt wurden."

Dies ist in etwa die Position des Standpunkts, der in der Magie eingenommen wird. Primär gibt es nur ein allgegenwärtiges Leben, das den gesamten Kosmos durchdringt. Es durchdringt und beeinflusst jede

105

Ecke und jeden Teil des Weltraums und erhält das individuelle Leben jedes Wesens, das in einer der unendlichen Welten existiert. Da es an sich unbekannt ist, da es allgegenwärtig und grenzenlos in jede Richtung und jenseits der intellektuellen Reichweite erhaben ist, könnte es vom menschlichen Verstand niemals begriffen werden. Aber so viel muss erkannt werden, dass aus ihm alle Götter, alle menschlichen Seelen und Geister und alles Vorstellbare, das existiert, hervorgehen. Auf eine für unser begrenztes Verständnis unverständliche Weise wurde die homogen im Raum verstreute negative und passive Energie belebt und formte sich zu urzeitlichen aktiven Zentren, die sich im Laufe der Äonen ausdehnten und allmählich zum Kosmos entwickelten. Mit diesen Zentren, den ersten Manifestationen, entsprang der latenten Homogenität eine heterogene Gruppe göttlicher Wesenheiten oder kosmischer intelligenter Kräfte, die zu den Architekten und Erbauern des Universums wurden. Aus ihrer eigenen individuellen spirituellen Essenz wurden kleinere Hierarchien geboren, und diese wiederum gingen aus sich selbst hervor oder schufen weitere Gruppen, bis schließlich die menschlichen Seelen entstanden, die reflektierten Nachkommen der gesegneten Götter. Diese intelligenten Kräfte wurden verschiedene Namen gegeben: Götter, Dämonen, Universalessenzen, Dhyan-Chohans, Äonen, Teletarchae und viele andere. Sie alle implizieren die gleiche grundlegende Idee von bewussten (wenn auch nicht notwendigerweise selbstbewussten, intellektuellen) Zentren der Kraft, Weisheit und Intelligenz, die auf die eine oder andere Weise das manifestierte endliche Universum aus sich selbst hervorbringen oder erschaffen.

Die ägyptischen Theurgen haben diese kosmischen Kräfte oder Götter sehr genau studiert und ihre Eigenschaften sorgfältig beobachtet und in Form von Parabeln, Allegorien, Mythen und Legenden aufgezeichnet. Sogar in den herkömmlichen Piktogrammen ihrer Gottheiten hat jedes der Embleme eine hohe Bedeutung, die sowohl tiefgreifend in ihrer Bedeutung als auch einfach beredt in der Beschreibung der Eigenschaften des Gottes ist. So implizierte beispielsweise ein blauer Federbusch, den einer der Götter in der Hand trug oder der den Kopfschmuck krönte, Wahrheit, Standhaftigkeit und Aufrichtigkeit; während ein Zepter die Idee vermitteln sollte, dass ein solcher Gott höchste Autorität und Souveränität mit sich trug. Jedes einzelne Symbol und Siegel, das der Gott an einem Teil seiner Person trug, war ein Hinweis auf seine innewohnende Natur. Die Mythen und Legenden, die die ägyptischen Priester über die Götter an die Nachwelt weitergaben, waren nicht bloß müßige Erfindungen unwissender, aber fantasievoller Menschen, die, da sie nichts Besseres zu tun hatten, sich mit Geschichtenerzählen und dem Erfinden angenehmer und unangenehmer Fiktionen über die Einfälle ihres Geistes beschäftigten. Im Gegenteil: In jeder dieser Legenden und bildlichen Beschreibungen der Götter ist alles andere als kindisch, sondern für jeden, der die Fähigkeit besitzt, sie wahrzunehmen, eine Fülle transzendentalen Wissens verborgen. Bei einem so scharfsinnigen Volk wie den Ägyptern, einem Volk, das eine robuste Zivilisation entwickelte, deren Überreste bis heute als edle Denkmäler bestehen, kann man kaum glauben, dass ihre Mythen bloß interessante Geschichten sein sollten, ebenso wenig wie die von ihnen anerkannten Götter nicht existierten oder zumindest kindliche Fantasien waren. Man sollte niemals annehmen, dass das ägyptische Pantheon, insbesondere die mit den theurgischen Kulten verbundenen Götter, in irgendeiner Weise mythisch waren, in dem Sinne, dass sie das Ergebnis des spielerischen Auslebens einer fruchtbaren Erfindungsgabe waren. Der ursprüngliche Mensch hat die Götter nicht „erschaffen", wie so viele moderne Studenten der vergleichenden Religionswissenschaft meinen, denen jegliches Mitgefühl und religiöses Genie fehlt. Was er wirklich tat, vielleicht unbewusst, war, diesen „Kräften" oder großen Naturkräften, die er so genau beobachtete und von denen er zu Recht glaubte, dass sie Manifestationen oder Symbole des Göttlichen seien, Namen (und selbst diese Namen waren bedeutsam) und quasi-menschliche Fähigkeiten zuzuschreiben. Alle Gedanken und Ideen, all das große Wissen und die Kenntnisse der Ägypter fanden ihren bildlichen Ausdruck in Allegorien, Parabeln und Gemälden. So haben wir sie heute erhalten. Ihr gut entwickeltes System lehrreicher Legenden und Mythologien als absurd und kindisch abzutun, ist nur ein Hinweis auf eine kindische und oberflächliche Intelligenz. Es lässt sich nachweisen, dass nur ein wenig Studium erforderlich ist, um eine Tiefe der Einsicht zu offenbaren, deren Existenz nie zuvor erkannt wurde. Darüber hinaus sind die Vignetten und gemalten Symbole der Götter, mit denen die Ägypter ihre Papyri zu schmücken pflegten, nicht nur kindische Zeichnungen vager intellektueller Meinungen. Jeder Gott im ägyptischen Mythos hatte eine präzise, genau definierte Funktion im Kosmos zu erfüllen – je nach Fall schöpferisch, bewahrend oder zerstörend – und diese Funktion war durch Beobachtung, sowohl weltlich als auch theurgisch, über einen langen Zeitraum hinweg genau ermittelt worden, und die Eigenschaften und die Natur des Gottes wurden in Bildern ausgedrückt. Ich bin nicht der Meinung, dass die Ägypter sich den Sonnengott in einer so konventionellen Kunstform wie der, in der sie ihn malten, tatsächlich vorstellten. Auch nicht, dass sie glaubten, die Sonne würde um Mitternacht die Form eines Käfers annehmen. Was sie tatsächlich glaubten, war, dass das Symbol der Skarabäen auf verschiedene subtile Weisen die Natur der Sonne nach der Stunde des Untergangs ausdrückte. Die Kuh war ebenfalls ein Symbol überschwänglicher Fruchtbarkeit; der Ibis ein Symbol der Weisheit und höchsten Intelligenz. Der Falke war aufgrund seiner Fähigkeit, im Himmel zu verharren, ein perfektes Symbol des göttlichen Selbst, das losgelöst von allen irdischen und formellen Dingen mit dem Auge des Gleichmuts auf sie herabblickt. Das gesamte Thema sollte sorgfältig studiert werden, und wenn der Leser dem Studium der Götter nur halb so viel Sorgfalt und Aufmerksamkeit widmet, wie der Durchschnittsmensch seiner Tageszeitung, wird er eine Menge nützliches Wissen von tiefgreifender Bedeutung für die Magie erlangen.

Die Evolution und Entwicklung des Kosmos, spirituell und physisch, wurden zuerst von Philosophen in geometrischen Formveränderungen aufgezeichnet. Jede esoterische Kosmogonie verwendete einen Kreis, einen Punkt, ein Dreieck und einen Würfel und so weiter. Diese wurden später in eine einfache geometrische Form integriert, wie sie in der Kabbala „Der Baum des Lebens" genannt wird. Jeder kosmischen Entwicklung wurde eine Zahl zugeordnet, und als spezifische Bedeutung der Zahl oder der besonderen Phase der Evolution existierte die Aktivität eines Gottes oder einer Hierarchie von Göttern. So haben wir in der Kabbala zehn primäre Emanationen. Jeder von ihnen ist eine Zahl zugeordnet, und in jeder Zahl ist daher ein Gott angedeutet. Es gibt zehn Reihen von Hierarchien kosmischer Kräfte, spirituell, dynamisch und intelligent, deren konzertierte Operationen zur Bildung des physischen Universums führen. Die Tradition der Theurgen klassifiziert sie in einer absteigenden Skala der Reinheit und Spiritualität, von den Göttern bis zu den Erzengeln, Intelligenzen und Geistern.

Da es in der Magie darum geht, auf die eine oder andere Weise eine enge und dauerhafte spirituelle Verbindung mit diesen kosmischen Gottheiten zu erreichen, die die zugrundeliegenden Realitäten und die Quellen von Nahrung und Vitalität sind, ist es ratsam, eine kurze Beschreibung von ihnen zu geben, wie sie von den Ägyptern verstanden wurden. Die folgende Tabelle klassifiziert sie gemäß ihrer Hierarchie und abgestuften Skala, und die Interpretation wird erleichtert, wenn sich der Leser an die Aussagen erinnert, die in einem früheren Kapitel über die Sephiroth gemacht wurden.

Von jedem dieser Götter werde ich eine kurze Beschreibung geben, die auf ägyptologischen Texten basiert, und dem Leser die Interpretation überlassen. Die Natur der in der folgenden Tabelle genannten Erzengel, Intelligenzen und Geister wird durch die Eigenschaften der herrschenden Gottheit offenbart.

Entsprechend der kosmischen Entwicklung, die bei den Kabbalisten durch Keser, die Krone, repräsentiert wird, ist Ptah die ägyptische Gottheit, deren Name „der Öffner" bedeutet. Für die Ägyptologen scheint dies ein Stolperstein bei ihren Klassifizierungen gewesen zu sein, denn selbst wenn man annimmt, dass er mit der Eröffnung des Tages durch die Sonne in Verbindung steht, bildet er seltsamerweise nie eine der wichtigen Gruppen der Sonnengötter in den hieratischen Texten. Im Totenbuch haben seine Eigenschaften nicht die geringste

Nr.	Sephira	Planet	Gott	Erzengel	Chor der Engel	Intelligen-zen des Planeten	Geister des Planeten
1	Kether	-	Ptah, Amun	Metra-ton	Chayos haQa-dosh	-	-
2	Chok-mah	-	Tahuti	Ratziel	Ophanim	-	-
3	Binah	Saturn	Isis	Zaphkiel	Arilim	Agiel	Zaziel
4	Che-sed	Jupiter	Maat	Zadkiel	Chashma-lim	Jophiel	Hasmiel
5	Ge-burah	Mars	Horus	Kamael	Seraphim	Graphiel	Bartzbael
6	Tipha-reth	Sonne	Ra, Osiris	Raphiel	Malachim	Nachiel	Soras
7	Netz-ach	Venus	Hathor	Haniel	Elohim	Hagiel	Kadmiel
8	Hod	Mer-kur	Anubis	Michael	Beni Elo-him	Tiriel	Taphthart-harath
9	Yesod	Mond	Shu, Pasth.	Gabriel	Cherubim	Tarshish im ve-Ad Ruach She-chalim	Hasmodai
10	Mal-kuth	-	Seb	Zaziel	Ishim	-	-

Beziehung zu Ra, Khephra und Tum, den Göttern, die mit dem Aufgang, Untergang und der Verdunkelung der Sonne um Mitternacht verbunden sind. Angesichts der Umrisse der magischen Philosophie ist es jedoch überhaupt nicht schwer zu erkennen, in welchem Sinne Ptah

„der Öffner" genannt wird. Weil sein Erscheinen einen Zyklus kosmischer Manifestation einleitete oder begann, wird er so genannt, und er ist der verborgene Logos, die zentrale metaphysische Essenz, aus der alles geboren wurde. Diese Interpretation scheint durch verschiedene Abbildungen bestätigt zu werden, in denen er gezeigt wird, wie er das Ei der Welt auf einer Töpferscheibe formt. Budge weist zur Bestätigung auch darauf hin, dass die etymologische Wurzel von Ptah mit der Bedeutung eines anderen Wortes verwandt ist, das „Schnitzen" oder „Meißeln" bedeutet. Diese verwandte Wurzel verortet den Gott ausgezeichnet, ebenso wie das Wort „Kunsthandwerker", das in den Texten erscheint. Denn Ptah eröffnet nicht nur den Evolutionszyklus, sondern er ist es auch, der aus der dreimal unbekannten Dunkelheit hervorgeht, er ist der Große Architekt des Universums und gebiert zusammen mit Thoth und Isis manifestierte Dinge. Er wurde der „allergrößte Gott, der in frühester Zeit entstand" genannt und um seine Natur abschließend zu beschreiben, Er wurde „der allergrößte Gott, der in frühester Zeit entstand" genannt, und um seine Natur abschließend zu beschreiben, galt er auch als „Vater der Anfänge und Schöpfer der/des Eie(r)s von Sonne und Mond".

In derselben Kategorie wie Ptah, als Entsprechung derselben Reihe philosophischer Ideen, die mit der Krone verbunden sind, steht der Gott Amun oder Amen. Er war die unsichtbare schöpferische Kraft, die die Quelle allen Lebens im Himmel, auf Erden und in der Unterwelt war und sich schließlich in Ra, dem Sonnengott, manifestierte. Der Name selbst weist auf das Verborgene oder Verborgene hin, und in ptolemäischer Zeit wurde der Name mit einem Wort assoziiert, das „Bleiben" und auch „dauerhaft sein" bedeutet. In einem der priesterlichen Dokumente wird der Gott in Ausdrücken gepriesen, die uns eine aussagekräftige Beschreibung seiner wahren Natur liefern. „Die heilige Seele, die am Anfang entstand, ... die erste göttliche Substanz, die die beiden anderen göttlichen Substanzen hervorbrachte; das Wesen, durch das jeder andere Gott existiert."

Darüber hinaus gibt es eine beträchtliche Menge an Beweisen, die einen glauben lassen, dass Osiris in dieselbe Kategorie eingeordnet werden könnte. Die Broschüre des British Museum über das Totenbuch enthält die Aussage über eine ägyptische Prinzessin, dass sie Amen-Ra und Osiris nicht als zwei verschiedene Götter, sondern als zwei Aspekte desselben Gottes betrachten konnte. Sie glaubte, dass die „verborgene" schöpferische Kraft, die Amen innewohnt, nur eine andere Form derselben Kraft war, die Osiris verkörperte. In aller Genauigkeit muss Osiris jedoch als die menschliche Inkarnation der schöpferischen Kraft angesehen werden, die Annahme des höchsten Gottes in Menschlichkeit; ein Avatara, wenn man so will, des Höchsten Geistes. Es gibt allen Grund zu der Annahme, dass diese Sichtweise von Osiris die richtige ist. Denn er stand auch für eine erneute Geburt und eine spirituelle Auferstehung und verkörperte den erleuchteten Adepten, der durch Prüfung und Leiden geläutert wurde; einer, der starb und nach dem Abstieg in die Unterwelt auf wundersame Weise verherrlicht wieder auferstand, um ewig im Himmel zu herrschen. Insofern wird er als ein Typus betrachtet, der zu *Tiphareth* gehört. Es gibt dennoch einen Aspekt von ihm, Asar-Un-Nefer, Osiris, der gütig oder vollkommen gemacht wurde, in dessen göttlicher Form er eine äußerst treffende Darstellung jener Phase von Kether ist, die der realste und tiefste Aspekt des Selbst ist.

Die Natur von Thoth oder Tahuti und die Beschreibung der Eigenschaften, die ihm die Ägypter zuschrieben, lassen nicht den geringsten Raum für Zweifel hinsichtlich seiner unmittelbaren Zuordnung zu *Chokmah*. Er ist Weisheit und der Gott der Weisheit, und wie Budge bemerkte, ist er die Personifizierung der Intelligenz der gesamten Göttergemeinschaft. Der Name Tahuti scheint vom angeblich ältesten Namen des Ibisses abgeleitet zu sein, einem Vogel, der durch seine Haltung Meditation und folglich Weisheit suggerierte. Es gibt eine ausgezeichnete Beschreibung der Eigenschaften von Thoth in Budges *The Gods of the Egyptians*, die ich wie folgt zitiere: „Erstens galt er als Herz und Zunge von Ra, das heißt, er war die Vernunft und die geistigen Kräfte des Gottes und das Mittel, mit dem sein Wille in Sprache umgesetzt wurde; in gewisser Hinsicht war er die Sprache selbst und in späteren Zeiten könnte er, wie Dr. Birch sagte, den Logos von Plato dargestellt haben. In jeder Legende, in der Thoth eine herausragende Rolle spielt, sehen wir, dass er es ist, der das Wort spricht, das dazu führt, dass die Wünsche von Ra in die Tat umgesetzt werden, und es ist offensichtlich, dass, wenn er einmal das Wort des Befehls gegeben hatte, dieser Befehl auf die eine oder andere Weise nicht umhinkonnte, ausgeführt zu werden. Er sprach die Worte, die zur Erschaffung des Himmels und der Erde führten. ... Sein Wissen und seine Rechenfähigkeiten maßen den Himmel aus, und plante die Erde und alles, was auf ihr ist; sein Wille und seine Macht hielten die Kräfte im Himmel und auf der Erde im Gleichgewicht; es waren seine Fähigkeiten in der Himmelsmathematik, die die Gesetze, auf denen die Grundlagen und die Erhaltung des Universums beruhten, richtig anwandten; er war es, der die Bewegungen der Himmelskörper und ihre Zeiten und Jahreszeiten lenkte." Er war, kurz gesagt, die Personifizierung des Geistes Gottes oder des Logos, und als allgegenwärtige, regierende und lenkende Macht des Himmels bildet er ein Merkmal der ägyptischen Religion, "die ebenso erhaben ist wie der Glaube an die Auferstehung der Toten in einem spirituellen Körper und wie die Lehre vom ewigen Leben."

Pallas Athene ist die griechische Göttin der Weisheit, die der Sage nach voll bewaffnet dem Gehirn des mächtigen Vaters Zeus entsprang. Uranos, der Gott des Sternenhimmels, könnte ebenfalls in dieselbe Kategorie wie Thoth und Athene eingeordnet werden, denn es muss erwähnt werden, dass *Chokmah* traditionell auch die Sphäre der Fixsterne genannt wird.

Isis, die *Binah* entspricht, wurde als Mutter des Universums angesehen, als erster Nachkomme aller Zeiten, als Herrscherin des Himmels, des Meeres und aller Dinge auf der Erde. Sie war die himmlische Mutter, die die ganze antike Welt unter vielen Namen verehrte. In Verbindung mit der Himmelskönigin, als mitfühlende und allmächtige Herrin beider Welten, zog sie eine so große Schar von Anhängern und aufrichtigen Verehrern an. Um Budges Aussagen über sie kurz zusammenzufassen, können wir sagen, dass Isis als die große und wohltätige Mutter angesehen wurde, deren Einfluss und Liebe den ganzen Himmel, die ganze Erde und die Wohnstätte der Toten durchdrangen. Sie war die Personifizierung der großen passiven Fortpflanzungskraft, die jedes Lebewesen und jedes Ding makellos empfing und hervorbrachte. Was sie hervorbrachte, beschützte, pflegte, fütterte und nährte sie; Sie setzte ihr eigenes Leben ein, um ihre Macht gnädig und erfolgreich einzusetzen, und schuf nicht nur Neues, sondern stellte auch Tote wieder her. Darüber hinaus war sie der höchste Typ einer treuen und liebevollen Ehefrau und Mutter. In dieser Eigenschaft wurde sie von den Ägyptern am meisten verehrt und angebetet. Der heute bekannten Legende zufolge wurde ihr Ehemann Osiris durch die List seines Bruders Typhon oder Set (ein Sinnbild für den zerstörerischen Aspekt der Natur) getötet und sein Körper in eine Kiste geworfen, die, nachdem sie in den Nil geworfen worden war, aufs Meer hinausgetragen wurde. Nach langer, ermüdender Suche fand Isis sie und brachte sie, wie sie dachte, in ein sicheres Versteck, wo sie jedoch von Typhon gefunden wurde, der die Leiche böswillig in mehrere Stücke zerstückelte. Die Ereignisse ihrer Suche nach dem verstümmelten Körper und der Empfängnis und Geburt ihres Kindes Horus beeindruckten die Vorstellungskraft der Ägypter sehr. Besonders, als die Legende erzählt, wie sie Thoth, den Gott der Weisheit und Magie, um Hilfe bat und er ihr durch seine vollendeten Fähigkeiten in den theurgischen Künsten von Prozessen und mächtigen Worten erzählen konnte, die Osiris vorübergehend wieder zum Leben erweckten und es ihm ermöglichten, mit ihr das Gott-Kind Horus zu zeugen.

Zusätzlich zu dem oben Gesagten gibt es die obskure Legende über die helfende Rolle, die Isis paradoxerweise Typhon in der Schlacht von Horus zukommen ließ, der so wütend über den scheinbaren Verrat seiner Mutter war, dass er sie tötete und enthauptete. Unmittelbar darauf jedoch verwandelte Thoth ihren Kopf in den einer Kuh, den er an ihrem Körper befestigte. Auf ihre Weise weist diese Legende auf die Beziehung hin, die zwischen Isis, der Mutter, und der Kuhgöttin Hathor besteht, wobei viele der Eigenschaften der letzteren in einer Reihe wichtiger Aspekte mit denen von Isis übereinstimmen. Der Baum des Lebens, der den Evolutionsprozess schematisch umreißt, sollte etwas zum Verständnis der dieser Legende zugrundeliegenden Idee beitragen, ebenso wie die griechische Legende über Kronos, der ebenfalls Binah zugeschrieben wird. In dieser Legende wird Kronos beschrieben, wie er seinen Vater Uranos der Herrschaft über die Welt beraubt und dieser wiederum von seinem eigenen Sohn Zeus entrissen wird. Blavatsky liefert in Die Geheimlehre eine suggestive Erklärung für dieses Gleichnis. Grob gesagt bedeutet dies, dass Kronos für endlose Dauer steht, anfangslos und endlos, jenseits von geteilter Zeit und Raum. Jene Götter, die geboren wurden, um in Raum und Zeit zu handeln, das heißt, um den Kreis des spirituellen Reiches in die irdische Ebene zu durchbrechen, sollen allegorisch gegen Kronos rebelliert und den (damals) einzigen lebenden und höchsten Gott bekämpft haben. Wenn Kronos wiederum dargestellt wird, wie er seinen Vater verstümmelt, ist die Bedeutung der Verstümmelung einfach. Die absolute Zeit wird zum Endlichen und Bedingten gemacht; ein Teil wird dem Ganzen geraubt, wodurch gezeigt wird, dass Kronos, der Vater der Götter, von ewiger Dauer in einen begrenzten Zeitraum verwandelt wurde. Die gleiche Interpretation kann auch mit der Enthauptung von Isis verbunden werden, die ihren Übergang als himmlische, schöpferische Göttin auf eine niedrigere irdische Ebene zur Folge hatte.

Maat, die Göttin, die der Sphäre von *Chesed* zugeschrieben wird, ist im alten ägyptischen System eng mit Thoth verbunden; so eng, dass sie beinahe als sein weibliches Gegenstück angesehen werden kann. Typ und Symbol dieser Göttin ist die Straußenfeder, einzeln oder doppelt, die immer an ihrem Kopfschmuck befestigt ist oder in ihrer Hand gehalten wird. Das Wort „Maat" bezeichnet in erster Linie „das, was gerade ist", wurde jedoch in einem physischen und moralischen Sinn verwendet, so dass es schließlich die Bedeutung „richtig, wahrhaftig, aufrichtig, rechtschaffen" bekam. Diese Göttin verkörpert also die Ideen von physischem und moralischem Gesetz, Ordnung, Wahrheit und kosmischer Regelmäßigkeit. Es ist zu beachten, dass viele dieser Attribute von Maat ebenfalls Bedeutungen sind, die von Astrologen dem Planeten Jupiter zugeschrieben werden, der eine der Entsprechungen derselben Sephira ist, der Maat zugeschrieben wird. Als moralische Kraft galt Maat als die größte der Göttinnen, und sie wurde die Herrin des Gerichtssaals im Tuat, oder der Unterwelt, wo das Wiegen der Herzen in der Gegenwart von Osiris stattfand. Gewöhnlich wird sie als sitzende oder stehende Frau dargestellt, die in einer Hand das Zepter der Souveränität und in der anderen das Ankh, das Symbol des Lebens, hält. Einige Bilder zeigen sie mit einem Paar Flügeln, von denen einer an jedem Arm befestigt ist, und in einigen wenigen Fällen wird sie mit der Feder der Wahrheit auf dem Kopf dargestellt, aufrecht, ohne jegliche Kopfbedeckung.

Der römische Jupiter war ursprünglich eine Elementargottheit und wurde als Gott des Regens, des Sturms, des Donners und des Blitzes verehrt. Als Herr des Himmels und Fürst des Lichts war er der Gott, der die Zukunft vorhersah, und die Ereignisse, die er vorhersah, geschahen als Ergebnis seines Willens. Zeus ist sein griechisches Äquivalent, und beide werden *Chesed* zugeordnet.

Die Übersetzung der fünften Sephira *Gevurah* als „Macht" zusammen mit ihrer astrologischen Entsprechung zu Mars fasst die Eigenschaften des Horus am besten zusammen. Er ist der ägyptische Gott der Macht, der viele Formen hat, von denen die wichtigsten zwei Hoor-paar-Kraat und Heru-Khuti sind. Als ersterer, der griechische Harpokrates, wird er mit einer Haarlocke, dem Symbol strahlender Jugend, auf der rechten Seite seines Kopfes dargestellt; manchmal trägt er auch die dreifache Krone mit Federn und Scheiben als Kopfschmuck auf dem Kopf und gelegentlich nur die Scheibe mit Federn. In den meisten Fällen wird er mit dem Zeigefinger an den Lippen dargestellt, als Zeichen des Schweigens. Als Heru-Khuti, „Horus der zwei Horizonte", wird er normalerweise als Falke dargestellt, der eine Sonnenscheibe trägt, die von einer Uräus-Schlange umgeben ist, oder mit der dreifachen oder Ateph-Krone. Mit dem Sonnengott war er eng verbunden und repräsentierte die Sonnenscheibe in ihrem täglichen Lauf über den Himmel von Sonnenaufgang bis Sonnenuntergang. Aber als Horus, der Nachkomme von Isis und Osiris, ist er mit *Gevurah* verbunden; in seiner Gestalt als Rächer des Mordes und der Vergewaltigung seines Vaters. In Gestalt eines Falken konnte er von den Höhen des Himmels die Feinde seines Vaters sehen, die er, so die Legende, in Form einer großen geflügelten Scheibe verjagte. Mit solcher Wut und Kraft griff er diese Feinde an, dass sie alle ihre Sinne verloren und weder mit ihren Augen sehen noch mit ihren Ohren hören konnten. Die Aussagen über Horus in der Broschüre des British Museum sind in diesem Zusammenhang so interessant, dass sie wie folgt wiedergegeben werden:

„Als Horus das Erwachsenenalter erreichte, machte er sich auf, Seth zu finden und gegen den Mörder seines Vaters Krieg zu führen. Schließlich trafen sie sich und es kam zu einem erbitterten Kampf, und obwohl Seth besiegt wurde, bevor er schließlich zu Boden geschleudert wurde, gelang es ihm, Horus das rechte Auge herauszureißen und es zu behalten. Sogar nach diesem Kampf konnte Seth Isis verfolgen, und Horus war machtlos, dies zu verhindern, bis Thoth Seth dazu brachte, ihm das rechte Auge des Horus zu geben, das er weggenommen hatte. Thoth brachte dann das Auge zu Horus und setzte es in sein Gesicht ein und gab ihm das Sehvermögen zurück, indem er darauf spuckte. Horus suchte dann den Körper von Osiris, um ihn zum Leben zu erwecken, und als er ihn fand, löste er die Bandagen, damit Osiris seine Glieder bewegen und aufstehen konnte. Unter der Anleitung von Thoth rezitierte Horus eine Reihe von Formeln, während er Opfer darbrachte O-siris ... Er umarmte Osiris und übertrug ihm so sein *Ka*, d. h. seine eigene lebendige Persönlichkeit und Männlichkeit, und gab ihm sein Auge, das Thoth von Seth gerettet und in sein Gesicht eingesetzt hatte. Sobald Osiris das Auge des Horus gegessen hatte, ... erlangte er dadurch die vollständige Nutzung aller seiner geistigen Fähigkeiten zurück, die ihm durch den Tod entzogen worden waren. Sofort erhob er sich von seiner Bahre und wurde der Herr der Toten und König der Unterwelt."

Mars und Ares sind die griechischen und römischen Entsprechungen. Sie werden als Götter des Krieges und der Schlacht verehrt und führen die grundlegende Idee von *Gevurah*, Stärke, Macht und Energie fort.

Ich möchte mich etwas ausführlicher mit *Tiphareth* und den damit verbundenen Göttern befassen, da sie mehr als alle anderen die Bestrebungen des Magiers betreffen. Da *Tiphareth* die Sphäre der Schönheit und Harmonie sowie das „Haus der Seele" ist, sind die damit traditionell verbundenen Götter besonders symbolisch und repräsentativ für die verherrlichte Seele oder den Heiligen Schutzengel. Dionysius, O-siris, Mithra und viele andere sind alle Typen von Unsterblichkeit, Schönheit und Gleichgewicht. Maurice Maeterlinck hat die gesamte philosophische Position in dieser Hinsicht ziemlich hervorragend zusammengefasst. „Dionysius", sagt er, „... ist Osiris, Krishna, Buddha; er ist alle göttlichen Inkarnationen; er ist der Gott, der in den Menschen herabsteigt oder sich vielmehr in ihm manifestiert; er ist der Tod, vorübergehend und illusorisch, und die Wiedergeburt, tatsächlich und unsterblich; er ist die vorübergehende Vereinigung mit dem Göttlichen, die nur das Vorspiel zur endgültigen Vereinigung ist, dem endlosen Kreislauf des ewigen Werdens." Die für *Tiphareth* typischen Gottheiten repräsentieren daher die erleuchtete Seele, die durch Leiden erhöht, durch Prüfungen vervollkommnet und in Ruhm und Triumph wiederauferstanden ist. Man kann davon ausgehen, dass Osiris ziemlich repräsentativ für diese sich verjüngenden Gottheiten ist, und es gibt Beweise dafür, dass Osiris von Anfang bis Ende für die Ägypter der Gottmensch war, der litt und starb und wieder auferstand, um König des spirituellen Reiches zu sein. Die Ägypter glaubten, dass sie das ewige Leben erben könnten, so wie er, vorausgesetzt, dass das, was die Götter für ihn taten, auch für sie getan wurde. Dies lieferte die Begründung für die Durchführung des sogenannten dramatischen Rituals. Sie zelebrierten Rituale, um Osiris und die Götter, die seine Auferstehung herbeigeführt hatten (das heißt Thoth, „der Herr der göttlichen Worte, der Schreiber der Götter", Isis, die die magischen Worte verwendete, die Thoth ihr gegeben hatte, und Horus und die anderen Götter, die die Riten durchführten, die die Auferstehung von Osiris herbeiführten) dazu zu zwingen oder zu überreden, in ihrem Namen zu handeln, so wie sie für den Gott gehandelt hatten.

Die Verehrung von Mithra und Dionysius entspringt derselben unterschwelligen Wurzel. Sie ist auch mit dem spirituellen Triumph des Gottmenschen und der Rückkehr des Sonnengottes verbunden, der als

Symbol der vervollkommneten Seele in das menschliche Bewusstsein des Menschen eingetreten ist, und nachdem er den Geist erleuchtet und die Dunkelheit seines Lebens erlöst hat, macht er den gefangenen Geist hell und fröhlich. Krishna dagegen ist ein Symbol des Gottmenschen, denn in ihm waren Geist und Materie im Gleichgewicht, und indem er ein Avatara wurde, die irdische Wohnstätte des Universalgeistes, nahm er in einer menschlichen Persönlichkeit die doppelten Qualitäten eines Gottes wieder auf, unsterblich und ekstatisch, zusammen mit allen typischen Merkmalen der Menschheit.

Tiphareth wird auch die Sonne zugeschrieben. Somit gehört Ra - einschließlich Tum und Khephra, der untergehenden und der mitternächtlichen Sonne - zu dieser Reihe von Göttern. Den Ägyptern war die Vorstellung der Sonne so heilig, dass Ra die Eigenschaften göttlichen Lichts und Lebens zuschrieb; er war die Personifizierung von Recht, Wahrheit, Güte und folglich der Zerstörer von Dunkelheit, Nacht, Schlechtigkeit und Sünde. Seine Beziehungen zu Osiris, der teils Gott, teils Mensch und Ursache und Typ der Unsterblichkeit des Menschen war, waren zugleich die eines Gottes, Vaters und Gleichgestellten. In Ra konzentrierten sich einige der edelsten religiösen Vorstellungen der Ägypter, und vom Sonnengott, dem Geber von Nahrung und Vitalität, sowohl körperlich als auch geistig, für die Bewohner der Erde, wurde er mit Amun identifiziert, der verborgenen schöpferischen Kraft, aus der das gesamte manifestierte Universum entstanden war.

Die Natur des Osiris wird in den Legenden deutlich, in denen er den Menschen die Verwendung von Getreide und den Weinanbau lehrte. In dieser letzten Phase wird er eindeutig mit Dionysius-Bacchus identifiziert, dem Gott der überschäumenden Vitalität und Ekstase der Griechen. Mit der Zeit wurde Osiris als der Ungläubige der Toten und der Führer der Seele angesehen; aus der Dunkelheit des Karrens in das

HATHOR
Die ägyptische Aphrodite

glückselige Reich, wo sie gemäß ihrer Theologie eine uneingeschränkte Sicht auf die Gottheit haben würden. Der Verstorbene wird, wenn das Leben gut gelebt wurde, auf mystische Weise mit Osiris identifiziert; auch im Leben des Gottes hat er keinen unbedeutenden Anteil. Dionysius wurde in Griechenland als die Kraft verehrt, die Blätter, Blüten und Früchte an den Bäumen hervorbringt. Der Weinstock mit seinen Trauben, aus denen der Wein entspringt, der die Herzen der Menschen ergießt, war sein größtes, aber bei weitem nicht sein einziges Werk. Als Gott des Baumes und des Weinstocks ist er eine freundliche und sanfte Gottheit, die den Menschen und sein Leben veredelt, sich an Frieden und Überfluss erfreut und seinen Anbetern Reichtum und Überschwang schenkt. Obwohl der Thyrsos tragende Gott in der Legende von seinen Verfolgern sturmgepeitscht, zerrissen und gefoltert wurde, obwohl er vor seinen verfolgenden Feinden flieht, erhebt er sich noch einmal zu neuem Leben und erneuerter Aktivität. Unter dem Namen Iakchos, der Bruder oder Bräutigam von Persephone, nahm er mit ihr und Demeter an den Riten von Eleusis teil. Es mag interessant sein, nebenbei darauf hinzuweisen, dass Persephone eine Zuschreibung des Königreichs ist, das im *Zohar* als Jungfrau bezeichnet wird, die Braut des Sohnes, der sich in *Tiphareth* befindet. Es war dieser anmutige, jugendliche Dionysius, die leidende und verwandelte Gottheit, die zugleich vergänglich und ewig ist, stirbt und zu einem neuen spirituellen Leben wieder aufblüht, der die Hauptgottheit der Dichter und Mystiker der Sekte namens Orphiker war, in deren Mysterien die Seele und ihr Schicksal, wenn sie vom Körper befreit werden, zum herausragenden Thema wurden.

Ein ähnlicher Gott, der dieselbe Idee des geistigen Gleichgewichts und der Wandlung zum Ausdruck brachte, ein Gott mit fast identischen Eigenschaften wie Dionysius, war Mithra, der persische Gott des Lichts, des Lichts des Körpers und des Lichts der Seele. Er verkörperte die strahlende Kraft der Sonne, die Tag für Tag und Jahr für Jahr unfehlbar die Mächte der Dunkelheit und ihre Schrecken besiegt. Mithra, der üblicherweise in einer Höhle verehrt wurde, die ursprünglich vielleicht die Nische unter der Erde darstellte, in der sich die Sonne nachts verbergen sollte, wurde für fromme Gläubige zum Symbol des Abgrunds der Inkarnation, in den die Seele hinabsteigen muss. Dann konnten sie, wie der Gott selbst, durch viele Prüfungen und Leiden geläutert, mit Ruhm und Erhabenheit auferstehen.

Die Göttin Hathor wird zusammen mit Aphrodite und Demeter mit der Sephira *Netzach*, dem Sieg, in Verbindung gebracht. In den frühesten Zeiten Ägyptens galt Hathor als kosmische Göttin, und man glaubte, sie sei als Kuhgöttin die Personifizierung der generativen Kraft der Natur gewesen, die ständig alle Dinge empfing und schuf, hervorbrachte und erhielt. Sie war die „Mutter ihres Vaters und die Tochter ihres Sohnes", was sofort an die traditionelle Formel des Tetragrammatons erinnert. Es scheint eine nicht geringe Verbindung zwischen ihr und Isis und Nuit, der Königin und Personifizierung des Weltraums, bestanden zu haben. Wir haben bereits die Legende beschrieben, in der Horus Isis tötete, deren Kopf von Thoth in den Kopf einer Kuh, den Kopf von Hathor, verwandelt wurde. Dies soll die evolutionäre Transformation der kosmischen generativen Energien von Isis von oberhalb des Abgrunds in eine weltlichere Sphäre der Manifestation bedeuten. Sie wird in verschiedenen Formen dargestellt, am häufigsten als Kuh. Manchmal wird Hathor als Frau dargestellt, die ein Paar Hörner trägt, in denen die Sonnenscheibe ruht; manchmal mit einer Geier-Tiara, an deren Vorderseite sich die Uräusschlange befindet, über der fünf weitere Uräer stehen. Auf ihrem Nacken findet sich normalerweise ein Symbol für Freude und Vergnügen, und auf ihrem Rücken befindet sich auch eine Art Satteldecke mit linearem Muster, und ihr ganzer Körper ist manchmal mit Kreuzen markiert, die wahrscheinlich Sterne darstellen sollen. Auf dem letzteren Bild stellt sie zweifellos Nuit dar, aus deren Brüsten die Milch der Sterne fließen soll. Als Hathor repräsentierte sie nicht nur das Wahre, sondern auch das Gute und alles, was die Frau als Ehefrau, Mutter und Tochter auszeichnet. Sie war auch die Schutzgöttin aller Sänger, Tänzer und Festgäste aller Art, der schönen Frauen und der Liebe, der Künstler und der Kunstwerke. In dieser Verbindung wird sie mit Aphrodite, der Herrin der Liebe, verglichen. Als Äquivalent von Demeter steht sie für die scheinbar unerschöpfliche Fruchtbarkeit, die Fortpflanzung von Pflanzen und Tieren, die einander auf der Erde ablösen und zur Erde zurückkehren. Zweifellos wurde sie als fruchtbare Göttin der Vegetation und der Landwirtschaft verehrt, insbesondere, da die Alten Wachstum und Entwicklung als Akt der Liebe betrachteten.

Hermes und Anubis entsprechen Hod, dem Ruhm. Hermes ist ein intellektueller Gott und repräsentiert in viel geringerem Maße die Eigenschaften von Thoth. Während letzterer eine kosmische und transzendentale Gottheit ist, ist Hermes ein irdischer Gott, von dem gesagt wird, dass er Astrologie und Geometrie, Medizin und Botanik erfunden hat; der die Regierung organisierte und die Anbetung der Götter etablierte; er erfand Figuren und die Buchstaben des Alphabets und die Künste des Lesens, Schreibens und Redens in allen ihren Zweigen. Er wurde auch damit beauftragt, die Schatten der Verstorbenen von der oberen in die untere Welt zu geleiten. Hier wird er ideell mit Anubis oder Anpu, dem schakalköpfigen Gott der Ägypter, in Verbindung gebracht, wobei es auch die griechische Kombination dieser beiden Namen in Hermanubis gibt. Der Kopf, der das Vorbild und Symbol von Anubis war, war der Schakal. Dies scheint laut Budge zu beweisen, dass Anubis in frühester Zeit lediglich der Schakal-Gott war, der mit den Toten in Verbindung gebracht wurde - einfach, weil der Schakal allgemein in den Gräbern herumschlich. Man kann ihn sich aber auch als hundeköpfige Gottheit vorstellen. Der Hund ist ein Beobachter und ein Wächter, in dieser Funktion wird Anubis im Tuat dargestellt. Analog dazu repräsentiert er die Vernunft im Menschen, die auch der Wächter des menschlichen Bewusstseins ist und Eindrücke und Reaktionen auf die Außenwelt beobachtet. Die Überlieferung besagt, dass Anubis der Gott war, der den Körper von Osiris einbalsamierte und ihn mit den Leinentüchern umhüllte, die Isis angefertigt hatte. Aus verschiedenen anderen Passagen im Totenbuch geht hervor, dass Anubis ein großer Gott in der Unterwelt war, und sein Rang und seine Bedeutung scheinen ebenso groß gewesen zu sein wie die von Osiris. In der Gerichtsszene im Tuat scheint Anubis, der Wächter, für Osiris zu handeln, mit dem er eng verbunden ist, denn er ist es, dessen Aufgabe es ist, die Zunge der großen Waage zu untersuchen und darauf zu achten, dass der Balken genau horizontal ist.

Die Göttin Bast oder Pasht, die die Gottheit von *Yesod*, der Grundlage, darstellt, wird normalerweise in Form einer Frau mit einem Katzenkopf dargestellt. Manchmal hat sie auch den Kopf einer Löwin, auf dem eine Schlange sitzt, und hält in ihrer rechten Hand ein Sistrum und in ihrer linken Hand ein Aegis, auf dem entweder der Kopf einer Katze oder einer Löwin sitzt. Sie war eine Personifizierung des Mondes, insbesondere, da ihr Sohn Khensu ebenfalls ein Mondgott war. Mit dem Kopf einer Löwin, der normalerweise grün bemalt ist, symbolisierte sie das Sonnenlicht; wenn sie aber einen Katzenkopf hatte, ist ihre Verbindung mit dem Mond unbestritten. Mit der Sphäre der Grundlage, die den dualen Aspekt des Astrallichts ausdrückt, war nicht nur Bast, sondern auch Shu verbunden. Veränderung und Stabilität sind die beiden paradoxen Eigenschaften dieses Lichts, Bast drückt den lunaren Aspekt der Veränderung und des ewigen Flusses aus, und die Idee der Stabilität und eines festen Fundaments der Dinge wird in der Form von ~hu ausgedrückt. Manchmal sieht man ihn nach einem Skorpion, einer Schlange oder einem falkenköpfigen Zepter schnappen und er wurde als Gott des Raumes verehrt, der zwischen Erde und Himmel existierte. Er war es, der den Himmel mit seinen Händen hochhielt, eine stützte ihn am Ort des Sonnenaufgangs und die andere am Ort des Sonnenuntergangs. Er wurde mit dem Lebensprinzip der Dinge identifiziert, was mit der impliziten Theorie des Astrallichts übereinstimmt, das das direkte Vehikel der fünf Pranas oder Lebensströme ist. Über seine Funktion als Himmelsträger gibt es einen interessanten Mythos. Als der große Gott Ra über die Götter und Menschen herrschte, begannen die Menschen auf der Erde, aufrührerische Worte gegen ihn zu äußern, was ihn dazu veranlasste, sie zu vernichten. Er rief verschiedene Götter zu einer Konferenz zusammen und beauftragte auf Nuits Vorschlag hin Hathor, die weltweite Vernichtung der Menschen herbeizuführen. Bald darauf wurde er der Erde selbst überdrüssig, und Nuit nahm die Gestalt einer Kuh an, auf deren Rücken Ra sich setzte. Bald darauf begann die Kuh zu zittern und zu beben, weil sie so hoch über der Erde lag, und so wurde Shu befohlen, sie zu stützen und sie in den Himmel zu heben. Als Shu seinen Platz unter der Kuh eingenommen hatte und ihren Körper hochhielt, entstanden der Himmel oben und die Erde unten, und die vier Beine der Kuh wurden zu den vier Stützen des Himmels an den vier Himmelsrichtungen. So entstand der Gott Seb in einer separaten Existenz.

Seb war der Gott der Erde, und die Erde bildete seinen Körper und wurde das Haus des Seb genannt, so wie die Luft das Haus des Shu und der Himmel das Haus des Ra genannt wurde. Er wird als Mann dargestellt, der die Ateph-Krone trägt, und manchmal wird die Form einer Gans hinzugefügt. Entsprechend Malkuth, dem Königreich, repräsentiert Seb die Fruchtbarkeit der Erdoberfläche und in der Mythologie der Unterwelt spielte er eine herausragende Rolle, indem er diejenigen der Verstorbenen zurückhielt, die nicht in die Tuat gelangen konnten. Die griechische Göttin der Erde, ähnlich dem ägyptischen Seb, war Persephone, die bei den Römern unter dem Namen Proserpina bekannt war.

Die Geschichte ihrer Vergewaltigung durch Hades und ihrer erzwungenen Gefangenschaft unter der Erde ist zu bekannt, als dass sie hier erwähnt werden müsste. Einige Interpreten sprechen vom Verschwinden im Körper und der anschließenden Wiedergeburt der Seele, während andere in Proserpina einen einfachen Mythos des Vegetationskults sehen, wobei die Göttin das Saatkorn ist, das einen Teil des Jahres in der Erde verborgen bleibt, und wenn sie zu ihrer Mutter Demeter zurückkehrt, ist sie wie das aus der Erde aufsteigende Korn, die Nahrung und Nahrung von Mensch und Tier.

Obwohl dies die Untersuchung der Götter, soweit dieses Thema hier behandelt werden kann, abschließen muss, kann nicht oft genug wiederholt werden, dass dieses hochkomplexe Thema in seinen verschiedenen Aspekten und philosophischen Zusammenhängen gründlich studiert werden sollte, bevor die praktische Arbeit der Anrufung in Angriff genommen wird. Bevor es irgendeinen Grad an wirklichem Erfolg bei der Anrufung geben und eine feste Verbindung und Gemeinschaft mit den Göttern herstellen kann, sollte der Theurg zumindest theoretisch mit der Natur der Götter gut vertraut sein, welche Prinzipien oder Funktionen sie in der natürlichen und universellen Ökonomie erfüllen und was sie wirklich sind. Alle Legenden und Mythen der alten Völker im Zusammenhang mit den Göttern enthüllen einen wertvollen Bericht über ihre wahre Natur, wenn nur ein wenig Unterscheidungsvermögen und ein Verständnis der Grundlagen, die die Basis der Kabbala bilden, angewendet werden. Der Theurg sollte sich bemühen, so weit wie möglich zu verstehen, warum Tierformen als Masken der Götter verwendet werden. Da es viele Interpretationen hierfür gibt, sollte eine Synthese aus den wahrscheinlichsten und sinnvollsten erstellt werden. Und ich möchte noch hinzufügen, dass sich ein Studium der gemalten Darstellungen der Götter durchaus lohnen wird. Der interessierte Student könnte nichts Geringeres tun, als die ägyptischen Galerien des britischen oder eines anderen Museums zu besuchen und sich gründlich mit den herkömmlichen Kunstformen vertraut zu machen, mit denen die Götter dargestellt werden.

TEIL ZWEI

"VON IHREM STUHL AUS KÖNNEN SIE WEITER REISEN ALS KOLUMBUS JE BEREITS GEREIST IST UND HERRLICHERE WELTEN ENTDECKEN ALS SEINE AUGEN JE GESEHEN HABEN. SIND SIE DIE OBERFLÄCHEN NICHT MÜDE? KOMMEN SIE MIT MIR UND WIR WERDEN IM JUNGBRUNNEN BADEN. ICH KANN IHNEN DEN WEG NACH EL DORADO ZEIGEN."

The Candle of Vision : Russel, AE. George William

KAPITEL SIEBEN

ZWECK und Funktion der Magie sollten inzwischen ganz klar sein. Sie ist eine spirituelle Wissenschaft. Sie ist ein technisches Ausbildungssystem, das ein göttliches und kein weltliches irdisches Ziel hat. Wenn einige zu oberflächliche Beobachter meinen, dass der Theurg sich ausschließlich mit objektiven Dingen beschäftigt, dann nur, weil er durch sie und die Noumena, die sie symbolisieren, seine Ziele erreichen kann. Die vom Magier verwendete Ausrüstung ist nicht das einzige Mittel, das er verwendet, noch das einzige Instrument zu seinen Zwecken, obwohl der unsichtbare Aspekt seiner Welten von den Laien ohne Erläuterung nie erfasst werden könnte. Alle Dinge, physisch und mental, mussten notwendigerweise in sein Werk einfließen, und es geschah nicht, um sich selbst oder seine Anhänger zu täuschen, wenn der Magier sich mit einer Art höchst eindrucksvoller „Bühnenapparatur" aus Zauberstäben, Bechern, Weihrauch und Parfüms, seltsamen Zeichen und Symbolen, Glocken und barbarisch klingenden Beschwörungen umgab. In Verbindung mit den Symbolen und Sigillen schrieb Jamblichus: „Sie (die Theurgen) ahmen die Natur des Universums und die Schöpfungsenergie der Götter nach und stellen durch Symbole gewisse Bilder mystischer, okkulter und unsichtbarer Intellektualität dar; genau wie die Natur ... unsichtbare Gründe durch unsichtbare Formen ausdrückt. ... Daher erkennen die Ägypter, dass alle höheren Naturen sich an der Ähnlichkeit niederer Wesen erfreuen, und wollen letztere durch größtmögliche Nachahmung der ersteren mit Gutem erfüllen. Daher zeigen sie sehr richtigerweise eine Art der Theologie, die der in den Symbolen verborgenen mystischen Lehre angepasst ist." Dies liefert jedoch keine angemessene und zufriedenstellende Antwort auf die allgemeine Frage, warum der Magier mit solchen „Requisiten" wie Robe, Glocke und Kreis ausgestattet ist, die für den Durchschnittsmenschen völlig unverständlich, etwas abstoßend und nicht wenig nach Scharlatanerie riechend sind. Diese Meinung ist natürlich völlig falsch. Tatsächlich ist es genauso falsch und ungerechtfertigt, einen Physiker der Quacksalberei zu bezichtigen, weil er in seinem Labor mehrere Mikroskope unterschiedlicher Stärke hat, die mit Rädern, Röhren und Objektträgern ausgestattet sind, und weil sein Schreibtisch mit Papieren übersät ist, die unverständliche physikalische und mathematische Formeln enthalten. Letztere sind nur Mittel, mit denen der Physiker Keime, Bazillen und mikroskopische Organismen usw. verstehen lernt, mit deren Studium er sich beschäftigt hat. Der magische Apparat ist ebenso das Mittel - für den Laien ebenso unverständlich -, mit dem der Magier sich selbst verstehen und mit den unsichtbaren, aber nicht weniger realen Teilen der Natur kommunizieren kann. Wir haben Magie bereits als die Wissenschaft definiert, deren Ziel die Schulung und Stärkung von Willen und Vorstellungskraft ist. Mehr als alles andere sind es Denken und Wille, die in der Magie wirklich zählen, und die magische Hypothese ist, dass diese Steigerung der schöpferischen Fähigkeiten durch den Einsatz der Kunstinstrumente und des Siegels erreicht wird, mit dem sich der Theurg bei seiner zeremoniellen Arbeit umgibt. Eliphas Levi ist in diesem Punkt sehr eindeutig und bemerkt, dass „Zeremonien, Gewänder, Parfüms, Charaktere und Figuren, wie wir gesagt haben, notwendig sind, um die Vorstellungskraft bei der Erziehung des Willens einzusetzen, der Erfolg der magischen Operationen von der gewissenhaften Einhaltung jedes Ritus abhängt." Es sollte hinzugefügt werden, durch das Vorhandensein und die gewissenhafte Verwendung aller korrekten Sigillen. Hieratisch, suggestiv und nicht wenig eindrucksvoll, sind die wichtigen Punkten dieser Instrumente und Gewänder, dieser Zeichen und Symbolen, dass sie Symbole sind, die entweder eine innewohnende okkulte Kraft im Menschen oder eine Essenz oder ein Prinzip darstellen, das als intelligente treibende Kraft im Universum existiert. Ihre Hauptabsicht ist es, einen automatischen Strom harmonischer Gedanken oder in der Vorstellungskraft einen unwiderstehlichen Impuls zu erwecken, der das Wesen des Magiers in die Richtung erhebt, die durch den Charakter der Zeremonie und die individuelle Natur der Symbole vorgegeben wird.

Kurz gesagt ist ein magisches Ritual ein Gedächtnisprozess, der so angelegt ist, dass er zur absichtlichen Erheiterung des Willens und zur Erhöhung der Vorstellungskraft führt. Das Ziel ist die Reinigung der Persönlichkeit und das Erreichen eines spirituellen Bewusstseinszustands, in dem das Ego entweder mit seinem eigenen Höheren Selbst oder einem Gott eine Verbindung eingeht. Durch jede Handlung, jedes Wort und jeden Gedanken wird ständig auf dieses eine Ziel einer bestimmten Zeremonie hingewiesen. Sogar die Siegel sind für jede Zeremonie unterschiedlich, um ihren einzigartigen Zweck anzuzeigen, und eine Art von Symbol ist nur für die Anrufung einer Art universellen Wesens anwendbar. „Es gibt nichts", glaubte Jamblichus, „das auch nur im geringsten Maße den Göttern entspricht, bei denen die Götter nicht unmittelbar anwesend sind und das nicht mit ihnen verbunden ist." Für den Angriff auf die Heilige Stadt werden alle Sinne und alle Fähigkeiten bewusst mobilisiert, und die ganze individuelle Seele des Ausführenden muss in die Handlung einbezogen werden. Jede der verschiedenen Räucherungen, jedes kleinste Detail der Bannung, Anrufung und Umrundung soll eigentlich als Erinnerung an den einzigen Zweck dienen, der allein für den Magier existiert, ein Mittel sowohl zur Konzentration seiner Kräfte als auch zu ihrer Erhöhung. Wenn Symbol für Symbol sein Bewusstsein beeinflusst hat, wenn Emotion über Emotion geweckt wurde, um die Vorstellungskraft des Magiers zu stimulieren, dann kommt der höchste orgiastische Moment. Jeder Nerv des Körpers, jeder Kraftkanal des Geistes und der Seele wird in einem überwältigenden Krampf der Glückseligkeit angespannt, einem ekstatischen Überfließen des Willens und des ganzen Wesens in die vorherbestimmte Richtung.

Jeder Eindruck wird durch die kabbalistische Methode der Gedankenassoziation zum Ausgangspunkt einer Reihe miteinander verbundener Gedanken gemacht, die schließlich zur höchsten Idee der Anrufung führen. Wenn der Theurg während einer Zeremonie in einem Achteck steht, dann werden die Namen rund um den Kreis, die acht fröhlich brennenden Kerzen, die Vorherrschaft der Farbe Orange und das Aufsteigen des Weihrauchs Storax in einer hauchdünnen Rauchsäule aus dem Weihrauchfass ihm die Bedeutung von Merkur und Hermes vor Augen führen. Die Mystik begreift die Sinne gewöhnlich als Barrieren für das Licht der Seele und dass die Gegenwart der Seele aufgrund des verführerischen Einflusses und der Turbulenz der Sinne und des Geistes von der Manifestation ausgeschlossen ist. In der Magie jedoch werden die Sinne, wenn sie unter Kontrolle sind, als die goldenen Tore betrachtet, durch die der König der Herrlichkeit eintreten kann. Bei der Anrufung müssen alle Sinne und alle Fähigkeiten beteiligt werden. „Das Verständnis muss durch Zeichen ausgedrückt und durch Schriftzeichen oder Pentagramme zusammengefasst werden. Der Wille muss durch Worte bestimmt werden und die Worte durch Taten. Die magische Idee muss in Licht für die Augen, Harmonie für die Ohren, Düfte für den Geruchssinn, Geschmäcker für den Mund und Formen für den Tastsinn umgesetzt werden." Dieses Zitat aus dem Denken von Eliphas Levi vermittelt angemessen, in welcher Weise der ganze Mensch an den theurgischen Riten teilnehmen muss. Da, wie wir gesehen haben, der ägyptische Ritualist sagte, dass es keinen Teil von ihm gibt, der nicht von den Göttern ist, ist die Nutzung der Sinne und Kräfte des Geistes in einem wohlgeordneten Ritual die ideale Methode, um die Götter anzurufen. Jeder einzelne Teil des Menschen, jeder Sinn und jede Kraft müssen in den Rahmen eines Rituals gebracht werden, in dem sie eine Rolle spielen. Es ist normalerweise unsere Beschäftigung mit den getrennten, fortwährenden Anforderungen des Körpers, des Geistes und der Emotionen, die uns blind macht für die Gegenwart dieses inneren Prinzips, der einzigen Realität des Innenlebens. Daher ist eine der Anforderungen des Rituals, dass es diese bestimmten Teile des eigenen Wesens entweder vollständig beschäftigen oder beruhigen muss, damit die transzendentale Vereinigung mit dem Dämon nicht gestört wird. Das ausgeklügelte System der Gottesformen, die Schwingung göttlicher Namen, Gesten und Zeichen, Signaturen von Geistern, die Bedeutung geometrischer Symbole und durchdringender Düfte haben neben ihrem offensichtlichen Zweck, die gewünschte Idee zur Manifestation zu bringen, dieses zusätzliche Motiv. Eine der Funktionen des Rituals besteht darin, die Aufmerksamkeit jedes der niederen Prinzipien voll zu fesseln oder sie zu beleben, wodurch die Seele frei wird, um erhoben zu werden und ihren Weg zum himmlischen Feuer zu nehmen, wo sie schließlich vollständig verzehrt wird, um in Glückseligkeit und Spiritualität wiedergeboren zu werden. In gewisser Weise besteht die Wirkung des Rituals und der Zeremonie darin, die Sinne und Vehikel mit jeweils ihrer eigenen spezifischen Aufgabe zu beschäftigen, ohne die höhere Konzentration des Magiers abzulenken. Darüber hinaus werden sie getrennt, indem jedem eine bestimmte Aufgabe zugewiesen wird. Wenn also der Moment der Erhebung eintritt, wenn die mystische Ehe vollzogen ist, ist das Ego nackt, völlig aller seiner Hüllen entkleidet und frei, sich in jede beliebige Richtung zu wenden. Gleichzeitig ist die wichtigste Funktion der Zeremonie erfüllt; Dabei wird im Herzen des Bedieners ein so intensiver Rausch geweckt, dass er als Vorstufe zur Ekstase der Vereinigung mit dem Gott oder Engel dient.

Aus einer anderen Perspektive besteht die Wirkung des Rituals und des Apparats darin, in der Vorstellung des Magiers durch die Kanäle der Sinne eine Idee zu erschaffen, die - aufgrund ihrer höchsten Realität, Erleuchtung und Macht, wenn sie hervorgerufen wird - als Gott oder Geist bezeichnet wird. Dies ist die subjektive Position, die im Vorfeld auf einer früheren Seite umrissen wurde. „Alle Geister und sozusagen die Essenzen aller Dinge liegen in uns verborgen und werden nur durch das Wirken, die Kraft (den Willen) und die Phantasie (Vorstellungskraft) des Mikrokosmos geboren und hervorgebracht."[4] Barrett argumentiert in dem zitierten Satz, dass man vernünftigerweise davon ausgehen kann, dass die Götter und Hierarchien der Geister nur bisher unbekannte Facetten unseres eigenen Bewusstseins sind. Ihre Beschwörung oder Anrufung durch den Magier ist sicherlich nicht unvergleichbar mit einer Stimulation eines Teils des Geistes oder der Vorstellungskraft, die zu Ekstase, Inspiration und Bewusstseinserweiterung führt. Die Beobachtung und Erfahrung von Theurgen über einen langen Zeitraum hat mehr oder weniger gezeigt, dass zwischen bestimmten Wörtern, Zahlen, Gesten, Düften und Formen, die an sich nicht besonders bedeutsam sind, eine besondere natürliche Beziehung besteht. Die Vorstellungskraft ist eine mächtige kreative Kraft, und wenn sie auf verschiedene Weise stimuliert wird, nehmen ihre Schöpfungen den Anschein höchster Realität an. Jede rudimentäre oder schlummernde Idee oder jeder Gedanke in der Vorstellungskraft - oder wie die Theurgen es vorziehen, ein Geist - kann im individuellen Bewusstsein durch die Verwendung und Kombination jener Dinge hervorgerufen oder geschaffen werden, die mit ihm harmonieren und bestimmte Phasen oder Sympathien für seine Natur ausdrücken. Es spielt keine Rolle, ob wir zur Beschreibung die Archaismen mittelalterlicher Philosophen, die Laborsprache des Psychoanalytikers oder die Traumphantasiewelt des Dichters verwenden. Wir können es die Befreiung des Unterbewusstseins, die Wiederherstellung der Dämmerung des Rassengedächtnisses nennen, oder wir können es wagen, den mutigen, altmodischen Begriff „Anrufung" oder Inspiration zu verwenden. Worte sind nichts; Tatsachen sind alles. So wie die Buchstaben „d. o. g." für sich und isoliert voneinander keine besondere Bedeutung haben, aber in Kombination die Idee eines Hundes vermitteln, so können auch magische Worte, Weihrauch, Pentagramme und der Stimulus des

---

[4] *The Magus. Francis Barrett.*

Willens in der Vorstellung eine Idee von großer Macht erzeugen. Tatsächlich kann sich diese Schöpfung als so mächtig erweisen, dass sie Inspiration und Erleuchtung verleihen und sich sehr vorteilhaft auf den menschlichen Geist auswirken kann.

Ich möchte nun die verschiedenen verwendeten Hilfsmittel betrachten. Parfüms und Weihrauch wurden schon immer bei magischen Riten verwendet, und die alten Thaumaturgen haben die körperliche und moralische Reaktion verschiedener Gerüche besonders untersucht. Ihr Einsatz bei Zeremonien hat einen dreifachen Zweck. Bei manchen Vorgängen ist es gelegentlich notwendig, ein materielles Vehikel oder eine Basis für den sich manifestierenden Geist bereitzustellen. Es werden große Mengen des entsprechenden Weihrauchs verbrannt, so dass aus den schweren Partikeln, die als dichte Rauchwolke in der Atmosphäre schweben, der heraufbeschworene Geist eine physische Basis oder einen Körper konstruieren kann, der als temporäres Vehikel verwendet werden kann. Darüber hinaus werden Parfüms als wohlriechendes Opfer oder Weihegabe für den Geist oder Engel selbst dargeboten, wobei der Weihrauch je nach Intelligenzklasse variiert. Benzoe und Sandelholz werden für venusianische Geister verwendet; Muskatblüte und Storax für Merkur; Schwefel für Saturn; Galbanum und Zimt für Sonnenkräfte und so weiter. Drittens gibt es die äußerst wichtige berauschende Wirkung der kraftvollen und durchdringenden Räucherstoffe auf das Bewusstsein selbst, wobei jeder Anrufung einer Gottheit ein eigener Räucherstoff zugewiesen wird. Es gibt auch eine andere Interpretation der Verwendung von Räucherstoffen. Jedem Buchstaben des hebräischen Alphabets werden eine lange Anzahl von Entsprechungen zugeschrieben, von Geistern, Intelligenzen, Farben, Edelsteinen, Ideen und Räucherstoffen. Indem man die Buchstaben im Namen eines Geistes nimmt und die zuständigen Bereiche konsultiert, kann eine Räuchermischung hergestellt werden, die durch den Geruchssinn den Namen des Geistes buchstabiert. Nur aus dieser Mischung von Parfüms kann der entsprechende Geist in der Vorstellung suggeriert und durch die entsprechenden Riten heraufbeschworen werden. Es kann wenig Zweifel an der grundsätzlichen Suggestivität dieser Parfüme geben, da selbst für gewöhnliche Menschen einige Räucherstoffe deutlich verführerisch und anregend wirken, wie etwa Moschus und Patschuli; andere wiederum sind überwältigend wohlriechend und großzügig, und andere wiederum haben eine beruhigende und entspannende Wirkung.

Was den Klang betrifft, so ist seine formende Kraft mehr oder weniger bekannt und wird auf einer späteren Seite im Zusammenhang mit den sogenannten „barbarischen Namen der Beschwörung" etwas ausführlicher behandelt. Es genügt für den Moment festzustellen, dass der Klang mit dem Gesetz der Schwingung in Verbindung steht, dessen Kräfte stark genug sind, um jede Form, auf die die Schwingung gerichtet ist, zu zerstören oder neu aufzubauen. Der Ägyptologe Sir E. A. Wallis Budge hat die Beobachtung gemacht, dass die ägyptischen Priester den unter bestimmten Bedingungen ausgesprochenen Worten die größte Bedeutung beimaßen. Tatsächlich scheint die gesamte Wirksamkeit der theurgischen Anrufungen von der Art und Weise und dem Tonfall abzuhängen, in dem die Worte gesprochen wurden. Die Anrufung, sagt Jamblichus, „ist der göttliche Schlüssel, der den Menschen die Zugänge zu den Göttern öffnet; uns an die herrlichen Ströme himmlischen Lichts gewöhnt; und sie in kurzer Zeit für die unbeschreibliche Umarmung und Berührung mit den Göttern bereit macht; und sie hört nicht auf, bis sie uns zum Gipfel von allem erhebt."[5]

Das Sakrament für den Geschmackssinn ist ein schwierigeres Problem. Seine Begründung als Eucharistie läuft einfach auf Folgendes hinaus. Eine Substanz wird zeremoniell geweiht und nach einem spirituellen

---

[5] *The Mysteries. Iamblichus.*

Prinzip benannt, das eine besondere Affinität zu ihr hat. Eine Weizenoblate steht in enger Affinität zu Ceres oder Persephone; Wein zu Bacchus und Dionysius. Einige Substanzen werden mehr mit jupiterischen oder merkurischen Intelligenzen vereinbar sein als andere. Das Studium des magischen Alphabets wird es dem Schüler ermöglichen, zu bestimmen, was verwendet werden soll. Die so benannte Substanz wird durch Anrufung mit dieser göttlichen Präsenz aufgeladen, und wenn sie konsumiert wird, wird erwartet, dass durch die Assimilation von Elementen der angerufene Gott oder die göttliche Essenz unweigerlich im Wesen des Magiers durch die geweihte Substanz inkarniert wird. Diese Inkarnation ist eine andere Form der Vereinigung des Theurgen mit Gott, wobei diese Vereinigung per Definition der Autoritäten der Alten einer der wichtigsten Aspekte der Magie ist. Diese besondere Art der Vereinigung unterstützt, wenn sie über einen gewissen Zeitraum fortgesetzt wird, die Verbindung mit den göttlichen Essenzen, da die Vehikel verfeinert und sensibler für die Gegenwart Gottes werden.

Was den visuellen Sinn betrifft, müssen wir uns eingehender mit den verschiedenen verwendeten Symbolen befassen. Einige dieser Symbole sind natürlich in jeder Zeremonie üblich, während andere ausschließlich einer bestimmten Zeremonie zugeordnet sind. Der Speer beispielsweise ist eine Kriegswaffe, der bei einer Operation, die der Anrufung von Horus und Mars gewidmet ist, eine Rolle gegeben wird. In einer Zeremonie, die beispielsweise der Anrufung von Aphrodite oder Isis dient, wäre dies nicht angemessen und völlig unvereinbar mit ihrer Natur, und folglich wäre das gesamte Verfahren ungültig. Ein Accessoire wie eine Rose, die Liebe und die Erklärung der Natur ausdrückt, anmutig wie die Tochter Gottes zu sein, wäre in einer Zeremonie, in der der Theurg seine höheren Emotionen entwickeln möchte, am besten geeignet. Aber bei der Anrufung der Herrin Maat, der Königin der Wahrheit, hätte es überhaupt keinen Platz.

Das wichtigste Symbol, das allen Operationen gemeinsam ist, ist der Magische Kreis. Per Definition impliziert diese Figur einen begrenzten Raum, eine Begrenzung, die das Innere von dem Äußeren trennt. Durch die Verwendung des Kreises behauptet der Magier, dass er seine Arbeit auf diese selbst auferlegte Begrenzung beschränkt; dass er sich auf das Erreichen eines bestimmten Ziels beschränkt und dass er sich nicht länger in einem Labyrinth aus Illusion und ständigem Wandel befindet wie ein blinder Wanderer ohne Ziel, Zweck oder Streben. Der Kreis ist nicht nur, wie offensichtlich ist, das Symbol des Unendlichen, sondern verkörpert auch die Astralsphäre des Magiers, die in gewissem Sinne das individuelle Bewusstsein ist, sein Universum, außerhalb dessen nichts existieren kann. In diesem Fall ist die subjektive idealistische Theorie als Erklärungsmethode wieder praktisch. Der Kreis, in dem der Magier eingeschlossen ist, stellt seinen besonderen Kosmos dar; die selbstbestimmte Eroberung dieses Universums ist Teil des Prozesses zur Erlangung des vollständigen Selbstbewusstseins. Da der Kosmos eine Schöpfung des transzendentalen Egos ist, nähert sich ein Magier der Selbstverwirklichung umso mehr, je mehr er den Umfang seines Universums erweitert und sich mit seiner Struktur und Vielfalt vertraut macht. Aus einer anderen Perspektive kann der Kreis als *Ain Soph* betrachtet werden und der Mittelpunkt des Kreises ist das Selbst, dessen Aufgabe es ist, sich auszudehnen, um den Umfang einzuschließen und auch das Unendliche zu werden.

Um diesen Kreis herum sind göttliche Namen eingraviert. Viele von ihnen werden je nach Art der jeweiligen Zeremonie unterschiedlich sein, und der Magier verlässt sich auf die innewohnende Kraft und den Einfluss der Namen als Schutz gegen die bösartigen Dämonen von außen – die feindseligen Gedanken seines eigenen Egos. Die Erwähnung der Schutznamen um den Kreis wirft die Frage auf, wie der innere Astralkreis, das Universum des Bewusstseins, geschützt werden kann und wie ein geeigneter Schutz für die Astralsphäre wie für den äußeren

Kreis erreicht werden kann. Es genügt nicht, wenn der Magier die göttlichen Namen auf den Umfang des Kreises auf dem Boden seines Tempels malt; das ist nur ein Teil des eigentlichen Prozesses und nur ein äußerlich sichtbares Zeichen einer inneren spirituellen Gnade. Um einen Astralkreis zu erschaffen, der so uneinnehmbar ist wie eine Stahlfestung und für den der gemalte Kreis ein würdiges Symbol ist, sollten Bannungen monatelang mehrmals täglich durchgeführt werden. Die Weihe und Anrufung, die im Bannritual enthalten sind, sollten Tag für Tag beharrlich durchgeführt werden und eine subtile spirituelle Substanz aus höheren Ebenen in die Astralsphäre einfließen, die sie widerstandsfähig macht und mit Lichtblitzen blitzen lässt. Diese scharf glitzernde Aura bildet den wahren magischen Kreis, für den der sichtbare auf dem Tempelboden nur ein irdisches Symbol ist.

Ein paar weitere Bemerkungen zum Magischen Kreis wären nicht verkehrt, um die wirkliche Position der Magie gegenüber der Schande zu erklären, die William Q. Judge – einer der Gründer der Theosophischen Gesellschaft zusammen mit Madame Blavatsky im Jahr 1875 – in ihren *Notes on the Bhagavad Gita* aussprach. William Q. Judge hegt in diesem Werk, wie so viele andere Autoren auch, die Illusion, dass alle magischen Operationen ausschließlich der Beschwörung von Elementargeistern gewidmet sind. Dass dies eine falsche Annahme ist, wird dieses Buch hoffentlich zeigen. Es ist jedoch keineswegs unvorstellbar, dass Judge diese Interpretation so gibt, um die schwächeren Brüder zurückzuhalten und sie aus der Gefahr herauszuhalten und davon abzuhalten, Dinge zu manipulieren, die außerhalb ihrer Kontrolle liegen. Judge drückt die Überzeugung aus, dass die Verwendung des Kreises als Schutzvorrichtung, um das Eindringen von Dämonen und anderen astralen Wesenheiten zu verhindern, auf die Angst vor ihnen zurückzuführen ist, und er kommt zu Recht zu dem Schluss, dass Angst das Ergebnis von Unwissenheit ist, was er zu Recht bedauert. Theoretisch sind diese Bemerkungen alle sehr gut und plausibel. Unwissenheit führt tatsächlich zu Angst und ist die Ursache für Versagen und eine große Menge an Problemen. Aber verurteilen und verbieten wir im Alltag die Verwendung von chirurgischen Prophylaxe- und Desinfektionsmitteln mit der Begründung, dass sie ihre Wurzeln in der Angst vor Infektionen haben? Sollen Bürgersteige und Gehwege abgeschafft und von unseren Straßen entfernt werden, weil sie beredte Erinnerungen und Ausdrucksformen unserer panischen Angst vor Autounfällen sind? In Wirklichkeit ist das gesamte Argument in dieser Richtung absurd. In jedem Fall impliziert es ein völliges Missverständnis der Natur, des Zwecks und der Funktion des Kreises.

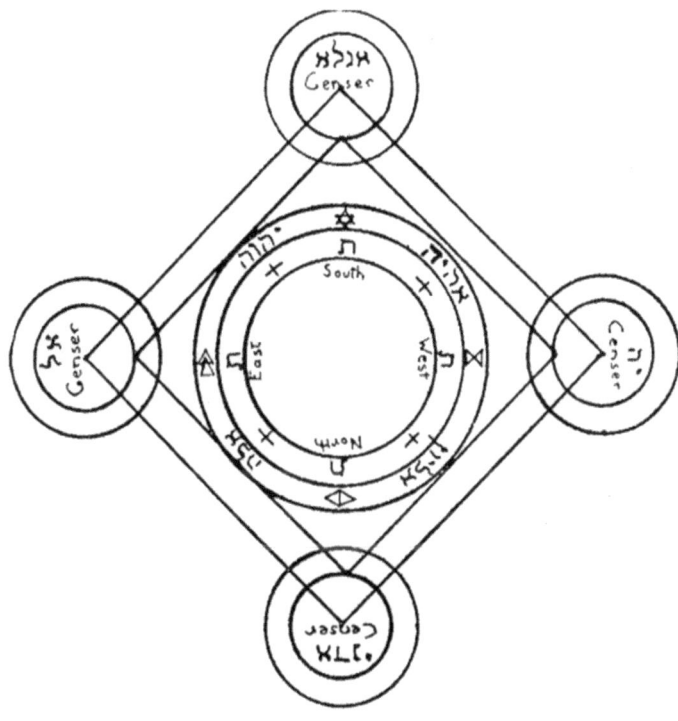

EIN MAGISCHER KREIS

Wenn man Gefahr von irgendeiner Quelle vorhersieht, ergreift man natürlich die Maßnahmen, die man für vermeidend hält, denn alle Vorstellungen von Angst und Unwissenheit sind fehl am Platz; das ist der Grund, warum es heute noch Menschen auf der Erde gibt. Wenn ich zum Beispiel an einer Zeremonie teilnehme, deren Gegenstand die Anrufung meines heiligen Schutzengels ist, soll ich mich dann damit abfinden, dass mein Geist, meine Seele und der Wirkungsbereich im Allgemeinen von einer Schar abscheulicher Wesenheiten heimgesucht werden, den niedrigsten Bewohnern der Astralebene, die ohne Zweifel von den magnetischen Einflüssen angezogen werden würden, die von meinem Kreis ausgehen? Dies würde alle meine Bemühungen zunichtemachen und die Operation, wenn sie zeremoniell durchgeführt wird, zu einem kläglichen Misserfolg verdammen. Nicht nur das, sondern es könnte auch eine Besessenheit dazu führen, die weit vom ursprünglichen Zweck des Unterfangens entfernt ist. Die Funktion des Zirkels besteht einfach darin, eine räumliche Grenze zu setzen, innerhalb derer spirituelle Arbeit ungestört und ohne Angst vor dämonischen und fremden Eindringlingen fortgeführt werden kann. Jedenfalls lädt man sich Ärger ein, wenn man mit feiger Angst im Herzen eine Karriere als Zauberer beginnt. Und normalerweise gibt es im normalen Leben schon genug Ärger, ohne dass man sich heroisch anstellen muss, um mehr zu verlangen.

Um die Art der Arbeit anzuzeigen, ist in den Kreis normalerweise eine andere geometrische Figur eingeschrieben, beispielsweise ein Quadrat, ein Achteck, ein Taukreuz oder ein Dreieck. Eine fünfzackige Figur weist auf eine kriegerische Operation hin und repräsentiert die Herrschaft des Willens über die Elemente. Ein Achteck weist auf eine zeremonielle Arbeit merkurischer Natur hin, da acht die Zahl von *Hod* ist, der Sephira, der Merkur zugeschrieben wird. Innerhalb dieser Figur, als Grundlage all seiner Arbeit, dem Symbol des niederen Willens, ist der Altar errichtet, auf dem die zu verwendenden magischen Instrumente angeordnet sind. Er ist das grundlegende Zentrum der Arbeit des Magiers, der Dreh- und Angelpunkt, zu dem er immer wieder von der Umrundung zurückkehrt. Dieser Altar sollte so gebaut werden, dass seine Form und Größe sowie die Materialien, aus denen er gebaut ist, mit den grundlegenden philosophischen Prinzipien der Kabbala übereinstimmen und ihn so an die bevorstehende Arbeit erinnern. Zedernholz beispielsweise würde, wenn es für den Bau des Altars verwendet würde, eine fantasievolle Assoziation mit Jupiter hervorrufen, während Eiche dem Mars zugeschrieben wird. Das Holz des Lorbeers oder der Akazie, die beide *Tiphareth* zugeschrieben werden, wäre jedoch für jede Art der Arbeit harmonisch, da *Tiphareth* und seine Entsprechungen Harmonie und Gleichgewicht symbolisieren. Dieser Altar sollte so gebaut werden, dass er als Schrank dienen kann, in dessen Inneren alle Instrumente sicher aufbewahrt und geschützt werden können. Es gibt jedoch eine Ausnahme von dieser allgemeinen Regel. Die Lampe muss immer über dem Kopf des Theurgen hängen und wird niemals im Altarschrank aufbewahrt. Es symbolisiert in jedem System das ungetrübte Strahlen des Höheren Selbst, des Heiligen Schutzengels, nach dessen Wissen und Gespräch er so leidenschaftlich strebt. Wann immer diese Lampe leuchtet und das magische Werk erhellt, trägt diese Operation das unsterbliche Siegel der Legitimität und die bleibende Genehmigung und Zustimmung des Heiligen Geistes. Außerdem ist das Öl, das diese Lampe verbraucht, Olivenöl, das Minerva, der Göttin der Weisheit, geweiht ist.

Diese Waffen, die sogenannten Elementarwaffen, werden vor der Operation auf dem Altar aufgestellt. Sie bestehen aus dem Stab, dem Schwert oder Dolch, dem Kelch und dem Pentagramm, die die Buchstaben des Tetragramms und die vier Elemente darstellen, aus denen die ganze Palette der Heterogenität im Kosmos aufgebaut ist. Dem Element Feuer wird der Stab zugeordnet; der Kelch ist Wasser, während der Luft das Schwert zugeordnet ist und das Pentagramm die Festigkeit und Trägheit der Erde symbolisiert. Es gibt keine Waffe, die das fünfte und krönende Element des Geistes oder Akasha darstellt; denn es ist unsichtbar und seine tattvische Farbe ist Schwarz oder Indigo.

Es gibt eine Reihe von Entsprechungen, die für den Magier von Interesse sein könnten. Jeder der Götter ist durch eine bestimmte Waffe oder ein Symbol gekennzeichnet, das seine wahre Natur klarer und perfekter zum Ausdruck bringt als alles andere. Wenn der Magier also den Zauberstab schwingt, kann man davon ausgehen, dass er vor dem Rat der kosmischen Götter die Autorität und Weisheit von Tahuti auf sich nimmt. Mit dem Zepter verkündet er seine Beziehung zu Maat, der Herrin der Wahrheit und Souveränität; während die Dreschflegel oder Geißel seine Autorität und Selbstaufopferung anzeigt und ihn sofort mit Osiris verbindet.

Der Zauberstab ist der Wille und repräsentiert die Weisheit und spirituelle Präsenz des schöpferischen Willens, des *Chiah*. Er sollte aufrecht und mächtig sein, eine würdige Darstellung seiner göttlichen Kraft. Passiv und empfänglich ist der Kelch ein wahres Symbol seiner *Neschamah*, der Intuition und des Verständnisses, die immer offen sind und den himmlischen Tau erwarten, der gemäß dem *Buch der Herrlichkeit* täglich aus den höchsten Regionen für die Reinen der Seele herabsteigt. Bei Zeremonien wird der Kelch nur selten und dann nur bei den höchsten Anrufungen verwendet, um die Trankopfer zu tragen; bei Beschwörungen spielt er überhaupt keine Rolle.

Das Schwert ist aus kaltem Stahl, hart und scharf und durchdringend wie die alles durchdringende und scharfe Luft selbst, immer in einem Zustand ständigen Flusses und ständiger Bewegung. Unter diesem Symbol versteht man den *Ruach* oder den Geist, der, wenn er nicht trainiert ist, flüchtig und in einem Zustand ständiger Bewegung ist, ohne Stabilität oder leichte Konzentration. Da es ein Schneideinstrument ist, das zur Analyse und Zergliederung verwendet wird, ist das

Bannen in zeremonieller Magie seine Hauptfunktion, und es sollte niemals in Arbeiten eingesetzt werden, deren Höhepunkt die Anrufung des Höchsten ist.

Rund, unbewegt und aus Wachs gefertigt, ein passendes Symbol der Erde, plastisch und darauf wartend, durch Intelligenz kultiviert zu werden, ist das Pentagramm ein Zeichen des Körpers, des Tempels des Heiligen Geistes, der durch die theurgischen und telestischen Riten den Zufluss des göttlichen Geistes empfangen wird. Ein Pentagramm ist laut Levi ein synthetisches Zeichen, das das gesamte magische Dogma in einer seiner speziellen Phasen zusammenfasst. Es ist somit der wahre Ausdruck eines vollständigen Gedankens und Willensakts; es ist die Signatur eines Geistes.

Das Dreieck der Kunst, in dem der evozierte Geist in sichtbare Erscheinung gebracht wird, ist an sich ein perfektes philosophisches Symbol der Manifestation. Das Dreieck repräsentiert die ersten kosmischen Manifestationen oder die drei großen Sephiroth der himmlischen Welten und ist die ideale Darstellung der Erzeugung, der Manifestation in greifbare, zusammenhängende Existenz dessen, was früher gedacht, unsichtbar und metaphysisch war. So wie die erste Triade die erste vollständige Manifestation aus dem Kreis von *Ain Soph* darstellt, so steht das Dreieck in der Magie für die Hervorrufung der Mächte der Dunkelheit und der Nacht ins Tageslicht. „Es gibt drei, die auf Erden Zeugnis ablegen", und diese drei sind die Punkte des Dreiecks, begrenzt durch die drei großen Namen Gottes. Aus dem Kreis des Bewusstseins, der das Universum des Magiers ist, wird eine partikulare und besondere Idee in die Manifestation innerhalb des Dreiecks gerufen.

Die Robe, die der Theurg trägt, repräsentiert seinen inneren verborgenen Ruhm. Wie im Buddhismus die gelbe Robe, die der Bhikkhu trägt, die goldene Pracht seines inneren Sonnenkörpers symbolisiert, der durch das Erwachen der höheren Kräfte herrlich wird, so ist es auch mit der Robe des Magiers. Die Farbe dieser Robe unterscheidet sich je nach Art der Operation: Rot für Kampfarbeit, Blau für Jupiterarbeit und Gelb oder Gold für Sonnenoperationen. Die anderen Symbole, die in der Magie verwendet werden, können nun vom Leser leicht herausgefunden werden.

Was den Zauberstab betrifft, so raten zwar viele Magier, darunter Abramelin, dass es ein ziemlich langes Instrument sein sollte, Eliphas Levi bemerkt jedoch, dass er nicht länger als der Arm des Bedieners sein sollte und dass er aus Mandel- oder Haselnussholz sein sollte, wobei ein einzelnes Stück feinster Stahldraht von Ende zu Ende durch seine Mitte verläuft. Einige Magier platzieren Symbole auf der Spitze dieses Stabes. Ein gelegentlich verwendeter Ibiskopf wird Tahuti zugeschrieben, dem Herrn der Weisheit und dem Schutzpatron der Magie. Eines der schönsten Symbole für einen Zauberstab ist ein dreieiniger goldener Zacken, der den hebräischen Buchstaben Shin darstellt, dessen Bedeutung die des Heiligen Geistes der Götter ist. Ein weiteres Symbol ist der Lotus, der den Zauberstab überragt und die Regeneration und Wiedergeburt anzeigt, die der Magier erreichen möchte. In diesem Fall ist der Schaft in zwei Farben bemalt, der untere Teil schwarz und der obere weiß. Sehr ähnlich in der Bedeutung des Lotusstabs ist der von einem Phönix gekrönte Stab, ebenfalls das Symbol der Regeneration durch Feuer. Da der Stab das Symbol des schöpferischen Willens ist, sollte seine Erschaffung von einer deutlichen Anstrengung dieses Willens begleitet sein, und in dieser Idee liegt die Begründung vieler scheinbar absurder und weit hergeholter Anweisungen der Theurgen im Zusammenhang mit dem Erwerb geeigneter magischer Waffen.

Oberflächlich betrachtet und auf den ersten Blick mag es so aussehen, als sei die Aufregung, die die Instrumente begleitet, eine große Übertreibung und äußerst kindisch. Aber wenn man diese Meinung unterstützt, dann wird die wesentliche Grundidee dieser Anweisungen übersehen worden sein. Würde Levis Ratschlag beispielsweise in Bezug auf den Zauberstab befolgt, dann sollte dieses Instrument aus einem vollkommen geraden Zweig des Mandel- oder Haselnussbaums gefertigt werden, der mit einem einzigen Schlag mit einem scharfen Messer vor Sonnenaufgang und zu der Jahreszeit, wenn der Baum kurz vor der Blüte steht, ohne zu hacken oder zu verbiegen, vom Baum abgeschnitten werden. Er sollte einem sorgfältigen Vorbereitungsprozess unterzogen werden, bei dem der Zweig von Blättern und Zweigen befreit, die Rinde entfernt und die Enden sorgfältig abgeschnitten und die Knoten geglättet werden, gefolgt von verschiedenen anderen wichtigen Prozessen, die durch Konsultation der *transzendentalen Magie* ermittelt werden können. All diesen Prozessen liegt die Entwicklung des Willens zugrunde. Und der Magier, der sich so viel Mühe gemacht hat, zwei- oder dreimal um Mitternacht wegen seines Zauberstabs aufzustehen und sich Ruhe und Schlaf zu versagen, wird allein durch die Tatsache seiner Selbstverleugnung beträchtlichen Nutzen aus seinem Willen gezogen haben. In einem solchen Fall wird der Zauberstab tatsächlich ein dynamisches Symbol des schöpferischen Willens sein, und es sind solche Symbole und Instrumente wie diese, die in der Magie erforderlich sind. „Der Bauer, der jeden Morgen um zwei oder drei Uhr aufsteht und weit weg von zu Hause geht, um einen Zweig desselben Krauts zu pflücken, bevor die Sonne aufgeht, kann unzählige Wunder vollbringen, indem er einfach dieses Kraut bei sich trägt, denn es wird alles werden, was er im Interesse seiner Wünsche haben möchte."[6]

---

[6] *Transcendental Magic. Eliphas Levi.*

Ähnliche Prozesse wie die oben im Zusammenhang mit dem Zauber-stab erwähnten sollten die Konstruktion der anderen Elementarwaf-fen begleiten, da sie die sichtbare Verkörperung des Seelen- und Geis-teszustands des Magiers sein müssen, ohne den sie als Wundersym-bole ihre Wirkung verlieren. Wenn der Geist des Magiers beispiels-weise nicht scharf und analytisch ist und wenn diese Geistesqualität nicht zur Herstellung des Schwertes beigetragen wird, wie sollten dann die Elementargeister und hundegesichtigen Dämonen seinen Befehlen gehorchen, um aus dem Kreis der Anrufung zu verschwinden? Auch der Kelch als Symbol der Intuition sowie der göttlichen Vorstellung müssen sie ebenso so gestaltet und von hohen Gedanken und großen Taten begleitet sein, dass sie eine intuitive Idee verkörpern, entweder indem sie auf der Außenseite ein Muster oder Wort von höchster Be-deutung tragen oder indem sie allein durch die Form des Kelches eine göttliche Idee veranschaulichen. Jedem Leser muss überlassen blei-ben, in welcher Weise die anderen Instrumente den Stempel der spiri-tuellen Fähigkeit oder des Prinzips tragen, das sie darstellen sollen.

§

Da häufig darauf hingewiesen wurde, dass die beiden Fähigkeiten, die in der Magie hauptsächlich verwendet werden, Wille und Vorstel-lungskraft sind, müssen einige Seiten ihrer Betrachtung gewidmet werden, wobei die Meinungen von Theurgen zusammen mit einigen nützlichen Vorschlägen wiedergegeben werden. Eine der höchsten Kräfte, die wir haben, eine Kraft, die unbeschreiblich schöpferisch ist, ist die Vorstellungskraft. Sie ist, so postuliert Jamblichus, „über aller Natur und Zeugung, und durch sie sind wir in der Lage, uns mit den Göttern zu vereinen, die weltliche Ordnung zu transzendieren und am ewigen Leben und der Energie der überhimmlischen Götter teilzuha-ben. Durch dieses Prinzip sind wir also in der Lage, uns vom Schicksal zu befreien." Nun wird diese Fähigkeit von den meisten Menschen als identisch mit Fantasie und Tagträumen angesehen, und jeder eindeutige, zusammenhängende Wert wird verneint. Ein größerer Fehler könnte kaum gemacht werden. Wie das Wort selbst zeigt, handelt es sich um eine bildschaffende Fähigkeit, eine bildschaffende Kraft, die sich, wenn sie entwickelt wird, als äußerst wichtig erweisen kann, da sie der Seele auf ihrer weiteren Reise hilft. Der skeptische Philosoph Hume spricht von einer Art magischer Fähigkeit der Seele, die beim Genie immer am vollkommensten ist und die wir eigentlich als das Genie selbst bezeichnen können. Sogar der Thetaphysiker Immanuel Kant, der Erfinder der schweren und manchmal knarrenden intellektuellen *á priori*-Maschinerie, glaubte, dass man den Verstand einfach als Vorstellungskraft bezeichnen könne, die ein Bewusstsein ihrer eigenen Aktivitäten erlangt hat. Die Magie schlägt eine beschleunigte Seelenentwicklung durch eine intensive Kultur vor, in der die Vorstellungskraft eine wichtige Rolle spielt. Es ist daher eine Travestie und ein Grund zu nicht geringem Bedauern, wenn man bedenkt, wie wenig diese Fähigkeit genutzt wird und wie selten die meisten Menschen sie im Laufe des Alltagslebens einsetzen. Doch in Wirklichkeit könnte ohne sie und die vielfältigen Aspekte des Wunderbaren und Neuen, die sie unseren Aktivitäten in jedem Bereich des Bemühens verleiht, so eingeengt und eingeschränkt sie auch durch Sinne und Verstand sein mag, nichts Dauerhaftes und Wirkliches geschaffen werden. Nicht nur der Dichter, der Künstler, der Musiker, der Mathematiker und der Erfinder bezeugen und singen ständig von ihrer Größe, da die Leistungen aller ihrem beständigen Mysterium zu verdanken sind, sondern auch der Wirtschaftsmagnat, der Organisator und der Staatsmann müssen diese Fähigkeit nutzen, wenn sie Erfolg haben wollen. Mehr als die Hälfte des reichen, farbenprächtigen Geschmacks des Lebens geht dem einfallslosen Menschen verloren, während diejenigen, die das Glück oder die Weisheit haben, sie am aktivsten zu nutzen, das größte Vergnügen daran ernten, das der Mensch nur haben kann.

Das beste Beispiel schöpferischer Vorstellungskraft ist eines, das ständig in beredtem Schauspiel vor unseren Augen abläuft – das Spiel kleiner Kinder. Ein paar Stückchen Stöckchen und Schnur, ein paar Steine, ein wenig Schlamm und eine Wasserpfütze liefern dem normalen, gesunden Jungen das ganze Rohmaterial, aus dem er in seiner eigenen Vorstellung eine ehrfurchtgebietende Flotte von Kampfschiffen und Schlachtschiffen sowie einen prächtigen Hafen für sie bauen kann. Die unansehnlichste Puppe ist normalerweise die Lieblingspuppe eines kleinen Mädchens und die schönste, denn irgendwie scheint das „hässliche Entlein" der Vorstellungskraft des Kindes mehr Spielraum zu geben; das fein gekleidete mit beweglichen Augen, flachsblondem Haar und rosigen Wangen zerstört tatsächlich die scharfe Schärfe der aktiven und lebhaften Vorstellungskraft. Wenn man Kinder beim Spielen beobachtet, erkennt man, mit wie wenigen Mitteln sie ein ganzes Drama und auch eine bewegende Tragödie aufbauen können. So kommt es, dass der eine Mensch in einem Kohlkopf oder einem Schwein mit seinen Kleinen Poesie sieht, während der andere in den erhabensten Dingen nur deren niedrigste Aspekte sieht, über die Harmonie der Sphären lacht und die erhabensten Vorstellungen der Philosophen verspottet. Warum ein Maler in einem traurigen Landstreicher eine Charakterstudie für ein großes Gemälde sehen kann, ist ebenfalls auf dieselbe Ursache zurückzuführen – das Mysterium der Vorstellungskraft. Wie können wir das Mysterium dieser individuellen schöpferischen Kraft erklären, die, gleichsam über uns herfallend, zum Meister der Bilder und Worte wird? Indem sie dem vernünftigen Verstand die Kontrolle über diese entzieht, verleiht sie ihnen symbolische und tiefere Bedeutungen, bis Bilder, Ideen und Worte, zusammengefegt und neu zusammengesetzt, durch eine transzendentale, formgebende Kraft, die über alle Vernunft erhaben ist, zu einem Organismus werden. Es ist in der Tat so mysteriös wie das Wachstum eines Organismus in der Natur; nicht weniger wunderbar als die Pflanze, die durch eine geheimnisvolle Kraft der Erde die Essenzen entzieht, die sie umwandelt und sich dann dienstbar macht.

In den vergangenen Jahrhunderten pflegten Philosophen bei ihrer mühevollen intellektuellen Suche nach der fundamentalen Wurzel der Existenz als Gesetz festzulegen, dass die Existenz in Vernunft und Denken begründet ist – das heißt, wenn sie keine materiellen Monisten waren, behaupteten sie, dass Materie die einzige Realität ist. Die magische Ansicht, wie sie bisher dargelegt wurde, ist nun, dass weder Vernunft noch Denken der Wurzel der Dinge zugrunde liegen, denn Denken ist einfach ein Aspekt des Kosmos selbst. Es ist eine unnennbare spirituelle Essenz, die nicht Geist, sondern die Ursache des Geistes ist; nicht Seele, sondern die Ursache, dass Geist existiert; nicht Materie, sondern die Ursache, der Materie ihr Dasein verdankt. Die unüberbrückbare Kluft zwischen Vernunft und dem konkreten Universum zu erklären, war eine schwere Übung für den philosophischen Geist. Die hauptsächliche idealistische Position war, dass, so wie in der Logik die Schlussfolgerung dicht auf den Spuren der Prämisse folgt, so auch das Universum das logische Ergebnis der absoluten Vernunft ist und seine Entwicklung der Ableitung rationaler Denkkategorien folgt. In den letzten Jahren jedoch wurde einem Philosophen namens Fawcett ein Geniestreich zuteil, als ihm klar wurde, dass der Prozess, durch den das Universum sich entwickelte und entstand, ein *fantasievoller* schöpferischer Prozess war und dass die *Vorstellungskraft*, nicht die absolute Vernunft oder gar ein instinktiver Wille, der jemals in Erscheinung tritt, der Schlüssel zur Lösung des verwirrenden philosophischen Problems war. Diese Vorstellungskraft definiert er als den plastischen, schöpferischen, psychischen Stoff, in dem alle menschlichen Aktivitäten und Fähigkeiten ihren Ursprung haben. Ich möchte nicht behaupten, dass ich mit allen Schlussfolgerungen Fawcetts strikt übereinstimme, da meine eigenen Ansichten denen der Kabbala entsprechen und an anderer Stelle ausführlich dargelegt wurden. Es ist jedoch erwähnenswert, dass diese Idee teilweise mit der der Theurgen übereinstimmt. Sie postulierten die Ideenbildung als erste Manifestation, durch deren Aktivitäten das Universum ins Leben gerufen wurde. Dennoch ist es offensichtlich, dass nicht Denken oder Vernunft, wie wir sie kennen, gemeint war, sondern eine abstraktere kreative Fähigkeit, die in gewisser Weise mit der Vorstellungskraft verbunden ist. Die Vernunft verhält sich zur Vorstellungskraft wie Materie zur Form, wie das Instrument zum Handelnden, wie der Körper zum herrschenden Geist und wie ein Schatten zu seiner reflektierenden Substanz. Es ist diese Kraft im Menschen, die Blavatsky *Kriya Shakti* nennt und die in der *Geheimlehre* als „die geheimnisvolle Kraft des Denkens, die es ihm ermöglicht, durch seine eigene innewohnende Energie äußere, wahrnehmbare, phänomenale Ergebnisse hervorzubringen", und als solche scheint sie auch eng mit dem Willen verbunden zu sein.

Rituale und Zeremonien, die heute von jenen, die nicht wissen, wie man sie durchführt, einfach als Zeitverschwendung angesehen und als ohne echte Wirkung verurteilt werden, hatten eine äußerst starke Wirkung, wenn die Symbolik jeder Handlung der Zeremonie vollständig erkannt und verstanden wurde und wenn die Vorstellungskraft erweitert und der Wille fest auf das zu erreichende Ziel konzentriert wurde. Das gesamte menschliche Ego befand sich in einem Zustand theurgischer Erregung, das höhere Selbst oder eine universelle Essenz stieg auf das Ego herab oder erhob es, das so zu einem leuchtenden Vehikel einer übermenschlichen Macht wurde.

Was wir beim gewöhnlichen Menschen so beiläufig die Vorstellungskraft nennen, ist nach Ansicht der Theurgen aller Zeiten die inhärente Fähigkeit der Seele, die Bilder und Spiegelbilder des göttlichen Astrals aufzunehmen, und Eliphas Levi äußert freimütig die Vermutung, dass die Seele allein und mit Hilfe ihres Diaphanes oder ihrer Vorstellungskraft ohne Vermittlung der körperlichen Organe jene Objekte wahrnehmen kann, ob geistig oder physisch, die im Universum existieren. Mit anderen Worten, die Vorstellungskraft ist die Vision der Seele, durch die sie direkt und unmittelbar Ideen und Gedanken aller Art wahrnimmt. Daher wird auch Hellsehen als eine Erweiterung der Vorstellungskraft angesehen.

Wenn wir Levis Behauptung akzeptieren, dass Wille und Vorstellungskraft jene kreativen Fähigkeiten sind, die während der Zeremonien der Theurgie auf die Naturkräfte angewendet werden, könnte sich dem Leser die Frage stellen: „Was ist, wenn die Fähigkeiten eines Menschen nur durchschnittlich sind? Was ist, wenn es an spiritueller Kreativität mangelt? Wenn diese Kräfte nicht besonders stark und magisch formuliert werden können, können sie dann entwickelt und gestärkt werden?" Die Antwort ist eindeutig bejahend, denn ohne Zweifel können sie es. Die Weisen der Antike haben verschiedene Übungen entwickelt, durch deren Ausübung sich ein mehr oder weniger gewöhnlicher Mensch in einen kreativen und inspirierten verwandeln kann. Wer im Geiste tot ist, kann sich selbst so umgestalten und seine Energien so umformen, dass er eine äußerst mächtige Fähigkeit zur Schöpfung und Genialität besitzt. Ich werde mich hier mit zwei Methoden befassen, die bei den Hindus im Vordergrund steht und die von einigen Christen praktiziert wird; die ägyptische Methode habe ich auf einer späteren Seite unter einem anderen Titel beschrieben und erklärt. Obwohl sie nicht für den Katholizismus mit seinem leuchtenden Jesuitismus steht, gibt es dennoch ein bemerkenswertes Buch, das für den Studenten unverzichtbar und von unschätzbarem Wert ist und von einem Jesuitenmystiker, dem hl. Ignatius von Loyola, geschrieben wurde. In diesem kleinen Band wird ein höchst außergewöhnliches Ausbildungssystem beschrieben, das sich besonders auf die Vorstellungskraft bezieht. Außergewöhnlich, das heißt, wenn es um seiner selbst willen befolgt wird, losgelöst von allen Dogmen und der katholischen Theologie. Es ist natürlich christlich gemeint, mit Symbolen sektiererischer Anziehungskraft auf Katholiken. Mit ein wenig Unterscheidungsvermögen kann jedoch das Herz dieser Methode leicht von der doktrinären Spreu des Dogmas getrennt werden. Durch diese experimentelle Methode wurde der hl. Ignatius zu dem Mann von überragendem Genie, der er war; ein Mann, der sich laut Professor William James den Ruf erworben hat, einer der mächtigsten Motoren menschlicher Organisation und Konstruktion zu sein, die es je auf der Erde gab. In diesem Buch, *Die geistlichen Übungen*, rät Loyola seinen Schülern, alle Ereignisse im äußeren historischen Leben ihres Meisters Jesus Christus im Bereich der Vorstellungskraft nachzuerleben. Mit dieser Methode sollen sie ihre Vorstellungskraft zwingen, diese unsichtbaren Dinge zu sehen, zu berühren, zu riechen und zu schmecken und jene Ereignisse nachzuerleben, die sich längst zugetragen haben und vergangen sind und die durch die Sinne ihres inkarnierten Herrn wahrgenommen wurden. Der heilige Ignatius möchte, dass die Vorstellungskraft bis zum Äußersten gesteigert wird. Wenn Sie über einen Glaubensartikel meditieren, möchte er, dass Sie den Ort klar und genau vor dem geistigen Auge konstruieren, ihn sorgfältig und genau beobachten, ihn sozusagen sogar berühren. Wenn es die Hölle ist, gibt er Ihnen brennende Steine zum Anfassen; er lässt Sie in einer furchtbaren Dunkelheit schweben, die so dicht ist wie Pech; er legt flüssigen Schwefel auf Ihre Zunge. Ihre Nase ist mit einem abscheulichen Gestank wie aus der Hölle selbst erfüllt, und er zeigt Ihnen schreckliche Qualen, sodass Sie entsetzliches Stöhnen hören. Er möchte, dass Sie die Vision von Golgatha mit dem verherrlichten Christus konstruieren, der mit Dornen gekrönt am Kreuz hängt und die Erlösung der Menschheit vollbringt, mit schmerzerfüllten Augen den Himmel betrachtet und dabei seinen Vater im Himmel anruft. Er möchte, dass Sie sich das erstaunliche Wunder der

Auferstehung und die Wunder vorstellen, die vor langer Zeit in Palästina vollbracht wurden – all dies soll Ihr Wille durch ständige Übung in Ihrer Vorstellungskraft schaffen, so der heilige Ignatius.

Franz Hartman schrieb vor einigen Jahren zu diesem Thema: „Die von Loyola vorgeschriebenen Übungen sind darauf ausgerichtet, die Kräfte der Seele zu entwickeln, insbesondere die Vorstellungskraft und den Willen. Der Schüler muss seinen Geist auf die in der Bibel enthaltenen Berichte über die Geburt, das Leiden und den Tod von Jesus von Nazareth konzentrieren, als ob dies tatsächliche historische Tatsachen wären. Er betrachtet sie also sozusagen als geistiger Zuschauer, aber indem er allmählich an seiner Vorstellungskraft arbeitet, wird er sozusagen ein Teilnehmer daran; seine Gefühle und Emotionen werden in einen Zustand höherer Schwingungen gehoben; er wird selbst zum Schauspieler im Stück und erlebt die Freuden und Leiden Christi, als ob er Christus selbst wäre; und diese Identifikation mit dem Objekt seiner Vorstellungskraft kann so weit gehen, dass sogar Stigmata oder blutende Wunden, die denen am Körper des gekreuzigten Christus entsprechen, an seinem eigenen Körper erscheinen.“

Obwohl der Theurg die Praxis nicht so weit treiben muss, um die Wirkungen zu erzielen, von denen Hartman spricht, ist die Methode doch zweifelsohne eine unfehlbare Methode, um jene schöpferische Fähigkeit zu stimulieren, die einem fehlt. Ausdauer und kontinuierliche Anwendung werden dem Schüler gewiss einen unbezwingbaren Willen verleihen, einen Geist, der zu anhaltender Konzentration fähig ist, und vor allem eine Vorstellungskraft, die die Verkörperung der schöpferischen Kraft ist. Sollte er die religiöse Bedeutung, die der Heilige diesen Übungen beimisst, nicht billigen – und sollte er eine tiefe Missbilligung der katholischen Dogmatik und Theologie zeigen – dann soll der Schüler seine eigene Vorstellungskraft nutzen, um seine eigenen Übungen zu konstruieren, die günstiger und für sein individuelles Temperament geeigneter sind. Stellen Sie sich vor, dass Sie an einem mächtigen Wasserfall sitzen, einem Niagara, und stellen Sie sich vor Ihrem inneren Auge den Fluss hoch oben an seiner Quelle vor, wie er friedlich dahinplätschert und dahinschlängelt. Stellen Sie sich dann vor, wie er sich allmählich dem Abgrund nähert, wie wilde Ströme aufgewühlten Wassers in schäumenden Kaskaden aus weißem Schaum hin und her wirbeln, gegen die Felsblöcke prallen und unaufhaltsam über die Kante geschleudert werden. Stellen Sie sich außerdem diese Tonnen, Tausende von Tonnen Wasser vor, die kopfüber über den Abgrund stürmen, mit dem ständigen Echo des Donners. Stellen Sie sich dann die Gischt vor, die in alle Richtungen geschleudert wird, die Schönheit der schneeweißen Brandung, die das Sonnenlicht in schillernde Regenbögen voller leuchtender Farben und Schattierungen bricht. Und er soll hören und beim Hören staunen über die tiefe, donnernde Stimme und den furchtbaren Aufprall ihrer Lautstärke auf die unteren Felsen und Gewässer. Der Schüler kann sich auch vertrautere Dinge vorstellen: das Geräusch eines schnellenden Zuges, den Geschmack von Schokolade in seinem Mund, den Geruch süßer Parfüms und wohlriechender, durchdringender Räucherstoffe und die Berührung brennender Kohle. Nicht nur muss die vorstellungsmäßige Formulierung des Sinnes deutlich sein, das heißt, der Geschmack von Schokolade und nicht von süßem Karamell sollte zum Beispiel klar vorstellbar sein, sondern der Magier sollte sich auch so trainieren, dass er das Bild oder den Eindruck aufrechterhält. Durch diese Anregungen der Vorstellungskraft wird ihre Kraft keimen und wachsen, sich über das Vorstellungsvermögen hinaus entwickeln, und mit der Zeit wird ihm eine neue Kraft der spirituellen Konstruktion und Vision zuteil.

In ähnlicher Weise verschreiben die Hindus für einen ähnlichen Zweck die Meditation der Tattvas oder der farbigen Symbole der Elemente, von denen sie behaupten, dass es fünf davon gibt. Kombinationen dieser fünf ergeben dreißig Elemente und Unterelemente, deren bildliche

Symbole sich hervorragend als Objekte für die Übung der Vorstellungskraft eignen. Es gibt ein rotes gleichseitiges Dreieck, Tejas; Apas, eine waagerechte silberne Mondsichel; Vayu, einen blauen Kreis; ein gelbes Quadrat, das Prithivi bedeutet, und ein schwarzes Ei, das Akasha darstellt. Die Kombinationen zweier beliebiger Symbole, wie ein rotes Dreieck über einer silbernen Mondsichel oder ein kleiner blauer Kreis, der mittig in einem gelben Quadrat platziert ist, scheinen sich auf höchst einzigartige Weise vom dunklen Hintergrund der inneren Vision abzuheben und alle Kräfte der Vorstellungskraft anzuregen. Aber eine kurze Zeit genügt, um die Visualisierung dieser Symbole wirksam zu gestalten. Wenn sich der Anwender also den wichtigeren Aufgaben der praktischen Magie zuwendet, wie der Formulierung des Lichtkörpers oder der *Mayavi-Rupa*, und der Konstruktion der symbolischen Masken oder Formen der Götter in seiner Vorstellung, wird er feststellen, dass in ihm eine mächtige schöpferische Kraft steckt, die ihm gute Dienste leisten wird. Alle Schulungen wie die Übungen des hl. Ignatius oder die Tattva-Symbole sind nie umsonst und kommen nie der Vergeblichkeit nahe, da die erteilte Schulung die Grundlage aller theurgischen Arbeit ist, ohne die nur sehr wenig Dauerhaftes und Bedeutsames erreicht werden kann.

Wir stimmen mit dem französischen Magus überein, was seine Bemerkungen über die Vorstellungskraft betrifft, dass sie der größte Zauberer im Universum ist. Dieser Fähigkeit verdanken wir die unsterblichen Schöpfungen der Poesie, der Musik und aller Künste. „*Song and Its Fountains*", eines der sehr wenigen vernünftigen Werke eines Dichters, das sich mit den Ursprüngen seiner Kunst befasst, bestätigt dies und ist ein heilsamer Beweis für die magischen Theorien über die Vorstellungskraft. *A.E.* kommt der theurgischen Philosophie sehr nahe, insofern er vermutet, dass es in unserer spirituellen Natur ein transzendentales Wesen gibt, das erwacht, wenn wir schlafen, und in den dualistischen Zuständen des Träumens, wenn das Bewusstsein geteilt

scheint, und das Inspiration und Licht durch die Sternenwelt der Vorstellungskraft verleiht, vage wahrgenommen wird. Es ist die kristalline
Linse des kreativen Selbst. Diese Kraft wirkt Wunder, heilt die Kranken,
bringt den Schwachen Beistand und gewährt zum Wohle der Menschen im Allgemeinen geistige Offenbarungen.

KAPITEL ACHT

I N *The Yoga Aphorisms of Patafijali* stellt William Q. Judge fest, dass die alten Hindu-Weisen das Geheimnis der Entwicklung des Willens kannten und wussten, wie man seine Kraft und Wirksamkeit verzehnfachen konnte. Dieses jahrhundertealte Geheimnis, die Steigerung der Willenskraft und Weisheit, ist nie verloren gegangen. Für den Schüler der göttlichen Theurgie ist der Wille der wichtigste Faktor bei der Herbeiführung aller spirituellen Veränderungen, die er sich wünscht, und folglich ist alles, was dazu neigt, dieses Potenzial zu steigern und seine latenten Möglichkeiten zu wecken, es in eine absolut unwiderstehliche Kraft zu verwandeln, die bewusst manipuliert werden kann, von Natur aus ein transzendentaler Segen. Der Wille ist weder gut noch schlecht; er ist nur Kraft und belebt alle Dinge gleichermaßen. Levi macht in seinem Werk „*Transzendentale Magie*" verschiedene Vorschläge, von denen einige wie folgt lauten: „Wenn Sie über sich selbst und andere herrschen wollen, lernen Sie, wie man will. Wie können wir das Wollen lernen? Gebote, die scheinbar die unbedeutendsten sind und an sich dem angestrebten Ziel fremd sind, führen durch Erziehung und Willensübung dennoch zu diesem Ziel. Der Mensch kann durch Gewohnheit verändert werden, die, dem Sprichwort zufolge, zu seiner zweiten Natur wird. Durch beharrliche und stufenweise sportliche Übungen werden die Energien und die Beweglichkeit des Körpers in erstaunlichem Ausmaß entwickelt oder geschaffen. Dasselbe gilt für die Kräfte der Seele." Der Kern seiner Vorschläge, die einem nur vernünftig erscheinen können, läuft auf Folgendes hinaus. Durch eine bewusst auferlegte Askese, indem man sich während des Trainings gewisse Dinge versagt, die normalerweise als notwendig erachtet werden, lernt man kurz gesagt die Kunst der Selbstüberwindung und des Lebens, befreit sich von den Wechselfällen des ewigen

Flusses und Rückflusses, der das Leben ist, und erlangt einen gut geschulten Willen. Es ist unbedingt erforderlich, die Worte „selbst auferlegte Askese" zu beachten und dass sie dem Ausdruck „während des Trainings" vorangehen; dies ist äußerst wichtig, da es sich um den Schlüssel zu den Toren des Willens handelt. Bevor diese Aussage näher erläutert wird, lohnt es sich, darüber nachzudenken, wie sie als „selbstverleugnend" bezeichnet werden kann, da sie nur dem eigenen Selbst die Dinge versagt, nach denen es sich sehnt, um diese blinde Dunkelheit für das Licht des Wahren Willens, der Inneren Sicht und des Wahren Selbst zu öffnen. Dem Letzteren wird überhaupt nichts versagt. Nur die Wünsche des *Ruach*, dieses Wesens, dessen Egoismus sich mit jeder Stunde ändert, werden verleugnet und diszipliniert, damit es zu einem nützlichen Instrument werden kann, durch das der Heilige Schutzengel und seine Gefährten ohne Einschränkung und nutzlose Verzögerungen arbeiten können.

Der bemerkenswerte Faktor in diesem Zusammenhang ist, dass das Gelübde der Askese an seinem richtigen Platz gehalten werden muss. Dieses Gelübde sollte zu einem wohl definierten und klar verstandenen Zweck abgelegt werden, von dem es niemals abweichen darf. Durch Abschweifen ist alles verloren. Wenn das Gelübde über die Grenzen der vorsätzlichen Absicht hinausgeht, dann ist Askese wie extreme Wollust ein übermäßiges Laster, das den subtilen Tendenzen des Egos entspricht und daher definitiv zu missbilligen und auszulöschen ist. Es gibt Kritiker, die behaupten, dass Askese eine Form von Selbstsucht und Egoismus ist. Wenn diese Kritik nur auf diejenigen gerichtet ist, die sie missbrauchen, diejenigen, die ihre Verleugnung und ihre eklatant angekündigten Geißeln als höchste Tugenden betrachten und viel Vergnügen daran haben, wenn ihr Laster öffentlich gefeiert wird, ist die Anschuldigung richtig. Aber nicht anders. Nun sei klargestellt, dass Askese weder ein Laster noch eine Tugend ist, so wie der Wille selbst weder gut noch schlecht ist. Sie besitzt an sich keinerlei Verdienst, außer dass sie für denjenigen, der sie zum Zweck des Trainings annimmt, eine Frage der Bequemlichkeit ist. So wie beispielsweise beim Training eines Boxers solche Luxusgüter wie Trinken und Rauchen gewissenhaft von der Liste seiner Genüsse gestrichen werden, Entsagungen, denen offensichtlich keine moralische Tugend zugeschrieben werden kann, so ist es auch mit der Askese, die der Theurg auf sich nimmt. Die Askese, von der die Magie spricht und auf die Levi sich bezieht, ist eine völlig andere Angelegenheit als das gewöhnliche egoistische Laster, da sie genau die Stärkung des Willens und die mystische Verleugnung dieses Egos zum Ziel hat. Es ist dieses falsche Ego, an dem der Egoist und der Möchtegern-Asket nur dem Namen nach so hingebungsvoll festhält, wenn auch zu seinem ewigen Schaden, und das der Magier als Opfer darbringen will, damit der Heilige Geist, der in Feuerzungen auf den Altar herabsteigt, das Opfer verzehren und für immer in ihm leben kann.

In Bezug auf die Mysterien der alten Zeit bemerkt Levi, dass ihre Wirksamkeit umso größer war, je schrecklicher und gefährlicher sie waren und je strenger die von ihnen auferlegten Strenge. So ist es auch mit dieser Askese. Je größer die Verleugnung der Persönlichkeit, je mehr luxuriöse Notwendigkeiten aus der üblichen Lebensweise entfernt werden, desto größer ist der Erwerb von Willenskraft und desto leichter wird es, die egoistischen Bindungen zu brechen. Doch die Askese darf nicht so schrecklich sein, dass die Instrumente beschädigt werden, mit denen der Magier arbeiten muss. Der Astronom zerstört sein Teleskop nicht in einem Anfall blinder Wut. Sich aus reiner Wut die Kehle durchzuschneiden, ist eine Torheit und völlig unintelligent. Wenn der Anwärter dazu neigt, sich Absurditäten dieser Art hinzugeben, wäre es für ihn besser, gänzlich auf Magie zu verzichten und in der Wärme und Ruhe seines Wohnzimmerkamins zu bleiben.

Ein zeitgenössischer Magier hat eine äußerst wirksame Technik entwickelt; ein äußerst praktisches System[7], das frei von allen unangenehmen Implikationen und moralischen Tendenzen der älteren Systeme ist. Nach diesem System ist die Technik so angelegt, dass sie das gesamte Feld menschlichen Handelns, Sprechens und Denkens abdeckt und somit auf die gesamte Konstitution des Menschen anwendbar ist. Im Grunde entspricht sie der allgemeinen Auffassung der Askese, dass man sich eine bestimmte Handlung, ein bestimmtes Wort oder einen bestimmten Gedanken versagen sollte, die zur Gewohnheit und zu einem Teil des Ruach geworden sind. So zum Beispiel das Gelübde, für eine vorläufige Zeit von, sagen wir, einer Woche darauf zu verzichten, beim Sitzen die Beine über das Knie zu kreuzen, oder vielleicht die Entscheidung zu treffen, die linke Hand nicht zum Kopf oder Gesicht zu heben. Der große Vorteil dieses Systems besteht darin, dass diese Vorschläge keine moralische Voreingenommenheit enthalten. Es ist nicht tugendhaft, darauf zu verzichten, die Knie zu kreuzen oder das Gesicht nicht mit der linken Hand zu berühren. So wird der Betreiber von der Tendenz befreit, aus seiner Askese eine törichte Tugend zu machen. Es ist auch notwendig, zu beachten, dass es in diesem Schema keinen Vorschlag gibt, das asketische Prinzip auf das anzuwenden, was allgemein als schlechte Angewohnheit bezeichnet wird, wie Rauchen, Trinken oder Fluchen. Dies zu tun, würde bedeuten, bestimmte Personen dazu aufzufordern, ihre Abstinenz vom Rauchen oder Trinken als eine sehr lobenswerte Tugend zu betrachten, anstatt zu erkennen, dass der Verzicht lediglich eine Frage der Bequemlichkeit und des Trainings ist, eine persönliche Eigenart, der weder Anerkennung noch Tadel zugeschrieben werden können. Eine völlig unpersönliche Haltung der Distanz sollte beibehalten werden, und die Anwendung des Schemas ist auf jene Handlungen, Worte und Gedanken erforderlich, denen man

---

[7] *Liber Jugorum, The Equinox. London, 1912.*

überhaupt keinen moralischen Wert zuschreiben kann. Es ist nicht vorstellbar, dass der intelligente Leser eine religiöse Tugend daraus macht, dass er seine Knie nicht übereinanderschlägt oder dass er gelegentlich seinen Kopf nicht mit der linken Hand berührt. Diese Haltung, ein absolutes Muss, sollte in jedem Zweig der Magie gepflegt werden.

TEJAS OF VAYU

PRITHIVI OF TEJAS

AKASHA OF APAS

TEJAS OF APAS

Für jeden Verstoß gegen diesen Eid, eine bestimmte Handlung zu unterlassen, sollte eine bestimmte Strafe verhängt werden. Aus dieser Disziplin bezieht der Wille seine Ausbildung und Stärke. Nehmen wir zum Beispiel an, der Operator habe einen magischen Eid geschworen, 48 Stunden lang nicht das rechte Knie über das linke Bein zu schlagen, wenn er sitzt. In einem Moment der Vergesslichkeit kann es sein, dass der Magier die verbotene Tat begeht. Dieser Verstoß sollte bestraft werden, um einen tiefen und bleibenden Eindruck im Gedächtnis zu hinterlassen, indem man sich den Arm mit einer Rasierklinge aufschneidet. Die verbotene Handlung wird so mit einem scharfen Schnitt in den Unterarm eingraviert, um das träge Gedächtnis zu unterstützen.

Im zweiten Abschnitt, der die Sprache betrifft, soll ein im Alltagsgebrauch häufig verwendetes Wort wie „ich" oder „und" oder ein anderer Ausdruck, der in der üblichen Sprache des Magiers üblich ist, für einen Zeitraum von mehreren Tagen, einer Woche oder Monaten verboten werden, je nach Fall. Während dieser Zeit wird das Wort entweder vollständig weggelassen oder durch ein anderes Wort ersetzt. Ein bestimmter Gedanke, der unpersönlich und frei von moralischer Voreingenommenheit ist, ist das Thema des letzten Abschnitts, wenn man in den beiden vorhergehenden Abschnitten ausreichend geübt ist und Nutzen daraus gezogen hat. In jedem Fall von Vergesslichkeit ist die Strafe ein scharfer Schnitt in den Arm. Dieser letzte Abschnitt hat sehr weitreichende Erweiterungen, insbesondere in Bezug auf die Schulung des Geistes. Wenn einigen Gedanken der Zutritt durch die unbewachten Tore des Geistes verwehrt wurde und man sich ein gewisses Geschick bei der Durchsetzung dieser Entscheidung angeeignet hat, muss man die Übung noch etwas intensiver durchführen, um die Tore zu schließen und alle Gedanken jeglicher Art aus dem Geist zu verbannen. Auf diese Weise erreicht man das gleiche Ziel des Yoga: die willentliche Entleerung aller Inhalte aus dem Geist.

Nun zum Ergebnis dieser Disziplinierungstechnik. Zunächst einmal geht es bei dieser Technik der Askese nicht um willkürliche Fragen der Ethik oder Moral; es ist sozusagen einfach eine ausgefeilte Art von sportlichem Training. Der Körper wird nicht gefoltert, nach dem allgemeinen Grundsatz und gemäß der üblichen Sitte, damit die ewige Seele leben und Glückseligkeit in ihrer Befreiung vom Körper finden kann. Diese Haltung vergisst, dass Askese zwar eine Etappe auf der Reise der Seele zu ihrem Ideal ist, aber gleichzeitig, wenn sie auf die Spitze getrieben wird, eine blinde Ablehnung der Nahrung ist, die diese lange Reise unterstützen könnte. Das Grundprinzip der Praxis von Fakiren, die auf Nagel- oder Drahtbetten schlafen, ihre Arme ihr ganzes Leben lang aufrecht halten und lebendes Fleisch aus leidenden Körpern reißen, ist für den Theurgen verwerflich und steht im Prinzip im völligen Widerspruch zu der oben beschriebenen Methode. Der Körper ist nichts Böses, denn wir haben Körperlichkeit und Spiritualität zuvor als verschiedene Grade einer göttlichen Substanz definiert. Alle Vehikel des Geistes sind Instrumente, durch die er handeln, Erfahrungen sammeln und zu Selbsterkenntnis gelangen kann; und obwohl einige in Angelegenheiten der himmlischen Gemeinschaft zwangsläufig ein Hindernis darstellen, wenn sie nicht geschult sind, beweist die Beobachtung lediglich die Notwendigkeit der Schulung, nicht dieser grausamen und sinnlosen Zerstörung.

Mit der asketischen Technik der Theurgie beschließt man einfach, eine bewusste Kontrolle über bestimmte Aspekte der eigenen körperlichen und geistigen Organisation zu erlangen, und diese Kontrolle führt zum Erwerb eines stark gesteigerten Willenspotenzials. Das Abschneiden des Arms verursacht zwar Schmerzen, doch dieser Schmerz ist nützlich und notwendig, da er bestimmte Ströme in den Hemmzentren des Gehirns oder Geistes in Gang setzt. Dies führt zur Etablierung einer eigenartigen Wachsamkeit des Willens, eines freien unbewussten Flusses der Willenskraft, der allgegenwärtig und bereit ist, die Wünsche des

Meisters auszuführen. Man wird feststellen, dass im Falle der Entscheidung, die Beine nicht zu überkreuzen, bei einem lockeren Gespräch mit einer Gruppe von Menschen und in einem Zustand völligen Vergessens des Eides jede automatische Tendenz der Beine, die Gewohnheit, an die sie sich seit langem gewöhnt haben, instinktiv zu wiederholen, sofort vom Willen erkannt wird, bevor die verbotene Handlung auch nur zur Hälfte abgeschlossen ist, und die Tendenz im Ansatz gestoppt wird. Es wurde immer wieder festgestellt, dass, gerade wenn die Beine im Begriff sind, sich zu überkreuzen, selbst während des tiefsten Schlafs, wenn der Körper krampfhafte automatische Bewegungen macht, der Wille, der von den hemmenden Zentren des Geistes aus operiert, eine spontane Warnung auslöst, mit dem Ergebnis, dass die Handlung verhindert wird. Im Schlaf erfolgt ein sofortiges Erwachen mit vollem Bewusstsein der beabsichtigten Handlung. Zumindest ist dies die Begründung, die sich ergibt, nachdem der Therapeut etwa ein Dutzend Mal versagt hat und sein Unterarm durch ebenso viele Schnitte schön geschmückt ist. Dies gilt insbesondere für das Verbot des Wortes „ich", das man durchaus als Objekt der Übung verwenden kann. Normalerweise sind wir so persönlich und hängen so sehr an allem Egoistischen, dass wir in normalen Gesprächen eifriger über uns selbst sprechen und die Sätze „Ich habe dies getan" und „Ich habe jenes getan" mehr in die Sprache eingehen als fast alle anderen. Daher leidet der Arm zu Beginn, wenn der Persönlichkeit die Vorteile des wohlüberlegten Schweigens sehr stark bewusstgemacht werden, in nicht unerheblicher Weise. Es kann sogar notwendig sein, auf die Verzierung beider Unterarme zurückzugreifen, bevor das rebellische Ego und seine Stimme auf das Training reagieren und sich entscheiden, den Anweisungen des Willens unverzüglich zu gehorchen.

Die Konsequenz ist offensichtlich. Im Laufe der Zeit erreicht der Magier mit dieser Technik zwei verschiedene Dinge, die beide wichtige Aspekte des Großen Werkes sind. Es ist eine ständige Wachsamkeit entstanden, die einem äußerst starken Strom böser Macht gleicht. Dies führt von Anfang an dazu, die zahlreichen Aktivitäten des Menschen unter bewusste Kontrolle des Willens zu bringen. Wenn, wie Abbé Constante so genau bemerkte, magische Operationen die Ausübung einer Macht sind, die zwar natürlich ist, aber den gewöhnlichen Kräften der Natur überlegen ist, und diese Macht das Ergebnis eines Wissens und einer Disziplin ist, die den Willen über seine normalen Grenzen hinaus erheben, dann erfüllt diese Praxis auf die denkbar beste Weise alle Anforderungen, die selbst er an sie gestellt hätte. Und der Nutzen davon für den Neophyten, der sich geschworen hat, nichts Geringeres als das Wissen und die Konversation des Heiligen, des Engels, der ihn beschützt, zu erlangen, kann nicht überschätzt werden. In seinen Händen steckt eine enorme Willenskraft, spirituell in ihrer Bedeutung, unvorstellbar kreativ in ihrer Anwendung.

Der zweite Aspekt der Errungenschaft ist, dass nicht nur der Magier sich im Besitz einer gesteigerten Kraft befindet, sondern dass auch das Räucherwerk selbst, alle Fähigkeiten des Egos, die vorher so lästig und unkonzentriert waren, sich allmählich aufgrund des dynamischen Willens und des Zurückweichens vor körperlichen Schmerzen unter Kontrolle gebracht haben. Der Praktizierende wird den anfänglichen Schrecken und das Unwohlsein, die mit dieser leichten Strafe für seinen Arm einhergehen, überstanden haben und seinen Körper zum ersten Mal an seinem richtigen Platz sehen, als einen Diener, der benutzt und befehligt werden kann, und dessen rebellische Weigerung, Befehlen von höherer Stelle zu gehorchen, streng gerügt und bestraft werden muss. Es ist aufrichtig zu hoffen, dass die Grundlage dieser Technik nicht so missverstanden wird, dass sie zu krassen Bemerkungen über Hatha Yoga oder Masochismus führt. Es macht überhaupt kein Vergnügen, sich mit dem Rasiermesser in den Arm zu schneiden; nur diese eine Tatsache kann dem Leser zweifelsfrei versichert werden.

Dieser Wille kann unter Disziplin und Training eine so mächtige Kraft werden, dass der Herausgeber in den Anweisungen, die einer neueren Version einer Anrufung beigefügt sind, vorgeschlagen hat, dass der Wille in der Schöpferischen Welt in der Form eines Zauberstabs, seines wahren Symbols, oder eines Lichtstrahls formuliert werden soll, der in einer geraden und aufrechten Linie vom Magier in Richtung Unendlichkeit ausgeht. Diese Bemerkung weist darauf hin, dass der Wille für den Magier weit davon entfernt ist, eine immaterielle metaphysische Ungreifbarkeit zu sein, eine Inkohärenz, die normalerweise bei dem Durchschnittsmenschen der Fall ist, sondern eine eindeutig kontrollierbare spirituelle Kraft ist, die wie alle anderen Fähigkeiten der Seele von ihrem obersten Herrn und Meister eingesetzt werden kann.

Es gibt noch eine andere Methode, den Willen zu trainieren. Obwohl sie zu Recht zu den Prozessen des Yoga gehört, kann ihre Bedeutung nicht überschätzt werden. Es ist der Zweig des achtgliedrigen Yoga, der Pranayama genannt wird, eine Praxis, die jedem, der sie durchführt, dreifachen Nutzen bringt. Erstens hat die Aufnahme großer Mengen Sauerstoff und Prana eine unverkennbare Wirkung auf die endokrinen Drüsen. Es besteht kein Zweifel, dass insbesondere die interstitiellen Drüsen einen enormen Reiz erhalten. Infolgedessen wird die gesamte Persönlichkeit aus rein physischer Sicht mit einer Fülle kreativer Energie überflutet, die sich, wenn sie erhalten bleibt, positiv auf Geist, Willen und jeden anderen Aspekt der menschlichen Konstitution auswirkt. Tatsächlich kann man so weit gehen und behaupten, dass diese kreative Energie, so physisch sie auch erscheinen mag, die Grundlage der spirituellen Vision bildet. Zweitens liefert der verstorbene Swami Vivekananda in seinem Raja Yoga eine bewundernswerte Erklärung der Wirkung von geregelter rhythmischer Atmung, die den Willen stärkt und zu einer höchst beeindruckenden Kraftkonzentration anregt. Kurz gesagt, seine Theorie besagt, dass durch die synchrone Schwingung aller Zellen im eigenen Wesen ein starker elektrischer Willensstrom im

Körper und Geist erzeugt wird. Und das Mittel zur Erzeugung dieser synchronen Schwingung ist ein rhythmisches Ein- und Ausatmen.

Wenn wir der Argumentation halber die Theorie außer Acht lassen, dass Pranayama tatsächlich eine Wirkung hat, wie sie im vorherigen Absatz beschrieben wurde, und alle mystischen Theorien außer Acht lassen, gibt es noch ein weiteres Ergebnis, das von niemandem bezweifelt werden kann. Jeder, der Pranayama auch nur für ein paar Augenblicke regelmäßig ausprobiert hat, wird sofort verstehen, was gemeint ist. Etwas Langwierigeres, Mühseligeres und Herzzerreißenderes als diese einfache Reihe von Übungen kann man sich kaum vorstellen. Wenn der Magier sich über einen Zeitraum von sagen wir drei oder vier Monaten jeden Tag zwei oder drei Stunden lang ruhig hinsetzt und versucht, in einem gemessenen, geregelten Rhythmus zu atmen, indem er einfach das Ein- und Ausatmen des Atemflusses sorgfältig beobachtet, ist das eine der mühsamsten Aufgaben, die sich die menschliche Vorstellungskraft vorstellen kann. Es erfordert die Aufwendung äußerster Willenskraft und ein festes Zusammenbeißen der Zähne in der Entschlossenheit, weiterzumachen. Dabei wird der Betreffende mit der Trägheit und Mattigkeit des Körpers konfrontiert, was nicht wenig Strenge und Selbstüberwindung sowie unnachgiebige Willenskraft erfordert, um bei der ihm verschriebenen Aufgabe durchzuhalten. Selbst wenn der Praktizierende keinerlei in einem Fachbuch beschriebene Ergebnisse erzielt, wie etwa eine Verlangsamung der geistigen Bewegung oder das Auftreten verschiedener psychophysiologischer Veränderungen, so wird er doch zumindest eine unermessliche Steigerung seiner Willenskraft und Unbeugsamkeit in seinem Ziel erreicht haben, indem er sich selbst darin trainiert hat, die Trägheit der körperlichen Umstände und die geistige Trägheit und den Widerstand gegen das Training zu überwinden. "Selbstüberwindung zu lernen heißt daher, zu lernen, wie man lebt, und die Enthaltsamkeit des Stoizismus war keine leere Prahlerei mit der Freiheit. ... Sich der Natur zu widersetzen und sie zu überwinden bedeutet, für sich selbst eine persönliche und unvergängliche Existenz zu erreichen; es heißt, sich von den Wechselfällen von Leben und Tod zu befreien!"[8] Es ist eine anerkannte und nachweisbare Tatsache, dass die Disziplin und Geduld, die Pranayama erfordert, abgesehen von aller Yoga-Theorie, dem Magier gute Dienste leisten werden, wenn ihm die komplexeren und schwierigeren Aufgaben der Magie aufgezwungen werden.

Es gibt einige Menschen, auf die Magie wie auf unfruchtbaren Boden fällt. Sie glauben, dass die bewusste Entwicklung von Genie durch magisches Training in der Natur unmöglich ist, und behaupten, dass die größten Taten und die besten schöpferischen Werke unbewusst und nicht willentlich vollbracht werden; dass die edelsten Beispiele von Kunst, Literatur und Musik ihre primäre Inspiration von einem Teil des Menschen erhalten, der unabhängig von seinem bewussten Willen und Wissen ist. Diese Tatsache ist ohne Zweifel wahr, und hierin ist der Magier dem gewöhnlichen Künstler überlegen. Beim Künstler erfolgt die Inspiration automatisch, unabhängig von seinen eigenen Wünschen und sogar seinem Wissen, und in diesem Sinne ist er ein passives Instrument, ein Medium. Der Magier setzt sich jedoch ein höheres Ziel, indem er bewusst die Kraft in sich erkennen möchte, die der Schöpfer, der Seher, der Wissende ist. Er erreicht dies durch einen Akt oder eine abgestufte Reihe von Akten des Willens. Das ultimative Ziel ist die Identifikation des magischen Willens mit dem gesamten Wesen, so dass seine Ausübung keine größere bewusste Anstrengung erfordert als die Bewegung der Lippen, das Heben der Hand; eine Kraft, die so konstant und allgegenwärtig ist wie die Schwerkraft.

Zeremonielle Magie ist, wie man verstehen sollte, ein Mittel, um das erforderliche Potenzial an Willenskraft zu erlangen, und ist hauptsächlich für Anfänger von Nutzen. „Zeremonien sind, wie wir festgestellt

---

[8] *Mysteries of Magic. Eliphas Levi.*

haben, künstliche Methoden, um eine Gewohnheit des Willens zu schaffen, und werden unnötig, wenn die Gewohnheit gefestigt ist. ... Aber das Verfahren muss schrittweise vereinfacht werden, bevor es ganz aufgegeben wird."[9] Wenn ein Übungsplan strikt eingehalten wird, wird der Magier nach einer gewissen Zeit das Zeremonielle ganz aufgeben und sich auf improvisierte Arbeit innerhalb der Grenzen seines inneren magischen Zirkels verlassen und sich später noch ausschließlich dieser magischen Praxis widmen, die Messe des Heiligen Geistes genannt wird. Die geschickte Anwendung dieser widerhallenden magischen Maschine sollte zur Entwicklung eines leistungsstarken Willenszentrums führen. Mit dieser Errungenschaft können alle Techniken verworfen werden, denn sie haben ihren Zweck, das Wohlbefinden des Einzelnen zu verbessern, erfüllt und es sind keine Übungen mehr erforderlich.

Das Prinzip ist vergleichbar mit einem im Sport bekannten Prinzip. Während einer Partie Tennis kann ein Spieler beispielsweise in einem winzigen Bruchteil einer Sekunde einige wirklich wundervolle Lobs und Volleys produzieren, wenn eine bewusste Entscheidung völlig ausgeschlossen wäre. Die besten Stöße beim Billard sind, wie viele wissen, jene, die man zufällig macht. Für den Tennisanwärter oder einen Spieler, der sich verbessern möchte, wird nur eine enorme Menge bewussten Übens jene vollendete Fähigkeit hervorbringen, die jederzeit frei wirken kann. So ist es auch mit dem Zauberer. Bei ihm ist die Vernunft der Kunst, die eifersüchtig vor den Blicken der Öffentlichkeit verborgen war, noch stärker in den Tiefen seines spirituellen Bewusstseins verborgen, so dass niemand auf der ganzen Welt seine Existenz erraten kann. Dieser Zauberstab ist so mächtig, dass Welten mit einer Bewegung zerstört werden könnten; mit einem weiteren Schwung könnten neue Welten geschaffen werden.

---

[9] *Transcendental Magic. Eliphas Levi.*

In besonderer Weise ist bei den zeremoniellen Anrufungen mit dem Willen und der Vorstellungskraft eine andere Macht oder Kraft verbunden, deren Anwesenheit oder Abwesenheit über Erfolg oder Misserfolg der Operation entscheidet. Das Geheimnis aller zeremoniellen Magie ist einfach, wenn auch nicht immer offensichtlich. Die Leitung magischer Zeremonien, die sorgfältige Durchführung jedes noch so kleinen Details, die Durchführung äußerer Bannungen, Räucherungen und Umschreibungen, das laute Brüllen der Beschwörungen und das Stöhnen der barbarischen Namen der Beschwörung ist kein wirkliches Kriterium dafür, dass die Anrufung ihren angeblichen Zweck erfüllen wird oder dass der ekstatische Höhepunkt der Operation „erfolgreich" sein wird. Das Versäumnis, dies zu erkennen, liegt vielen eher humorvollen Geschichten über Magie zugrunde, die von Leuten erzählt werden, die sich intellektuell für die Technik der Magie interessierten und die Anweisungen in den leicht erhältlichen Zauberbüchern sorgfältig befolgten, dann aber von den dürftigen Ergebnissen enttäuscht waren. Es wurden alle nötigen Vorsichtsmaßnahmen getroffen. Es wurden schöne Gewänder aus der besten Seide bereitgestellt, Kerzenleuchter aus Silber und Messing, teuer gemischte Räucherwerke und kunstvoll geschriebene Beschwörungsformeln. Trotz all dieser Vorbereitungen geschah jedoch überhaupt nichts. Nicht die geringste Spannung entstand in der umgebenden Astralatmosphäre, und eine vorsichtig außerhalb der Grenzen des Kreises platzierte Hand wurde nicht gelähmt, wie es die Legende will, als ob sie von einem Blitz eines wütenden Geistes ausgelöst worden wäre. Mir fällt eine großartige Geschichte über einen begeisterten Studenten ein, der sich bemühte, „Magie zu machen", bevor er die elementaren Prinzipien der zeremoniellen Magie verstanden hatte. Er wollte als Test eine Undine, einen Geist des Elements Wasser, heraufbeschwören, und dabei kam ihm der Gedanke, dass eine Operation, die in der Nähe von Wasser durchgeführt wurde, viele der Schwierigkeiten beseitigen würde. Als Schauplatz der Operation wurde Eastbourne gewählt, und dieser Student, der die Kunstausrüstung mit sich trug, war für diese „einsame" Küste ausgebildet. Eines Abends, als die meisten ehrenwerten Bürger dieser Küste ruhig schliefen, ging er ziemlich spät zum Meeresufer hinunter, da die Flut schon sehr weit draußen war. Nachdem er den Altar und die Lichter auf dem Sand aufgestellt hatte, zog er seinen Kreis und begann in einem immer dichter werdenden Nebel mit seinen Beschwörungen. Laut war sein Gebrüll, und wild war sein klangvolles Stöhnen, als die barbarischen Namen den friedlichen Ruf der Nacht erschallen ließen; Wolken schweren Weihrauchs stiegen vom Altar auf und hüllten die ganze Szene in einen grausigen Nebel aus parfümiertem Rauch. Die einzige Undine, die dieser Magier sah, war ein zorniges, blau gekleidetes Wesen – ein Polizist.

Seit das oben erwähnter geschrieben wurde, ist ein noch krasserer und weit weniger verzeihlicher Schwachsinn begangen worden. Einige Mitglieder einer berühmten Forschungsgesellschaft waren in der Überzeugung bestärkt, dass es höchste Zeit sei, die Magie in all ihren Zweigen zu entlarven, um zu zeigen, dass sie überhaupt keine Realität besitzt. Mit diesem sehr ehrenwerten Ziel trafen sie Vorbereitungen, um auf der Spitze eines Hügels auf dem Kontinent eine Zeremonie abzuhalten, die auf den entstellten Anweisungen in einem Zauberbuch basierte. Die Beschwörungen wurden gemäß den besagten Anweisungen von einer Jungfrau im weißen Gewand über einer Ziege rezitiert, die laut Zauberbuch in einen Jüngling von hinreißender Schönheit verwandelt werden würde. Diese Verwandlung fand natürlich nicht statt, und diese Zeremonie, die allen Zeremonien ein Ende bereiten sollte, wurde sehr publik gemacht. Horden von Neugierigen strömten zum Berggipfel, der während des Rituals von starken Bogenlampen erleuchtet wurde! Es erinnert einen eher an den Dummkopf, der seinen Kessel nach dem Füllen auf den Herd stellte, jedoch vergaß, ein Streichholz an das Gas zu halten. Als nach einer Stunde kein Anzeichen eines kochenden Kessels zu sehen war, behauptete er höchst empört und mit nicht geringer Verachtung, dass diese modernen Vorrichtungen nutzlos seien.

Ich glaube nicht, dass diese absurde Zeremonie eines großen Kommentars bedarf. Sie enthüllt die außergewöhnliche Art von Intelligenz, die nicht zwischen einem albernen Buch über Hexerei und echter telestischer Magie unterscheiden kann; auch die Unfähigkeit, die Wahrheit der häufig geäußerten Anweisung zu erkennen, dass es Gedanken, Wille und Absicht sind, die bei zeremonieller magischer Arbeit am stärksten eine Rolle spielen, während die äußeren Symbole und Sigillen zweitrangig und weniger wichtig sind. Barretts *Magus* legt diesen „wissenschaftlichen" Forschern in jedem Fall zur Überlegung nahe, dass „der Grund, warum Exorzismen, Zaubersprüche, Beschwörungen usw. manchmal ihre gewünschte Wirkung verfehlen, darin liegt, dass der *unaufgeregte* Geist oder die Seele des Exorzisten die Worte stumpf oder wirkungslos macht."

Hier ist also in einem kurzen Satz das Erfolgsgeheimnis. Die chaldäischen Orakel bestätigen, dass man „oft beschwören" solle. Abramelin, der Magier, rät, dass man sich durch Gebete „entflammen" solle. In diesen knappen Aussagen steckt der Schlüssel. Häufig beschwören bedeutet ein gewisses Maß an Ausdauer und Enthusiasmus, und die alten Magier glaubten, dass ein Mensch, wenn er lange genug mit seinen Lippen betet oder anruft, eines Tages seine Anrufung mit ganzem Herzen aussprechen kann. Erfolg setzt vor allem Enthusiasmus voraus. Und der Enthusiasmus, den der Magier kultivieren sollte, ist eine unbeschreibliche Art von Erregung oder Raserei, durch die er völlig aus sich selbst hinausgetragen wird. Es ist eine völlig unbegreifliche Eigenschaft und daher undefinierbar. Der Magier sollte sich selbst entflammen, und dies ist sein *hislahabus* oder seine Selbstberauschung, die

die Kabbalisten als den Kelch der Gnade und den Wein des Lebens betrachteten. Jeder Nerv, jede Faser des Individuums - physisch, astral, mental; jedes Atom in jedem Bereich der menschlichen Konstitution sollte auf Hochtouren laufen und alle Fähigkeiten der Seele sollten bis zum Äußersten gesteigert werden. So wie der Künstler - der Dichter, der Tänzer, der Liebhaber selbst - in einen Wahnsinn glühender Leidenschaft, einen Rausch der Kreativität hineingezogen wird, so muss es auch für den Magier sein. Er sollte in seiner Zeremonie von einer mantischen Begeisterung angetrieben werden, die zwar in ihm steckt und ein notwendiger Teil der Kräfte ist, die ihn bilden, aber keineswegs das ist, was er normalerweise in seinem *Ruach* einschließt. Es hat keinen Anteil am weltlichen Ego, das jeden Tag wach ist, obwohl es dieses Ego auf einen Gipfel der Glückseligkeit erhebt, auf dass alles Bewusstsein seiner Existenz transzendiert wird und eine neue Geburt mit einem größeren und weiteren Horizont erfährt.

Jamblichus bestätigt: „Die enthusiastische Energie ist jedoch weder das Werk des Körpers noch der Seele oder von beiden zusammen." Es ist unmöglich, theoretische Regeln für die Herbeiführung dieser Raserei, für die Erlangung dieses Reizes und für die Erzeugung dieses mantischen Krampfes aufzustellen. Bei verschiedenen Menschen wirken verschiedene Faktoren ein, um den Reiz und die Erregung hervorzurufen. Bei einem Menschen kann sie durch langwierige und wiederholte Anrufungen über einen Zeitraum von mehreren Wochen oder Monaten zustande kommen. Ein Schüler kann von dem reinen Mysterium und der Suggestivität einer bestimmten Zeremonie so beeindruckt sein, dass das Ergebnis so zusammengefasst werden kann. Ein anderer mag durch den lyrischen Stil, in dem die Anrufungen geschrieben sind, durch ihre Verwünschungen und Wiederholungen oder sogar durch die seltsamen und barbarischen Namen der Anrufungen merkwürdig bewegt und erregt sein, ganz gleich, wie unverständlich sie für sein bewusstes Ego auch sein mögen. Es kann sein, dass ihm trotz ausgezeichneter intellektueller Kenntnisse der Kabbala eine angemessene oder zufriedenstellende Interpretation eines dieser geheimnisvollen Worte entgangen ist; wenn ihm dann plötzlich, während einer Zeremonie, deren Bedeutung in einem scharlachroten Aufblitzen, einem Aufflammen des Jubels, verzückt in den Sinn kommt und er in dieser Aufregung von seiner Entdeckung auf der steigenden Welle der Ekstase mitgerissen wird. Vielleicht ist der Geruch eines bestimmten Parfüms, die Psychologie der prächtigen seidenen Gewänder und Kopfbedeckungen, sogar die körperliche Erschöpfung, die das Ergebnis des Tanzes ist – mögliche Ursachen dieser Begeisterung, die der Magier kultivieren muss. Beim geschickten Magier werden alle diese Faktoren zum Ende beitragen und so eine überschwängliche Verzückung erzeugen, so weit wie das weiteste Meer und so hoch und weitreichend wie die Winde, die von den Polen wehen. Und so wie die rote Rose aus der schwarzen Erde hervorgeht, so wird aus der formlosen Natur des Erdenlandes im Licht dieser Überschwänglichkeit die vielblättrige Blume der wiederhergestellten Seele wachsen. So werden sich allmählich und langsam die spirituellen Kräfte und verborgenen Fähigkeiten wie Blütenblätter von innen öffnen. So wie die schneeweißen Blumen, die auf der Akazie blühen, hervortreten, bis der ganze Baum der Regeneration von vielen Blüten bedeckt und beschwert ist, so entwickeln sich aus der Wurzel der Ekstase die Vision und das Parfüm. Wie in der Rosenkreuzerlegende das Leben der jungen Pelikane durch die Opfergaben der Mutter aufrechterhalten wurde, so werden auch die äußeren Kräfte des Magiers genährt, wenn das Ego der Berauschung sowohl durch den inneren Geist als auch durch seinen Lehnsherrn, die angerufenen Götter von oben, erliegt.

Vergessen wir nie, dass das Geheimnis der Anrufung und jeder Akt der Magie in den Formeln bestehen: „Entflamme dich selbst durch Gebete" und „Beschwöre oft!"

KAPITEL NEUN

ES gibt mehrere Aspekte des magischen Verfahrens bei zeremonieller Arbeit, die berücksichtigt werden müssen. Dass beispielsweise Klang eine schöpferische oder formende Kraft besitzt, ist seit langem den meisten Menschen bekannt. Das Hindu-Mantra und seine Wirkung auf das Gehirn und die Nervenverzweigungen des Körpers waren wiederholt Gegenstand nicht unerheblicher Mengen wissenschaftlicher und Laienexperimente. Eine rationale Theorie über das heilige Mantra ist, dass seine Wirkung im Gehirn mit der eines sich schnell drehenden Rades verglichen werden kann, durch dessen Speichen kein Gegenstand hindurch kann. Man geht davon aus, dass, wenn das Mantra fest verankert ist und das Gehirn automatisch seine flüssigen Akzente angenommen hat, alle Gedanken, auch die des Mantras, weggeschleudert werden und im Geist, der von allem Inhalt geleert ist, die mystische Erfahrung erfolgen kann. Es gibt eine weitere Theorie, die von anderen okkulten Schulen vertreten wird und die besagt, dass die von einem Mantra erzeugte Schwingung eine reinigende Wirkung auf die gesamte Konstitution des Menschen hat; dass durch seine Schwingungswirkung die gröberen Elemente im Körper allmählich ausgeschieden werden und ein Verfeinerungsvorgang stattfindet, der nicht nur den Körper aus Fleisch und Blut, Gehirn und Nerven beeinflusst, sondern sowohl den Körper aus Licht als auch die gesamte mentale Struktur in den Rahmen seiner Wirkung einbezieht. In der bewundernswerten Biografie des buddhistischen Yogi Milarepa, die von der Oxford University Press veröffentlicht wurde, findet sich folgende Fußnote: „Nach der Mantrayana-Schule ist mit jedem Objekt und Element der Natur ... eine bestimmte Schwingungsrate verbunden. Wenn diese bekannt ist und in einem Mantra formuliert und von einem vollkommenen Yogi wie Milarepa fachmännisch verwendet wird, kann sie die niederen Gottheiten und Elementargeister zum Erscheinen bringen und die höheren Gottheiten dazu bringen, ihren göttlichen Einfluss in Strahlen der Gnade telepathisch auszusenden."

In der Magie wird angenommen, dass die Schwingung bestimmter Götter- oder göttlicher Namen zur Entstehung ihrer psychologischen und spirituellen Phänomene beiträgt. „Warum?", fragt Blavatsky in ihrer *Geheimlehre*. Sie beantwortet ihre eigene Frage mit den Worten: „Weil das gesprochene Wort eine Kraft besitzt, die den modernen ‚Weisen' unbekannt ist, von ihnen nicht vermutet und nicht geglaubt wird. Weil Klang und Rhythmus eng mit den vier Elementen der Alten verwandt sind; und weil diese oder jene Schwingung in der Luft mit Sicherheit entsprechende Kräfte weckt, deren Verbindung je nach Fall gute oder schlechte Ergebnisse hervorbringt."

Die Legende zum hebräischen Tetragrammaton ist interessant. Wer die korrekte Aussprache von YHVH kennt, genannt *Shem ha-Mephoresh*, der unaussprechliche Name, besitzt die Mittel, das Universum, sein eigenes Universum, zu zerstören und dieses individuelle Bewusstsein ins Samadhi zu schleudern. Darüber hinaus besagt die magische Theorie, dass die von der menschlichen Stimme erzeugte Schwingung nicht nur die Kraft hat, die plastische Substanz des Astrallichts je nach Ton und Lautstärke in vielfältige Formen zu bringen, sondern auch die Aufmerksamkeit metaphysischer Wesenheiten und Essenzen auf diese Form zu lenken.

Die Kraft des Klangs kann ganz einfach durch ein paar unbedeutende, aber höchst interessante Experimente bewiesen werden. Das Aussprechen des einsilbigen „Om" mit hoher, schriller Stimme wird zweifellos spürbare Vibrationen in Hals und Brust hervorrufen. Durch Wiederholung kann die Fähigkeit, die Stärke oder Frequenz der Vibrationen und den Bereich ihrer Detonation zu erhöhen, sehr beträchtlich gesteigert werden. Mit einer gewissen Menge an vernünftiger Übung, immer unter Einsatz der Intelligenz, wird der Übende in der Lage sein, ein einzelnes Wort so vibrieren zu lassen, dass der ganze Körper unter der Wirkung seiner Kraft erschaudert und zittert. Andererseits wird der Schüler durch Übung auch in die Lage versetzt, die Vibration nach Belieben auf einen bestimmten Bereich oder Ort seines Körpers zu beschränken. Es erübrigt sich zu sagen, dass dabei stets äußerste Vorsicht geboten ist, da es bei dieser Praxis nicht erforderlich ist, dass der Körper durch katastrophale Vibrationen zerschmettert oder auseinandergerissen wird.

Es gibt wohlbekannte Beispiele für die zerstörerische Kraft des Schalls, der durch Donnerschläge oder explodierende Granaten verursacht wird. Es gibt die oft wiederholte Geschichte, die hier durchaus der Erwähnung wert ist, von einem Streich, den ein großer Sänger spielte. Er klopfte mit dem Fingernagel auf ein Weinglas, so dass es klingelte; dann nahm er den Ton mit seiner Stimme auf und sang denselben Ton mit seinem Mund direkt über dem Glas. Nach einem Moment, als seine Stimme im Einklang mit dem Ton des Glases vibrierte, änderte er den Ton plötzlich in einen höheren, und das Weinglas fiel ohne die geringste Vorwarnung in Stücke zerspringend zu Boden. Er spielte mit dem Gesetz der Schwingung, denn alle Dinge, sichtbar und unsichtbar, fallen in seinen Anwendungsbereich, und jedes erdenkliche Objekt existiert auf einer bestimmten Ebene und besitzt eine andere Schwingungsrate. Jede organische und anorganische Masse besteht aus einer Vielzahl unendlich kleiner Energiezentren, die alle zusammen vibrieren müssen, um aneinander zu haften. Die Änderung dieser Vibration zerstört entweder die Form oder führt zu Mutationen und Veränderungen der Gestalt.

Da der Klang eine destruktive Seite hat, folgt daraus, dass er auch eine der Formung und Schöpfung hat, die durch beständiges und geduldiges Experimentieren entdeckt werden kann. Die tatsächliche formende Kraft kann ganz leicht demonstriert werden. Der Leser soll ein wenig feinen Sand auf den Resonanzkörper einer Geige streuen und den Bogen, ohne den Sand aufzuwirbeln, leicht über eine der Saiten ziehen. Er wird feststellen, dass die Vibration einen formenden Einfluss ausübt, denn mit dem Erklingen der Note und ihrer Verstärkung im Resonanzkörper ordnet sich der Sand in merkwürdige geometrische Formen an; gelegentlich wird ganz klar ein Quadrat geformt; oder ein Dreieck, eine Ellipse oder ein Muster, das mit der Struktur einer Schneeflocke vergleichbar ist – kristallin und ein Ding von seltener Schönheit. Das gleiche Experiment kann über einer Glasscheibe durchgeführt werden, und je nachdem, ob der Bogen langsam oder schnell, leicht oder mit viel Druck über die Kante gezogen wird, wird die Form des Sandes so sein. Auf der Geige erzeugt ein weicher, tiefer Ton natürlich eine andere Klangform als ein langes, durchdringendes Heulen; Schroffheit hat einen anderen Formwert als ein langsames Vibrato. Irgendwo in den Schriften von Madame Blavatsky findet sich die Aussage, dass sie selbst, als sie einmal dem Tode nahe war, durch die dem Klang innewohnenden Kräfte wieder zum Leben erweckt und von ihren Leiden geheilt wurde. All diese Dinge werden viel dazu beitragen, zu zeigen, dass Klang tatsächlich einen kreativen Wert besitzt, und es sollte das Ziel jedes angehenden Magiers sein, durch Übung herauszufinden, welcher Stimmton für magische Arbeit am besten geeignet ist. Die Erfahrung zeigt, dass ein schrilles Summen der auszusprechenden Namen die am zufriedenstellende Methode ist, wobei eine Stimme erforderlich ist, die eher vibriert als deutlich auszusprechen.

Die Schwingung von Gottesnamen ist daher ein wichtiges Element bei der Ausübung von Magie, da zum einen die Kenntnis des Namens eines Wesens - und unter Kenntnis ist die Fähigkeit zu verstehen, ihn richtig zu schwingen und auszusprechen, sowie ein Verständnis seiner kabbalistischen Implikationen - eine Art Kontrolle über ihn bedeutet. Die

Kenntnis des Namens kann durch die Anwendung kabbalistischer Prinzipien erworben werden, so dass in dem Namen eine Zusammenfassung der ihm innewohnenden Kräfte und Mächte zu finden ist. In einem Wort ist Magie enthalten, und ein richtig ausgesprochenes Wort ist stärker, sagt Levi, als die Mächte des Himmels, der Erde oder der Hölle. Die Natur wird mit einem Namen befohlen; die Reiche der Natur werden ebenso erobert, und die okkulten Kräfte, aus denen das unsichtbare Universum besteht, sind dem gehorsam, der die nicht mitteilbaren Namen mit Verständnis ausspricht. „Um diese großen Namen der Kabbala auszusprechen, müssen wir dies der Wissenschaft zufolge mit vollem Verständnis tun, mit einem Willen, der durch nichts gehemmt ist, mit einer Aktivität, die durch nichts zurückgewiesen werden kann."

Die Schwingung der Gottesnamen stellt -wie gesagt - einen der wichtigsten Bestandteile einer zeremoniellen Anrufung dar. Die Räucherstoffe, Düfte, Farben, Siegel und Lichter rund um den magischen Kreis helfen dabei, die gewünschte Idee oder den gewünschten Geist aus der Vorstellungswelt hervorzurufen und sich in einem angemessenen Gewand zu manifestieren, das für den Exorzisten verständlich und greifbar ist. Es müssen nicht nur Absicht und Gedanke vorhanden sein, sondern auch der konkrete Ausdruck des Gedankens in einer Handlung oder einem Wort, das für die Idee wie ein Logos sein muss. Um die Art der Schwingung zu veranschaulichen, nehmen wir an, dass ein Exorzist die Kräfte der Sphäre von *Gevurah* anrufen möchte. Sein Planet wird als Mars identifizierbar sein; seine wesentliche Eigenschaft ist eine kosmische Energie und Kraft, zusammengefasst in der Gottheit Horus, sein Erzengel wird Kamael sein, sein Geist Bartsbael, und die Sephira, der diese zugeschrieben werden, trägt den göttlichen Namen Elohim Gibor. Wenn in der magischen Zeremonie, die der Theurg anregt, die Zeit gekommen ist, den göttlichen Namen auszusprechen, soll er sehr tief, langsam und kräftig einatmen. In dem Moment, in dem die Luft von außen gegen die Nasenlöcher stößt, sollte man sich klar vorstellen, dass der Name des Gottes, Elohim Gibor, mit der Luft eingeatmet wird. Stellen Sie sich den Namen in großen Buchstaben aus Feuer und Flamme empor, und während die Luft langsam die Lungen füllt, stellen Sie sich vor, dass der Name den ganzen Körper durchdringt und vibriert, allmählich durch Brustkorb und Bauch, die Schenkel und Beine hinunter zu den Füßen wandert. Wenn die Kraft den untersten Teil der Beine zu treffen scheint und sich bis zu jedem Atom und jeder Zelle des Fußes ausdehnt und ausbreitet – und Übung wird diese Vorstellungsleistung weniger schwierig machen, als sie klingt –, sollte er eine der charakteristischen Posen des Gottes Horus einnehmen, die in den Vignetten des ägyptischen Totenbuchs gezeigt werden. Eine davon, das Zeichen des Eintretenden, besteht darin, den linken Fuß nach vorne zu werfen und den Körper nach vorne zu neigen, wobei beide Arme zuerst zum Kopf hochgezogen und nach vorne geschleudert werden, als ob sie die magische Kraft in Richtung des Dreiecks der Beschwörung projizieren würden. Während dieses Zeichen angenommen wird, während die Lungen die mit dem Namen aufgeladene Luft ausatmen, sollte man sich stark vorstellen, dass dieser schnell von den Füßen durch die Schenkel und den Körper aufsteigt und so mit einem gewaltigen Triumphstoß kraftvoll hervorgeschleudert wird. Wenn der ganze Körper des Magiers sich vor Kraft und Energie entflammt fühlt und er das widerhallende Echo des gerade magisch vibrierten Namens aus allen umgebenden Teilen des Raums in seinen Ohren donnernd hört, kann er sicher sein, dass die Aussprache richtig erfolgt ist. Die Wirkung der Vibration der Gottesnamen besteht darin, eine Spannung im oberen Astrallicht zu erzeugen, als Reaktion darauf beschleunigt sich die hervorgerufene Intelligenz. Für jeden der Götter gibt es andere Gesten und andere Zeichen, und ein Studium der ägyptischen Gottesformen wird ein Wissen darüber vermitteln, was diese Zeichen sind.

Eng verbunden mit der Vibration göttlicher Namen ist ein anderer Zweig der Magie. In einigen Ritualen ist dem Schüler möglicherweise eine Anzahl unverständlicher Wörter in einer fremden oder unbekannten Sprache aufgefallen, die technisch als „barbarische Namen der Beschwörung" bekannt sind und die wir, wie uns die chaldäischen Orakel raten, nie ändern sollten, „denn es sind göttliche Namen, die in den heiligen Riten eine unaussprechliche Macht besitzen." Ursprünglich war mit den „barbarischen Namen" lediglich gemeint, dass diese Wörter im Dialekt der Ägypter, Chaldäer und Assyrer waren, die von den Griechen als Barbaren angesehen wurden, und G. R. S. Mead gibt den Ausdruck als „einheimische Namen" wieder. Jamblichus antwortet auf Porphyrios Fragen zu diesem Punkt: „Diejenigen, die die Namen der Götter zuerst erfuhren, mischten sie mit ihrer eigenen Sprache und überlieferten sie uns, damit wir das heilige Gesetz der Tradition immer unverrückbar bewahren, in einer ihnen eigenen und angepassten Sprache. ... Barbarische Namen haben ebenfalls viel Nachdruck, große Prägnanz und sind weniger zweideutig, vielfältig und zahlreich." Die Erfahrung bestätigt, dass die wirksamsten Anrufungen diejenigen sind, in denen Wörter einer fremden, alten oder vielleicht vergessenen Sprache verwendet werden; oder sogar diejenigen, die in einem entarteten und möglicherweise bedeutungslosen Jargon verfasst sind. Die herausragendste Eigenschaft dieser Beschwörungen ist, dass die verwendete Sprache immer sehr lebendig und klangvoll ist. Das ist ihre einzige Tugend, denn sie sind besonders wirksam, wenn sie mit magischer Betonung rezitiert werden, wobei jede Silbe sorgfältig vibriert. Aus irgendeinem Grund hat man herausgefunden, dass das Rezitieren dieser Namen zur Erhöhung des Bewusstseins beiträgt und eine subtile Faszination auf den Geist des Magiers ausübt. „Die Magie der alten Priester bestand damals", dachte Madame Blavatsky, „darin, ihre Götter in ihrer eigenen Sprache anzusprechen. ... Sie besteht aus Lauten, nicht aus Worten; aus Lauten, Zahlen und Figuren. Wer weiß, wie man die drei vermischt, wird die Reaktion der überwachenden Macht hervorrufen. Diese Sprache ist also die der Beschwörungen oder Mantras, wie sie in Indien genannt werden, wobei der Klang das stärkste und wirksamste magische Mittel ist und der erste Schlüssel, der die Tür der Kommunikation zwischen Sterblichen und Unsterblichen öffnet."

Die Begründung und Erklärung der Erhöhung ist nicht weit von der allgemeinen Erfahrung entfernt. Sie ist nicht einzigartig und beschränkt sich auch nicht ausschließlich auf zeremonielle oder theurgische Arbeit. Sehr häufig liest man von Dichtern, die von der Wiederholung rhythmischer Verse und Namen gleichsam verzaubert werden; tatsächlich sind viele Gedichte von Swinburne ein hervorragendes Beispiel für solche Poesie. Man hört auch von frühreifen Kindern, die von jenen Lesungen aus der Bibel, in denen lange Listen seltsamer hebräischer Namen und Orte vorkommen, merkwürdig berührt werden. Thomas Burke, der bedeutende Romanautor, teilte dem Autor einmal mit, dass die Namen von Städten und Ländern auf dem südamerikanischen Kontinent für ihn als jungen Mann wie Zaubersprüche gewirkt hätten, fast wie Zaubersprüche, deren Macht okkult war. Namen wie Antofagasta, Tierra del Fuego, Antanonoriva und Venezuela sind in der Tat barbarische Namen zum Beschwören. Ich erinnere mich auch, einmal ein Gedicht des Musikkritikers William J. Turner gelesen zu haben, in dem er erzählt, dass mexikanische Wörter und Namen auf mich als Jungen einen faszinierenden Zauber ausübten: Popocatapetl, Quexapetl und Chimborasso und dergleichen. Die Namen selbst vermitteln einer fruchtbaren und entwickelten Vorstellungskraft nichts; die Erhöhung des Bewusstseins ist fast ausschließlich dem Rhythmus und seiner Musik zuzuschreiben, wobei die Zauberei der Namen in das Reich der Vorstellungskraft gelangt, wo sie aufgegriffen wird, um eine besondere Raserei oder Erregung hervorzurufen. Auf jeden Fall kann kaum Zweifel daran bestehen, dass die vielen barbarischen, schrecklichen und fast furchterregend wirkenden Wörter, die in so vielen der besseren Beschwörungen aus der Antike rollen und brüllen, eine berauschende Wirkung auf das Bewusstsein haben und es auf die in der Magie erforderliche Tonhöhe erheben sollten. Das „Bornless-Ritual", dessen Grundelemente in einigen griechisch-ägyptischen Fragmenten zu finden sind und die in meinem letzten Kapitel abgedruckt ist, ist vielleicht das bemerkenswerteste Beispiel. Als Ritual wird es von vielen als eines der besten angesehen und ist voll von seltsamen Worten, reich an Musik und primitiven Erregungen, die im höchsten Maße klangvoll sind. Viele der Rituale und Anrufungen, die der elisabethanische Astrologe Dr. Dee in Zusammenarbeit mit seinem Kollegen Sir Edward Kelly verwendete, sind ebenfalls bemerkenswert gute Beispiele für eine solche Sprache. Tatsächlich kann man davon ausgehen, dass die Rituale von Dee einzigartig sind; sie sind fast vollständig, mit Ausnahme einiger hebräischer Wörter, in einer merkwürdigen Sprache namens Angelisch oder Enochisch geschrieben, die ihm, wie er behauptet, von den Engeln diktiert wurde. Unabhängig von ihrem Ursprung hat sich gezeigt, dass die in dieser Sprache formulierten Anrufungen mit einer Eigenartigkeit und Kraft wirken, die in keiner anderen Sprache zu finden ist.

Typisch für die barbarischen Worte können Zitate aus verschiedenen Ritualen angeführt werden. Das folgende ist eines aus den Dee-Beschwörungen: „Eca, zodocare, Iad, goho. Torzodu odo kikale qaa! Zodacare od zodameranu! Zodorje, lape zodiredo Ol Noco Mada, das Iadapiel! Ilas! hoatahe Iaida!"

Im Kapitel CLXV der Rezension des Totenbuchs von Saite findet sich eine Bittschrift an Amen-Ra, in der die mächtigsten magischen Namen des Gottes rezitiert werden: „Heil Dir, Bekhennu, Bekhennu! Heil Prinz, Prinz! Heil, Amen. Heil, Amen! Heil Dir, Par, Heil Dir, Inkasa! Gegrüßet seist du, Gott, Prinz der Götter der östlichen Teile des Himmels, Amen-

Nathekerethi-Amen. Heil Dir, dessen Haut verborgen ist, dessen Gestalt geheim ist, du Herr der zwei Hörner, geboren aus Nut, dein Name ist Na-ari-k, und Kasaika ist dein Name. Dein Name ist Arethi-kasathaka, und dein Name ist Amen-naiu-ankaentek-share oder Thekshare-Amen Rerethi! Gegrüßet seist du! Amen, und lass mich Dich anflehen, denn ich kenne deinen Namen. ... Verborgen ist deine Rede, oh Letasashaka, und ich habe dir eine Haut gemacht. Dein Name ist Ba-ireqai, dein Name ist Marqatha, dein Name ist Rerei, dein Name ist Nasaqebu-bu, dein Name ist Thanasa-Thanasa; dein Name ist Sharshathakatha."

Ein weiteres sehr schönes Beispiel, vielleicht eines der besten, was die offensichtliche Unverständlichkeit der Namen betrifft, findet sich im Harris Magical Papyrus, dessen englische Übersetzung in den *Facsimiles of Hieratic Papyri* im British Museum zu finden ist.

" Adiro-Adisana! Adirogaha-Adisana. Samoui-Matemou-Adisana!

" Samou - Akemoui - Adisana! Samou - deka! Arina - Adisana! Samou - dekabana - adisana! Samou - tsakarouza - Adisana! Dou- Ouaro-Hasa! Kina! Hama! (Pause.) Senefta-Bathet-Satitaoui-Anrohakatha-Satitaoui! Nauouibairo-Rou! Haari! "

Auch in dem bereits erwähnten Fragment des Greco-Ägyptischen Rituals, das Charles Wycliffe Goodwin Mitte des letzten Jahrhunderts für die Cambridge Antiquarian Society herausgab, kommen exemplarische Namen vor: „Ich rufe dich an, schrecklicher und unsichtbarer Gott, der du im leeren Raum des Geistes wohnst: Arogogorobrao; Sothou; Modorio; Phalarthao; Doo; Apé; Der Ungeborene."

Doch sind sich Forschung und Philosophie einig, dass die Kenntnis der Kabbala in all ihren Zweigen eine wichtige und wichtige Ergänzung für die Praxis des Magiers ist. Da der Magier darauf bedacht ist, sein Leben verständlich zu machen und jedes Ereignis darin als Umgang Gottes mit seiner Seele zu interpretieren, damit alle Dinge zu seiner spirituellen Erleuchtung beitragen, mag es unpassend erscheinen, wenn er dieser Entscheidung widerspricht, indem er bedeutungslose und sinnlose Worte in seine Anrufungen einbaut. Vor allem aber sind Konsistenz und innere Kohärenz typisch für den Geist des Magiers. Daher bedeutet die Vernachlässigung der exegetischen Prinzipien der Kabbala, die Kanäle unbewacht zu lassen, durch die Chaos und Inkonsistenz in das Heiligtum der Erkenntnis eindringen können. Jedes barbarische Wort sollte ebenso sorgfältig studiert und verstanden werden, mit einem Maß an Aufmerksamkeit und Gelehrsamkeit, wie man es bei der Analyse von Kants Kritik der reinen Vernunft täte; die verborgene Bedeutung darf unter die Bewusstseinsebene vordringen, wo sie während der Zeremonie zur Erzeugung der erforderlichen Erregung beitragen kann. Und um den wahren Geist der barbarischen Namen ans Licht zu bringen, sind gute Kenntnisse der Kabbala unverzichtbar.

Betrachten wir zum Beispiel mit mir das Wort „Assalonoi", das in einem anderen Abschnitt des griechisch-ägyptischen Fragments erscheint. Der erste Buchstabe wird auf Harpokrates, den Herrn der Stille, hinweisen, der der Abe im Lotus und der reine Narr des Tarots ist; der unschuldige Parsifal, der sich schweigend auf die Suche nach dem heiligen Gral macht. Nur er kann aufgrund seiner weltlichen Torheit, aber seiner göttlichen Weisheit und Unschuld am Ende unversehrt ankommen. „S" wird als Hinweis auf die Tarotkarte angesehen, die den Heiligen Schutzengel darstellt, der auf seiner Brust ein Siegel trägt, das mit den Buchstaben des Tetragrammatons eingraviert ist. „Al" kann als das hebräische Wort für „Gott" interpretiert werden; ebenso ist „On" ein gnostischer Name. Das Suffix „oi" weist vermutlich auf das hebräische Personalpronomen „Mein" hin; in seiner Gesamtheit betrachtet ist das Wort also in Wirklichkeit der Inbegriff einer vollständigen Anrufung des Heiligen Schutzengels.

Betrachten wir noch einmal „Phalarthao", ein Wort aus derselben Anrufung. „Phal" ist offensichtlich eine Abkürzung für den Phallus, der
laut Jung das Symbol der schöpferischen Fähigkeiten des Menschen
ist. Er definiert ihn tatsächlich als „ein Wesen, das sich ohne Gliedma-
ßen bewegt, ohne Augen sieht und die Zukunft kennt; und als symbolischer Vertreter der universellen schöpferischen Kraft, die überall
existiert, wird Unsterblichkeit in ihm angedeutet. Er ist ein Seher, ein
Künstler und ein Wundertäter." Indem wir die beiden Buchstaben „ar"
dem kabbalistischen Prozess namens Temurah unterziehen, erhalten
wir „Ra", den Sonnengott, der seine Gaben an Sonnenlicht, Wärme
und Nahrung auf alles in der Welt der Materie ausgießt und dem inneren Leben spirituelle Gnade und Erleuchtung verleiht. „Th" ist Tes, die
Löwenschlange, die die Essenz des physischen Lebens ist und der spirituellen Vision Substanz verleiht. „A" wiederum ist der Donnerkeil
Thors, der die magischen Kräfte des Adepten in Bewegung setzt; die
„0" steht für die Bergziege und den kreativen, fruchtbaren Aspekt des
menschlichen Wesens.

Das Wort „Adisana", das sehr häufig in der Liste der barbarischen Namen des Harris Magical Papyrus vorkommt, erinnert an eine theosophische Anspielung. Die in der *Geheimlehre* enthaltenen Strophen von
Dzyan erwähnen das Sanskritwort „Adi-Sanat". Blavatsky erklärt, dass
dies das Äquivalent von Brahma und der kabbalistischen Sephira von
Keser bedeutet und den Einen Schöpfer bedeutet. Der Magier kann in
Ermangelung genauerer und eindeutigerer Kenntnisse davon ausgehen, dass das ägyptische Wort sich auf die Krone, die Monade in
Mensch und Kosmos bezieht.

Es können jedoch auch andere Methoden entwickelt werden, um die
barbarischen Worte verständlich zu machen, sodass bei den Riten kein
Fehler die Integrität und Beständigkeit des Bewusstseins beeinträchtigt.

Was ihren praktischen Nutzen betrifft – die Erhöhung der Seele – kann eine von Therion beschriebene Methode von Nutzen sein. Angenommen, die Zeremonie gipfelt in einer großen Anrufung, deren Höhepunkt eine Anzahl dieser besonderen Worte umfasst, kann eine spezielle Technik angewendet werden, die jedoch ein Mindestmaß an Vorstellungskraft erfordert. Diese Fähigkeit sollte so entwickelt werden, dass jedes Bild eines beliebigen Objekts klar und deutlich vor dem geistigen Auge formuliert werden kann; und nicht nur das, sondern dass die Formulierung eine Zeit lang aufrechterhalten werden kann. Während der Anrufung sollte sich der Theurg vorstellen, dass das erste dieser berauschenden Worte wie eine Feuersäule ist, die sich als vertikale oder aufrechte Säule im Astrallicht ausdehnt. Wenn die Buchstaben des Namens seine Lippen verlassen und in den Äther geschleudert werden, soll er sich vorstellen, dass sein eigenes Bewusstsein im Lichtkörper diesen Buchstaben auf ihrer Reise durch den feinstofflichen Raum folgt und gewaltsam entlang dieses Schachts geschossen wird. Das nächste barbarische Wort sollte so konzipiert werden, dass es eine Spalte einnimmt, die vielleicht doppelt so lang oder hoch ist wie die vorhergehende, so dass das Bewusstsein, wenn das letzte Wort der Anrufung erreicht ist – und die der Anrufung selbst innewohnende Handlung und Kraft für den Moment außer Acht lässt –, zutiefst berauscht ist und das Ego von einem Gefühl der Verwirrung und Erschöpfung überwältigt wird. Am Ende sollte man sehen, wie der Schacht vor dem geistigen Auge an Größe zunimmt und immer höher aufragt, bis die Vorstellungskraft von der drohenden Größe und Unermesslichkeit, die er geschaffen hat, fast überwältigt wird. Dieses Gefühl von Ehrfurcht und Staunen, das durch das Reisen auf dem feurigen Pfeil jedes barbarischen Wortes entsteht, ist der richtige Vorläufer von magischer Begeisterung und Ekstase. Und mit der Zeit wird der Theurg andere Methoden erfinden, die seinem Temperament besser entsprechen, um diese Worte zufriedenstellend zu verwenden.

§

Zur Belebung der zeremoniellen Arbeit sind Tanz, Musik und das Schlagen von Totenglocken weitere Begleitelemente. Was die Totenglocken oder das Klopfen betrifft, so sollten sie, was die Anzahl betrifft, mit der Art der Operation harmonieren. Ihr Zweck ist es, Meisterschaft anzukündigen, den Triumph des Magiers zu verkünden und die wandernde Aufmerksamkeit wiederherzustellen. Musik ist eine viel kompliziertere Angelegenheit, da ihre Wertschätzung von Person zu Person sehr unterschiedlich ist. Bei den meisten Anrufungen sollte sie besser weglassen werden, da sie die Aufmerksamkeit des Theurgen mehr oder weniger ablenkt, obwohl sie als Auftakt zur Ekstase und Erhebung beitragen kann. Sie erfordert die Anwesenheit eines oder mehrerer Musiker, und jedes Anzeichen von Selbstbewusstsein oder ein Fehler in ihrer Technik bedeutet Dissonanz und Versagen. Die Violine oder die Harfe haben den transzendentesten und erhabensten Ton und können vielleicht gelegentlich eingesetzt werden.

Das Tomtom mit seinem wilden, leidenschaftlichen Schlagen ist bei anderen Arbeiten nützlich, bei denen es erforderlich ist, Energie anzuregen oder sogar den Geist zu beruhigen. Es ist ganz einfach, den Geist zu zwingen, dem rhythmischen Schlag des Tomtoms zu folgen, der beschleunigt oder allmählich verlangsamt werden kann, bis, wenn er in gedämpfter Stille verklungen ist, der Frieden eines ruhigen Geistes eintritt. Orientalische Musik besteht hauptsächlich aus dieser monotonen Art und impliziert somit ein religiöses oder mystisches Motiv. Bei einer Ballettaufführung, zu der ein Freund des Autors nach Java eingeladen war, gab es etwa ein Dutzend Tänzer in grotesken, aber prächtig gefärbten Kostümen und Masken, typisch für den pompösen Orient. Das Orchester bestand aus fünf Spielern; drei spielten ein Instrument, das einem riesigen Xylophon ähnelte und nur fünf Töne umfasste, und zwei schlugen auf javanischen Trommeln. In einem Freilichttheater wurde fünf Stunden lang ohne eine einzige Pause mit Händen und Fingern getanzt. Die ganze Zeit über schlugen die fleißigen Mitglieder des einheimischen Orchesters eifrig ihre monotonen Rhythmen, bis es den Europäern so vorkam, als ob Sinne und Geist ihrem langweiligen Rhythmus erliegen und schließlich in Stille versinken würden.

Ein trippelnder Tanz, zum Beispiel in Form eines einfachen Twostepps, kann nützlich sein und, begleitet von einer Tom-Tom und einem mentalen Mantra, in einem geweihten Kreis oder Raum als Vorbote der Ekstase eingesetzt werden. Dieser Tanz ist für den Magier von besonderem Interesse, da sein Charakteristikum der Rhythmus ist und die ganze Natur die Verkörperung von Rhythmus und Anmut ist, beides Aspekte des Tanzes. Der Tanz in der Natur wird in Wachstum und Bewegung dargestellt, denn Bewegung ist das wesentliche Element des Lebens, das Thema, das auf einer unendlichen Bühne aufgeführt wird. Die Ekstasen der Natur und ihrer Geschöpfe sind in den allgemeinen Sprachgebrauch übergegangen und kehren immer wieder in der Umgangssprache zurück. Die Sphärenmusik und der Tanz der Heerscharen der Planeten und Himmelskörper in den Unendlichkeiten des Weltalls haben von den größten Philosophen und Dichtern, die ins Innerste der Dinge geblickt haben, stets die gebührende Aufmerksamkeit erhalten. Häufig spricht man auch - in Floskeln, das ist wahr - vom Herumtollen der Lämmer und den auf grünen Wiesen herumspringenden Ziegen, vom schwebenden Tanz der Wolken und dem Vorwärts- und Zurückweichen der Meereswogen. Was sind diese Phänomene anderes als eine gemeinsame Teilnahme am Tanz des Lebens, der Tag für Tag, Jahr für Jahr, Jahrhundert für Jahrhundert unverändert und unverfälscht weitergeht und der in seiner Ewigkeit als die Verkörperung der Freude angesehen werden muss?

Was die Verwendung des Tanzes in magischen Operationen betrifft, sollte der Hinweis, den der Tanz der islamischen Derwische bietet, völlig ausreichen. Diese mohammedanischen Mystiker sind stolz auf einen Tanz, der nicht, wie manche dachten, eine unkontrollierte Raserei ist. Am Anfang ist es genau das Gegenteil. Seiner Aufführung liegt ein hohes religiöses Motiv zugrunde - Ekstase und Vereinigung mit Allah. Aus einer stationären Position erhöhen sie allmählich die Geschwindigkeit ihrer Rotation und wirbeln mit ausgestreckten Armen mit solcher Geschwindigkeit, dass es scheint, als würden sie sich überhaupt nicht bewegen. Innerhalb kurzer Zeit verursacht diese Drehbewegung einen Schwindel in Geist und Körper, dessen Wirkung durch bloße Willensanstrengung aufgeschoben und aus dem Bewusstsein verdrängt wird. Der Tanz gipfelt schließlich im Zusammenbruch des Derwisches in einem Zustand völliger Bewusstlosigkeit, und nicht nur das, und das halte ich für wichtig, sondern in einem Zustand höchster Ekstase. Einigen sind vielleicht auch Namen wie Shri Chaitanya und sein Schüler Nityananda bekannt, die im 15. Jahrhundert durch Indien wanderten und die Lehre des Bhakti oder der Vereinigung mit Gott durch Hingabe sangen, predigten und fröhlich tanzten. In jüngster Zeit gibt es auch den hervorragenden Religionslehrer Shri Ramakrishna Paramahamsa, dessen häufige Lieder und fromme Tänze so voller Inbrunst und großer Emotion waren, dass man sagt, dass moralische und spirituelle Veränderungen bei denen bewirkt wurden, die das Privileg hatten, sie zu sehen. Viele dieser Menschen, so heißt es in dem Bericht, waren beim Anblick des tanzenden Meisters so von tiefen Emotionen und Glückseligkeit überwältigt, dass sie in Ekstase und Ohnmacht fielen.

Was den modernen Theurgen betrifft, so ist das Hauptziel des Tanzes, eine körperliche Erschöpfung und ein Aufhören aller Gedanken zu erreichen. Wenn diese Negativität in einem ordnungsgemäß geweihten und verbannten Bereich herbeigeführt wurde, in den kein anderes Wesen eindringen darf als die Kraft, die zuvor durch die Anrufungen manifestiert wurde, kann die angerufene spirituelle Präsenz inkarnieren. Dies ist die grundlegende Idee des Tanzes, obwohl manche es vorziehen, sie bei ihren Zeremonien ganz wegzulassen. Jede Art von Kraft, die zu den verschiedenen Sephiroth gehört, hat ihre eigene Art von Tanz mit ihrem eigenen Schritt und ihrem eigenen Tempo.

Eine Bewegung, die bei den meisten Anrufungen üblich ist und die weniger einem Tanz als vielmehr dem tatsächlichen Trippeln oder Wirbeln ähnelt, ist die Umrundung. Gelegentlich muss der Magier von einem der Himmelsrichtungen aus eine bestimmte Anzahl von Malen um den Kreis gehen, wobei die genaue Anzahl die Art der anzurufenden Kraft bestimmt. Auch die Richtung der Umrundung, ob nach Osten oder Westen, bestimmt, ob er anruft oder verbannt. Eine Bewegung im Uhrzeigersinn, also im Uhrzeigersinn, ruft an, und eine Bewegung gegen den Uhrzeigersinn, also genau das Gegenteil, bannt. Traditionell ist die Umrundung im Kreis eine wunderbare Methode, um Potenzial zu erlangen und die notwendige Begeisterung und Kraft zu wecken.

KAPITEL ZEHN

DIE vorangegangenen Kapitel sollten weitreichend gezeigt haben, in welcher Weise die Theurgie Wille und Vorstellungskraft als Instrumente zur Rekonstruktion eines menschlichen
Wesens begreift. Ich schlage vor, die Frage dieses Einsatzes der Vorstellungskraft weiter zu behandeln, da es sich dabei um die grundle-
gendste Aufgabe der Magie handelt. Da die plastische Substanz des
Astrallichts besonders empfänglich für die Manipulation von Vorstel-
lungsströmen ist und da die in diesem Licht erzeugten Bilder wahrnehmbare Veränderungen hervorrufen, versucht der Magier, diese
Tatsachen auf seine eigene Sphäre anzuwenden, sofern der Wille stark
genug ist, diese Bilder zu beleben. Die Aufmerksamkeit sollte auf die
Tatsache gelenkt werden, dass das Astrallicht nach allen Autoritäten
als dual in seiner Natur angesehen wird. Es gibt den grundlegenden
Astralaspekt, die sogenannte trügerische Schlange, die von den verfallenden Schalen und Phantasmagorien eingenommen wird; und die höhere Ebene, in der sich eine Fülle von realen Bildern, Ideen und spirituellen Andeutungen befindet. Sich über die astrale Schlange hinaus
bis hin zur höheren Astralebene zu erheben, ist offensichtlich eine primäre magische Aufgabe. Anrufungen des Heiligen Schutzengels und
die telestische Vereinigung mit den Göttern und universellen Essenzen
stellen die höchsten Methoden dar, um die niedrigsten ätherischen
Ebenen zu transzendieren; aber dies sind ultimative Ziele, denen alle
Methoden und Techniken untergeordnet sind. Um die schwierigen
Ziele der Anrufung und Vereinigung leichter erreichbar und weniger
mühsam zu machen, empfehlen die Theurgen eine Praxis, bei der Erfolg die Fähigkeit verleiht, bewusst die niedere Astralebene zu transzendieren und absichtlich sogar über die höhere Astralebene hinaus zu
den formlosen göttlichen Feuern der spirituellen Reiche aufzusteigen.
Da alle Ebenen der Natur und alle Kräfte, die im Universum vorhanden

sind, in der inneren Konstitution des Menschen repräsentiert sind, findet sich auch die Astralebene in ihrem dualen Aspekt in ihm. Der niedrigste Aspekt, die Mondphase, entspricht dem menschlichen Prinzip des *Nephesch*, während die höhere Ebene vermutlich der zentralen Sephira des Lebensbaums, *Tiphareth*, dem pulsierenden Herzen von *Ruach* entspricht und sich sogar bis an die Grenzen des *Neschamah* erstreckt. Mit dem unteren Mondaspekt des Astralen, der Region der qliphotischen Hüllen und Dämonen und verwesenden Phantome der Toten, hat der Magier wenig oder gar nichts zu tun; sein Streben ist auf das gerichtet, was oben ist, in den oberen Schichten des lebenden Baumes. „Beuge dich nicht hinab", ermahnt das Chaldäische Orakel, „in die dunkel glänzende Welt; in der ständig eine treulose Tiefe liegt und der Hades in Wolken gehüllt ist, der sich an unverständlichen Bildern erfreut, steil, gewunden; ein schwarzer, ewig rollender Abgrund; der sich immer mit einem dunklen, formlosen und leeren Körper vermählt. … Bleib nicht am Abgrund mit dem Abschaum der Materie, denn es gibt einen Platz für dein Bild in einem Reich, das immer glänzend ist." Es ist das „immer herrliche Reich", das den Theurgen betrifft, da sich darin die Kräfte und Mächte befinden, die ihm bei seiner Suche von größter Hilfe sein können. Innerhalb des dualen *Nephesch* gibt es ein substanzielles und vitales energetisches Prinzip. Ersteres ist der sogenannte Astralkörper oder das subtile Duplikat, dem der physische Körper seine fortdauernde Existenz und Beständigkeit verdankt. Obwohl die Entwicklung dieses *Nephesch*-Körpers einen bestimmten Zweig der Magie darstellt, wird hier nicht darauf eingegangen, da er nur wenig mit der höheren Theurgie zu tun hat. Zum Reich von *Tiphareth* gehört ein höherer Aspekt dieses Astralkörpers, der in der praktischen Theurgie sehr stark involviert ist. Es ist nicht wirklich ein Astralkörper im Sinne eines Lebensmodells, das dem Physischen Leben verleiht, sondern es ist ein Mental- oder Gedankenkörper, das direkte Vehikel der idealen und spirituellen Fähigkeiten, dessen Substanz die des höheren oder göttlichen Astrale ist. Laut Blavatsky ist dies der *Mayavi-Rupa*, der

Gedanken- oder Traumkörper, die Hülle des Geistes, der Erinnerung und der Emotionen, in der Theurgie als Lichtkörper bekannt und benannt. Nun vertreten die Theurgen die Ansicht, dass dieser Lichtkörper bewusst vom Körper getrennt und projiziert werden kann – und Blavatsky ist der Meinung, dass derjenige, der dies tun kann, ein Adept ist! „Du sollst das Feine vom Groben trennen und dabei mit großer Klugheit handeln", rät der Dreimal Große Hermes. Dieser Lichtkörper kann als Vehikel der höheren Prinzipien dazu verwendet werden, die innere Welt zu untersuchen, um ihre wahre Natur zu ermitteln, also die Natur des Menschen selbst, insofern die Gesetze des Universums die des Geistes sind und umgekehrt. Das höhere Astral, das man durch den Lichtkörper kennenlernt, wird somit sozusagen als Leiter verwendet, mit deren Hilfe der Theurg in das Reich des höchsten Geistes aufsteigt, der feurig, schöpferisch und ekstatisch ist.

Daher ist es natürlich eine Grundlage praktischer Magie, diesen feinen Körper zu projizieren, die Fähigkeit zu erlangen, in ihm mit Leichtigkeit zu funktionieren, wie man es im groben Körper tut, diesen Lichtkörper zu trainieren und zu erziehen, die Wünsche des Theurgen zu erfüllen. Die Fähigkeit, in dieser besonderen Phase der Arbeit erfolgreich zu sein, hängt ganz davon ab, ob der Magier seine Vorstellungskraft trainiert hat, denn diese ist der magische Hebel für die geplante Projektion.

Die Technik ist in Kürze wie folgt: Der Magier setzt sich bequem auf einen Stuhl – oder wenn er in der Einnahme einer Yoga-Haltung geschult ist und sich darin wohlfühlt, umso besser – und beruhigt seinen Geist und seine Emotionen so weit wie möglich. Er sollte versuchen, sich vorzustellen, dass ein genaues Abbild seines eigenen Körpers vor ihm steht. Sollte der Magier viel mit der Praxis der Tattva-Symbole oder den spirituellen Übungen des hl. Ignatius und denen, die in einem früheren Abschnitt dieser Studie beschrieben wurden, beschäftigt sein, wird er keine großen Schwierigkeiten haben, sich dieses Bild vorzustellen. Der Theurg sollte sich lebhaft vorstellen, dass ein Abbild seines eigenen Körpers im Geist vor ihm steht; und dass es so gekleidet ist wie der Magier, in ein magisches Gewand mit Zauberstab oder Schwert, je nach dem, und dass es aufrecht steht, auf einem Stuhl sitzt oder in einer leichten und bequemen Asana zusammengerollt ist. Sollte der Magier sitzen, sollte man auch das Bild sitzen sehen. Durch eine höchste Willensanstrengung sollte dieses Bild im Geist in Bewegung versetzt werden und, die ganze Zeit sehr genau beobachtet, aufrecht auf seinen Füßen stehen. Der schwierigste Teil der Aufgabe des Magiers kommt nun näher. Er muss sein eigenes Bewusstsein auf den Körper des Lichts übertragen, und diese Übertragung kann sich als etwas schwierig erweisen, denn manchmal geht es einfach nicht.

In diesem Fall sollte der Theurg jede Unze seines Willens einsetzen und die ganze Kraft seiner Vorstellungskraft so weit wie möglich einsetzen, damit er sich vorstellt und will, im Gedankenkörper zu sein, und ihn dazu bringen, verschiedene Aktionen auszuführen. Die Durchführung eines solchen Rituals wie des Bannrituals des Pentagramms ist eine großartige Übung, da der Lichtkörper dadurch dazu gebracht wird, sich zu bewegen, sich um seine eigene Achse zu drehen und Worte auszusprechen. Wenn der Magier dabei beharrt, kann er nach mehreren Versuchen feststellen, dass nicht dieser Lichtkörper das Ritual wie ein Automat ausführt, während er zusieht, sondern er es selbst im Gedankenkörper selbst ausführt. Diese Methoden lockern die Träger der Seele und öffnen die fest verschlossenen Tore des Geistes. Außerdem kann es sein, dass der Magier, während er eine Anrufung rezitiert und dabei geistig jedem der Ritualpunkte aufmerksam und sorgfältig folgt, sich beinahe ohne es zu bemerken im Körper des Lichts wiederfindet. Die berauschende Wirkung der Worte, die Vorschläge, die sie verkörpern, sollten in einigen Fällen die Übertragung wesentlich unterstützen. „Ich schreite hoch hinaus! Ich schreite auf das Firmament von Nu!

Ich lasse eine blitzende Flamme mit dem Blitzen meines Auges aufsteigen, stürme immer weiter in der Pracht des täglich gepriesenen Ra und gebe mein Leben den Bewohnern der Erde!" „Ich erhebe mich, ich erhebe mich wie ein goldener Falke!" Insbesondere die ersten beiden Sätze sollten, wenn sie mit Verständnis und Gefühl rezitiert werden, bei einigen Personen durchaus ausreichen, um das gewünschte Ergebnis herbeizuführen. Selbst körperlich zwingen diese Worte einen, sich auf Zehenspitzen zu erheben, als ob man das Firmament von Nu betreten würde, und die subtilen Fahrzeuge werden ohne Zweifel folgen. Ist der Erfolg einmal erreicht, sollte die Übertragung immer wieder geübt werden, bis der Magier schließlich in seinen physischen Körper hinein- und wieder herausschlüpfen kann, wie ein gewöhnlicher Mensch aus seinem Wintermantel schlüpft. Aber wenn die eigentliche Projektion erst einmal abgeschlossen ist, beginnt die eigentliche Aufgabe; denn der Körper des Lichts muss trainiert werden, sich auf der Astralebene zu bewegen und zu sehen, obwohl nur eine kurze Zeit ausreicht, bevor er auf das Training reagiert und in der Lage ist, sich mit der blitzartigen Geschwindigkeit des Denkens selbst zu bewegen und zu sehen.

Sobald es ihm gelungen ist, den Lichtkörper zu bewohnen, sollte der Theurg sich anstrengen, mit seinen astralen Sinnen zu sehen. Er sollte versuchen, die physischen Dinge und Objekte zu sehen, die in der Wohnung existieren, die er gerade verlassen hat, und dabei den Körper, seine frühere irdische Behausung, die Möbel, die Wände und die Decke und alles andere beachten. Wenn er entdeckt, dass dies ganz einfach möglich ist, und dass die astralen Sinne ganz leicht reagieren, dann soll er geradewegs zum Himmel aufsteigen und beobachten, was dort zu sehen ist. Das Ganze ist hauptsächlich eine Frage der Erziehung. Der Lichtkörper, das blinkende Sonnenfahrzeug des Engels, muss zu einem würdigen Instrument gemacht werden, und so wie einem einjährigen Kind das Sprechen, Krabbeln und Gehen beigebracht wird, so muss dieser feine Gedankenkörper trainiert werden, damit er auf seiner eigenen Ebene perfekt funktioniert.

Bei einer solchen Praxis wird der Theurg entdecken, dass die konventionellen Symbole der Außenwelt dynamische Realitäten sind, die in dieser Astral- oder Gedankenwelt ihr eigenes Dasein führen. Sein Ziel sollte es sein, dieses Reich gründlich in der Vielzahl der Aspekte und Bereiche zu untersuchen, die es ständig präsentiert, insofern es tatsächlich mit den Grenzen seines eigenen bewussten und unterbewussten Wissens übereinstimmt. Mit diesem einen Ziel vor Augen sollten verschiedene umfassende Aufgaben in Angriff genommen werden. Jene Tattva-Symbole, die zuvor Objekte der Konzentration und der Vorstellungskraft waren, können als Sigillen verwendet werden, mit denen Visionen geschaffen werden, die die unsichtbare Natur des Symbols offenbaren. Im Körper des Lichts könnte man sich beispielsweise eine Tür vorstellen, auf der ein rotes gleichseitiges Dreieck für Tejas eingraviert ist. Wenn der Theurg durch diese Tür geht und die Art der Landschaft, die Engelwesen, die mit ihm sprechen, und die Gespräche, die sich daraus ergeben, beobachtet, sollte er eine gute Vorstellung von der impliziten Bedeutung und dem Sinn des Symbols bekommen. JETZT scheint es eine absolute Beziehung zwischen Symbolen und visuellen Realitäten auf der Astralebene zu geben. Die Vision des Tattva hätte dies zweifelsfrei beweisen sollen. Es gibt zahllose Fälle, in denen einem Hellseher ein Symbol gegeben wurde, das er vorher nie kannte und nie zuvor gesehen hatte. Nur der Besitzer des Symbols kennt die Bedeutung. Das Ergebnis der erhaltenen Vision ist aufschlussreich und bestätigt das Wissen des Besitzers. Immer wieder wurde dieses Verfahren befolgt, und ebenso oft wurde eine Vision erhalten, die die Natur des Symbols genau wiedergibt. Dieses Verfahren sollte in Bezug auf die anderen Symbole und Unterelemente der Tattvas fortgesetzt werden. Ebenso sollten die astrologischen Symbole der Planeten und die Tierkreiszeichen sowie die Bilder der Tarotkarten mit diesen Mitteln untersucht werden. Dies sollte jedem Magier ein weites Forschungsfeld eröffnen, da auf diese Weise eine völlig neue Art von Wissen erworben werden kann. Die Natur eines ihm bisher unbekannten Symbols kann untersucht und ihm eine auf Beobachtung und Erfahrung beruhende Bedeutung zugeschrieben werden. Eine Vielzahl umfassender Experimente sollte entwickelt werden, um sich mit der Natur dieser Ebene vertraut zu machen.

Wenn diese Astralvisionen kein wirkliches Wissen vermitteln, sollten sie als bloße technische Übungen abgetan werden, mit denen man Fertigkeiten erlangen kann. Wenn man sich einmal die Fertigkeit angeeignet hat und diese Visionen lebenswichtiger Erfahrung nicht mehr erlebt und kein neues Wissen mehr erlangt, verliert die Übung ihren Wert. Es ist bekannt, dass einige törichte Leute, die in der Lage sind, im Astral zu reisen, nichts Anderes tun, ohne Gewinn oder Nutzen daraus zu ziehen. Für sie hat eine Astralvision keine spirituelle Bedeutung, und Astralvergiftung ist die heimtückische Form spiritueller Verderbnis, die sie dann überkommt, und sie sind verloren und verkommen zu bloßen astralen „Landstreichern". Der Schüler sollte sich diese Warnung zu Herzen nehmen. Das Astrale muss entweder verwendet werden, um definitives Wissen zu erlangen, oder als Sprungbrett, als Sprosse auf der himmlischen Leiter zu noch subtileren Ebenen; andernfalls herrscht dort lebenslange Stagnation, überwältigt von Rausch, verstrickt in den verführerischen Schlangenfallen, die die Unvorsichtigen und Tollkühnen in Versuchung führen. Es ist eine spiegelnde Welt, in der man sich leicht verirren kann, es sei denn, das Streben ist rein und stark. Stunden, Tage und sogar Jahre können mit vergeblichen Visionen verbracht werden, mit so wenig Gewinn, als ob man stundenlang in einen Glasspiegel blickte. „Denjenigen, denen diese Erscheinungen im Laufe ihrer spirituellen Entwicklung begegnen, möchte ich sagen: Versucht, Herr eurer Vision zu werden, und sucht und ruft die großartigsten irdischen Erinnerungen hervor, nicht solche, die bloß die Neugier befriedigen, sondern solche, die erheben und inspirieren und uns eine Vision unserer eigenen Größe vermitteln. Und die edelste aller irdischen Erinnerungen ist das erhabene Ritual der uralten Mysterien, bei dem der Sterbliche inmitten von Szenen unvorstellbarer Erhabenheit seiner Sterblichkeit entkleidet und in die Gesellschaft der Götter aufgenommen wurde.“[10]

Es gibt bestimmte Methoden, mit denen der Theurg die Genauigkeit seiner Vision testen und feststellen kann, ob er nicht grob von Elementarwesen oder der Natur seines eigenen, phantasieerzeugenden Geistes getäuscht wurde. Mit diesen Methoden wird auch die Möglichkeit ausgeschlossen, sich im Labyrinth der astralen Phantasmagorie zu verirren. Angenommen, der Theurg hat eine Vision von Merkur gehabt, indem er beispielsweise die Merkursiegel von Heinrich Cornelius Agrippa oder den Schlüssel des Königs Salomon verwendet hat, dann sollte seine erste Aufgabe nach der Rückkehr in seinen Körper darin bestehen, die Erfahrung in einem speziellen Tagebuch niederzuschreiben, das zu diesem Zweck geführt wird. Nebenbei bemerkt sollte es zur Lebensaufgabe des Magiers werden, ein wissenschaftlich verfasstes Tagebuch über die magischen Experimente und Visionen zu führen, da dies der Ordnung und dem Gleichgewicht förderlich ist, die die Richtung sind, in die sein Streben tendiert. Darüber hinaus sollten diese Visionen in wahrhaft wissenschaftlicher Weise aufgezeichnet werden, da durch die Eintragung viele Möglichkeiten der Mehrdeutigkeit ausgeschlossen werden, da das Gedächtnis nach einer gewissen Zeit nicht immer trügerisch oder vertrauenswürdig ist. Außerdem wird das Verfahren schriftlich festgehalten, das bei der Verifizierung und Überprüfung der Vision erneut befolgt werden kann. Das Tagebuch sollte unmittelbar nach jedem Erlebnis und jeder Vision geführt werden.

---

[10] *The Candle of Vision. By A. E*

In den Spalten von Barretts *Magus* oder Agrippas *De Occulta Philosophia*, auf denen vieles von ersterem basiert, in Crowleys *Liber 777* und in meinem eigenen *Garden of Pomegranates* findet sich eine breite Reihe natürlicher und symbolischer Entsprechungen zu jedem der 32 Pfade des Lebensbaums. Auf diese Zuordnungen sollte der Magier zurückgreifen, um seine Vision zu verifizieren, da Experimente, wie ich oben sagte, eine echte Verbindung zwischen den Symbolen und den Zuschreibungen des magischen Alphabets und subjektiven Realitäten bewiesen haben. Wenn die Vision von Merkur unregelmäßige Elemente enthält, entweder in Farbe oder Zahl, die diese Spalten beispielsweise Mars oder Saturn zuschreiben, kann der Schüler sicher sein, dass etwas grundlegend Falsches passiert ist, und es sollten sofort Schritte unternommen werden, um die gesamte Vision zu wiederholen, um sicherzustellen, dass keine Fehler oder Verwirrungen der Vision erneut auftreten. Mit zunehmender Erfahrung behält der Magier ein umfassendes Alphabet von Entsprechungen in seinem Gedächtnis und wird mit der Natur dieser Ebene vertrauter. Er wird sofort erkennen, ob die Vision richtig verläuft, und seine wachsende Intuition wird ihn warnen, wenn die Kohärenz gefährdet ist. Es kann nicht oft genug betont werden, dass die Überprüfung der Vision anhand des magischen Alphabets eine der wichtigsten Aufgaben des Magiers ist. Wer diese wissenschaftliche Überprüfung und kritische Untersuchung der Vision vernachlässigt, wird sich früher oder später im Sumpf der Astralvergiftung wiederfinden, in der die Aussicht auf Fortschritt und Fortschreiten unmerklich in Luft aufgeht.

Vor der Projektion des Lichtkörpers sollten jedoch einige Vorsichtsmaßnahmen beachtet werden. Den physischen Körper sich selbst zu überlassen, ohne die leitende Intelligenz und Kontrolle des inneren Selbst, ist in den meisten Fällen gleichbedeutend mit einer offenen Einladung an jede astrale Entität, ob bösartig oder nicht, die sich in der Nähe befindet, Besitz zu ergreifen. Es besteht eigentlich kein Grund, sich um das physische Wohlergehen des Körpers zu sorgen, da der Nephesch, der Sitz der Lebenskräfte und des Designkörpers, in ihm verbleibt, um die Fortsetzung seiner Funktionen und seines physischen Lebens zu gewährleisten. Aber Besessenheit muss um jeden Preis vermieden werden. Die Besessenheit des menschlichen Körpers durch eine hundegesichtige Dämonin ist dem magischen Ziel und Verfahren abträglich. Daher wurden bestimmte Methoden entwickelt, um die Möglichkeit einer Besessenheit zu verhindern und den Körper völlig sicher zu lassen, während die Seele ihren Weg zu den heiligen Feuern nimmt. Einige Experten glauben, dass das Umgeben des Körpers mit einem imaginären Kreis aus weißem Licht eine der wirksamsten Schutzmethoden ist, da Weiß die Farbe des Throns des höchsten Geistes ist und kein geringerer Geist es wagen würde, seinen Schutz herauszufordern. Andere bevorzugen die Projektion innerhalb eines richtig gezeichneten magischen Kreises, der in Farbe bemalt ist und alle göttlichen Namen außen und die geometrischen Figuren innen aufweist. In diesem Fall muss der Kreis jedoch geweiht und durch ein entsprechendes Ritual zeremoniell verbannt werden, was für eine so häufige Praxis ein ziemlich umständliches und mühsames Verfahren ist. Aus diesem Grund wird angenommen, dass das Bannritual des Pentagramms allein ausreicht, um angemessenen Schutz zu gewährleisten und jede Möglichkeit dämonischer Besessenheit auszuschließen.

Die Rückkehr in den Körper nach einer Vision muss mit Sorgfalt und umsichtiger Vorsicht erfolgen. Beim Betreten des physischen Körpers sollten einige tiefe Atemzüge bewusst durchgeführt werden, um die enge Verbindung der beiden Organismen sicherzustellen. Es wurde vorgeschlagen, physisch eine Gottesform anzunehmen und einen Namen auszusprechen. Normalerweise genügt die Harpokrates-Form; das heißt, aufrecht zu stehen, mit dem linken Arm vor dem Körper, den Zeigefinger als Zeichen der Stille an die Lippen zu halten und den Namen Gottes hörbar auszusprechen. Wenn die Vermischung der beiden

Essenzen des Gedankenkörpers und des physischen Körpers nicht sichergestellt wird, kann dies katastrophale Folgen haben.

Wenn das ägyptische Totenbuch konsultiert wird, wird der Leser erheblich an Wissen gewinnen, denn darin wurden die Tuat und die Amentet, die Unterteilungen des Astrallichts, Gegenstand genauer Beobachtung und genauer Klassifizierung. Im zweiten Teil von Kapitel CXXV sieht man den Gott Osiris an einem Ende der Halle von Maat sitzen, begleitet von den Göttinnen des Gesetzes und der Wahrheit sowie den zweiundvierzig Beisitzern, die ihm zur Seite stehen. Jeder dieser zweiundvierzig Götter repräsentiert einen der Gaue Ägyptens und trägt einen symbolischen magischen Namen. In dieser Vorstellung erkennt man den überragenden Einfallsreichtum der ägyptischen Theurgenpriester, die Verbindungen zwischen den Ebenen des Astrallichts und den Gauen oder Bezirksunterteilungen des Ober- und Unternillandes herstellten. Durch sorgfältiges Studium dieses und der folgenden Kapitel wird der Theurg viele nützliche Informationen über das Astrallicht und die Wächter und Hüter der Pylone erhalten, durch die er bei seiner Selbsteinweihung gehen muss. Obwohl das Totenbuch diese Pylone als diejenigen darstellt, durch die der Verstorbene auf seinem Weg zur Ruhe in Amentet gehen muss, gelten sie auch für die Tore, durch die der Skryer in der Geistervision eintreten muss. Diese bewachten Tore mit ihren gottgleichen Wächtern sollten nicht als Fiktion betrachtet werden, denn wie sich im Laufe der Untersuchungen herausstellen wird, wird sich der Magier einigen dieser geschlossenen Tore nähern, und kein noch so großer magischer Kunstgriff oder Überredungskunst der Wächter der versiegelten Heiligtümer und Villen wird ihm den Zutritt verschaffen. Die Weigerung, einzutreten, ist ein sicheres Zeichen der Unwürdigkeit und weist vor allem auf die Unfähigkeit hin, in diesem verdünnten Zustand zu existieren. Es deutet außerdem an, dass der Lichtkörper gereinigt, zum Leuchten und Glitzern,

Schillern und Selbstleuchten gebracht werden muss, zu einem Sonnenorganismus, der das strahlende Licht des Geistes in seinem Inneren ausstrahlt. Nur so kann er feurigere und erhabenere Zustände erreichen und von den Engelswächtern mit flammenden Schwertern Zutritt zu den heiligen Pylonen und den inneren Toren erhalten. Die Mittel, diese Reinigung zu bewirken, sind die häufige Durchführung des Pentagramm-Rituals, wodurch der Gedankenkörper klarer und strahlender formuliert wird, und die tägliche Feier einer Form der Eucharistie, die dem Lichtkörper die läuternde Substanz der spirituellen Essenz einflößt.

Die Visionen, die dann erlangt werden, werden von sehr hoher Qualität sein. Es kann sein, dass der Theurg nach einiger Zeit erstaunt feststellt, dass seine Rolle als distanzierter Beobachter einer Vision aufgehört hat und dass die Vision in gewisser Weise über sein eigenes Wesen stattfindet und dass er in eine gewaltige spirituelle Erfahrung eintaucht, die während seiner gesamten Lebenszeit auf Erden nie aus dem bewussten Gedächtnis gelöscht werden kann. Es können Initiationen im eigentlichen Sinne und nicht im Sinne einer formellen Logenzeremonie eingeleitet werden, an denen der Theurg als Kandidat für die heiligen Mysterien teilnimmt. Selbstverständlich werden diese Initiationen nicht in schriftlicher Form beantragt. Sie finden einfach statt. Und wenn sie stattfinden, gibt es keinen Zweifel oder keine Unklarheit darüber, was geschieht. Als Beispiel für die wirklich bewegende Erfahrung, die die höchste Art der Astralvision bieten kann, zitiere ich das Folgende:

„Es gab eine Halle, die größer war als jede Kathedrale, mit Säulen, die aus lebendigem und zitterndem Opal oder aus irgendeiner sternartigen Substanz gebaut zu sein schienen, die in allen Farben leuchtete, den Farben des Abends und der Morgendämmerung. Eine goldene Luft glühte an diesem Ort, und hoch zwischen den Säulen standen

Throne, die Glühe für Glühe bis zum Ende der riesigen Halle verblass-
ten. Auf ihnen saßen die göttlichen Könige. Sie trugen Feuerkämme.
Auf einem sah ich den Kamm des Drachen, und ein anderer war mit
leuchtenden Feuern geschmückt, die wie Flammenfedern hervorstie-
ßen. Sie saßen leuchtend und sternengleich, stumm wie Statuen, ko-
lossaler als ägyptische Abbilder ihrer Götter, und am Ende der Halle
stand ein höherer Thron, ein Stück höher als die anderen. Ein Licht wie
die Sonne glühte hinter ihm. Unten auf dem Boden der Halle lag eine
dunkle Gestalt wie in Trance, und zwei der Göttlichen Könige machten
Bewegungen mit ihren Händen über Kopf und Körper. Ich sah, wo sich
ihre Hände bewegten, dass Feuerfunken wie das Aufblitzen von Juwelen ausbrachen. Aus diesem dunklen Körper erhob sich eine Gestalt,
so groß, so herrlich, so strahlend wie jene, die auf den Thronen saßen.
Als er in der Halle erwachte, wurde er sich seiner göttlichen Verwandten bewusst und er hob seine Hände zum Gruß. Er war von seiner Pilgerreise durch die Dunkelheit zurückgekehrt, aber jetzt ein Eingeweihter, ein Meister der himmlischen Gilde. Während er sie anstarrte,
sprangen die großen goldenen Gestalten von ihren Thronen auf, auch
sie mit zum Gruß erhobenen Händen, und sie gingen von mir weg und
verschwanden rasch in der großen Herrlichkeit hinter dem Thron."[11]

Darüber hinaus sollte der kabbalistische Lebensbaum zum Gegenstand
eingehender Forschung und Experimente auf dieser Ebene gemacht
werden. Der Seher sollte das Aufsteigen von einer Sephira zur nächsten üben und dabei die Natur dieser Sphäre sorgfältig analysieren; er
sollte alle Zweige dieses Baums erklimmen, der aus den leuchtenden
Himmeln oben wächst und in Herrlichkeit zur vielfarbigen Erde darunter herabsteigt. Alle Pfade, die von den Zehn Sephiroth ausgehen und
sie miteinander verbinden, sollten sorgfältig erforscht und im wissenschaftlichen Tagebuch aufgezeichnet werden. Auf diese Weise wird

---

[11] *The Candle of Vision. By A. E.*

Selbsterkenntnis erlangt, da der Baum eine symbolische Karte nicht nur der inneren Verfassung des Menschen, sondern auch der Struktur und Kräfte des gesamten Universums in jeder seiner zahlreichen Phasen ist.

„Das Universum", schrieb Crowley, „ist eine Projektion unserer selbst; ein Bild, so unwirklich wie das unseres Gesichts in einem Spiegel, und doch, wie dieses Gesicht, die notwendige Ausdrucksform davon, die nicht verändert werden kann, außer wenn wir uns selbst verändern. ... In diesem Licht ist daher alles, was wir tun, uns selbst mittels einer Abfolge von Zeichen zu entdecken, und die Veränderungen, die wir scheinbar bewirken, sind in einem objektiven Sinn Illusionen. ... Es ermöglicht uns, uns selbst zu sehen und hilft uns daher, uns selbst zu initiieren, indem es uns zeigt, was wir tun."

Durch das Studium dieser symbolischen Karte im Astralen, durch den Lichtkörper, wird der Magier jeden Aspekt seines eigenen Bewusstseins und des Universums selbst kennenlernen. Die Visionen, die er wahrnimmt und die durch die Verwendung von Sigillen hervorgerufen werden, sind so viele Offenbarungen seines eigenen Bewusstseins in seinen verschiedenen Teilen, mit denen er vorher nie vertraut war. Denn die Enthüllung der verschiedenen Schichten von Geist und Seele zusammen mit ihren Inhalten in dynamischer Form, das Astrallicht und seine Untersuchung im feurigen Sonnenkörper ist das Mittel par excellence, wie es kein besseres gibt. Auf diese Weise wird Selbsterkenntnis erlangt. Auf diese Weise wird auch Selbstbewusstsein im wahren Sinne erlangt, das als Auftakt zu den symphonischen Harmonien der himmlischen Vereinigung dient.

Die Ergebnisse dieser Praxis sind sehr greifbar und heilsam. Die Möglichkeit der bewussten Projektion des Lichtkörpers beiseite zu schieben und die lebenswichtigen Erfahrungen und das Selbstwissen, die im göttlichen Astral erlangt werden, mit der oberflächlichen Bemerkung, dass „alles Einbildung" sei, als unwichtig abzutun, ist gelinde gesagt absurd. Nur das Experiment und nichts Anderes wird zeigen, ob das Abenteuer im Empyreum eine höchste Realität oder ein Hirngespinst ist, auch wenn zugegeben wird, dass die vorbereitenden Schritte durch die Kanäle der Vorstellungskraft durchgeführt wurden. „*Prometheus Unbound*" wurde erstmals in der fruchtbaren kreativen Vorstellungskraft von Shelley konzipiert, aber wer ist töricht genug, die innere Schönheit dieses Gedichts abzulehnen oder seine unsterbliche Realität aufgrund seines immateriellen Ursprungs zu leugnen? Eine sehr ähnliche Betrachtungsweise ist hier anwendbar. Mithilfe der Vorstellungskraft erschafft der Magier ein subtiles Gedankeninstrument, mit dem er eine bereits existierende, aber bisher unbekannte Bewusstseinsebene im Universum messen, untersuchen und erforschen kann. In jedem Fall kann dem Magier, so skeptisch er auch sein mag und sollte, schon nach kurzer Zeit klarwerden, dass die Engelwesen, denen er im Verlauf seiner Visionen begegnet, ihre Gespräche und ihr Umgang mit ihm kaum Produkte seiner Vorstellungskraft sind. Sie werden auch nicht als subjektive Schöpfungen angesehen, insbesondere dann nicht, wenn, vielleicht zu seiner anfänglichen Bestürzung, die Dinge „zu summen beginnen".

Aber ich möchte in diesem Moment eines der wichtigsten Ergebnisse betrachten, das sich aus diesem äußerst wichtigen Zweig der Theurgie ergibt. Bevor die Projektion des Lichtkörpers erfolgreich war, war das menschliche Bewusstsein untrennbar mit dem physischen Körper verbunden. Die Gelüste und Wünsche dieses Vehikels waren mit dem Körper selbst identifiziert worden. Mit der Fähigkeit, das Bewusstsein in der Vorstellung auf den geschaffenen Lichtkörper zu übertragen, folgt diese bedeutende philosophische Schlussfolgerung. Die Seele ist völlig verschieden vom Wesen des Körpers und kann mit den richtigen Methoden davon getrennt und unabhängig gemacht werden. Zunächst darf nicht die voreilige Schlussfolgerung gezogen werden, dass die

Seele unsterblich und unvergänglich ist, denn dies wurde bisher nicht durch Erfahrung bestätigt. Es ist jedoch immer noch der *Ruach*, das falsche Ego, das bei der Übertragung vorherrscht. Es gibt keinerlei Veränderung im individuellen Wesen oder in der Natur des Bewusstseins selbst, denn die Projektion des Gedankenkörpers ist nicht analog zu der mystischen Erfahrung, die die Dualität vernichtet und Ekstase und Erleuchtung bringt. Der Theurg bleibt dieselbe Person, die er vorher war, und die Dualität bleibt in seinem Bewusstsein. Doch wurde eine grundlegende Veränderung der Einstellung oder des Standpunkts erreicht. Während er sich im Körper des Lichts befindet und die Übertragung des Bewusstseins erfolgreich durchgeführt wurde, kann er den physischen Körper, den er nur einen Moment zuvor verlassen hat, wie schlafend vor sich liegen sehen. So *erkennt* er durch einen Akt der gewöhnlichen Beobachtung, dass er *nicht* sein Körper ist, denn diesen physischen Körper kann er nach Belieben verlassen. Er ist eine spirituelle Entität, die unabhängig von seinem körperlichen Organismus funktionieren kann, so die Erkenntnis. Was jetzt zwingend erforderlich wird, ist die Vernichtung der Dualität. Das unmittelbare Ziel ist die Transzendierung des Ruach, das Öffnen seiner Tore, damit das Wahre Spirituelle Ego gefunden werden kann. Mit dieser Entdeckung, wenn Erleuchtung und Ekstase in die Sphäre des Geistes eindringen, geht auch die große Erkenntnis einher, dass die Seele selbst unsterblich ist; dass Geist, Emotionen und Körper nur die Vehikel dieser Seele sind, Instrumente, die für ihren eigenen hohen Zweck eingesetzt werden können. Und das Mittel zur Entdeckung ist das Beschreiten des Magischen Pfades. Anrufungen, Gottesformen, die im feinstofflichen Körper angenommen werden, und das Aufsteigen auf die Ebenen sind Hauptstraßen zur Verbindung mit dem inneren Gott.

Wenn diese Übungen eine Weile fortgesetzt werden und die ständige Bemühung, die Reinigung der umschließenden mentalen Hülle zu umfassen, so entwickelt sie sich ganz allmählich zu einer vergeistigten Organisation. Das alte Prinzip der Trägheit, Faulheit und Schwärze, von den Hindus Tamas genannt, wird aufgebrochen und aus der magischen Sphäre vertrieben. Die Hohlräume des Gehirns, die früher schwer, undurchdringlich und dunkel waren, werden hell und seltsam leuchtend. Und ein merkwürdiges Phänomen tritt zutage, das dem Magier Jubel ins Herz bringt, wenn seine Bedeutung einmal begriffen wurde. Während man früher die Nacht in tiefer Vergessenheit des Schlafes oder bestenfalls im fantastischen Abenteuer des Traumes verbrachte, bleibt das Bewusstsein jetzt sogar während des Schlafes erhalten. Es gibt keine lange Lücke der Vergessenheit; alles ist ein kontinuierlicher, frei fließender Strom des Bewusstseins, während der Körper schläft, der tagsüber oder nachts nicht durch unbewusste Aussetzer unterbrochen wird. Die Bedeutung dieser Errungenschaft kann nicht überschätzt werden. Eine neue Qualität der Reinheit im hinduistischen Sinne von Sattva manifestiert sich allmählich; eine Qualität des Rhythmus, der Kontinuität und der Glückseligkeit. Mit dieser Infiltration der Sattva-Qualität und der Ausstoßung der tamasischen Elemente aus der Sphäre der Persönlichkeit wächst die Leichtigkeit und Leuchtkraft im Gehirn, und das Bewusstsein nicht des *Ruach*, sondern der höchsten Seele bleibt in jeder Stunde bestehen. So wird das Leben besiegt, denn die Seele ist über seinen lieblichen Zugriff hinaus. Der Tod, der graue Schrecken und die schreckliche Angst der Menschheit und die letzte Verzweiflung der Philosophen, wird überwunden. Nur der Körper stirbt. Auch der Verstand und die Empfindungen erleiden den Tod. Doch der göttliche Engel des Heiligen Lichts bleibt stets unverändert und unberührt, geläutert durch Prüfungen, triumphierend über die Veränderungen von Leben und Tod – ruhig, heiter und unerschütterlich im Wissen um seine eigene Unsterblichkeit.

Daher können die Ergebnisse des Wahrsagens in der Geistersicht nicht hoch genug gelobt werden. Denn diese Praxis kann den Magier zu den höchsten Gipfeln des Lebensbaums führen, wo die Luft rein und der Blickwinkel klar und unbefleckt ist. Natürlich besteht dabei die anfängliche Gefahr, sich entweder auf den unerforschten Nebenwegen dieser Ebene zu verirren oder sich in den verführerischen Griff heller Formen und der flektierenden Astralvisionen der Tiefen zu verstricken. All dies ist jedoch elementar. Wenn das Streben unbefleckt und rein gehalten wird und die skeptischen Prinzipien der Kabbala angewendet werden, sollte die Gefahr, dass dies geschieht, gering sein. Dann kann der Magier ruhig seinen Weg jenseits seiner Persönlichkeit beschreiten, jenseits der glitzernden Phantome des Astrals, vorbei an den herrlichen, treulosen Visionen mit ihrer Verlockung und Zauberei, zum inneren Herzen des Himmlischen Menschen, wo der Herr von allem thront.

§

Vor dem Beginn einer Vision oder einer Operation in der Magie ist es ratsam, dass der Schüler eine gründliche Bannung durchführt, die sowohl reinigend als auch schützend wirkt. Die schnellste und beste Methode der Bannung ist das Bannritual des Pentagramms. Das Pentagramm drückt laut Levi „die Herrschaft des Geistes über die Elemente aus, und durch dieses Zeichen binden wir sie. ... Es ist das Symbol des fleischgewordenen Wortes und stellt je nach Richtung seiner Strahlen Gut oder Böse, Ordnung oder Unordnung dar. ... Ein Zeichen, das durch seine Bedeutung alle okkulten Formen der Natur verkörpert und das Elementargeistern und anderen Geistern immer eine Macht offenbart hat, die ihnen überlegen ist, sie natürlich mit Furcht und Respekt erfüllt und ihren Gehorsam erzwingt, indem es Wissen und Willen über Unwissenheit und Schwäche herrschen lässt." Um die Bedeutung der geometrischen Form des Pentagramms zu verstehen und zu begreifen, warum es die Macht hat, alle niederen Kräfte aus einer bestimmten Sphäre zu verbannen, und warum es das „fleischgewordene Wort" ist,

ist eine schnelle Wiederholung der Aspekte der Kabbala erforderlich. Einer der göttlichen Namen, unter denen die Juden die universelle schöpferische Kraft verstanden, war YHVH, der als Tetragrammaton bezeichnet wurde und als Äquivalent der vier Elemente im Kosmos angesehen wurde. Es wurde auch als Symbol für den gewöhnlichen, unerleuchteten Menschen angesehen, in dem das Licht des Geistes noch nicht erschienen war; das unerlöste Wesen aus Erde, Luft, Feuer und Wasser, das sich den Dingen des unerlösten Selbst hingegeben hat. Mittels Magie wurde angenommen, dass der Heilige Geist inmitten von Feuer, Herrlichkeit und Flamme in diese vier Elemente, auf denen das Fleisch basiert, herabstieg. Im Hebräischen wird das Element Geist durch den Buchstaben *Shin* symbolisiert, dessen drei stechende Zacken spirituellen Feuers in Form eines Prinzips vereint sind. Der Heilige Geist sprengt das fleischliche Wesen und trägt die Keime der Erleuchtung, Inspiration und Offenbarung mit sich. Durch seine Gegenwart im Herzen formt er eine neue Wesensart, den Adepten oder Meister YHSVH. Dieses Wort ist im Hebräischen der Name Jesu, das Symbol des Gottmenschen, einer neuen Art spirituellen Wesens, das größer ist als das, was es in allen Himmeln und Ebenen der Natur gibt. Dieser Tatsache und der Ideologie, die im Zeichen des Pentagramms zusammengefasst ist, dem Symbol der vier Elemente, überragt von der krönenden und siegreichen Flamme des Heiligen Geistes, verdankt er seine unvergleichliche Wirksamkeit und Macht, alle astrale Opposition zu unterdrücken und grobe Substanz aus dem Wesen des Magus zu vertreiben.

Das Ergebnis hängt ganz von der Richtung ab, in die der Magier diese Figur zieht, oder von ihnen weg. Wenn man vom obersten Punkt ausgeht und in gerader Linie zum unteren rechten Punkt hinabsteigt, werden die Kräfte des Feuers heraufbeschworen. Wenn der Magier hingegen mit seinem Zauberstab die Figur von der linken Ecke bis zur Spitze zieht, verbannt er die Elemente der Erde. Es sei auch darauf hingewiesen, dass diese letztere Art von Pentagramm im Pentagramm-Ritual verwendet wird, da sie normalerweise ausreicht, um Wesen jeder Klasse zu verbannen. Und das Schwert, das die zerstreuende kritische Fähigkeit des *Ruach* darstellt, ist in diesem Zusammenhang normalerweise das eingesetzte Instrument. Das sogenannte Ritual des Pentagramms hat die Bedeutung eines rein bannenden Rituals angenommen, obwohl es in Wirklichkeit eine zusammengesetzte Struktur ist. Bevor ich auf seine Betrachtung eingehe, zitiere ich es:

1. Berühren sie ihre Stirn und sagen sie Atoh (zu dir selbst).
2. Berühren sie ihre Brust und sagen sie Malkuth (das Königreich).
3. Berühren sie die rechte Schulter und sagen sie ve-Gevurah (und die Kraft).
4. Berühren sie die linke Schulter und sagen Sie ve-Gedulah (und die Herrlichkeit).
5. Falten sie die Hände auf der Brust und sagen Sie Le-Olahim, Amen (für immer, Amen).
6. Wenden sie sich nach Osten, bilden Sie mit dem Stab oder Schwert ein Erdpentagramm und sagen Sie (vibrieren Sie) YHVH.
7. Wenden sie sich ebenso nach Süden, aber sagen Sie ADNI.
8. Wenden sie sich nach Westen, aber sagen Sie AHIH.
9. Wenden sie sich nach Norden, aber sagen Sie AGLA.
10. Strecken sie die Arme in Form eines Kreuzes aus und sagen sie:
11. Vor mir Raphiel.
12. Hinter mir Gabriel.
13. Zu meiner Rechten Michael.
14. Zu meiner Linken Auriel.
15. Denn um mich herum flammt das Pentagramm.
16. Und in der Säule steht der sechsstrahlige Stern.
17. Wiederholen sie 1 bis 5, das kabbalistische Kreuz.

In diesem Zusammenhang könnte es für den Leser interessant sein, dass Aleister Crowley bemerkt hat, dass diejenigen, „die dieses Ritual als bloßes Mittel zum Anrufen oder Verbannen von Geistern betrachten, unwürdig sind, es zu besitzen. Richtig verstanden ist es die Medizin der Metalle und der Stein der Weisen." Wie ich bereits bemerkt habe, ist seine Durchführung eine komplexe Bewegung. Das Ritual ruft zuerst die vier Erzengel als göttliche Wächter an, um die Sphäre der magischen Wirkung zu schützen, und nachdem es alle Elemente aus den vier Himmelsrichtungen mit Hilfe der vier Namen Gottes durch das Pentagramm verbannt hat. Abschließend ruft es noch einmal das Höhere Selbst an, so dass die gesamte Zeremonie von Anfang bis Ende unter der Aufsicht des Geistes steht. Der erste Abschnitt, der die Punkte eins bis fünf umfasst, identifiziert den Heiligen Schutzengel des Magiers mit den höchsten Aspekten des Universums der Sephiroth; tatsächlich bestätigt es die Identität der Seele mit Adam Kadmon. Im zweiten Abschnitt, Punkte sechs bis neun, zeichnet der Magier einen Schutzkreis, während seine Vorstellungskraft einen astralen Feuerkreis formt, innerhalb dessen er seine Arbeit fortsetzen kann. Im Norden, Süden, Osten und Westen dieses Kreises werden mit dem Zauberstab oder Schwert verbannende Pentagramme des Elements Erde gezeichnet. Da diese Pentagramme mitten in der Luft mit der Elementarwaffe geformt werden, sollte jede Anstrengung unternommen werden, ihnen Vitalität und Realität zu verleihen. Die blinde Durchführung dieses Rituals ist, wie dies für jeden Aspekt der Theurgie gilt, völlig nutzlos und eine Verschwendung von Zeit und Energie. Gleichzeitig sollte die Vorstellungskraft angeregt werden, diese Pentagramme, um den Magier in glühenden Feuerfiguren auf der Astralebene zu erschaffen, sodass sich kein geringeres Wesen irgendeiner Art durch die strömenden Linien aus Licht und Kraft wagt, die das spirituelle Wesen repräsentieren. Es ist notwendig, dass der Magier sicherstellt, dass er die Elementarwaffe nicht senkt, nachdem er ein Pentagramm in der Luft

gebildet hat. Der Kreis muss vollständig sein und sich in einer ununterbrochenen Linie von Pentagramm zu Pentagramm fortsetzen. Der lo-
dernde fünfzackige Stern ist wie das flammende Schwert, das Adam
vom Paradies Eden fernhielt. Die vier Erzengel, die spirituellen Regenten der vier Elemente, werden dann angerufen, um der Arbeit Legitimität zu verleihen und sowohl den umgebenden Pentagrammen als
auch dem Kreis, in dem der Magier eingeschlossen ist, spirituelle Kraft
und Schutz zu verleihen. Der letzte Satz des Rituals erklärt die Pentagramme in Flammen um ihn herum und ruft noch einmal den Heiligen
Schutzengel an, damit die Operation mit dem Stempel des göttlichen
Lichts versiegelt wird.

Eines der höchst bedeutsamen und wichtigen Ergebnisse dieses Rituals, wenn es richtig und in der angegebenen Weise durchgeführt wird,
ist die Reinigung der gesamten Persönlichkeitssphäre. Schon ein wenig
Übung wird dem jungen Theurgen zeigen, ob es ihm gelingt, das gewünschte Ergebnis zu erzielen. Leider muss ich sagen, dass es äußerst
schwierig ist, das Ergebnis der Verbannung zu beschreiben, wie natürlich die meisten Dinge, die die subjektive Sphäre der Empfindung und
Wahrnehmung betreffen. Es sollte ein klares, in seiner Manifestation
unverkennbares Gefühl von Reinheit, ja sogar von Heiligkeit und Un-
antastbarkeit vorhanden sein, als ob das ganze Wesen sanft, aber
gründlich gereinigt worden wäre und jedes unreine und unreine Element zerstreut und vernichtet worden wäre. So wie ein Sprung in einen kühlen, fließenden Bach an einem heißen Hochsommertag einen
mit dem Gefühl der Erfrischung und Reinigung gesegnet lässt, so sollte
es auch bei diesem Ritual sein.

Die Logik seiner Wirkung beruht auf der Reinigung der Bestandteile
der Natur des Magiers. Jedes Molekül, jede Zelle – astral, mental und
physisch – ist betroffen, da die Grundlage jedes Prinzips in Energiezentren und spiritueller Kraft liegt. Diese mikroskopischen Punkte oder

Monaden sind die winzigen sensiblen Punkte des spirituellen Bewusstseins, und in der Realität ihrer Existenz und Funktion liegt nicht nur das
tiefste Gefühl der Individualität, sondern auch die Grundlage der Materie selbst und ihrer Begleiterscheinungen Energie und physisches Leben. Diese Monaden sind die Wurzel der Zelle als auch der mineralischen, der Gehirnsubstanz sowie des pflanzlichen Lebens. Das Ergebnis der Formulierung des Feuerkreises und der flammenden Pentagramme, der Schwingung der Gottesnamen und der Anrufung der Engel der Himmelsrichtungen und des Heiligen Schutzengels ist, dass
nach und nach die gröberen Zellen oder monadischen Atome aus der
Sphäre des Bewusstseins ausgestoßen werden. An ihre Stelle treten
andere Lebewesen, die sensibler und feiner sind und eine feinere spirituelle Substanz aufweisen, in die Sphäre des Seins hineingezogen und
in die Substanz der physischen und unsichtbaren Konstitution einge-
gossen werden. So findet eine lebenswichtige Reinigung statt, die es
dem Einfluss des Heiligen Schutzengels ermöglicht, in das feine Gehirn
und den feinen Geist einzudringen und seine Präsenz und Anmut in der
gesamten Persönlichkeit zu verbreiten, eine wichtige Voraussetzung
für magischen Fortschritt.

Die Geschichte dieses besonderen Rituals ist etwas dunkel. Ich habe
keinen anderen Fall dieser Art aus der Antike gesehen, obwohl offensichtlich eine ähnliche Form der Verbannung notwendigerweise angewendet worden sein muss. Bei Levi finden sich die ersten Hinweise auf
das fragliche besondere Ritual. In *Dogma et Rituel de la Haute Magic*
finden wir die folgende Aussage:

„Das von den Christen angenommene Kreuzzeichen ist nicht ausschließlich ihnen vorbehalten. Es ist ebenfalls kabbalistisch und stellt
die Gegensätze und das tetradische Gleichgewicht der Elemente dar.
Ursprünglich gab es zwei Arten, es zu machen, die eine war den Priestern und Eingeweihten vorbehalten, die andere den Neophyten und

Profanen. So sagte zum Beispiel der Eingeweihte, indem er seine Hand an die Stirn hob: ‚Dein ist', dann legte er seine Hand an seine Brust: ‚Das Königreich', dann legte er sie auf die linke Schulter: ‚Gerechtigkeit', schließlich auf die rechte Schulter: ‚Und Barmherzigkeit'; dann legte er seine Hände zusammen und fügte hinzu: ‚Durch alle zeugenden Zeitalter.' „Das von den Christen angenommene Kreuzzeichen ist nicht ausschließlich ihnen vorbehalten. Es ist ebenfalls kabbalistisch und stellt die Gegensätze und das tetradische Gleichgewicht der Elemente dar. Ursprünglich gab es zwei Arten, es zu machen, die eine war den Priestern und Eingeweihten vorbehalten, die andere den Neophyten und Profanen. So sagte zum Beispiel der Eingeweihte, indem er seine Hand an die Stirn hob: ‚Dein ist', dann legte er seine Hand an seine Brust: ‚Das Königreich', dann legte er sie auf die linke Schulter: ‚Gerechtigkeit', schließlich auf die rechte Schulter: ‚Und Barmherzigkeit'; dann legte er seine Hände zusammen und fügte hinzu: ‚Durch alle zeugenden Zeitalter.' *Tibi sunt Malkuth et Geburah et Chesed per aeonas* - ein Kreuzzeichen, das absolut und herrlich kabbalistisch ist und das durch die Entweihungen der Gnosis vollständig an die offizielle und militante Kirche verloren gegangen ist. Das auf diese Weise gemachte Zeichen sollte der Beschwörung der Vier vorangehen und sie beenden."

SIGIL DES PENTAGRAMMS

Es versteht sich von selbst, dass diese Methode nur ein Teil des Rituals ist, das ich oben wiedergegeben habe. Zweifellos bezieht sich Levi auf das Ritual des Pentagramms. Im inzwischen aufgelösten Orden des Golden Dawn wurde dieses Ritual unter der Führung des verstorbenen S. L. McGregor Mathers ausgiebig verwendet, und nach seinem Tod und der Zerstörung von Teilen seines Ordens wurde es von Aleister Crowley in dessen Zeitschrift Equinox übernommen und fortgeführt. Vor diesem Nachdruck konnte ich keine autoritativen Hinweise auf irgendetwas finden, das auch nur die geringste Ähnlichkeit mit diesem Ritual aufweist.

Es gibt jedoch Beweise dafür, dass die mittelalterlichen Magier, von denen Francis Barrett dem Inhalt nach seine Methoden erhielt, eine Form des Schutzes oder einer vorläufigen Verbannung kannten. Cornelius Agrippa und Pietro de Abano hatte er viel zu verdanken. In Barretts Werk *The Magus* findet sich die Aussage, dass vor Beginn der Anrufungen ein „Gebet, ein Psalm oder ein Evangelium zu unserer Verteidigung" gesprochen werden sollte, und auf einer späteren Seite gibt er eine Form der Weihe des Kreises an, in der die Idee der Verteidigung klar formuliert wird. Darüber hinaus wird die Methode der Verwendung des Pentagramms in den magischen Anweisungen der *Goetia* und der *Schlüssel Salomons* erwähnt und vom französischen Magier ausführlich erläutert. Die magische Figur wird als Siegel mit den entsprechenden Worten und Symbolen auf Metall oder jungfräuliches Pergament gezeichnet, um während der Zeremonie verwendet zu werden. Sollte dem Exorzisten Gefahr drohen oder er nicht in der Lage sein, die evozierte Intelligenz seinem Willen anzupassen, sollte das Pentagramm in der Hand hochgehalten und in einer Umrundung zu den vier Vierteln getragen werden, wo eine kurze Ansprache an den Herrn des Universums rezitiert wird. Das Ergebnis ist tatsächlich identisch mit dem Nachzeichnen und Formulieren der Figur in der Luft mit dem Verendum der Kunst.

Es gibt auch eine Variante, die erwähnt werden könnte, obwohl es sich um eine Form handelt, die in allen zeremoniellen Arbeiten vorkommen sollte. Sie wird die Lizenz zum Abgehen genannt und kommt bei jenen Zeremonien vor, bei denen eine Intelligenz zu sichtbarer Erscheinung im Dreieck der Kunst beschworen wurde. Wenn der Betreiber keinen weiteren Wunsch hat, dass der Geist im Dreieck bleibt, wird die Lizenz rezitiert, wodurch der Geist sich entmaterialisieren und vom Ort des Einsatzes abreisen kann. " O du Geist *N*, weil du fleißig auf meine Forderungen geantwortet hast und sehr bereit und gewillt warst, auf meinen Ruf zu kommen, erteile ich dir hiermit die Erlaubnis, an deinen richtigen Platz zu gehen, ohne Mensch oder Tier Schaden oder Gefahr zuzufügen. Gehe also, sage ich, und sei sehr bereit, auf meinen Ruf zu kommen, nachdem du ordnungsgemäß exorziert und durch die heiligen Riten der Magie beschworen wurdest. Ich gebiete dir, dich friedlich und ruhig zurückzuziehen, und der Friede Gottes möge immer zwischen dir und mir bestehen. Amen! " Barrett gibt eine leichte Variation der obigen Goetia-Erlaubnis: " Im Namen des Vaters und des Sohnes und des Heiligen Geistes, gehe in Frieden an deine Orte; Friede sei zwischen uns und dir; sei bereit zu kommen, wenn du gerufen wirst." Er fügt hinzu, dass der Magier, wenn der Geist gegangen ist, den Kreis für einige Minuten nicht verlassen soll, sondern ein kurzes Gebet sprechen soll, in dem er für den Erfolg der Operation dankt und „für zukünftige Verteidigung und Beistand betet, und dass man gehen kann, wenn dies ordnungsgemäß durchgeführt wird." Als Fußnote, die eine zusätzliche Warnung gibt, fügt Barrett hinzu, dass diejenigen, die die Lizenzierung des Geistes vernachlässigen, in sehr großer Gefahr sind, da Fälle bekannt sind, in denen der Bediener einen plötzlichen Tod erlitten hat. Man kann nicht sagen, dass diese verschiedenen Methoden als wissenschaftlich oder so zuverlässig angesehen werden wie das oben beschriebene Pentagramm-Verbannungsritual. Das Ritual ist eines der einzigartigsten, das es gibt, und sollte unter keinen Umständen bei irgendeiner magischen Arbeit weggelassen werden, sei es bei formeller zeremonieller Magie, der Feier des Heiligen Geistes oder beim Wahrsagen in der Geistervision. Die Sphäre der Persönlichkeit wird rein und schlicht gehalten, um zu verhindern, dass Fremdkörper in den Wahrnehmungsradius eindringen und so die Kontinuität und Kohärenz des jeweiligen Werks zerstören.

Zwei weitere Methoden der Bannung müssen noch beschrieben werden. Wenn in einer Zeremonie eine gründlichere Bannung erforderlich ist, als sie das Pentagramm-Ritual ermöglicht, ist es üblich, eine Technik anzuwenden, die einem offiziellen Exorzismus ähnelt. Ein paar Wassertropfen werden um den Kreis gesprenkelt, eine brennende Kerze, die das Element Feuer darstellt, wird absichtlich gelöscht, ein Fächer wird in der Luft geschwenkt und ein paar Salzkörner werden auf den Rand des Kreises fallen gelassen. Gleichzeitig sollten die magischen Worte „Exarp, Bitom, Hcoma und Nanta" ausgesprochen werden, von denen jedes den Geist der Luft, des Feuers, des Wassers und der Erde kontrolliert. Für den Abschied der von diesen Namen beherrschten Elementare sollte auch eine Beschwörung rezitiert werden, und natürlich geht dieser am besten das Pentagramm-Ritual voraus. Einige der Versikel aus dem *chaldäischen Orakel* können bei jeder der soeben erwähnten zeremoniellen Handlungen mit großem Nutzen eingesetzt werden.

Die andere Methode wurde von den ägyptischen Priestern angewandt und ist in einem der Kapitel des Harris Magical Papyrus enthalten. Es handelt sich um ein Bannritual, das an den vier Himmelsrichtungen durchgeführt wird und bei dem in der Vorstellung ein Wächter in der Gestalt eines Hundes entsteht, der für jede angreifende Streitmacht furchtbar zerstörerisch sein soll. Ich werde nicht versuchen, es zu beschreiben, sondern gebe es wörtlich aus dem Papyrus wieder:

"Erhebe dich, Hund des Bösen, damit ich dich in deinen gegenwärtigen Pflichten unterweisen kann. Du bist gefangen. Bekenne, dass es so ist. Horus ist es, der dieses Gebot gegeben hat. Lass dein Gesicht so furchterregend sein wie den sturmgepeitschte Himmel. Lass deine Kiefer sich erbarmungslos schließen. Lass dein Haar wie Feuerstäbe zu Berge stehen. Sei groß wie Horus und furchterregend wie Seth; gleichermaßen im Süden, im Norden, im Westen und im Osten. Nichts soll dich aufhalten, solange du dein Gesicht zu meiner Verteidigung einsetzt ... solange du dein Gesicht einsetzt, um meine Pfade zu schützen und dich dem Feind entgegenzustellen. Ich verleihe dir die Macht zu verbannen, geräuschlos und unsichtbar zu werden. Denn du bist mein Wächter, mutig und furchterregend."

Diese Form des Bannes sollte in jedem Fall von dem Pentagramm-Ritual begleitet werden. Es wird hauptsächlich bei schwierigen Beschwörungsoperationen verwendet, bei denen die Gefahr besteht, dass ein besonders bösartiges Wesen, das vom Tempel angezogen wird, einen normalerweise geweihten Kreis zum Nachteil des Magiers durchbricht. Es wurde auch bei der Anrufung von Horus oder den Intelligenzen des Planeten Mars verwendet, wenn die Astralsphäre besonders gründlich und rein sein sollte. Ich bin sicher, dass es nicht betont werden muss, dass bei Anwendung dieser Methode die Formulierung in der Vorstellung des Hundewächters genauso präzise sein sollte wie die des Pentagramms, und der Theurg sollte, soweit es die Figur in seinem geistigen Auge betrifft, den in der Beschwörung selbst gegebenen Daten Bedeutung beimessen.

KAPITEL ELF

EINE der wirksamsten Ergänzungen zur Anrufung und ein wesentlicher Bestandteil jeder erfolgreichen magischen Arbeit ist die astrale Annahme der Form oder Maske, durch die ein Gott herkömmlicherweise und bildlich dargestellt wird. Monsieur François J. Chabas präsentiert in seinem inzwischen vergriffenen Buch *Le Papyrus Magique Harris* die höchst bedeutsame Information, die sonst kaum in eindeutiger Form zu finden ist, dass die mächtigste magische Formel, die den Priestern der Priesterkasten des alten Ägypten bekannt war, die Identifizierung des Durchführenden des Rituals in der Vorstellung mit der Gottheit war, die er anrief. Jamblichus präsentiert die Aussage, dass „der Priester, der anruft, ein Mensch ist; aber, wenn er über Macht verfügt, dann deshalb, weil er in gewisser Hinsicht durch geheimnisvolle Symbole mit den heiligen Formen der Götter ausgestattet ist." Ob der Satz „in gewisser Hinsicht" die Formel bezeichnet, die hier betrachtet werden soll, ist ein Problem, das offen bleiben kann, obwohl es gut möglich ist, dass er sich auf die Himmelfahrt der Gottgestalt bezieht. Hier und da im Totenbuch verstreut, in einigen Ritualen und Hymnen an die Götter, kann man feststellen, dass sich der Schreiber dieses Buches mit ihnen identifiziert. Es gibt zahlreiche Beispiele für einzelne Verse, die diesen Glauben bestätigen. „Ich habe mich mit den göttlichen Affen vereinigt, die im Morgengrauen singen, und ich bin ein göttliches Wesen neben ihnen." In Kapitel Einhundert scheint der Vers: „Ich habe mich zum Ebenbild der Göttin Isis gemacht, und ihre Macht (khu) hat mich stark gemacht" die Ansicht, die auch durch andere Quellen bestätigt wird, am deutlichsten zu unterstützen, dass die Annahme der Gottesform einen der wichtigsten Faktoren darstellt, die in der Magie der Ägypter zu beachten sind.

Unter Berücksichtigung all dessen, was hinsichtlich der plastischen, magnetischen Natur des Astrallichts in seinen niederen und höheren Aspekten und der kreativen Potentialität der geschulten Vorstellungskraft postuliert wurde, sowie der Bemerkung Levis in Verbindung mit dem Astralkörper, dass er „alle durch Gedanken hervorgerufenen Formen annehmen kann", sollte der Student es sich zum Ziel setzen, die konventionellen Formen zu studieren, in denen die Götter dargestellt werden. Ich habe in einem früheren Kapitel ausführlich die Formen und einige der philosophischen Eigenschaften der wichtigeren Götter beschrieben, die mit dem Baum des Lebens in Verbindung stehen, um die Anforderungen des allgemeinen Lesers zu vereinfachen. Nun hat die Erfahrung den westlichen Theurgen gezeigt, dass die bildlichen Darstellungen der ägyptischen Götter für den Zweck dieser besonderen Praxis perfekt sind – mehr noch als die indischen – und in sich selbst ein höchst wunderbares und verborgenes System der Symbolik darstellen. Die Formen dieser universellen Kräfte und kosmischen intelligenten Essenzen, die die Priesterkasten Ägyptens die Götter nannten, standen jeweils vollständig hinter einer menschlichen oder tierischen Maske, wobei jedes Attribut durch ein Emblem oder eine künstlerische Verzierung symbolisiert wurde. Die Göttlichkeit eines Gottes wurde durch die Art und die Embleme auf dem Kopfschmuck symbolisiert, wie die Urus-Schlange oder die Scheibe der aufgehenden Sonne oder die doppelten Federn der Wahrheit, göttlich und weltlich. Es gab die Darstellung von Mächten durch den Ibis-Stab, das Zepter oder das Ankh, die der Gott in der Hand trug. Andere Symbole, die der Gott trug, deuteten auf seine Fähigkeit hin, Auferstehung oder Wiedergeburt, Autorität und Macht, Ekstase oder Stabilität zu verleihen oder repräsentierten in gewisser Weise seine besondere Funktion im kosmischen Haushalt. Die konventionelle Form des Gottes beinhaltet somit auf erstaunliche Weise eine riesige Ansammlung von Ideen, Legenden und Mythen zusammen und verkörpert gleichzeitig besondere Kräfte der

Natur oder möglicherweise unbewusste Kräfte in der geistigen Verfassung des Menschen.

Um ein Beispiel für das Verfahren zu geben, das bei der Anwendung dieser Hypothese zu befolgen ist, nehmen wir für den Moment an, dass die vorliegende Aufgabe die Anrufung und Identifizierung des menschlichen Bewusstseins mit dieser Gottheit oder diesem Aspekt des kosmischen Lebens ist, der als Ra bekannt ist – die innewohnende Gottheit der Sonne. Zunächst wird sich der Magier damit beschäftigen, alles Mögliche über die Natur des Gottes herauszufinden. Die Legenden, die sich um den Charakter des Gottes gebildet haben, sollten genau analysiert werden, da es eine Binsenweisheit ist, dass in den fantasievollen Legenden und Mythen alter Zeiten viel spirituelles Wissen und Weisheit gespeichert war. Darüber hinaus wird die Legende, die mit einem bestimmten Gott verbunden ist, Aspekte der Natur und des idealen Temperaments der Gottheit aufzeigen und auch verschiedene Kräfte in der gottähnlichen Persönlichkeit andeuten, die der Schüler zuvor nie vermutet hatte.

Die Gefahr der Magie, zumindest eine der wichtigen Gefahren, ist die unintelligente Verfolgung eines bestimmten Teils der theurgischen Technik ohne ein wirkliches Verständnis der durchgeführten Prozesse und der philosophischen Prinzipien der Praxis. Der Schüler sollte daher so weit wie möglich zu einer mehr oder weniger vollständigen Erkenntnis gelangen, was er werden möchte, welche Kraft oder spirituelle Macht er anrufen möchte; und dann, sicher und gut informiert, fortfahren. Ein informatives Werk wie *The Gods of the Egyptians* von Sir E. A. Wallis Budge, dem ehemaligen Kurator ägyptischer Altertümer im British Museum, wird ausgesprochen hilfreich sein. Anhand der hier bereitgestellten Halbtontafeln und der Farbtafeln in dem gerade erwähnten Buch sollte er sich mit der Gestalt und Form des Gottes, den Haltungen, in denen dieser Gott üblicherweise dargestellt wird, den üblicherweise verwendeten Gesten und den Farben, die in der künstlerischen Darstellung verwendet werden, vertraut machen. Diese Lektüre kann auch durch einen Besuch der ägyptischen Galerien im britischen oder einem anderen Museum ergänzt werden. Der Leser wird, das kann ich ihm versichern, reichlich belohnt werden.

Mit all diesen Fakten im Gedächtnis sollte der Schüler zur schwierigeren Phase der Arbeit übergehen, die aus der Anwendung der Vorstellungskraft und des Willens besteht, geschult durch seine früheren Übungen. Bei seiner Arbeit - die nicht unbedingt zeremoniell sein muss - sollte er sich bemühen, vor seinem geistigen Auge ein perfektes Bild oder eine Maske des Gottes zu konstruieren. Die Form muss in der Vision der Vorstellungskraft kühn und klar hervortreten, gigantisch, strahlend und das Licht der spirituellen Sonne ausstrahlend, deren konventionelles exoterisches Symbol Ra ist. Er wird bemerken, dass der Gott einen Ibisstab in seiner linken Hand trägt - der Ibis ist das Symbol der Weisheit und des göttlichen Willens; in seiner rechten Hand trägt er das heilige Ankh, das Symbol des Lichts und des Lebens, das die Sonne von Tag zu Jahr, durch die unzähligen Jahrhunderte hindurch, der gesamten Menschheit und allen ihren Geschöpfen auf der Erde freigiebig schenkt. Auf seinem Haupt befindet sich wie eine Krone ein Nimbus, eine goldene Aureole von unnachahmlicher Pracht, gegenüber einer nicht aufgerichteten Uräusschlange, dem Symbol des inneren spirituellen Feuers. Dargestellt als Falke, dessen Kopf orangefarben ist, steigt die Nemyss des Gottes von der Krone herab, die dunkelblau, fast schwarz ist, in der Farbe des Tattva-Symbols des Geistes; und die Haut des Gottes flammt wie das Feuer der Sonne am Mittag. Diese Einzelheiten sollten dann auf das Simulacrum angewendet werden, das fest im Geist gehalten wird, bis es vor der lebenden Seele als dynamisches Bild von Ra gesehen wird, ein Bild, in dem keine Spur von Unvollkommenheit vorhanden ist. Es ist eine enorme Aufgabe der kreativen Vorstellungskraft, und eine mühsame noch dazu. Aber Tag für

Tag muss es mit Inbrunst und Hingabe fortgesetzt werden, bis die heilige Aufgabe vollendet ist und der Gott vollständig und glühend hervortritt, ein wahrer Gott für seinen Verehrer. Mit diesem Bild fest im Astrallicht gehalten, sollte der Theurg versuchen, seine eigene Form mit dem Leichentuch des Gottes zu umhüllen und sich dann mit der ihn umhüllenden Form zu vereinen. Wie Levi bereits zitiert wurde, wird der Astralkörper die Form jedes mächtigen Gedankens annehmen, den der Geist hervorruft. Dieses Astralbild des Gottes, das zuvor nur ein Bild außerhalb des Körpers des Theurgen war, sollte nun als göttliche Figur um seine eigene Astralform herum angeordnet werden, bis sie übereinstimmen, wobei sein eigener Lichtkörper verändert und in den Körper des Gottes umgewandelt wird. Erst wenn der Theurg den wunderbaren Zustrom spiritueller Macht, die Erlangung der solaren Kraft und Energie und spirituellen Erleuchtung tatsächlich erlebt, erst wenn er in der Intuition der göttlichen Trance weiß, dass die Identifikation vollzogen wurde, ist die Aufgabe der Schöpfung abgeschlossen. „Die Bilder der Götter", schrieb Jamblichus, der göttliche Theurg, „sind erfüllt von einem gleißenden Licht ..." und „das Feuer der Götter leuchtet tatsächlich mit einem unteilbaren und unbeschreiblichen Licht und erfüllt alle Tiefen der Welt" in einem himmlischen, empyreischen Zustand. Von dem Theurgen oder Priesterkönig von Ägypten, der diese hervorragende Vermischung der Essenzen mit der Herrlichkeit des Gottes der Sonne vollbracht hatte, gibt es eine Beschreibung in Form einer Ansprache, die vom Ägyptologen G. Maspero zitiert wird und die Kraft des Geistes zeigt, die in den Anhänger als Ergebnis der Identifikation gelangt ist. Die Ansprache lautet: „Du ähnelst Ra in allem, was du tust. Deshalb werden die Wünsche deines Herzens immer erfüllt. Wenn du dir in der Nacht etwas wünschst, ist es im Morgengrauen schon da. Wenn du sagst: ,Komm auf die Berge', werden die himmlischen Wasser auf dein Wort hin fließen. Denn du bist der fleischgewordene Ra und der im Fleisch erschaffene Khephra. Du bist das lebendige Bild deines Vaters Temu, des Herrn der Stadt der Sonne. Der

Gott, der befiehlt, ist in deinem Mund, und ein Gott sitzt auf deinen Lippen. Deine Worte erfüllen sich jeden Tag, und der Wunsch deines Herzens verwirklicht sich wie der von Ptah, wenn er seine Werke erschafft."

Gleichzeitig mit dem Prozess der Vereinigung mit dem Körper des Gottes wird es sich als nicht wenig hilfreich erweisen, wenn eine Anrufung rezitiert wird, ein lyrisches Loblied oder eine Dithyrambe, die Lobgesänge an Gott singt und die Natur und die spirituellen Eigenschaften Gottes in Worten beschreibt. Wenn der Schüler schriftstellerische Fähigkeiten besitzt, müssen keine großen Schwierigkeiten auftreten. Andererseits könnte eine solche Litanei mit größter Leichtigkeit aus den Orphischen Hymnen oder der Sammlung lyrischer Texte des Totenbuchs erstellt werden, das voll ist mit einigen der schönsten erhaltenen Beispiele für Rituale. Kurz gesagt, die Anrufung des Gottes sollte in einer Sprache verfasst werden, die eine geistige Erheiterung und Ekstase hervorruft. Das Folgende, aus dem Totenbuch adaptiert, ist ein Beispiel für ein solches Ritual, obwohl es hier nicht als Beispiel angegeben wird, das streng und sklavisch nachahmt, sondern nur, um als Andeutung zu dienen und vielleicht dem ernsthaften Schüler zu helfen.

"Ich huldige dir, oh Ra, bei deinem schönen Aufgang. Du gehst auf, du strahlst in der Morgendämmerung. Die Schar der Unsterblichen lobt dich bei Sonnenaufgang und Sonnenuntergang, wenn du, wie dein Morgenboot bei günstigem Wind auf dein Abendboot trifft, mit frohem Herzen über die Höhen des Himmels segelst. Oh du Einziger, oh du Vollkommener, oh du, der du ewig bist, der du niemals schwach bist, den keine Macht erniedrigen kann, oh du Pracht der Mittagssonne, über die Dinge, die zu deiner Sphäre gehören, hat niemand die geringste Macht. Und deshalb huldige ich dir. Heil dir, Horus! Heil dir, Tum! Heil dir, Khephra! Du großer Falke, der mit seinem schönen Gesicht alle Menschen erfreut, du erneuerst deine Jugend und stellst dich an die Stelle von gestern. O göttliche Jugend, selbst erschaffen, selbst gesalbt, du bist der Herr des Himmels und der Erde und hast himmlische und irdische Wesen erschaffen. O du Erbe der Ewigkeit, ewiger Herrscher, selbsttragend, wenn du aufgehst, sind deine gnädigen Strahlen auf allen Gesichtern und bleiben in jedem Herzen. Lebe du in mir und ich in dir, oh du goldener Sonnenfalke! "

Durch das Rezitieren jedes Punktes der Anrufung, der mit magischer Betonung und Absicht ausgesprochen wird, sollte eine starke gedankliche Erkenntnis der Bedeutung der Worte erreicht werden. Wenn der Theurg ruft: „Du leuchtest in der Morgendämmerung", sollte die Astralform des Gottes gesehen und tatsächlich mit den Sinnen gefühlt werden, um einen Glanz auszustrahlen, vor dem der hellste Mittagssonnenschein nur wie schwarze Dunkelheit erscheinen würde, ein Licht, das so scharf und durchdringend und reich an Glanz und goldener Herrlichkeit ist, dass seine Essenz Herz, Geist und Seele mit großer Subtilität durchdringen sollte. Und wenn der Magier ausspricht: „Lebe du in mir und ich in dir, oh goldener Falke der Sonne", sollte der Prozess der Identifikation mit der Astralform vollzogen und so lebendig wie möglich verwirklicht werden. Bis er in der Lage ist, die kreative Arbeit der Vorstellungskraft perfekt auszuführen, sollten alle Bemühungen einfach als Übung eingestuft werden. Anhand untrüglicher Zeichen in seinem eigenen Bewusstsein, der Belebung eines neuen Lebens, wird der Theurg erkennen, dass der Erfolg seine Bemühungen krönt. In ihm und in seiner Seele wird der Gott seine ewige Wohnstätte suchen. Im Herzen werden ein Heiligtum und eine heitere Wohnstätte einer gewaltigen spirituellen Kraft sein, eines göttlichen Bewusstseins, das während aller Zeiten in ihm leben wird und das Kind der Erde in einen wahren Sohn der ewigen Sonne verwandelt. „Denn wie die Dunkelheit nicht geeignet ist, die Pracht des glitzernden Lichts der Sonne zu ertragen, sondern plötzlich völlig unsichtbar wird, ganz zurückweicht und sofort verschwindet, so bleibt auch kein Platz für den Aufruhr böser Geister, wenn die Macht der Götter, die alle Dinge mit Gutem erfüllt, überreich hervortritt."[12]

So haben es die Magier der alten Zeit gelehrt. Moderne Bemühungen bestätigen ihre Lehren und Experimente immer wieder. Auf diese Weise steigert sich der Theurg zu einer unermesslichen Größe, indem er sich mit der Größe der Götter verbindet. Er springt wie die Bergziege über alle Formen hinaus zu Ideen und Essenzen, die auf dem Gipfel der Manifestation verweilen, und das Überschreiten der Zeit wird zu Ewigkeit und Unendlichkeit. So „werden wir durch das Flehen in kurzer Zeit zum Gegenstand des Flehens geführt, erlangen seine Ähnlichkeit durch intimes Gespräch und erlangen allmählich göttliche Vollkommenheit anstelle unserer eigenen Schwachsinnigkeit und Unvollkommenheit." Er wird in dieser Vollkommenheit höher als die Höhe, tiefer in der Stärke seines Fundaments als die niedrigsten Tiefen, ein integraler Bestandteil der universellen Schöpfung, zugleich ungezeugt, jung, alt, selbstexistent und unsterblich. Was früher grob war, wird aller sinnlichen Alltäglichkeit entkleidet und nimmt eine verführerische Schönheit an, leidenschaftlich erlesen, gleichsam dem Geist gestohlen. In ihm selbst werden latent sich entfaltende spirituelle Fähigkeiten spürbar, und die schwache Erinnerung an Erfahrungen, die in längst vergangenen und toten Zeiten gesammelt wurden, wird allmählich auftauchen, um den Geist zu erleuchten und im Herzen neu pulsieren zu lassen, wodurch der Horizont des Bewusstseins erweitert wird. So stehen seine Füße heute an dem Ort, den sein Auge gestern, als er über die erhabene Natur der Arbeit nachdachte, kaum sehen konnte. Jenseits von ihm im Unsichtbaren wird sein Ruheplatz für den nächsten Tag sein. Und er wird wie ich selbst sein, eine Sonne des Lichts und des

---

[12] *The Mysteries. Jamblichus.*

Glanzes und himmlische Nahrung für alle, mit denen er täglich in Kontakt kommt. Den Kleinen wie den Großen, den Hohen wie den Niedrigen, den Armen nicht weniger als den Reichen wird seine Hilfe zuteil, sogar über die äußersten Grenzen des Raumes hinaus.

KAPITEL ZWÖLF

ALS eine der grundlegenden Voraussetzungen für die magische Ausbildung, sei es im goetischen Zweig oder in Bezug auf die Anrufung des höheren Selbst und der universellen Essenzen, wurde im Laufe der Jahrhunderte und von allen Klassen von Magiern darauf bestanden, dass alle theurgischen Praktiken und Zeremonien von Reinheit des Lebens begleitet sein müssen. Dies scheint von fast jeder Autorität wiederholt zu werden, von einigen dogmatisch und mit Gewissheit, von anderen etwas vage, die das weitergeben, was sie selbst von ihren Vorfahren halb verstanden und halb verdaut erhalten haben. Alle sind sich jedoch einig, dass mit der Ausübung der magischen Künste Reinheit und Heiligkeit einhergehen müssen. Ich möchte untersuchen, was mit dieser „Reinheit" gemeint ist. Ich möchte mich nicht auf eine Diskussion über Ethik und Moral einlassen, da mich dies weit vom Thema Magie abbringen würde, und ich habe mich hier absichtlich davon ferngehalten, dieses kontroverse Thema zu berühren, das mehr Verwirrung und Meinungsverschiedenheiten hervorgerufen zu haben scheint als fast jedes andere. Was jedoch die *Reinheit* in der Magie betrifft, kann der Student sich auf die Wahrheit dieser einen Aussage verlassen und in den Rest die von ihm gewünschte Interpretation der Moral hineinlesen. Das ganze Leben sollte in eine Richtung weisen und auf eine Reihe von Zielen konzentriert und diesen gewidmet sein. Wenn wir zum Beispiel sagen, dass Milch oder Butter rein sind, was meinen wir mit dieser Aussage? Nur dies. Der Milch, die wir betrachten, wurde kein Wasser, keine Chemikalien oder andere Fremdstoffe zugesetzt, und ihr gesamter Inhalt stimmt mit der Hauptzutat überein. Nun ist die Reinheit des magischen Lebens auf ganz ähnliche Weise zu betrachten. Das Leben des Magiers muss vor allem *ekagrata*, zielstrebig sein, und die Summe seiner Gedanken, Vorstellungen und Handlungen, was immer sie auch sein mögen, sollte immer dazu dienen, das spirituelle Streben zu interpretieren und anzutreiben. Welche Tugend die Moral auch in sich tragen mag, und für manche Menschen ist sie voller göttlicher Möglichkeiten, sie liegt völlig außerhalb der Sphäre des Magiers. Zweifellos ist eine Person, die in ein spirituelles Mysterium eingeweiht wurde und durch den Einfluss des Selbst gesegnet wurde, wahrscheinlich moralisch, einfach weil sie fortan in Harmonie mit sich selbst ist. Ein solcher Mensch ist normalerweise durch einen natürlichen Impuls auch mit allen anderen Menschen in Harmonie. Aber der Mystiker oder der Magier ist nicht unbedingt ein moralischer Mensch im herkömmlichen Sinne. Das heißt, wir dürfen auf keinen Fall erwarten, dass der Magier, selbst wenn er in grundlegender Harmonie mit seinen Mitmenschen ist, notwendigerweise in Harmonie mit den moralischen und ethischen Gesetzen seiner Zeit ist. Moral hat, kurz gesagt, nichts mit Magie zu tun. Diese Idee wurde von Waite klar zum Ausdruck gebracht, der in seinen Studien zur Mystik vorschlägt, dass „das Ziel der Religion die Entwicklung und Vervollkommnung der Menschheit durch eine Reihe spiritueller Prozesse und ihre Vereinigung mit dem Höchsten im Universum ist, während die Moral die Verbesserung der Rasse nur mit Hilfe des Naturgesetzes vorschlägt. ... Wir müssen Gott kennen, um gut zu sein, aber keine moralische Güte kann uns zu göttlicher Erkenntnis führen ..." Soweit es den Magier betrifft, ist nur dies wichtig. Was auch immer er tut, ob er isst, trinkt oder arbeitet, diese Handlung muss in ein Symbol dieses Ideals verwandelt und diesem gewidmet werden, das in seinem Herzen höher geschätzt wird als alle Reichtümer und anderen Werte. Sein ganzes Leben sollte eine einzige kontinuierliche Konzentration sein. Sonst wäre seine ganze Ausbildung in Dharana und die Entwicklung des magischen Willens völlig vergeudet; so viel nutzlose Energie wird wie auf einem Müllhaufen weggeworfen, wenn er diese Konzentration und diese sakramentale Haltung nicht in den Alltagsstress einbringt.

Das Ideal, das für den Magier seinen größten Schatz darstellt und auf das sich sein gesamtes Leben ausrichtet, ist die Wiedererlangung des Wissens seines heiligen Schutzengels, des Augoeides, jenes edleren Teils seines Bewusstseins, der real, dauerhaft und die reichhaltige, unsterbliche Quelle der Inspiration und spirituellen Nahrung ist. Daher gibt es in Wirklichkeit ein perfektes Ritual in der Magie; ein Ziel, das allen anderen vorgeht: die Anrufung des heiligen Schutzengels, dessen Vereinigung sogar den Anrufungen der Götter oder der universellen Essenzen vorausgehen sollte, und zwar nach dem von Jamblichus festgelegten Verfahren. Die Seele sucht zuerst ihr Leben und übergibt es der Herrschaft ihres Dämons, unter dessen Führung die Götter selbst angefleht werden können; und von ihnen ausgehend sollte die Rückkehr in die himmlische Residenz der Ruhe erfolgen. Aber die Anrufung des Augoeides muss Vorrang vor allen anderen haben. Sollte es notwendig sein, vor der Anrufung des heiligen Schutzengels eine Nebenoperation durchzuführen, sollte dies notwendigerweise einen klar definierten Zweck haben. Ihr Motiv, natürlich ein spirituelles, soll als Vorstufe für die Möglichkeit und den Erfolg des Hauptrituals dienen. In den besten Systemen der Magie werden Beschwörungen jedoch immer als Folge der Haupterreichung der Anrufung der großen kosmischen Lebenskräfte oder des inneren Dämons, des heiligen Schutzengels, dargestellt, obwohl letzterem, wie bereits gesagt, normalerweise der Vorrang eingeräumt wird. Die Vereinigung mit den Göttern und Adonai wird durch Liebe angestrebt, und die Vermischung der Essenzen ist mit der Aufgabe des Egos und dem spontanen Verzicht auf alles Gemeine, Kleinliche und Belanglose verbunden. Die höchste Anrufung impliziert vor allem anderen das Aufgeben der Bindung an irdische Dinge. Wie jemand, der das Innere des himmlischen Adytums betritt und dabei alle Statuen im äußeren Tempel zurücklässt, oder wie diejenigen, die das innere Heiligtum des Allerheiligsten betreten, sich reinigen, indem sie ihre Kleidung ablegen, um nackt und ohne Scham einzutreten, so sollte die Seele ihr Ziel erreichen. Bei der Abramelin-Operation, die in Kürze beschrieben wird, ist das zu befolgende Verfahren sehr ähnlich. Zuerst wird der Engel in einer speziell geweihten Kammer angerufen, und nach Erreichen dieses Ziels erteilt der Engel dem Magier besondere Anweisungen und Vollmachten in Bezug auf die Beschwörung der vier großen Fürsten des Bösen in der Welt.

Das Ergebnis der Anrufung des Heiligen Schutzengels ist bei verschiedenen Menschen nicht gleich. Adonai erscheint je nach Individuum auf verschiedene Weise und in verschiedenen Gestalten. „Außerdem", bestätigt Jamblichus, „sind die Gaben, die aus den Manifestationen entstehen, nicht alle gleich und erzielen auch nicht die gleiche Frucht. Aber die Gegenwart der Götter verleiht uns tatsächlich Gesundheit des Körpers, Tugend der Seele, Reinheit des Intellekts und erhebt mit einem Wort alles in uns zu seinem richtigen Prinzip.[13] Was auch immer der Mensch während seines Lebens hegte, und nach welcher Vorstellung seines Engels auch immer er strebte, so wird das Ergebnis der mystischen Ehe sein. Entsprechend seiner Liebe wird auch die Nachkommenschaft sein. Jeder Schüler, der den mystischen Berg Abiegnus der Rosenkreuzer erklimmt oder betritt, wird vor sich am fernen Horizont des Heiligen Landes der Verheißung genau jenes Panorama sehen, das potenziell in ihm existierte, bevor die Vision es geboren hat. Denn der Berg ist ein Symbol für jenen Gipfel der Seele, wenn sie, in sich selbst zurückgezogen, sich ihrer göttlichen Wurzel nähert. Dann werden Erinnerung und Vorstellungskraft durchdrungen und inspiriert von der herrlichen Ausstrahlung einer anderen und höheren Natur. Was auch immer im *Ruach* keimt, erwacht durch die Kraft und das Feuer von Adonai zum Leben. Unsere Inspiration sei in ähnlicher Weise wie das Streben, und die Art von Genie, die der Welt nach der mysti-

---

[13] *The Mysteries. Jamblichus*

schen Vereinigung offenbart wird, kann poetisch, künstlerisch, musi-
kalisch oder eine andere anerkannte Manifestation sein. Ich erinnere
mich an eine Passage in einer der Upanishaden, die sich mit demselben
Thema befasst. Wenn man sich dem Selbst, das Brahma ist, nähert und
glaubt, dass es Macht und Kraft ist, wird man zu Macht und Kraft.
Wenn man sich ihm jedoch nähert und in seiner Majestät himmlisches
Wissen und Weisheit sieht, wird man infolgedessen mit der Weisheit
des Selbst erfüllt. Und wenn man als Schöpfer des Liedes danach
strebt, wird man ebenso zum Sänger. Mit anderen Worten, genau das,
was der Theurg in seiner Vorstellung als seinen Engel konzipiert hat, in
genau dieser Form manifestiert sich der Engel, der aus der tiefsten
Quelle des Seins im Herzen als Offenbarung und Inspiration aufsteigt.
Sollte man den Engel nur als Symbol der Liebe, des Friedens und der
Güte anstreben, so zeigt Adonai der Welt diese gnädige und gütige
Seite. Der heilige Franz von Assisi ist das herausragendste Beispiel für
das eine, ebenso wie der Buddha, der nach Weisheit strebte, um für
die Menschheit die Lösung ihrer Leiden und Sorgen zu finden, das Symbol des anderen. Und dies liefert die Antwort auf die Frage: „Wenn
Mystik und Magie einen Menschen mit Genialität ausstatten, warum
scheinen dann so viele erfolgreiche Mystiker und Magier nicht einen
Funken Genialität zu zeigen?" Der Grund dafür ist, dass ihr Streben bescheiden war; sie wollten keine große Persönlichkeit auf Erden werden, und sie strebten auch nicht nach irgendeiner Form der Kunst. Sie
schufen aus ihrem Leben ein erhabenes Werk künstlerischer Schöpfung und wandten ihre Inspiration auf den Gang des Alltags an, wobei
sie als bescheidene Männer und Frauen mit sanfter Haltung und Erscheinung erschienen. Doch wie der in Kapuze und Gewand gehüllte
Eremit des Tarots trugen sie das Licht der Engel in sich, im Verborgenen, damit alle, mit denen sie Tag für Tag in Kontakt kamen, mit Adonais Liebe gesegnet und von der Heiligkeit des Geistes und der Reinheit
seines Glanzes beeindruckt sein konnten, anstatt von ihren eigenen
persönlichen Errungenschaften. Dies ist der Schlüssel; denn, wenn

man sich im Gebet zum Heiligen Schutzengel entflammt, wie es das geheime Streben der Seele gewesen sein wird, wird der Engel dies ergreifen, in der Ekstase der Glückseligkeit, die die Seele entzückt, um seine Offenbarung der Welt mitzuteilen.

Eines der besten technischen Systeme, das zur Vereinigung mit dem Daimon führt, ist in einem bestimmten mittelalterlichen Buch über Magie niedergelegt, das im Vergleich zu allen anderen, wie die Sonne am helllichten Tag zum flackernden Binsenlicht in der Nacht ist. Die meisten alten Zauberbücher und magischen Bücher wie *Petit Albert*, *Rouge Dragon* und *Enchiridion* sind absichtlich unverständlich, mehrdeutig oder, abgesehen von allen Fragen der abstrakten Symbolik, kindischer Unsinn. Diejenigen, die unkompliziert und brauchbar sind, enthalten in der Regel unerwünschte Abschnitte, die eher den Bestrebungen eines liebeskranken Landarbeiters und unwissender Primitiver entsprechen als denen gebildeter Menschen mit einem ernsthaften Ziel. Aber von all diesen gibt es eine überraschende Ausnahme. Die allgemeine Regel wird durch die Existenz des *Buches der heiligen Magie von Abramelin dem Magier* gebrochen.

Dieses in einem erhabenen Stil geschriebene Buch ist vollkommen kohärent und folgerichtig; es verlangt keine fantastischen Rituale und nicht einmal die üblichen Berechnungen von Tag und Stunde. Es gibt nichts, was die Intelligenz beleidigen könnte. Im Gegenteil, die von diesem magischen Autor vorgeschlagene Operation ist die Verkörperung der Einfachheit, und die Methode selbst ist völlig in Übereinstimmung. Natürlich gibt es gewisse vorläufige Vorschriften und Anweisungen, die beachtet werden müssen, aber diese sind eigentlich kaum mehr als ein vernünftiger Ratschlag, bei der Durchführung einer so erhabenen Operation Anstand zu wahren. Man muss zum Beispiel ein Haus besitzen, in dem man angemessene Vorkehrungen gegen Störungen treffen kann; wenn dies eingerichtet ist, bleibt nicht viel Anderes zu tun, als sechs Monate lang mit zunehmender Konzentration und Begeisterung nach dem Wissen und der Unterhaltung mit dem Heiligen Schutzengel zu streben.

Das Buch selbst ist eines der außergewöhnlichsten Dokumente über Magie, die es heute gibt, und das darin gelehrte System, mit dem eigenen inneren Selbst oder dem Heiligen Schutzengel in Verbindung zu treten, ist von allen magischen Systemen vielleicht das einfachste. Vor allem ist es wirksam. Es ist in drei Abschnitte unterteilt, von denen der erste allgemeine Ratschläge zur Magie und eine Beschreibung der Reisen und Erfahrungen des Autors sowie eine Erwähnung der wunderbaren Werke enthält, die er mithilfe dieser Technik vollbringen konnte. Es folgt dann eine allgemeine und vollständige Beschreibung der Methoden, mit denen die ekstatische Krise der Operation erreicht werden kann, und der Stil des Buches unterscheidet sich hier in heilsamer Weise von den vorherigen und den folgenden Kapiteln. Der letzte Abschnitt befasst sich mit den Methoden, mit denen die Kräfte angewendet werden, die durch die Vollendung der Operation verliehen werden. Das System wird von einem gewissen Abraham, dem Juden, seinem jüngeren Sohn Lamech beschrieben, und er behauptete zunächst, es von einem ägyptischen Magier namens Abramelin erhalten zu haben. Abraham, der Jude, ist eine dunkle und schattenhafte Gestalt, unbekannt und geheimnisvoll, hinter den gewaltigen Komplikationen der mitteleuropäischen Umwälzungen seiner Zeit, als dieser Teil der Welt in einen gewaltigen Konflikt verwickelt war. Die Geschichte Abrahams, wie er sie im ersten Buch selbst erzählt, ist in der Tat einfach. Was jedoch auffällt, ist die enorme Einfachheit des Glaubens des Mannes, wie seine vielen und gefährlichen Reisen über so viele Jahre hinweg durch wilde und unwirtliche Regionen bezeugen, die selbst in unserer Zeit mit ihren Transportmöglichkeiten schwer zugänglich sind. Dieser Teil des Buches erzählt von seinen Misserfolgen und enttäuschten Hoffnungen und von einigen Sackgassen, durch die er geführt wurde, bis zum Höhepunkt seiner Wanderungen, als er Abramelin, den ägyptischen Magier traf, der ihm die Unterweisung erteilte, die den Haupt- oder zweiten Teil des Buches bildet. In Übereinstimmung mit den Gebräuchen seines eigenen Volkes unterwies Abraham der Jude seinen ältesten Sohn in der Philosophie der Heiligen Kabbala, und seinem jüngeren Sohn Lamech wurde dieses System der Magie vermittelt. Ungeachtet seines Ursprungs, seines Datums und seines Autors, die alle heute in Frage gestellt und kritisiert werden, kann dieses Werk für den ernsthaften Schüler nicht umhin, von Wert zu sein, sei es als Ermutigung zu dieser seltenen und notwendigen Eigenschaft - unerschütterlicher Glaube - oder als Präsentation einer Sammlung von Anweisungen, mit denen die wahren von den falschen magischen Systemen unterschieden werden können. Abraham stellt keine unmöglichen Forderungen, wie sie in betrügerischen Zauberbüchern über das Blut von um Mitternacht gefangenen Fledermäusen, die vierte Feder vom linken Flügel eines ganz schwarzen Hahns oder das ausgestopfte Auge eines jungfräulichen Basilisken usw. zu finden sind. Obwohl einige der von Abraham aufgestellten Forderungen vielleicht etwas schwer zu befolgen sind, gibt es immer einen ausgezeichneten Grund für ihre Aufstellung, und sie sind keineswegs als subtile Tests der Fähigkeiten des Bedieners gedacht. Hätte S. L. McGregor Mathers nichts Anderes für die Menschheit getan als die Übersetzung dieses Buches aus dem französischen Manuskript und damit seinen Inhalt den interessierten Studenten zur Verfügung gestellt, würde er dennoch unsere Dankbarkeit verdienen. Und ich möchte hinzufügen, dass seine Übersetzung ausgezeichnet und kohärent ist und die Gedanken des mittelalterlichen Autors auf höchst sympathische Weise zum Ausdruck bringt. Nur weil dieses äußerst wichtige Buch seit so vielen Jahren vergriffen ist und heutzutage so schwer zu bekommen ist, wage ich es, hier eine Zusammenfassung der im Buch vorgeschlagenen Operation zu geben.

HORUS

Der Herr der Kraft und des Feuers.

Zu Beginn warnt Abraham seinen Sohn vor Betrügern. Dieser Magus war, wie viele unserer modernen Zeitgenossen, unfair, da er jeden, der sein spezielles System nicht anwendete, als Scharlatan betrachtete; obwohl es wahrscheinlich ist, dass es zu seiner Zeit ebenso viel Bedarf für eine strenge Warnung vor Quacksalbern gab wie heute. Er legt dann die Regel fest, dass das Wichtigste, was zu berücksichtigen ist, ist: „Ob Sie bei guter Gesundheit sind, denn da der Körper schwach und ungesund ist, ist er verschiedenen Gebrechen ausgesetzt, woraus schließlich Ungeduld und Mangel an Kraft resultieren, um zu operieren und die Operation fortzusetzen; und ein kranker Mensch kann weder sauber und rein sein, noch Einsamkeit genießen; und in einem solchen Fall ist es besser, aufzuhören."

Der richtige, d.h. der günstigste Zeitpunkt für den Beginn dieser Operation, eine Zeit, in der alle Kräfte der Natur der Anstrengung günstig sind, ist der erste Tag nach der Feier des Passahfestes oder Ostern, ungefähr zur Zeit der Frühlingstagundnachtgleiche. Dann beginnt die Sonne ihre Reise nach Norden und bringt Licht, Wärme, Nahrung und Gnade mit, und die gesamte lebende Welt, Pflanzen, Bäume, Vögel und Tiere, reagieren eifrig und freudig auf ihre Auferstehung. Es ist daher die geeignetste Jahreszeit für Aufwärtswachstum und innere Entwicklung, die dem Wachstum und der Manifestation des Geistes am besten entspricht. Die erforderliche Zeit, um die Operation erfolgreich abzuschließen, beträgt sechs Mondmonate, sodass sie, sollte sie am 22. März begonnen werden, ungefähr zur Herbsttagundnachtgleiche im September enden würde. Der gesamte Zeitraum von sechs Monaten ist in drei Abschnitte von je zwei Monaten unterteilt. Jeder Abschnitt ist durch die Strenge der Selbstverleugnung gekennzeichnet, vor allem aber durch die Hinzufügung weiterer Anrufungen, wodurch die Konzentration auf den Heiligen Schutzengel intensiver und inbrünstiger wird.

Es gibt eine Menge vorläufiger Diskussionen über die Art des Schauplatzes der Operation. Wenn möglich, sollte sie in einem Land durchgeführt werden, in dem man tatsächliche Einsamkeit erlangen kann. Ich sage mit Bedacht „tatsächliche Einsamkeit", da es, wie alle wissen, möglich ist, sich im Herzen einer Großstadt vom Rest der Welt zu isolieren, indem man sich einfach zurückzieht. Die Einsamkeit, die dieses Buch vorschlägt, ist ein physischer Rückzug aus dem geschäftigen Leben der Stadt. Es wird erwähnt, dass Abraham, Moses, David, Elias, Johannes und andere heilige Männer sich in Wüstengebiete zurückzogen, bis sie diese heilige Wissenschaft und Magie erlangt hatten. Der beste Ort ist, schlägt Abraham vor, „wo es ein kleines Gehölz gibt, in dessen Mitte du einen kleinen Altar errichten sollst, und du sollst es mit einer Hütte aus feinen Zweigen bedecken, damit der Regen nicht darauf fällt und die Lampen und das Räuchergefäß auslöscht." Wenn der Rückzug in ein ruhiges Gehölz nicht möglich ist, werden andere Vorschläge gemacht. Alle magischen Arbeiten erfordern, dass bei der Wahl eines geeigneten Ortes, an dem diese Operationen durchgeführt werden, große Sorgfalt und Urteilsvermögen angewandt wird. Abgesehen von den oben aufgezählten Erwägungen sollte der Magier sicherstellen, dass sich das von ihm gewählte magische Theater nicht an einem Ort befindet, an dem beispielsweise Hexerei betrieben wurde, und dass es nicht für spiritistische Seancen verwendet wurde. Es sollte ganz offensichtlich sein, dass, da eines der Ergebnisse der Magie darin besteht, die Konstitution des Magiers sensibler zu machen, er sich nicht in eine Position begeben sollte, in der diese Sensibilität durch störende und feindliche Einflüsse beeinträchtigt werden könnte. Viele ganz normale Menschen sind empfindlich gegenüber Atmosphären, und für den Magier sollte der Arbeitsort insbesondere frei von schädlichen Einflüssen sein, damit der sensible Bereich des Bewusstseins nicht übermäßig beeinträchtigt wird. Abraham erwähnt die Art des Hauses, das erforderlich ist, wenn die Arbeit in einer Stadt oder einem

Dorf durchgeführt werden soll, und legt Wert auf den Bau des Oratoriums, das der wirklich wichtige Raum sein soll, da es als magischer Tempel dienen soll. Von diesem Oratorium aus soll ein Fenster auf einen offenen Balkon oder eine Terrasse, wie sie genannt wird, führen, deren Boden mit einer Schicht feinen Flusssandes bedeckt werden soll. Eines der Dinge, das den Anfänger, der Abramelin liest, vielleicht mehr als jedes andere Einrichtungselement beeindruckt, ist, dass kein Schutzzauberkreis erwähnt wird, in dem die Anrufungen durchgeführt werden sollen, obwohl in klaren Worten zahlreiche Dämonen und bösartige Geister erwähnt und beschrieben werden, die dem Bediener wahrscheinlich schaden könnten. Dies ist so, weil der Autor in dieser besonderen Anordnung des Werks versucht, die gesamte Zeremonie mit so wenig Hilfsmitteln wie möglich auf die Grundprinzipien zu reduzieren, und die Terrasse soll anstelle des Dreiecks dienen, in dem die Geister nach dem Gespräch mit Adonai erscheinen würden. Sowohl das Schlafzimmer als auch das Oratorium, die über einen langen Zeitraum durch kontinuierliche Gebete, Anrufungen und Räucherungen geweiht werden, erfüllen dieselbe Funktion wie der 3. Kreis und errichten eine natürliche astrale Barriere um die Grenzen des Oratoriums, durch deren Heiligkeit und Sicherheit kein Dämon eindringen kann. Aus diesem Grund ist kein sichtbarer symbolischer Kreis erforderlich, da die Wirkung der kontinuierlichen Anrufungen die Konstitution des Operators so erhöht und die Schwingung der Moleküle in seinen verschiedenen Vehikeln so gesteigert hat, dass die gesamte astrale und spirituelle Sphäre so weit gereinigt wird, dass sie, wie bereits vorgeschlagen, selbst sicher als der wahre magische Kreis dienen kann.

Zum Nutzen der heutigen Studenten, die vielleicht darüber nachdenken, sich an dieser Operation der Heiligen Magie zu beteiligen, sollte hier erwähnt werden, dass diese Regeln nicht peinlich genau befolgt werden müssen, solange das Wesen und der Geist befolgt werden. Mit nur ein wenig Einfallsreichtum ist es möglich, eine ganz neue Reihe von äußeren Umständen zu konstruieren, die für die zufriedenstellende Ausführung dieser Konzeption des Großen Werkes günstig sind. Es muss jedoch klar sein, dass diese Regeln, sobald sie ausgearbeitet und angenommen sind, strikt eingehalten werden müssen, obwohl sie eindeutig als willkürlich empfunden werden. In seinem magischen Gedicht Aha gibt Aleister Crowley eine wunderschöne Wiedergabe einer möglichen Variante der Szene der Operation:

"... Wähle mit Bedacht
einen Ort für deine Akademie.
Lass es einen heiligen Wald geben
von laubumhülter Einsamkeit
Am stillen, regenlosen Fluss,
unter den verworrenen Wurzeln
von majestätischen Bäumen, die
In der stillen Luft zittern; wo die Triebe
vom freundlichen Gras grün sind,
Moos und Farne dazwischen schlafen,
Lilien im Wasser umspült,
Sonnenstrahlen in den Zweigen gefangen
- Windstill und ewig sogar!
Alle Vögel des Himmels zum Schweigen gebracht
durch den leisen, beharrlichen Ruf
vom beständigen Wasserfall.
Dort, an solch einer Umgebung, sei
sein gemeißelter Edelstein der Gottheit,
ein zentrales makelloses Feuer, gefesselt
Wie die Wahrheit in einem Smaragd."

Innerhalb der geweihten Loge oder des Oratoriums sollte ein Altar in der Art eines Schranks stehen, über dem, von der Decke hängend, eine

Lampe mit Olivenöl brennen sollte. Auf dem Altar sollte ein Räucher-gefäß aus Messing stehen, und während der gesamten sechsmonati-gen Dauer der Operation sollte es nie aus dem Oratorium entfernt werden. Ein Gewand aus purpurroter Seide mit Goldbesatz, das bis zu den Knien reicht, ist erforderlich, und eine weitere Tunika aus weißem Leinen wird ebenfalls erwähnt. „Für diese Gewänder gibt es keine be-sonderen Regeln, noch sind irgendwelche besonderen Anweisungen zu befolgen, aber je strahlender, klarer und leuchtender sie sind, desto besser wird es sein." „Sie sollen auch einen Stab aus Mandelbaumholz haben, glatt, gerade, mit einer Länge von etwa einer halben Elle bis sechs Fuß." Was die Zubereitung all dieser Dinge betrifft, gelten die in den vorherigen Kapiteln dargelegten Grundsätze ebenso, auch wenn unser Autor sie nicht erwähnt.

Während der ersten zwei Monate wird dem Ausführenden geraten, je-den Morgen genau eine Viertelstunde vor Sonnenaufgang aufzu-stehen, nach dem Waschen und Anziehen sauberer Kleidung das Ora-torium zu betreten, das Fenster zu öffnen, vor dem Altar, der dem Fenster gegenüberliegt, das auf den Balkon führt, niederzuknien und mit ausgestrecktem Willen und Geist die göttlichen Namen Gottes an-zurufen. „Danach sollten Sie ihm alle Ihre Sünden beichten." Letztere Anweisung dient natürlich nur dazu, die Ruhe des Geistes und der Ge-fühle zu erzeugen, die für die Inspiration und Erleuchtung des Engels erforderlich ist. Es ist kaum notwendig, ausführlicher darauf einzuge-hen, dass jemand, der ständig von Gewissensbissen oder der Erinne-rung an ein früheres Vergehen geplagt wird, dadurch daran gehindert wird, seinen Geist mühelos zu konzentrieren; auch werden seine An-rufungen nicht intensiv und zielstrebig sein. Eine solche Person wäre gut beraten, überhaupt nicht über eine magische Operation dieser Art nachzudenken, denn sie würde nicht nur dazu führen, dass der Engel nicht herbeigerufen wird, sondern auch zu Katastrophen der katastrophalsten Art. Die Mächte, die die Abramelin-Operation begleiten, haben wenig Verwendung für Einmischer. Mit dieser erlangten Ruhe und Gelassenheit sollte der Magier den Herrn des Universums anflehen, „dass Er in Zukunft gewillt und erfreut sein möge, Sie mit Mitleid zu betrachten und Ihnen Seine Gnade und Güte zu gewähren, um Ihnen Seinen Heiligen Engel zu senden, der Ihnen als Führer dienen soll."

Ich denke, es muss nicht zu sehr betont werden, dass Abraham jüdischer Überzeugung war und folglich der vorherrschenden, d. h. mittelalterlich-jüdischen Auffassung des persönlichen Monotheismus verfallen war. Die theologische Färbung, die der hebräische Adept dieser Magie gab und die er eingefügt haben muss, nachdem er sie von Abramelin erhalten hatte, kann der Leser daher ruhig ignorieren, wenn er dies wünscht, da sie für die wahre Bedeutung der Operation überhaupt nichts betrifft. Jeder Student kann den Tenor von Abrahams Anweisungen zu diesem Punkt intelligent an die magische Theorie des Universums anpassen, wie sie hier in einem früheren Kapitel dargelegt wurde, oder an seine eigenen besonderen religiösen Überzeugungen. Aber ich muss betonen, dass Dogma und exoterischer religiöser Glaube im Heiligtum der Magie überhaupt keinen Platz haben. Dem Leser muss klargemacht werden, dass Magie auf starren experimentellen Prinzipien beruht, die ebenso vertrauenswürdig und genau sind wie jede Wissenschaft.

Bevor der Magier mit der Operation beginnt, sollte er einen Eid schwören, dass er diese heilige Magie ausführen wird, und dies klar schriftlich festhalten. Der Wille und die Entschlossenheit zum Erfolg müssen in Worten ausgedrückt werden und diese Worte durch Taten. Denn während der dunklen Nacht der Seele, wenn das geistige Auge geschlossen ist und alle Einsicht verschwunden ist, wenn der Akolyth durch Versuchung und Seelenpein geschwächt ist, kann der Magier nur hoffen, diese Operation zu einem zufriedenstellenden Abschluss zu bringen, wenn er sich an den Wortlaut des Eides hält. Der direkte Ausdruck des Willens ist in jedem Fall Sprache, und die Aufzeichnung einer gewollten Entschlossenheit in einem schriftlichen Eid steht im Einklang mit den Grundlagen der magischen Philosophie.

Bei der obigen Gebetsübung ist der wichtigste Punkt, den man beachten sollte, wie Abraham selbst seinem Sohn mit den folgenden Worten einschärft: „Es nützt nichts, ohne Hingabe, ohne Aufmerksamkeit und ohne Intelligenz zu sprechen. ... Es ist absolut notwendig, dass Ihr Gebet aus der Mitte Ihres Herzens kommt, denn wenn Sie Gebete einfach schriftlich niederlegen, wird Ihnen das Hören davon in keiner Weise erklären, wie man wirklich betet." Später gibt er auch seinem Sohn Lamech den Rat, „sich im Gebet zu entflammen". Bei dieser Anweisung ist es notwendig, eine kurze Zeit zu verweilen, da Erfolg oder Misserfolg in der Kunst der Anrufung ganz davon abhängen, ob dieser Rat befolgt wird oder nicht. Eine Reihe von Anrufungen über einen Zeitraum von sechs Monaten mehrmals täglich durchzuführen und dabei dieselbe Anrufung, dasselbe Bekenntnis und dasselbe Gebet während des ersten Zeitraums zweimal täglich zu wiederholen, ist in der Tat eine Aufgabe, vor der der Bediener, der nicht durch Gewohnheit in diesem Weg des Lichts gefestigt ist, möglicherweise zurückschreckt. Halten Sie inne, Leser, und denken Sie darüber nach, was dies bedeutet! Eine einfache magische Arbeit, die über einen so langen Zeitraum fortgesetzt wird, ist tatsächlich eine der mühsamsten und langweiligsten Aufgaben, die man sich vorstellen kann. Nur derjenige, der sich beharrlich an den Wortlaut seines im Voraus geleisteten Eides halten kann, kann auf Erfolg hoffen. Doch diese Anrufungen sollten nicht in stumpfer Tretmühlenmanier oder in einem Tonfall rezitiert werden, der Langeweile ausdrückt, ohne Inbrunst, Aufrichtigkeit oder Hingabe. Eine solche Haltung wird ihre eigenen Ziele zunichtemachen. Ohne diese Eigenschaften in der Anrufung wäre ein gewöhnlicher Marktruf genauso nützlich und hätte genauso viel oder genauso wenig Wirkung wie jeder andere. Jede Fähigkeit des Magiers sollte in die Arbeit der Anrufung eingebracht werden. Jede Kraft der Seele sollte eingesetzt werden, jedes Quäntchen Aufrichtigkeit und Enthusiasmus und spirituelle Erheiterung sollte in die Anrufungen einfließen, die aus dem tiefsten Herzen und der tiefsten Seele seines Wesens kommen sollten.

Während dieser ersten Periode werden andere Vorschriften erwähnt, die dem Autor zufolge gewissenhaft befolgt werden müssen. Einige von ihnen mögen eher trivial oder sogar lächerlich erscheinen; aber das endgültige Urteil muss dem einzelnen Leser überlassen werden. Ich erwähne sie nur der Vollständigkeit halber. Sowohl das Schlafzimmer als auch das magische Oratorium müssen in einem Zustand absoluter Sauberkeit und Ordnung gehalten werden, wobei die ganze Aufmerksamkeit des Theurgen der „Reinheit in allen Dingen" gewidmet werden muss. Jeden Samstag müssen die Bettlaken gewechselt und das Zimmer gründlich parfümiert und geräuchert werden, um so auch diesen Raum mit der Ladung der Heiligkeit zu erfüllen und die Grenzen des Kreises zu erweitern. Die für den Weihrauch erwähnten Zutaten sind eine Zusammensetzung aus Olibanum, Storax und Lignum-Aloe, alle zu feinem Pulver zerkleinert und gut vermischt.[14] Abraham der Jude ist außerdem ganz fest entschlossen, dass sich kein Tier dem Haus, in dem die Operation durchgeführt wird, nähern oder es betreten darf. Es sollte absolute Einsamkeit herrschen, soweit dies menschenmöglich ist. „Wenn Sie Ihr eigener Herr sind, soweit es in Ihrer Macht steht, befreien Sie sich von all Ihren Geschäften und geben Sie alle weltliche und eitle Gesellschaft und Unterhaltung auf; führen Sie ein ruhiges, einsames und ehrliches Leben. ... Achten Sie bei der Abwicklung von Geschäften, beim Verkaufen oder Kaufen darauf, dass Sie

---

[14] *Die für die Mischung erforderlichen Proportionen sind vier Teile Olibanum, zwei Teile Storax und ein Teil Lignum-Aloe.*

niemals dem Zorn nachgeben, sondern in Ihren Handlungen bescheiden und geduldig sein dürfen." Dies sind vernünftige Regeln, an denen, glaube ich, niemand etwas auszusetzen hätte. Ein weiterer Vorschlag ist, die Heiligen Schriften zwei Stunden am Tag zu lesen und darüber zu meditieren. Die Zeit dafür sollte nach dem Abendessen speziell eingeplant und reserviert werden, und keine andere Aufgabe sollte dazwischen kommen oder Vorrang haben. Wenn der Schüler nicht zum Bibelstudium neigt, ist fast jedes Andachtsbuch geeignet, insbesondere das, das einen tiefen Eindruck auf seinen Geist gemacht hat und das in irgendeiner Weise dazu beigetragen hat, die höheren Gefühle zu wecken und Liebe und feine Emotionen anzuregen. Diese Meditation wird auch Hinweise liefern, die bei der Gestaltung der höchsten Rituale hilfreich sind.

Was die gewöhnlichen Lebensgewohnheiten betrifft, empfiehlt Abraham in allen Dingen Mäßigung, und es sollte weder zu viel noch zu wenig gegessen, getrunken oder geschlafen werden. Keine der vom Magier ausgeführten Tätigkeiten sollte auch nur im Geringsten überflüssig sein. Zu diesem Thema, das für die meisten Studenten der Magie und Mystik von einem Schleier der Dunkelheit umgeben ist, rät Abraham zusätzlich zur Vorschrift der Mäßigung, dass „Sie mit Ihrer Frau im Bett schlafen dürfen, wenn sie rein und sauber ist" und nie anders. Die einzige Frage, die mit dem Zölibat verbunden ist, ist einfach die der Erhaltung der Energie, und sonst nichts. Da alle Kräfte des Individuums durch die Operation umgewandelt und auf ein edles spirituelles Ziel gerichtet werden, ist jede Verschwendung oder jeder Verlust der Kraft, die für andere Dinge als dieses eine Ziel so wichtig ist, insofern grob unmoralisch, als sie an Torheit und Selbstzerstörung teilhaben. Während der Operation sollten nur wenige Personen mit ihm im Haus wohnen. "Was die Familie betrifft, gilt: je weniger, desto besser. Sorgen Sie auch dafür, dass die Dienerschaft bescheiden und ruhig ist." Es wird zu Nächstenliebe geraten, ebenso zu Bescheidenheit in Bezug auf Kleidung und Bekleidung. Eitelkeit sollte streng vermieden werden.

So viel zum ersten Zeitraum. Die Aufgaben in diesen zwei Monaten sind verhältnismäßig einfach und deuten auf ein einfaches meditatives Leben hin, in dem Ruhe und Gelassenheit gefordert sind. Zweimal täglich, bei Sonnenaufgang und Sonnenuntergang, wenn bestimmte okkulte Kräfte in der Natur am stärksten und reinsten sind, sollten die Anrufungen durchgeführt werden; und der Rest des Tages sollte damit verbracht werden, die Konzentration des Geistes in leidenschaftlicher Hinwendung zum „Heiligen Engel, der Ihnen als Führer dienen wird", auf verschiedene Weise zu perfektionieren. Der von Abraham vorgeschlagene Zeitplan kann leicht durch andere Elemente der Magie ergänzt werden, die dem Hauptziel entsprechen, das der Einfallsreichtum des Einzelnen vorschlägt. Während dieser Zeit sollte der Magier alle Fähigkeiten, die er durch die Aufmerksamkeit auf andere Phasen der Technik erworben hat, der Stärkung des Hauptziels widmen. Bannrituale können sinnvoll durchgeführt werden, und das Aufsteigen auf die Ebenen kann sich als äußerst nützliche Ergänzung zu den Anrufungen erweisen. Die kontinuierliche Wiederholung eines heiligen Mantras, das mit der Vorstellung des Magiers von der Natur seines Engels übereinstimmt, sollte sich als keine geringe Hilfe erweisen, die Konzentration des Geistes auf einen Punkt zu halten.

Mit dem Beginn der zweiten Periode wird weitgehend das gleiche Verfahren befolgt, außer dass der Betende ermahnt wird, seine Anrufungen intensiver und feuriger zu gestalten, und „ihr sollt eure Gebete so weit wie möglich verlängern." Die Anrufungen sollen wie in den beiden vorangegangenen Monaten morgens und abends fortgesetzt werden, aber „bevor ihr das Oratorium betretet, sollt ihr eure Hände und euer Gesicht gründlich mit reinem Wasser waschen. Und ihr sollt eure Gebete mit der größtmöglichen Zuneigung, Hingabe und Unterwerfung verlängern und dabei demütig Gott den Herrn anflehen, dass er seinen heiligen Engeln befehlen möge, euch auf den wahren Weg zu führen." Es ist leicht, die psychologische Idee zu erkennen, die Abraham allmählich formuliert. Die Anrufungen des Heiligen Schutzengels sollten häufiger, leidenschaftlicher und gebieterisch erfolgen, so dass, wenn dem Theurgen gegen Ende des Zeitraums von sechs Monaten der Rat gegeben wird, sich durch die Anrufung zu entflammen, die vorangegangene Übung ihn wie einen vom Bogen abgefeuerten Pfeil zur Herrlichkeit des Engels fliegen lässt und er keine Schwierigkeiten damit hat, die erforderliche Begeisterung und Hingabe zu erwecken, die die Mystische Vereinigung herbeiführen wird.

Andere Vorschriften, die in der zweiten Periode zu beachten sind, können kurz wie folgt zusammengefasst werden. „Die Durchführung der Hochzeitsriten ist erlaubt, sollte aber kaum oder gar nicht in Anspruch genommen werden." „Außerdem sollst du deinen ganzen Körper jeden Sabbatabend waschen." „Was Handel und Lebensregeln betrifft, gilt das Gleiche wie in der ersten Periode", aber jetzt „ist es während dieser Periode absolut notwendig, sich von der Welt zurückzuziehen und einen Rückzugsort zu suchen." Die zuvor gemachten Beobachtungen in Bezug auf Essen und Trinken und Kleidung sollten weiterhin durchgesetzt werden.

Wenn sich die zweite Periode dem Ende zuneigt und damit der vierte Monat der ununterbrochenen Anrufung, sollte sich der Geist des Operators aufgrund dieser heiteren und ruhigen Lebensweise und der zunehmenden Inbrunst, die er in seine Anrufungen einbringen soll, die nun größere Zeiträume in Anspruch nehmen, allmählich auf einen einzigen Punkt konzentrieren. Zu diesem Zeitpunkt wird er auch in den Zustand der Trockenheit eingetreten sein, von dem Mystiker aller Zeiten gesprochen haben, diesen schrecklichen psychologischen Zustand, in dem alle Kräfte der Seele tot zu sein scheinen und sich die Sicht des

Geistes in stummem Protest, sozusagen, gegen die harte Disziplin des Eides schließt. Tausendundeine Verführung wird versuchen, den Operator von der Betrachtung des von ihm gewählten Endes abzubringen, und tausendundeine Möglichkeit wird präsentiert, den Eid im Geiste zu brechen, ohne ihn dem Wortlaut nach zu brechen. Und es wird den Anschein haben, als ob der Geist selbst außer Kontrolle gerät und den Theurgen warnt, dass es besser für ihn wäre, zum Beispiel eine Zeit der Anrufung auszulassen und etwas anderes zu tun, weltliches und angenehmes. Ständig wird er versuchen, ihn mit übermäßigen Ängsten in Bezug auf die Gesundheit von Körper und Geist zu ängstigen. Gegen all diese Verrücktheiten - die tödlich sind, wenn er auch nur einer Versuchung erliegt - gibt es nur ein Heilmittel, die Disziplin des zu Beginn geleisteten Eides; sechs Monate lang mit der Arbeit der Anrufung des Heiligen Schutzengels fortzufahren. Es bleibt nichts Anderes übrig, als die Zeremonien und Anrufungen durchzuführen, die jetzt vorübergehend bedeutungslos und abscheulich sind, da die geistige Sicht dunkel und das innere Auge geschlossen ist. Es kann sein, dass mit der dritten und letzten Periode diese „Dunkle Nacht der Seele" langsam und unmerklich vorübergeht und dann die sanfte rosa und pinke Erhabenheit der Morgendämmerung erwacht, gefolgt vom hellen Tageslicht des Wissens und der Unterhaltung, mit der beseligenden Vision und dem Duft des Heiligen Schutzengels, der so süß und stärkend für Sinne und Seele ist.

Mit dem Beginn der letzten beiden Monate wird dem Mann, der sein eigener Herr ist, geraten, alle Geschäfte in Ruhe zu lassen, außer vielleicht Wohltätigkeitsarbeiten gegenüber seinem Nächsten. Allerdings sollte auch bei der Ausübung einer so hohen Tugend wie dieser Vorsicht walten, damit die Konzentration und das Streben nach dem Höchsten nicht gebrochen werden. „Du sollst jede Gesellschaft meiden, außer die deiner Frau und deiner Diener. ... Jeden Sabbatabend sollst du fasten und deinen ganzen Körper waschen und deine Kleidung wechseln." Diese Regeln betreffen die Lebensweise und das Verhalten. Aber der Ratschlag, der sich auf den magischen Aspekt der Operation bezieht, lautet wie folgt: „Morgens und mittags sollt ihr euch beim Betreten des Oratoriums (das heißt natürlich vorher) die Hände und das Gesicht waschen; und zuerst sollt ihr alle eure Sünden beichten; danach sollt ihr mit einem inbrünstigen Gebet den Herrn anflehen, euch diese besondere Gnade zu gewähren, nämlich, dass ihr die Gegenwart und Unterhaltung seiner heiligen Engel genießen und ertragen könnt und dass er sich herablässt, euch während ihrer Unterbrechung die geheime Weisheit zu gewähren, damit ihr über die Geister und alle Geschöpfe herrschen könnt."

Dies ist das für die letzten zwei Monate empfohlene Verfahren, in denen der größte Teil des Tages, wie auch die chaldäischen Orakel empfehlen, mit „häufigem Anrufen" verbracht wird, wobei alle Kräfte des Geistes, Körpers und der Seele zusammengeballt und durch Anrufung fokussiert werden, sodass der Engel erscheinen und den Theurgen zu seinem größeren und umfassenderen Leben erheben kann. Nachdem die dritte Periode von zwei Monaten am 1. September abgeschlossen ist, soll der Magier am nächsten Morgen sehr früh aufstehen, sich weder waschen noch seine gewöhnliche Kleidung anziehen, sondern ein Trauergewand nehmen, barfuß in das Oratorium gehen, zur Seite des Weihrauchfasses gehen und, nachdem er die Fenster geöffnet hat, zur Tür zurückkehren. Dort wende dich mit dem Gesicht gegen den Boden und befiehl dem Kind (das in diesem System als Assistent und Hellseher verwendet wird, aber in letzterer Funktion, wie ich glaube, unnötig ist, wenn die Operation sorgfältig befolgt wurde), das Parfüm auf das Weihrauchfass zu träufeln, wonach es sich vor dem Altar auf die Knie legen soll; in allen Dingen und durchweg den Anweisungen folgen, die ich dir gegeben habe... Demütige dich vor Gott und Seinem Himmlischen Hof und beginne dein Gebet mit Inbrunst, denn dann beginnst du, dich im Gebet zu entflammen, und du wirst eine außergewöhnliche und übernatürliche Pracht sehen, die den ganzen Raum erfüllt und dich mit einem unaussprechlichen Geruch umgibt, und dies allein wird dich trösten und dein Herz erquicken, so dass du den Tag des Herrn für immer glückselig nennen wirst."

Wie man bemerken wird, belastet Abraham, der weise Mann und Magier, der er war, weder sich selbst noch den Geist seines Sohnes, dem diese magische Technik vermittelt wird, mit intellektuellen Spitzfindigkeiten oder metaphysischen Fragen über die Natur des Engels. Es gibt keine Diskussion darüber, ob dieser eine objektive, das heißt unabhängige Existenz hat oder ob er subjektiv in der psychologischen Struktur des Theurgen verankert ist. Er selbst, der diese Ausbildung durchlaufen und ihren Abschluss in der Vision und dem Parfüm gefunden hatte, kannte den Irrtum intellektueller Knechtschaft sehr gut. Und das ist vermutlich der Grund, warum er allen anderen Begriffen den Vorzug vor den Worten „Heiliger Schutzengel" gab, die aus rationaler Sicht so offensichtlich absurd sind, dass kein vernünftiger Mensch es wagen würde, sich auf Spekulationen über sie einzulassen. So werden intellektuelle Knechtschaft und die Falle des Irrtums vermieden. Je größer die Kraft und der Enthusiasmus dieses Glaubensaktes an ein irrational benanntes und konzipiertes Wesen, desto wirksamer ist die Krise der Beschwörung.

Sieben Tage lang, so rät Abraham, soll der Operator die Zeremonien durchführen, ohne auch nur eine davon richtig auszuführen. Am Tag der Weihe wird der Heilige Schutzengel dem Theurgen erschienen sein und seiner Seele Gnade und Glanz verliehen, seinem Geist Nahrung gegeben und die ganze Sphäre des Geistes mit einer allumfassenden Erleuchtung überflutet haben, die mit Worten nicht angemessen beschrieben werden kann. Dann folgt auf Geheiß des Engels eine dreitägige Versammlung, bei der die guten und heiligen Geister zu sichtbarer

Erscheinung auf der Terrasse beschworen werden und in die Herrschaft des erneuerten Willens des Magiers eintreten; und eine zweite
dreitägige Versammlung zur Beschwörung der bösen Geister. Am
zweiten Tag, so rät Abraham, „sollten Sie den Ratschlägen folgen, die
Ihr Heiliger Schutzengel Ihnen gegeben hat, und am dritten Tag sollten
Sie danken." "Und dann werdet ihr zum ersten Mal die Prüfung bestehen können, ob ihr die Zeit eurer Sechs Monde gut genutzt habt und
wie gut und würdig ihr euch alle auf der Suche nach der Weisheit des
Herrn bemüht habt; denn ihr werdet sehen, wie euer Schutzengel euch
in unvergleichlicher Schönheit erscheint; er wird auch mit euch sprechen und in Worten sprechen, die so voller Zuneigung, Güte und mit
solcher Süße sind, dass keine menschliche Zunge dasselbe ausdrücken
könnte… Mit einem Wort, ihr werdet von ihm mit solcher Zuneigung
empfangen werden, dass diese Beschreibung, die ich euch hier gebe,
im Vergleich hierzu wie nichts erscheinen wird… Nun, an diesem Punkt
fange ich an, mich in meinem Schreiben einzuschränken, da ich durch
die Gnade des Herrn euch einem so großen Meister unterworfen und
übergeben habe, dass er euch niemals irren lassen wird."

Crowley schließt sich direkt an die Beschreibung des Schauplatzes der
zuvor zitierten magischen Operation in Gedichtform an und führt die
Bemerkungen unseres magischen Autors weiter aus:

" Du sollst eine Birkenrinde haben
auf dem Fluss in der Dunkelheit;
Und um Mitternacht sollst du
zur sanftesten Strömungsmitte des Stroms gehen
und auf einer goldenen Glocke
den Ruf des Geistes anschlagen;
dann sprich den Zauberspruch:
'Engel, mein Engel, komm näher! '
Mache das Zeichen der Magie

mit einem Stab aus Lapislazuli.
Dann wirst du vielleicht durch die blinde stumme
Nacht deinen Engel kommen sehen,
das leise Flüstern seiner Flügel hören,
die zwölf Steine der zwölf Könige sehen!
Seine Stirn soll mit einem Diadem aus dem schwachen Licht
der Sterne geschmückt sein, wobei das Auge dominant und
scharf leuchtet.
Dabei wirst du ohnmächtig; und deine Liebe
wird die subtile Stimme vernehmen.
Ich werde es seiner glücklichen Geliebten mitteilen;
Mein albernes Geschwätz hat ein Ende! ...
Lege dich offen hin, ein Becher wie ein Chamäleon,
und lass Ihn deinen Honig aufsaugen! "

So endet der wichtigste Abschnitt des Systems, das von Abramelin dem Magier befürwortet wird, der wohl einer der größten Meister der Magie im Westen war. Mit vollkommener Klarheit und süßer Einfachheit der spirituellen Vorstellung, mit Klarheit des Ausdrucks und der Unterweisung ohne den Geist mit Einzelheiten und Unwesentlichem zu belasten, mit Symbolen der Reinheit und Sauberkeit, führt Abraham der Jude den Theurgen allmählich, Schritt für Schritt, die wunderbare Leiter hinauf, die der Baum des Lebens ist, der vom Alten der Tage erdwärts zum unaussprechlichen Meister wächst. Er ist der Augoeides, Adonai, das Höhere Selbst, der Heilige Schutzengel, nennen Sie ihn, wie Sie wollen. Und die Erleuchtung und spirituelle Herrlichkeit, die der Engel bringt, ist eine so schöne und heilige und schreckliche Vision, dass im Anbetenden eine Verzückung, eine Hingebung, ein Transport der Ekstase hervorgerufen wird, der jenseits aller menschlichen Vorstellung und menschlicher Sprache liegt. Kein Heiliger oder Dichter konnte bisher mehr als ein fernes, sich zurückziehendes Echo dieser unvergleichlichen Erfahrung andeuten. Die Errungenschaft markiert den Beginn der Karriere der Adepten, und erst dann, wenn die Seele in die Höhe gehoben wurde und Dinge sah, die nicht zu erzählen sind, kann die wahre Natur des Lebens erkannt werden. Durchdrungen von einem Reichtum an Weisheit und Glückseligkeit und Klarheit der inneren Sicht kann die Welt dann als das geschätzt werden, was sie ist. Bis dahin waren die Augen der Seele geschlossen, und blind, verängstigt und unwissend stumm wurde das Individuum im ewigen Rad des Lebens und des Schmerzes herumgewirbelt. Mit dem Erreichen der engelhaften Pracht, wobei das Zentrum des Bewusstseins für immer über das empirische Ego hinausgehoben wurde, löst eine Flut der Ekstase die Erkenntnis aus, dass nur der Engel das Ego ist und immer war, das wahre Selbst, das man nie zuvor gekannt hat. Der Engel umschließt ihn nicht mehr wie die fernen Wände des sternenübersäten Abgrunds, sondern er brennt leidenschaftlich im Innersten des Menschen und lässt durch die Kanäle seiner Sinne einen nicht enden wollenden Strom glanzvollen Ruhms und Entzückens fließen. Die Freuden des Geistes werden entriegelt und schwingen auf ihren Lüsten zurück, und die himmlische Wirklichkeit, in die der Engel die Seele führt, wird reichlich und ekstatisch offenbart.

Es gibt ein wunderschönes Gedicht des irischen Dichters A. E., in dem es um ein Gespräch zwischen dem irdischen Kind der Liebe und dem heiligen Engel des Lichts geht. Ersteres spricht:

> "Ich kenne dich, o Herrlichkeit,
> deine Augen und deine Stirn
> mit weißem Feuer ganz grau,
> Komm jetzt zu mir zurück.
> Zusammen wanderten wir
> in vergangenen Zeiten,
> Unsere Gedanken, als wir nachsannen,
> waren Sterne in der Morgendämmerung.

Mein Ruhm ist geschwunden;
Mein Azur und Gold;
Doch du hältst das Sonnenfeuer von einst am Brennen.
Meine Schritte sind an die Heide und den Stein gebunden..."

Der Engel antwortet mit Worten, die für den Schüler der Magie besonders bedeutsam sind, und fleht das Schattenselbst an, sich der Führung
des himmlischen Hirten zu unterwerfen:

" Warum jetzt zittern und weinen,
dem einst die Sterne gehorchten?
Komm jetzt in die Tiefe
und fürchte dich nicht…
Ein Diamant brennt
in den Tiefen der Einsamen,
dein Geist, der zurückkehrt
kann seinen Thron beanspruchen.
Auf flammengesäumten Inseln
werden seine Sorgen aufhören,
versunken in die Stille
und ausgelöscht im Frieden.
Komm und lege deinen armen Kopf auf
mein Herz, wo es glüht
mit rubinroter Liebe auf
deinem Herz für seine Leiden.
Ich gebe meine Macht auf,
Dir gebührt sie,
Komm hervor, denn die Pracht
wartet auf dich! "

KAPITEL DREIZEHN

DIE Vereinigung mit dem Heiligen Schutzengel ist vollzogen und die Seele ist in die innere Essenz seiner Pracht und Herrlichkeit aufgenommen worden. Der Magier fährt im Abramelin-System mit der Beschwörung der Geister und Dämonen fort, mit der Absicht, sie und folglich mit ihnen die ganze Natur der Herrschaft seines transzendentalen Willens zu unterwerfen. Auf den ersten Blick mag es scheinen, dass ein solcher Abschnitt, der auf die Erhöhung des vorhergehenden Abschnitts des Buches folgt, ein Abstieg von der Erhabenheit ist und in der Natur eines Antiklimax liegt. Es kann kaum geleugnet werden, dass die Ekstase und die hohe spirituelle Tadellosigkeit des Buches durch die Hinzufügung dieser Dinge zur eindrucksvollen Würde der Abramelin-Operation etwas getrübt werden. Aleister Crowley hat einst versucht, eine geeignete rationale Erklärung dafür zu liefern. "Es gibt", argumentiert er, "einen Grund. Jeder, der eine neue Welt lehrt, muss sich an alle Bedingungen dieser Welt halten. Es ist natürlich wahr, dass die Hierarchie des Bösen der Wissenschaft etwas zuwiderläuft. Es ist in der Tat sehr schwer zu erklären, was wir meinen, wenn wir sagen, wir rufen Paimon an, aber um etwas tiefer zu gehen, gilt dieselbe Bemerkung auch für Herrn Smith von nebenan. Wir wissen nicht, wer Herr Smith ist, was sein Platz in der Natur ist oder wie wir ihn erklären sollen. Wir können nicht einmal sicher sein, dass er existiert. Doch in der Praxis rufen wir Smith bei diesem Namen und er kommt. Mit den richtigen Mitteln können wir ihn dazu bringen, die Dinge für uns zu tun, die mit seiner Natur und seinen Kräften im Einklang stehen. Die ganze Frage ist daher eine Frage der Praxis; und nach diesem Maßstab finden wir, dass es keinen besonderen Grund gibt, mit der herkömmlichen Nomenklatur zu streiten."

Die von Abramelin vorgeschlagene Methode, die vier Fürsten des Bösen in der Welt heraufzubeschwören, besteht aus magischen Quadraten, die in bestimmten Anordnungen verschiedene Buchstaben und Namen enthalten. Wenn diese Quadrate durch den magischen Willen aufgeladen und mit Energie versorgt werden, erzeugen sie eine magnetische oder elektrische Spannung im Astrallicht, auf die bestimmte Wesen, die mit dieser Spannung im Einklang stehen, reagieren, indem sie vom Magier angeordnete Handlungen ausführen. Abgesehen von der Beschwörung der Dämonen auf der Terrasse gibt es von Abraham entworfene und beschriebene Quadrate zur Erfüllung fast aller Wünsche, die einem Menschen in den Sinn kommen könnten. Es ist nicht beabsichtigt, dieses letzte Kapitel des Abramelin-Buches zu beschreiben, das die Quadrate und die praktische Formel der Beschwörung enthält, da letztere den unwichtigsten Zweig dieses Systems darstellt. In jedem Fall berührt dieses besondere Thema andere magische Schriften, die ich kurz beschreiben wollte. Diese Werke, wie *The Sacred Magic of Abramelin*, sind leider vergriffen und praktisch unerreichbar, außer für diejenigen, die Zugang zu einem Museum oder einer großen Bibliothek haben. Ich möchte sie hier kurz ansprechen, da sie sich mit dem Zweig der Magie befassen, der der Anrufung entgegengesetzt ist und sich mit der Beschwörung und Kontrolle von Planetengeistern und Engelwesen befasst. Ich möchte den Leser jedoch warnen und seine Aufmerksamkeit darauf lenken, dass das von Abramelin festgelegte Verfahren das Beste ist. Zuerst sollten Wissen und Konversation mit dem Heiligen Schutzengel und dann die Beschwörungen erfolgen. Und ich erwähne letztere nur, damit der Leser die gesamte Formel kennt, obwohl ich nicht beabsichtige, viele der praktischen Anweisungen wiederzugeben. Die erwähnten Bücher sind namentlich *The Key of Solomon the King*, *The Goetia or Lesser Key of Solomon the King* und *The Book of the Angel Ratziel*. Das letztgenannte Werk wurde leider nie aus dem hebräischen ins Englische übersetzt. Natürlich war König Solomon, das Vorbild höchster Gelehrsamkeit und Weisheit durch die Jahrhunderte, die Figur, der die unbekannten Autoren dieser Werke ihre eigenen Kompositionen zuschrieben, damit letztere umso eindrucksvoller und maßgebender wurden. Nicht, dass dieser offensichtliche Betrug den geringsten Unterschied machen würde, denn wenn das System funktioniert, dann ist Solomon ein ebenso guter oder schlechter Aufhänger, an den man die magischen Reden und Anweisungen hängen kann, wie beispielsweise eine hypothetische Null wie Yossel ben Mordecai. Darüber hinaus zeugt es von einer gewissen Selbstverleugnung, wenn ein Autor seinen eigenen Namen weglässt und die Urheberschaft einer anderen Person zuschreibt. Die Figuren selbst und das magische System in ihnen sind das Interessante; die Urheberschaft spielt in diesen Fällen überhaupt keine Rolle.

Die Notwendigkeit für die Rituale der Beschwörung ist eigentlich ganz einfach. Obwohl das höchste Ziel der Magie die Erkenntnis des Höheren Selbst ist und alles, was diesem höchsten Ziel näherkommt, schwarze Magie ist, ist es manchmal notwendig, sowohl die Materialien als auch den Schauplatz der Operationen neu zu ordnen und Vorbereitungen für die Verbesserung des Ruach zu treffen, der dem Geliebten geopfert werden soll. Für verschiedene Personen und zu verschiedenen Zeiten müssen diese Vorbereitungen natürlich unterschiedlich sein. Da der *Ruach* aufgegeben und auf dem Opferstein als Opfergabe an den Allerhöchsten geopfert werden soll und da es eine gewisse Billigkeit und Kindlichkeit der Hingabe bedeutet, ein beflecktes Opfer zu opfern, kann es für einige Theurgen notwendig sein, sich auf alle möglichen Praktiken einzulassen, um Ziele zu erreichen, die für andere völlig unnötig sein können. So kann es beispielsweise sein, dass ein Schüler unter einem schlechten Gedächtnis leidet, das ihn daran hindert, sich an die Vision und das Parfüm zu erinnern; ein anderer ist möglicherweise nicht in der Lage, auf bestimmte emotionale Reize zu reagieren, und ein dritter ist möglicherweise mit einer verkümmerten

Lebenseinstellung belastet, deren Armut im völligen Gegensatz zu der intensiven Großzügigkeit und der fruchtbaren Hingabe steht, die die Natur auszeichnet. Die unmittelbare magische Aufgabe in solchen Fällen besteht darin, das unmittelbare Vehikel zu perfektionieren, durch das sich der Heilige Schutzengel manifestieren soll. Es ist vergeblich, das Lebenselixier und den ambrosischen Wein der hohen Götter in ein zerbrochenes oder schmutziges Gefäß zu gießen, und es muss nach einem angemessenen Heilmittel für diese Mängel gesucht werden. Wenn es schließlich zur endgültigen Hingabe des Egos in der mystischen Hochzeit mit dem Geliebten kommt und das Ego auf dem Altar geopfert wird, wird kein hässlicher Komplex die Entzückung der spirituellen Ekstase der Vereinigung trüben, noch wird dem Opfer irgendetwas fehlen, das den Göttern gefällt, oder ihm wird eine Fähigkeit fehlen, die das Wachstum oder das weitere Leben der goldenen Blume in seiner Seele behindert. Daher kann es sich als zwingend erweisen, die Operation des Heiligen Schutzengels eine Zeit lang zu verschieben, um der Braut geeignete Anweisungen für ihre Pflichten gegenüber dem Königssohn zu geben; sich zu Beginn nicht der Magie des Lichts, sondern den Beschwörungen der Goetia zu widmen. Verschiedene Teile des Geistes und der Seele können so fehlerhaft sein, dass sie besondere magische Anstrengungen für ihre Anregung und Reparatur erfordern – das heißt, wenn gewöhnliche weltliche Methoden sich als nutzlos erwiesen haben. In solchen Fällen ist es zulässig und legitim, sich zunächst den Ritualen der Beschwörung zu widmen, damit jede Fähigkeit des Individuums wieder voll und normal funktionieren kann. Einige der Wesen, die beispielsweise in den 72 Hierarchien des Kleinen Schlüssels des Königs Salomon erwähnt werden, müssen möglicherweise beschworen werden, um die emotionalen Fähigkeiten zu verbessern, um Logik, Vernunft, Gedächtnis oder einen anderen Bereich des Denkens und Geistes zu fördern. Wenn die *Goetia* also angibt, dass der Geist namens „Foras" „die Künste der Logik und Ethik" lehrt, bedeutet dies, dass durch die Stimulierung eines bestimmten Aspekts des Geistes, der aus einer bestimmten Art magischer Operation resultiert, die logischen Fähigkeiten verbessert und stimuliert werden.

Ich möchte auf eine magische Hypothese aufmerksam machen, die die fortgesetzte Verwendung der Beschwörung von Engel- und Planetenwesen legitimiert, die dem Wissen und der Konversation des Heiligen Schutzengels vorausgeht. Sie besagt, dass die Ausübung der Künste der Beschwörung dazu dienen kann, die Lücken in der Leiter zu füllen, auf der die Seele in die Höhen des Himmels klettern kann. Mit dieser Methode erhält der Theurg eine solide viereckige Basis für seine Pyramide der Errungenschaften. Es ist nutzlos, argumentieren die Befürworter dieses Systems, ein so erhabenes Gebäude wie die Spitze einer Pyramide hoch in den Wolken in Betracht zu ziehen, wenn das Fundament nicht sehr fest im Boden verankert ist, um als sichere, unerschütterliche Basis und Unterstützung für den aufstrebenden Geist zu dienen. Solange das Streben der Seele rein, von sauberen Motiven getragen und nicht durch das bloße egoistische Verlangen nach Macht befleckt ist, kann dem Magier bei der Ausübung der Beschwörungstechnik wenig Schaden zugefügt werden, vorausgesetzt natürlich, dass die üblichen Vorsichtsmaßnahmen der gründlichen Verbannung und Weihe von Kreis und Dreieck beachtet werden. Aber mit dieser Methode, so heißt es, ahmt der Magier die Arbeit und den Fortschritt der gesamten Natur nach. In ihr, seiner großen Führerin und Vorbild, sieht er, dass kein Schritt in Richtung Wachstum plötzlich ohne lange Vorarbeiten oder Vorbereitungen irgendeiner Art unternommen wird; alles verläuft ordentlich und harmonisch und allmählich, Schritt für Schritt, mit der richtigen Sorgfalt und Abfolge und Abstufung. Es ist diese Harmonie und Ordnung, die er in seine eigene Arbeit einzubringen versucht. Am unteren Ende des Überbaus muss er mit seiner Arbeit beginnen und jeden Ziegelstein, der in seine große Pyramide eingebaut werden soll, mit größter Sorgfalt, Eifer und Hingabe bauen, Schicht für Schicht auftragen und keine einzige Ebene auslassen, auf der der Turm jemals stehen sollte. Allmählich, während seine breite pyramidenförmige Basis der Errungenschaft fortschreitet und sie sowohl innen als auch außen auf einem festen Fundament thront, das durch die Beschwörungen gesichert und durch sein Streben gestützt wird, neigt er dazu, die kleineren Dinge zu verwerfen, da ihre Notwendigkeit weniger offensichtlich wird, und wird zielstrebiger und frommer, bis der Höhepunkt seiner Bemühungen in die höchste Errungenschaft überfließt. In diesem Fall ist die Errungenschaft auf einer soliden Basis gegründet, die nicht auf Treibsand gebaut ist und die der kleinste Windhauch umwerfen könnte; Das Wissen und die Konversation sind im Geist und Körper des gesamten Wesens verwurzelt, und es besteht nicht die geringste Gefahr, dass eine Erleuchtung ihn mit einer fanatischen Idee besessen macht oder sein geistiges Gleichgewicht stört.

Die Begründung für die durch die Evokation verliehenen Kräfte und die Realität der Geister ist nicht weit entfernt, wenn man einen kurzen Blick auf die pathologische Psychologie wirft. Das Phänomen der Evokation kann mit einer subtilen Neurose oder einem Komplex in unserem Geist verglichen werden, den wir nicht abschütteln oder beseitigen können, es sei denn, wir sind in der Lage, ihn auf irgendeine Weise klar zu definieren und seine Ursache festzustellen. Dieses Wissen verleiht ihm eine präzise bewusste und rationale Form, der man dann offen ins Auge sehen und ihn für immer als quälenden und störenden Impuls aus dem Geist verbannen kann. Der Psychoanalytiker ist unfähig einem an einer besonders schweren Neurose leidenden Patienten zu helfen, solange er nicht mithilfe seiner Technik in das Unbewusste vorgedrungen ist und die Ursache für die Existenz der Konflikte entdeckt hat, die diese Neurosen verkörpern. Diese Untersuchung der Inhalte des Geistes oder eines Teils des Geistes und des Gedächtnisses verleiht der zugrundeliegenden neurotischen Ursache Klarheit und Kohärenz, und der Patient erkennt klar die Form und Ursache der hervorgerufenen Psychose und kann sie somit zerstreuen und verbannen.

Solange der Komplex ein verborgener unterbewusster Impuls ist, der ohne Gestalt oder Form im Unterbewusstsein des Patienten lauert, aber genügend Kraft besitzt, um die bewusste Einheit zu stören, kann er nicht richtig konfrontiert und behandelt werden. Dieselbe subjektive Begründung kann auf den Goetia-Aspekt der Magie, die Beschwörung der Geister, ausgedehnt werden. Solange in der Konstitution des Magiers jene unterbewussten Kräfte oder Geister verborgen, unkontrolliert und unbekannt liegen, die die Vollkommenheit jeder bewussten Fähigkeit verleihen, ist der Magier nicht in der Lage, ihnen optimal entgegenzutreten, sie zu untersuchen oder zu entwickeln, einen zu modifizieren und einen anderen aus dem gesamten Bewusstseinsfeld zu verbannen. Sie müssen Form annehmen, bevor sie verwendet werden können. Durch ein Programm der Beschwörung werden jedoch die Geister oder unterbewussten Kräfte aus der Tiefe hervorgerufen, und indem man ihnen im Dreieck der Manifestation eine sichtbare Form gibt, können sie durch das mnemonische System transzendentaler Symbole kontrolliert und in die Herrschaft des vergeistigten Willens des Theurgen gebracht werden. Solange sie immateriell und ungeformt sind, kann man nicht angemessen mit ihnen umgehen. Nur indem man ihnen mit Hilfe der Weihrauchpartikel eine sichtbare Erscheinung verleiht und sie in das magische Dreieck beschwört, kann der Magier sie beherrschen und mit ihnen machen, was er will. Die hier verwendete subjektive Theorie ist äußerst praktisch, um eine leicht verständliche Erklärung für dieses Phänomen der Beschwörung zu liefern. Denn die Geister können zu Recht mit dem Ideeninhalt oder dem unterbewussten Gedankeninhalt des Geistes verglichen werden, der ungesehen, ungehört und ohne Form in den dunklen Abgründen des Geistes wirkt. Indem ihnen eine greifbare Form durch eine Vorstellungskraft verliehen wird, die durch den Prozess der Beschwörung zu einer erstaunlichen Aktivität angeregt wird, kann der Magier die unentwickelte Horde undisziplinierter Gedanken, Leidenschaften und Erinnerungen, die sie sind, unterwerfen und so Form und Ordnung in die

Hierarchie der Geister bringen und den Reichtum ihres besonderen Wissens und ihrer Energie seinem Willen unterordnen. Dies allein stellt den Grund und die Notwendigkeit für die Durchführung von Beschwörungen dar, bevor man das Wissen und die Konversation des Heiligen Schutzengels erlangt hat, was das höchste und wichtigste Ritual der Magie ist.

Diese Begründung liefert sofort eine Definition der beiden Hauptbereiche der Magie sowie eine eindeutige Klassifizierung der hierarchischen spirituellen Wesen. Anrufung bedeutet vor allem das Rufen eines Gottes oder des Heiligen Schutzengels in den Kreis der menschlichen Bewusstseinssphäre, was die Definition des magischen Kreises ist. In dieser höheren Form der Magie ist kein äußeres Dreieck erforderlich, denn der Magier, der Kreis und Dreieck in einem Wesen ist, möchte sein eigenes Leben mit dem größeren Leben eines Gottes vermischen und sich diesem unterwerfen. Das Dreieck impliziert Manifestation und Dualität, die Trennung eines niederen Wesens vom Theurgen. In der Anrufung ist Dualität ein absoluter Fluch; der Zweck dieses Aspekts der Theurgie besteht darin, die Dualität zu beseitigen. Die Evokation hingegen ist die absichtliche Beschwörung oder das Hervorrufen einer unvollständigen oder kleineren Entität in das Dreieck der Manifestation, das außerhalb des Umfangs des Kreises platziert ist. Die Definitionen der beiden Hauptfiguren sind sehr wichtig und nützlich und sollten meiner Meinung nach immer im Gedächtnis behalten werden. Der Kreis ist die Sphäre des Bewusstseins; eine, integrale und vollständige Einheit. Das Dreieck stellt Manifestation und Trennung dar, und darin wird ein Wesen der Dunkelheit aus den verborgenen Grenzen des inneren Kreises ins Licht gebracht. Ein Gott kann als vollständige und harmonische Idee angesehen werden; kohärent und absolut innerhalb seiner eigenen Sphäre, ein allumfassender Makrokosmos, mit dem sich der Magier, der ein Mikrokosmos ist, innerhalb der geschützten

Grenzen des Kreises vereint. Andererseits ist ein Geist oder eine Intelligenz ein niederes Wesen, und obwohl es sich per Definition um eine halbintelligente Naturkraft handelt, ist es eine Idee, die weder vollständig noch gut entwickelt ist und nur ein begrenztes und partielles Bewusstsein umfasst. Im Falle der Beschwörung wird der Geist in ein Dreieck beschworen, das von göttlichen Namen begrenzt und geschützt wird und sich außerhalb des heiligen Kreises befindet, und der Magier innerhalb des Kreises steht in Beziehung zum Geist als Makrokosmos und höheres Wesen. So wie die Anrufung eines Gottes das menschliche Bewusstsein mit einer ekstatischen Flut göttlichen Lichts und Lebens überflutet, so steht der Theurg als Gott und Energiespender für den Geist da. Der Zweck der Beschwörung besteht kurz gesagt darin, dass ein Teil der menschlichen Seele, dem eine mehr oder weniger wichtige Eigenschaft fehlt, sozusagen absichtlich hervorgehoben wird. Es erhält Körper und Form durch die Kraft der Vorstellungskraft und des Willens und wird, um eine Metapher zu verwenden, speziell durch die Wärme und Nahrung der Sonne genährt und mit Wasser und Nahrung versorgt, damit es wachsen und gedeihen kann. Die Technik besteht in der Assimilation eines bestimmten Geistes in das Bewusstsein des Theurgen, nicht durch Liebe und Hingabe, wie dies bei der Anrufung eines Gottes der Fall ist, sondern durch einen höheren Befehl und eine herrische Geste des Willens. Durch diese Assimilation wird die Wunde des Amfortas geheilt, der Mangel behoben und die Seele des Theurgen auf besondere Weise stimuliert, je nach der Natur des Geistes.

Das erste der drei Bücher über Beschwörung, mit denen ich mich hier befassen möchte, ist *The Key of Solomon the King*. Dieses Buch, das bei weitem berüchtigtste aller Bücher über magische Lehren, wurde 1889 von S. L. McGregor Mathers aus lateinischen und französischen Texten ins Englische übersetzt. Er selbst war, wie ich informiert wurde, ein großer Experte und erfolgreich in der Anwendung der angegebenen

Methode und adaptierte daraus für seine eigenen Schüler eine wissenschaftliche Zusammenfassung, die den Prozess der Beschwörung in allen seinen Zweigen abdeckt. Der Übersetzer war der Ansicht, dass dieses Werk die Quelle und das zentrale Lager der kabbalistischen Magie war. In ihm muss der Ursprung eines Großteils der zeremoniellen Magie des Mittelalters gesucht werden, als *The Key* von den besten okkulten Schriftstellern und magischen Praktikern als Werk höchster Autorität geschätzt wurde. Dass es als Unterweisung diente und Eliphas Levi die Grundlage für die transzendentale Magie lieferte, ist mehr als wahrscheinlich, denn es sollte jedem, der Levi auch nur ein bisschen sorgfältig studiert hat, klar sein, dass der Schlüssel des Königs Salomon sein wichtigstes Lehrbuch für Studium und Praxis war. Obwohl er seine Verpflichtungen nicht in so vielen Worten offen anerkennt, bezieht er sich in seinen blumigen Bemerkungen über die *Clavicles of King Solomon* auf dieses Werk. Sein *Ritual of Transcendental Magic* zitiert eine Anrufung, die er Salomon zuschreibt, wobei dieses Ritual eine gewisse, wenn auch nicht exakte Ähnlichkeit in Aufbau und Tenor mit der ersten Beschwörung des Schlüssels aufweist, die im letzten Kapitel dieses Werks wiedergegeben ist. Der Schlüssel als Ganzes ist, mit Ausnahme einiger durch und durch verabscheuungswürdiger Kapitel, die den animalischen Gelüsten verdorbener Ignoranten nachgeben und die wahrscheinlich spätere Einschübe in den Text sind, eines der praktischsten Systeme technischer Magie, die es gibt. Sein Hauptinteresse gilt der Beschwörung der Planetengeister oder Regenten.

Die obskure Frage, ob es tatsächlich ein hebräisches Original gab, wurde mehrfach aufgeworfen, und sowohl P. Christian in seiner *Histoire de la Magie* als auch S. L. McGregor Mathers waren der Meinung, dass, falls es ein hebräisches Dokument gegeben habe, von dem die lateinischen und französischen Übersetzungen stammten, dieses inzwischen verloren gegangen sei. Waite ist mehr oder weniger geneigt, zu bezweifeln, dass es einen hebräischen Text gab, und andere skeptische Autoren glauben, dass es sich einfach um eine mittelalterliche Fälschung handelt, wobei Solomon und ein hebräischer Autor nur erwähnt werden, um leichtgläubigen Gemütern zusätzliche Autorität für den Wert und die Gültigkeit des Buches zu verleihen, wie auch immer diese sein mögen. In den letzten Jahren wurde jedoch von Dr. Herman Gollancsz ein hebräisches Manuskript entdeckt und 1914 von der Oxford University Press ein Faksimile-Nachdruck herausgegeben. Nach einer Prüfung dieses unter dem Titel *Sepher Maphteah Shelomo* veröffentlichten Werks, das die hebräische Version von The Book of the Key of Solomon ist, kann ich nicht zugeben, dass trotz der Tatsache, dass das englische Werk in der Übersetzung denselben Titel trägt, eine notwendige Verbindung zwischen den beiden besteht. Ihr Inhalt ist völlig unterschiedlich.

Das magische System, das in *The Key of Solomon the King* dargelegt wird, ist äußerst objektiv und wurzelt in der Existenz der Götter oder Engel, die auf den Planeten leben, unabhängig vom eigenen Bewusstsein. Seine Existenzberechtigung ist das Postulat, dass ihre Anrufung durch den Menschen eine eindeutige Möglichkeit ist und dass sie seinem souveränen Willen unterworfen werden können. Die magische Philosophie postuliert die Existenz einer spirituellen Entität, die die Seele oder das Noumenon hinter der sichtbaren Hülle jedes Planeten ist. Sie ist der regierende Regent oder Wächter, ganz ähnlich wie die Seele im Menschen die verborgene metaphysische Realität ist, die in den Tiefen seines Wesens wirkt. Dies ist natürlich die objektive Sichtweise, und bei der Entwicklung dieser Theorie schrieben die alten Systeme den Göttern der Planeten Hierarchien niederer Geister und Intelligenzen und Elementarwesen zu, die die himmlische Bewegung und Aktivität verwalten. Eine Tabelle zur Klassifizierung dieser Entitäten finden Sie auf einer früheren Seite. Es ist allgemein bekannt, dass die Wochentage eine astronomische Bedeutung haben, z. B. dass Sonntag der Tag der Sonne, Montag der Tag des Mondes, Samstag der Tag des Saturns usw. ist. Durch diese Anordnung überwiegt, wie die Astrologie lehrt, an einem bestimmten Tag der Einfluss eines bestimmten Planeten und seines Regenten und ist in stärkerer Form vorhanden als an jedem anderen Tag. Diese Klassifizierung wird in *The Key* noch weitergeführt, und die mittelalterlichen Magier stellten sich systematisch vor, dass auch bestimmte Stunden des Tages oder der Nacht unter dem direkten Einfluss der Planeten stehen. Daher wird im Schlüssel eine umfassende Liste der Planetenstunden bereitgestellt, die zeigt, welche besonderen Stunden an den sieben Wochentagen welchen Planeten zugeordnet sind, und die Namen der Engel, die im Laufe der Stunde herrschen. Um die Beschwörung eines Planetenherrschers oder seines Geistes und seiner Intelligenz wirksam zu machen, sollte eine Zeremonie nicht nur am richtigen Wochentag, wie beispielsweise Mittwoch für Merkur, sondern auch während der richtigen Stunde durchgeführt werden. Da Merkur der achten Sephira auf dem Lebensbaum zugeordnet ist, beträgt seine Bedeutung in der Zahl acht. Die entsprechende Stunde wäre folglich die achte Stunde, die gemäß der Tabelle Tafrac genannt wird und besonders anfällig für Merkur-Dinge wäre. In der achten Stunde des Merkurtages, also am Mittwoch, wird der Magier mit Kräutern, Räucherwerk, Farben, Siegeln, Lichtern, Formen und göttlichen Namen arbeiten, die mit der traditionellen Natur des Merkur konsonant und übereinstimmend sind. So ist der Magier leichter in der Lage, die Kreativität der Vorstellungskraft anzuregen und entweder aus seinem eigenen Geist oder dem Astrallicht die Idee oder den Geist zu beschwören, die zu dieser Stufe oder Hierarchie namens Merkur gehören. Nachdem die entsprechenden Beschwörungen niedergeschrieben wurden, wird die Zeremonie durchgeführt. Der Magier hüllt sich astral in die Form des Gottes, der derselben Sephira zugeschrieben wird, deren Entsprechung Merkur ist – vereint sich jedoch nicht mit der Form, falls nur ein Geist oder eine Intelligenz erforderlich ist – und richtet einen mächtigen Strom von Willenskraft gewaltsam auf das Siegel des Geistes, ruft den Gott an, fleht den Erzengel an und beschwört den Engel, dass die entsprechende spirituelle Wesenheit gezwungen werden möge, sich außerhalb des Kreises im geweihten Dreieck der Kunst zu manifestieren, in Übereinstimmung mit den verwendeten Siegeln und anderen sympathischen Konsonanten. Obwohl diese Technik im Schlüssel nicht vollständig beschrieben wird – insofern, als die dort beschriebene grobe Methode mit einem kleinen Jungen vergleichbar wäre, der seinen Vater um etwas Taschengeld bittet – haben Erfahrung und Tradition gezeigt, dass die ägyptischen Methoden sehr gut mit der kabbalistischen Methode des Schlüssels harmonieren und eher zum Erzielen der gewünschten Ergebnisse beitragen.

Das Buch enthält Kapitel, in denen die wesentlichen Eigenschaften der Planeten und die Vielfalt der verschiedenen Operationen, die sich deutlicher auf den einen als auf den anderen beziehen, sorgfältig erläutert werden. All diese Anweisungen werden jedoch durch den Principal ergänzt, jede Operation durchzuführen, wenn der Mond stark zunimmt, in den Tagen zwischen seiner Geburt und seiner Vollmondphase. So verleiht die Beschwörung der Kräfte des Mars in den Tagen und Stunden des Mars Mut, Energie und Willenskraft, während die für Sonne, Venus und Jupiter geeigneten Zeiten für alle Operationen der Liebe, der Güte und der Unsichtbarkeit gut geeignet sind. Operationen zum Erlangen einer Fülle von Beredsamkeit, wissenschaftlichen Kenntnissen, Prophezeiungen und der Fähigkeit zur Wahrsagerei fallen in den Bereich des Merkur und so weiter, wie es in der Astrologie festgelegt wurde. *The Magus* zählt die Engel auf, die sich auf die zwölf Tierkreiszeichen beziehen und die günstigsten Zeiten für ihre Beschwörung sind Tag und Stunde des Planeten, der in diesem Zeichen herrscht oder erhöht ist. Die genaue Methode zum Errichten des magischen Kreises wird ausführlich beschrieben, ebenso wie die Art und Weise, wie er speziell geweiht werden sollte. Ich möchte hinzufügen, dass, obwohl der Schlüssel vorsieht, dass der Kreis mit dem magischen Messer oder Schwert in die Erde gezeichnet werden sollte, der moderne Theurg den Kreis mit den entsprechenden Farben auf ein unberührtes Stück Leinwand oder auf den Boden seines Tempels, sei es auf Fliesen, Parkett oder Linoleum, zeichnen kann und ihn anschließend mit Schwert oder Zauberstab in die Luft zeichnet.

Eine Tatsache, die den Schlüssel zu einem der einzigartigsten und mächtigsten magischen Werke macht, die es gibt, ist, dass er hervorragende Abbildungen der Pentagramme und Siegel liefert, die den sieben Planeten entsprechen und die für die Verwendung als Lamen und Siegel während der Zeremonien erforderlich sind, und auch zeigt, wie sie konstruiert werden sollten. Wenn der Mond in einem Luft- oder Erdzeichen steht, während der Tage und Stunden des Merkur, ist die günstigste Zeit für die Herstellung der Pentagramme und Siegel. Der Magier sollte, wenn möglich, auch eine spezielle Kammer haben, die für die Privatsphäre abgetrennt ist, wo nach der ordnungsgemäßen Weihe und Räucherung die Pentagramme entweder auf Metall oder auf sauberem, unbenutztem Papier konstruiert werden können." Diese Pentagramme werden normalerweise aus dem Metall hergestellt, das am besten zur Natur des Planeten passt. Saturn herrscht über Blei, Jupiter über Zinn, Mars über Eisen, die Sonne über Gold, Venus über Kupfer, Merkur über die Metallmischung und der Mond über Silber. Sie können auch aus exorziertem Virgin-Papier hergestellt werden, auf das mit den für jeden Planeten gewählten Farben geschrieben wird, wobei die Regeln zu beachten sind, die bereits in den entsprechenden Kapiteln festgelegt sind, und je nach dem Planeten, mit dem das Pentagramm in Sympathie steht. Daher wird Saturn die Farbe Schwarz zugewiesen. Jupiter herrscht über das himmlische Blau, Mars über Rot, die Sonne über Gold oder die Farbe Gelb oder Zitronengelb, Venus über Grün, Merkur über gemischte Farben (normalerweise

Orange, gemäß den besten kabbalistischen Traditionen), der Mond über Silber oder die Farbe der argentinischen Erde."

Eine ähnliche Reihe von Vorschriften wird in Bezug auf die Roben und Gewänder gegeben, die der Meister der Kunst und seine Assistenten zeremoniell tragen müssen. Jedes einzelne zu verwendende Instrument – Zauberstab, Schwert, Dolch usw. und alle Accessoires wie Weihrauch, Pergament für die Siegel, Wachs für die Pentagramme oder Talismane und die Seidenbezüge für die Siegel – müssen sorgfältig exorziert werden, um sie zu reinigen, wonach sie der betreffenden Arbeit geweiht werden sollten. Kurz gesagt ist das System eine sehr vollständige Methode, die mehrere Anrufungen und Beschwörungen enthält, die zur Hervorrufung des gewünschten Geistes bis zur sichtbaren Erscheinung führen, und mit ein wenig Einfallsreichtum kann der Magier sein Schema für fast jeden Zweck nutzen. Der eigentliche Ablauf der Operation kann kurz wie folgt zusammengefasst werden: Zunächst sollten die Waffen, Instrumente und der Aufbau des Kreises geweiht und vorbereitet werden. Nach einer gründlichen Verbannung sollte der Magier eine allgemeine Ansprache oder Anrufung an den Herrn des Universums oder sein eigenes Höheres Selbst halten, um der Operation Legitimität zu verleihen. Beispiele für eine solche einleitende Hymne werden im letzten Kapitel dieses Buches gegeben. Danach sollte die entsprechende Form des Gottes astral angenommen werden, sodass die Maske den Magier vollständig in Vorstellungskraft einhüllt, obwohl dies nicht bis zur Identifizierung getrieben werden muss. Es sollte eine allgemeine Beschwörung folgen, in der die Autorität, mit der der Magier arbeitet, rezitiert und die Kräfte aufgezählt werden, die in der Vergangenheit bei anderen Magiern zu großartigen Ergebnissen geführt haben. Zu diesem Zeitpunkt sollte das Bewusstsein des Magiers begonnen haben, sich aufgrund des Verbrennens des Weihrauchs, der Psychologie der Gewänder, der Lyrik und des berauschenden Wertes der Anrufung mit ihrer langen, widerhallenden Liste barbarischer Namen und der Aufzählung von Wundern und Befehlen und Verwünschungen zu erheben, zusätzlich zu der gleichsam verwirrenden Wirkung der Lichter, Figuren und Siegel. Der Höhepunkt der Operation, die Manifestation des Geistes, erfolgt dann fast automatisch. Der Schlüssel 1 von Salomon gibt dann mehr oder weniger das richtige Verfahren vor, bis, wenn der Geist in sichtbarer Form erschienen ist und dem Magier gehorcht hat, die Erlaubnis zum Abschied und das Bannritual noch einmal rezitiert werden sollten, um die gesamte Zeremonie abzuschließen.

Nummer	Farbe	Pflanzen	Edel-steine	Duft	Metall	Göttliche Namen
1	Weiß	Mandel-blüte	Diamant	Amber	-	Eheieh
2	Grau	Amaranth	Sternru-bin, Türkis	Moschus	-	Jehovah
3	Schwarz	Zypresse, Schlaf-mohn	Sternsa-phir, Perle	Myrrhe, Zibet	Blei	Jehovah, Elohim
4	Blau	Olive, Kleeblatt	Amethyst, Saphir	Zeder	Zinn	El
5	Rot	Eiche, Brech-wurz, Brennnes-sel	Rubin	Tabak	Eisen	Elohim Gi-bor
6	Gelb	Akazie, Lorbeer, Wein-rebe,	Topas, Gelber Di-amant	Weih-rauch	Gold	Jehovah Eloh ve Daäs
7	Grün	Rose	Smaragd	Benzoe, Rosarotes Sandel-holz	Kupfer	Jehovah Tsavoös
8	Orange	Knob-lauch, An-halonium Lewinii	Opal, bes. Feueropal	Storax	Quecksil-ber	Elohim Tsavoös
9	Lila	Nipa-Palme, Damiana, Yohimbe	Quartz	Jasmin, Ginseng	Silber	Shaddai El Chai

| 10 | Gemischt | Weide, Lilie, Efeu | Bergkristall | Diptam aus Kreta | - | Adonai Melech |

Es gibt ein oder zwei Seiten von Francis Barrett in seinem Buch *The Magus* (beinahe wortwörtlich zitiert von H. C. Agrippa), die für den Magier sehr nützlich sein können, da sie den Vorgang der Weihe und Vorbereitung erklären; nicht nur das, sondern auch eines der Geheimnisse der Zusammensetzung der Rituale, nämlich das der Erinnerung, umreißen. Er schreibt:

„Wenn ihr also einen Ort oder einen Kreis weihen wollt, solltet ihr das Gebet Salomons sprechen, das bei der Einweihung und Weihe des Tempels verwendet wird; ihr müsst den Ort ebenso segnen, indem ihr ihn mit Weihwasser besprengt und mit Räucheropfern, und bei der Segnung heilige Mysterien gedenken; wie diese, die Heiligung des Thrones Gottes, des Berges Sinai, der Stiftshütte, des Allerheiligsten, des Tempels von Jerusalem; auch die Heiligung des Berges Golgatha durch die Kreuzigung Christi; die Heiligung des Tempels Christi; des Berges Tabor durch die Verklärung und Himmelfahrt Christi, usw. Und indem ihr alle göttlichen Namen anruft, die damit von Bedeutung sind; wie der Ort Gottes, der Thron Gottes, der Stuhl Gottes, die Stiftshütte Gottes, der Altar Gottes, die Wohnstätte Gottes und ähnliche göttliche Namen dieser Art, die um den Kreis oder Ort herum geschrieben werden sollen, der geweiht werden soll."

„Und bei der Weihe von Instrumenten und allen anderen Dingen, die in dieser Kunst verwendet werden, müssen Sie auf die gleiche Weise vorgehen, indem Sie sie mit Weihwasser besprengen, sie räuchern, mit heiligem Öl salben, sie mit einem heiligen Siegel versiegeln und sie mit Gebet segnen und indem Sie heilige Dinge aus der Heiligen Schrift ehren und göttliche Namen sammeln, die mit den zu weihenden Dingen vereinbar sind. So müssen wir zum Beispiel bei der Weihe des Schwertes im Evangelium an ‚den, der zwei Mäntel trägt' usw. denken, und im zweiten Buch der Makkabäer heißt es, dass *Judas Makkabäus* auf göttliche und wundersame Weise ein Schwert gesandt wurde; und wenn es etwas Ähnliches bei den Propheten gibt, wie ‚nehmt zweischneidige Schwerter' usw. Und Sie sollen auch auf die gleiche Weise Experimente und Bücher weihen und alles dergleichen. Natur, wie Schriften, Bilder usw., durch Besprengen, Parfümieren, Salben, Versiegeln, Segnen, mit heiligen Gedenkfeiern und Erinnern an die Heiligung von Mysterien; wie die Tafel der zehn Gebote, die Moses von Gott auf dem Berg Sinai überbracht wurden, die Heiligung des Alten und Neuen Testaments und ebenso des Gesetzes, der Propheten und der Heiligen Schrift, die vom Heiligen Geist verkündet wurden; und wieder sind solche göttlichen Namen zu nennen, die dazu passen; wie diese sind, nämlich das Testament Gottes, das Buch Gottes, das Buch des Lebens, das Wissen Gottes, die Weisheit Gottes und dergleichen. Und mit solchen Riten wie diesen wird die persönliche Weihe vollzogen…"

"Es muss beachtet werden, dass Gelübde, Opfergaben und Opfer die Kraft der Weihe haben, sowohl real als auch persönlich; und sie sind sozusagen bestimmte Konventionen zwischen den Namen, mit denen sie abgelegt werden, und uns, die wir sie ablegen, und haften stark an unseren Wünschen und gewünschten Wirkungen, wie wenn wir mit bestimmten Namen oder Dingen opfern; wie Räucherungen, Salbungen, Ringe, Bilder, Spiegel; und einige weniger materielle Dinge, wie Schriftzeichen, Siegel, Pentagramme, Zaubersprüche, Reden, Bilder, Heilige Schriften, von denen wir bereits ausführlich gesprochen haben."

Der *Lesser Key of Solomon the King* oder die *Goetia* (dieses Wort ist wahrscheinlich von der Wurzel des Wortes „heulen" oder „stöhnen" abgeleitet und bezieht sich möglicherweise auf die Technik der barbarischen Namen, ein Merkmal der Anrufungen des Buches) befasst sich mit einer detaillierten Beschreibung von zweiundsiebzig Geistern oder Hierarchien von Geistern, die der Überlieferung nach von Salomon heraufbeschworen und gebunden wurden. Durch sie und mit ihrer Hilfe wurde Salomon jene überragende Weisheit und spirituelle Erkenntnis vermittelt, die der Legende nach ihm zukam. Das Buch beginnt als Gedicht mit einer Definition der Magie in diesen Worten: "Magie ist das höchste, absoluteste und göttlichste Wissen der Naturphilosophie, das in seinen Werken und wunderbaren Operationen durch ein richtiges Verständnis der inneren und verborgenen Kraft der Dinge vorangetrieben wird; so dass wahre Wirkstoffe, die auf geeignete Patienten angewendet werden, wundersame und bewundernswerte Wirkungen hervorbringen. Daher sind Magier tiefgründige und eifrige Erforscher der Natur; sie wissen aufgrund ihrer Geschicklichkeit, wie man eine Wirkung vorhersieht, die dem gemeinen Volk wie ein Wunder erscheint."

Waites Urteil, dass sich *The Goetia* mit schwarzer Magie befasst, muss ich widersprechen. Meiner Meinung nach neigt Waite dazu, jede technische Methode, die außerhalb des geweihten Adytums seiner eigenen Organisation angewandt wird, als schwarze Magie abzutun. Das von Francis Barrett im Abschnitt seines Buches mit dem Titel *Ceremonial Magic* beschriebene System basiert in Wirklichkeit auf dem *Schlüssel* und dem Buch, das derzeit diskutiert wird, sowie auf Agrippas de Occulta Philosophia. Mehrere der Rituale, die er angibt, sind Wort für Wort und mit nur wenigen geringfügigen Änderungen und Zusätzen aus *The Goetia* übernommen. Obwohl *The Goetia* in Bezug auf Erhabenheit und Kraft der spirituellen Vorstellung kaum mit Abramelin zu vergleichen ist, ist es dennoch ein System, das vergleichsweise einfach zu verstehen und anzuwenden ist. Denn auch hier wird der Magier nicht mit so unmöglichen fantastischen Forderungen wie Fledermausblut, Schädeln von Vatermördern und jungfräulichen Ziegen oder Lämmern belastet. Alles, was der Ausführende beachten muss, um Erfolg zu haben, sind ein paar mehr oder weniger elementare Regeln. Als magische Voraussetzungen für die Beschwörungen muss er über Ausrüstung wie einen Zauberstab und ein Schwert, eine Kappe und eine alles umhüllende Robe oder ein langes Gewand aus weißem Leinen verfügen, in dem er arbeiten kann, sowie verschiedene Mäntel oder Kaseln in verschiedenen Farben, je nach Art der Operation und der Natur des zu beschwörenden Geistes. Wie üblich sollte das Weihrauchfass mit speziellem Weihrauch, das Salböl zur Weihe und der Talisman oder das Siegel vorhanden sein, das der Bediener aufladen möchte. Anschließend folgen Anweisungen zur Art des magischen Kreises und des dazugehörigen Dreiecks, zu ihren Abmessungen, Farben, Inschriften und den göttlichen Namen, die als Schutz verwendet und in Farbe um Kreis und Dreieck gemalt werden sollen. Ich gebe hiermit eine Art von Kreis und Dreieck wieder, die die Goetia empfiehlt. Die hebräischen Wörter um den Kreis herum sind die Namen der Sephiroth mit planetarischen Zuordnungen, den entsprechenden göttlichen Namen, Erzengeln und Engelschören.

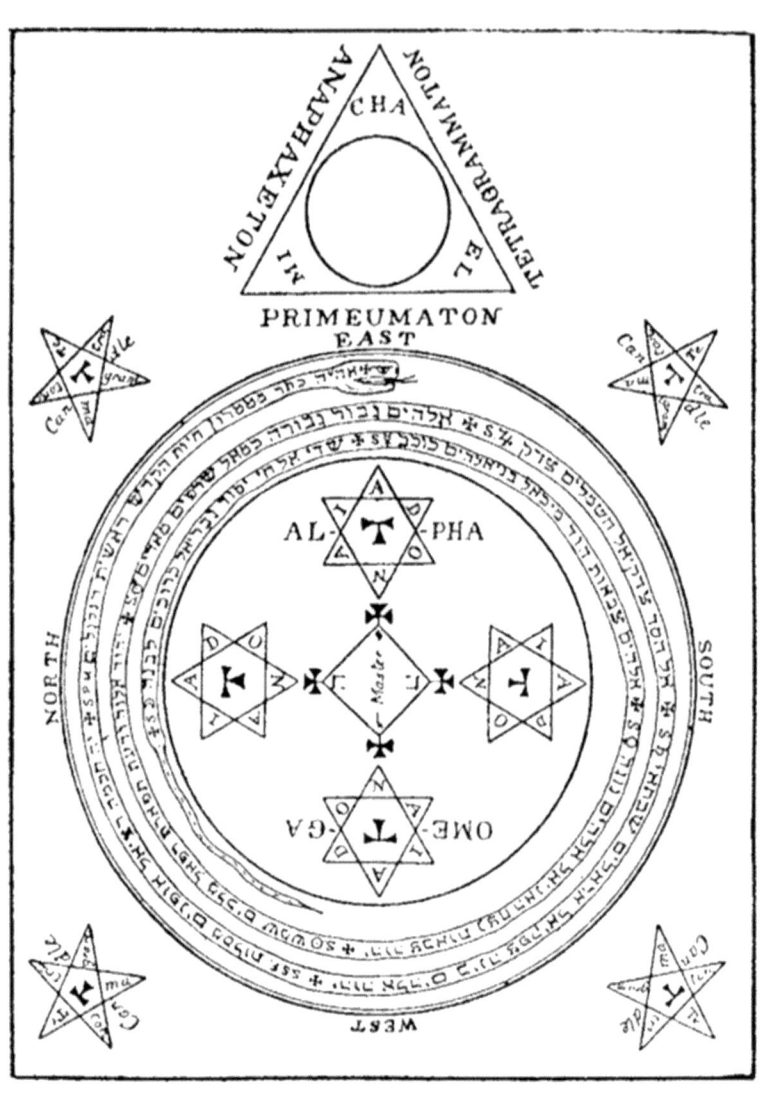

KREIS UND DREIECK

Der größte Teil des Buches beschäftigt sich mit einer genauen Beschreibung der Geister und ihrer Hierarchien. Die zweiundsiebzig Hierarchien werden in verschiedene Grade eingeteilt: Könige, Herzöge, Prinzen, Marquisen und so weiter, die gute, schlechte und gleichgültige Naturen umfassen. Im Plan der Natur haben sie ihre eigene besondere Funktion, eine spezielle Aufgabe zu erfüllen, und wenn sie vom Anrufer und seinen Symbolen heraufbeschworen und kontrolliert werden, verleihen sie eine bestimmte Fähigkeit, Macht oder Art von Wissen, wie zuvor erklärt wurde. Bei ihrer Klassifizierung können verschiedene Methoden angewendet werden, insofern ihre Zahl auf die vier Elemente verteilt oder auf die sieben Planeten oder die zwölf Tierkreiszeichen bezogen werden kann. Die seltsam aussehenden Siegel, die in der Goetia als Zeichen der Geister angegeben sind, sollten während der Zeremonie auf der Brust des Magiers getragen werden, auf der Rückseite des Pentagramms, das in ein Metallblatt eingraviert ist, entsprechend dem Rang, der Würde und dem Charakter des Geistes, der in Erscheinung treten soll. So soll das Siegel eines Königs der Geister in ein Goldblatt eingraviert werden, während das Siegel eines Herzogs auf Kupfer sein sollte, das eines Prinzen auf Zinn, während Silber das Material des Blattes zur Beschwörung eines Marquis sein soll. Bei dieser Methode werden die Charaktere der Geister durch die Metalle dargestellt, die bei der Herstellung des Blattes verwendet werden. Von solarer Würde sind die Könige, venusianisch sind die Herzöge, die Prinzen sind jupiterianisch und die Marquisen gehören dem Mond an. Für die Beschwörung der Geister sind besondere Jahreszeiten und Anlässe zu beachten, denn „du sollst das Mondalter für deine Arbeit kennen und beachten. Die besten Tage sind, wenn der Mond 2, 4, 6, 8, 10, 12 und 14 Tage alt ist, wie Salomo sagt; und keine anderen Tage sind von Nutzen." In der Erklärung heißt es weiter, dass die Könige „von 9 bis 12 Uhr mittags und von 3 bis Sonnenuntergang gefesselt sein dürfen; Marquise dürfen von 3 Uhr nachmittags bis 9 Uhr nachts und von 9

Uhr nachts bis Sonnenaufgang gefesselt sein; Herzöge dürfen bei klarem Wetter von Sonnenaufgang bis Mittag gefesselt sein; Prälaten dürfen zu jeder Stunde des Tages gefesselt sein; Ritter dürfen von Tagesanbruch bis Sonnenaufgang oder von 4 Uhr bis Sonnenuntergang gefesselt sein; Präsidenten können zu jeder Zeit gebunden sein, außer in der Dämmerung oder nachts, sofern nicht der König, dem sie unterstehen, angerufen wird; und Grafschaften oder Grafen zu jeder Stunde des Tages, sei es in Wäldern oder an anderen Orten, wohin sich keine Menschen versammeln oder wo es keinen Lärm gibt."

In die Herrschaft der vier Großen Herrscher oder Elementarkönige der Himmelsrichtungen fallen diese Hierarchien von 72 Geistern. Es gibt Amaimon im Osten, Corson im Westen, Ziminiar im Norden und Goap im Süden, und der Magier sollte einer bestimmten Himmelsrichtung zugewandt sein, wobei das Dreieck ebenfalls in die gleiche Richtung zeigt, in Übereinstimmung mit dem Herrscher des Geistes, der heraufbeschworen werden soll. Es darf nicht einen Moment lang angenommen werden, dass diese Geister, auf die sich in der Goetia bezieht, bloße Elementargeister, Naturgeister oder halbintelligente Kräfte sind, die die mechanische Last der Natur tragen; im Gegenteil, die meisten von ihnen sollen von einem großen Gefolge oder einer Unterhierarchie unterwürfiger Elementargeister begleitet werden. Man könnte annehmen, dass es sich dabei um die sogenannten Elementarkönige handelt, deren Funktion in der natürlichen Ordnung der Dinge nur zweitrangig gegenüber der Herrschaft der obersten Planetengötter oder Engel ist. Tatsächlich macht Blavatsky in der Geheimlehre den Vorschlag, dass die Könige oder Götter der Elementarwesen auf keinen Fall mit den blinden und brutalen Elementargeistern selbst verwechselt werden dürfen. Letztere werden von den hellen Elementargöttern bestenfalls einfach als leuchtende Vehikel und Materialien verwendet, mit denen sie sich kleiden.

HEXAGRAMM VON SALOMON

Die Beschreibung von Paimon zum Beispiel lautet, dass er alle Künste und Wissenschaften und andere geheime Dinge lehrt. „Er kann dir verraten, was die Erde ist und was sie im Wasser hält, was der Geist ist und wo er ist, oder was auch immer du sonst wissen möchtest. Er verleiht Würde und bestätigt diese. Er ist im Westen zu beobachten. Er gehört dem Orden der Herrschaften an. Er hat zweihundert Legionen von Geistern unter sich, und ein Teil von ihnen gehört dem Orden der Engel an, der andere Teil der Potentaten." *Die Goetia* versucht auch, die Art und Weise zu beschreiben, in der er im Dreieck der Kunst erscheint, wo er heraufbeschworen wurde. Begleitet wird er bei seiner sichtbaren Erscheinung „von einer Schar von Geistern, wie Menschen mit Trompeten und wohlklingenden Zimbeln und allen möglichen anderen Arten von Musikinstrumenten." Ein weiteres kleineres Wesen ist Botis, der sowohl Präsident als auch Graf der Geister ist, und wenn er gerufen wird, „erzählt er alles Vergangene und Zukünftige und versöhnt Freunde und Feinde. Er herrscht über sechzig Legionen von Geistern." Um noch einen weiteren Hierarchen zu erwähnen: Bifrons, Graf genannt, dessen Aufgabe es ist, einen mit Astrologie, Geometrie und anderen Künsten und Wissenschaften vertraut zu machen, und in ihm steckt auch das Wissen über die Vorzüge von Edelsteinen und Hölzern, und unter seinem Kommando stehen sechzig Legionen von Geistern.

Unter den zahlreichen Siegeln, die in diesem Buch der magischen Anweisungen enthalten sind, befindet sich auch ein Pentagramm, das als Siegel bei jeder magischen Operation verwendet werden soll, um den Anwender vor gefährlichen Geistern zu schützen und auch sein Vertrauen in die Macht des Willens wiederherzustellen. Die Abbildung auf Seite 283 zeigt das Design dieser Figur. Sie soll als Lamen auf der Brust des Magiers getragen werden, wobei die Rückseite das Siegel des jeweiligen Geistes trägt, der heraufbeschworen werden soll. In verschiedenen Phasen einer Zeremonie sollte dieses Siegel in der Hand zu den

Himmelsrichtungen hochgehalten werden, wo der Magier eine Aufforderung an die Geister richtet, den im Pentagramm eingravierten Siegeln Gehorsam zu leisten. Darüber hinaus zeigt *The Goetia* ein Hexagramm, das auf Pergament aus Kalbsleder gemalt und am Rock des Mantels oder der kurzen Kasel getragen werden soll. Die Anweisungen, die dem Entwurf beiliegen, besagen, dass diese Figur mit einem Tuch aus feinem, weißem und reinem Leinen bedeckt werden soll und „den Geistern gezeigt werden soll, wenn sie erscheinen, damit sie gezwungen sind, menschliche Gestalt anzunehmen und gehorsam zu sein." Der Typ des Hexagramms ist in Farbe auf Seite **283** wiedergegeben.

Kaum bekannt unter den heutigen Studenten der Magie ist ein Buch mit dem Titel *The Book of the Angel Ratziel*, da es nie eine (englische) Übersetzung erhalten hat. In den letzten paar hundert Jahren galt es bei den Juden als heiliges Gut, und selbst heute noch wird es von einer korrupten quasi-mystischen Sekte namens Chassidim, die früher sehr feine spirituelle Lehren und Bestrebungen enthielt, sehr verehrt. Einer ihrer Rabbis teilte dem Autor mit, dass, wenn ein Mitglied seiner Gemeinde krank ist, sofort eine Kopie dieses magischen Werks an das Krankenbett geliefert wird, damit es unter das Kopfkissen gelegt werden kann. Es ist eine Sammlung magischer Schriften und Visionen, nicht besonders beeindruckend, das meiste davon ausgesprochen grob und angeblich aus dem Paradies Adams, obwohl es genügend interne Beweise gibt, um die Annahme zu rechtfertigen, dass mindestens drei verschiedene Autoren zu keinem sehr frühen Zeitpunkt individuell zu seinem Inhalt beigetragen haben und das Ganze von einer geschickten Hand synthetisiert wurde. Früher war es relativ leicht zu bekommen, doch heutzutage ist es nur noch selten möglich, eine Kopie zu bekommen.

Wie alle jüdischen Engelsnamen ist das Wort „Ratziel" ein zusammengesetztes Wort, das bei genauerer Analyse die Phrase „Der Engel des Mysteriums" ergibt, welcher als göttlicher Autor der magischen Geheimnisse angesehen wird, die Adam mitgeteilt wurden, da er als erster Mensch dieses Wissen erhielt. Seine Überlieferung folgt fast genau der Legende der kabbalistischen Orthodoxie, wonach Adam, der aus dem Paradies vertrieben wurde, das ihm von einem Engel mit einem flammenden Schwert versperrt worden war, im Exil das Buch seinem Sohn übergab, der es Henoch offenbarte. Henoch gab es an die nachfolgenden Generationen von Patriarchen weiter, bis es schließlich, wie der Leser vielleicht erwartet hat, in der Übergabe seines Geheimnisses an Salomon den Großen gipfelte, der durch das Buch alles Wissen, alle Weisheit und alle Reichtümer erlangte.

Das Werk als Ganzes ist in drei Hauptabschnitte unterteilt, obwohl es kürzere Ergänzungen gibt, die dem Leser komplexe, wenn auch mehrdeutige Formeln für Amulette sowie einige recht amüsant aussehende Talismane und Beschwörungsformeln mit sehr ausführlichen Anweisungen für ihre Verwendung und korrekte Anwendung bieten. Viel Raum wird dem Studium der Angelologie gewidmet, aus der eine große Zahl späterer Autoren geschöpft haben, und am Anfang gibt es Ratschläge zur sichtbaren Beschwörung dieser Engel, wobei die Anweisungen je nach Tag, Stunde, Monat und Jahreszeit variieren. Gegen Ende des Buches gibt es ein langes Gebet oder eine Anrufung, in der Gott in exemplarischer hebräischer Weise als König bezeichnet wird und das gesamte Alphabet mehrmals durchgegangen wird, um seine besonderen Eigenschaften zu beschreiben, die alle Phasen einer bestimmten Kraft und Funktion des Universums sind. Als System magischer Technik schneidet es im Vergleich mit den beiden zuvor erwähnten Büchern sehr ungünstig ab, was den eigentlichen *modus operandi* und den Tenor der philosophischen Schriften betrifft.

Der erste Teil des Buches, der allein auf diesen Seiten behandelt werden wird, da seine letzten Abschnitte mit den bereits beschriebenen Abschnitten „*Der Goetia*" und „*Der Schlüssel*" vergleichbar sind, ist aus diesem Grund einzigartig. Er versucht, die gesamte Organisation des Himmels oder die verschiedenen Schichten oder Ebenen des Astrallichts zu beschreiben. Der Kern der Vision ist eine Beschreibung des Himmels, zu dem Noah von zwei Engeln feurigen Glanzes getragen wurde, obwohl nur sehr wenig davon beeindruckend ist, da es das vorhandene Wissen erweitert oder einem neue Informationen liefert, die das erläutern, was ich bereits besitze. Ein Himmel, der dritte, wird vom Seher als die Heimat der Seelen oder inneren Götter der Sonne und der Sterne charakterisiert, wobei ersterer von zahllosen Phönixen begleitet wird, die Regeneration und Unsterblichkeit symbolisieren. Noah wurde von vierhundert Engeln begleitet, die ihm jeden Abend die Krone abnahmen, um sie dem Herrn des Himmels zu bringen, und sie ihm jeden Morgen zurückbrachten, wenn sie ihn selbst krönten. Heerscharen von Engeln, bewaffnet mit glitzernden Schwertern zum Gericht der Menschheit und als Boten der Entscheidungen des Allerhöchsten, wurden im vierten Himmel gesehen, und gleichzeitig sangen und tanzten diese bewaffneten Geister zu Zimbeln für Gott. Seine Sicht reichte bis zum fünften Himmel und offenbarte Noah vier verschiedene Orden von Wächtern, die, während sie um ihre gefallenen ehemaligen Mitengel trauerten, immer noch sangen und ständig vier verschiedene Arten von Posaunen zum Lob Gottes erschallen ließen. Im sechsten Himmel waren strahlende Legionen von Engeln, glitzernder und prächtiger als die Sonne, wenn sie in ihrer vollen Kraft scheint. Es gab auch Erzengel, und in diesem Himmel sah Noah, wie alle Dinge geordnet und geplant waren, mit den Prototypen aller Lebewesen und Seelen der gesamten Menschheit. Inmitten der herrlichen Vision sah er sieben Erzengel-Kreaturen, jede mit sechs Flügeln, die in absolutem Einklang sangen. Der höchste Himmel wurde als feuriges Licht gesehen, voll mit Erzengeln und körperlosen Wesen und Mächten, und dort war auch das Antlitz Gottes, das in himmlischem Licht erstrahlte und Funken des reinsten Feuers und der reinsten Flamme aussendete.

Ein Großteil der Verwirrung, die Amateurvisionen und -versuche in der Magie kennzeichnet, kann meiner Meinung nach größtenteils auf das Weglassen eines vorbereitenden Mittels wie des Bannrituals des Pentagramms zurückgeführt werden, mit dem Ergebnis, dass trotz der Reinheit und hohen Gesinnung des Sehers die Sphäre der Wahrnehmung von allen Wesenheiten befallen wird, die sich zufällig in der astralen Nähe befinden. Nicht immer ist Obsession oder elementare Besessenheit die Krönung eines Versagens bei der ordnungsgemäßen Bannung, sondern weil unerwünschte Wesenheiten ungehindert an der inneren Vision vorbeiziehen, gibt es keine Kontinuität oder Konsistenz in der Vision. Daher schreibt der Seher, der mehr oder weniger Angst davor hat, sich in so erhabenen Angelegenheiten auf seine eigene Urteilskraft zu verlassen, bei der Aufzeichnung die gesamte Vision zusammen mit dem Unwesentlichen nieder. Dies ist in einer Reihe von Fällen der Fall, und nur, wenn die Astralsphäre ungewöhnlich stark ist und ein spirituelles Licht ausstrahlt, durch das kein Astralwesen einzudringen wagt, es sei denn mit der Erlaubnis des Sehers, können Visionen ohne vorheriges schützendes Bannen sicher durchgeführt werden.

Es gibt noch eine weitere Sache, die zur Vorsicht erwähnt werden sollte, falls der Leser diese Dinge auf die Probe stellen möchte. Die Verwendung der Siegel und Sigillen, die in Werken wie *The Book of the Angel Ratziel* und *The Magus* abgebildet sind, ist sehr gefährlich, hauptsächlich wegen der groben Fehler und Druckfehler im Hebräischen, die sich hartnäckig gehalten haben. Ob sie zufällig sind oder ausschließlich auf die Unwissenheit der abschreibenden Schreiber zurückzuführen sind, ist schwer zu sagen. Es ist nicht schwer zu erkennen, dass, wenn das Ziel des Siegels darin besteht, eine Spannung im

Astrallicht zu erzeugen, auf die ein entsprechendes Wesen schnell reagiert, ein Fehler in der Textinschrift einen ähnlichen Fehler in der Art der Astralspannung verursachen wird. Das Ergebnis wird sein, dass die Wirkung ganz anders sein wird als erwartet, sogar schädlich und gefährlich. Dies erfordert vor allem Wissen und die Fähigkeit, festzustellen, ob Fehler vorliegen und wie diese zu korrigieren sind. Auch auf die Gefahr hin, dass die Anweisung dem Leser verhasst erscheint, muss wiederholt werden, dass Kenntnisse der Kabbala für den praktizierenden Magier unabdingbar sind. Er sollte mit *Gematria, Notariqon* und *Temurah* vertraut sein – den drei Methoden, die den esoterischen Gebrauch von Zahlen beinhalten – sowie mit jenem Aspekt der Philosophie, der sich mit der Symbolik der hebräischen Buchstaben befasst, dem magischen Alphabet aus Symbolen, Namen, Zahlen und Ideen, das mit den 32 Pfaden der Weisheit verbunden ist. Obwohl in der Sigille und dem hebräischen Druck, den Barrett zeigt, eine Vielzahl grober Fehler erkennbar sind, ist der angegebene englische Buchdruck dennoch recht genau und nützlich, und der ernsthafte Leser könnte ihn mit großem Nutzen zu Rate ziehen. Waites *Secret Doctrine in Israel* oder seine *Holy Kaballah* sind vielleicht die besten verfügbaren Werke, die einen durch und durch guten Überblick über den Lehrinhalt der Kabbala geben. Cornelius Agrippas Werke über Magie, *Liber 777* und *Sepher Sephiroth* von Aleister Crowley, und mein eigener *Garden of Pomegranates* werden von großem Nutzen sein, um das grundlegende Alphabet mit den richtigen Zuordnungen zu liefern, die zum Verständnis der Siegel und Symbole notwendig sind.

Nun gibt es einen wichtigen Vergleich zwischen den Prozessen der Magie und des Yoga, den ich berücksichtigen möchte. Dieser Vergleich ist insofern eine Überlegung wert, als hier argumentiert wurde, dass Yoga nicht als Gegensatz und Überlegenheit zur Magie angesehen werden sollte, sondern dass diese beiden Systeme zusammen das bilden, was man als Mystizismus bezeichnen könnte. Wenn wir davon ausgehen, dass unsere Entsprechungen mit den magischen Hierarchien Tatsachen in der Natur darstellen – und daran kann ich keinen Moment lang wirklich zweifeln –, ist die philosophische Begründung, die auf die Magie, wie ich sie hier beschrieben habe, bezogen werden kann, nicht sehr weit von der des Weges der königlichen Vereinigung entfernt, wie er von einer Autorität wie Swami Vivekananda beschrieben wird.

Hier wurde ausführlich dargelegt, dass den Sephiroth des Lebensbaums verschiedene kosmische Götter zugeschrieben werden, hohe Wesen, die die intelligenten Regenten und Lenker der Evolutionsprozesse sind; jedem Gott ist eine entsprechende Hierarchie untergeordnet, die unmittelbaren Boten, die Engel, Erzengel, Geister und Intelligenzen sind. Dieses Klassifizierungsschema gilt nicht nur für den Halbkosmos, sondern auch für den Mikrokosmos. Die Grundlage des Lebensbaums wurde so ausgearbeitet, dass sie sich nicht nur auf kosmische Entwicklungen bezieht, sondern auch auf die verschiedenen Teile des Menschen selbst – psychisch, mental und spirituell – und so das gesamte Feld universeller Aktivität im Organismus des Menschen konzentriert. Dem Baum als Ganzes werden die zwölf Tierkreiszeichen und die sieben Planeten zugeschrieben. Betrachtet man den Menschen als Mikrokosmos des großen stellaren und kosmischen Universums, dann haben alle Planeten, Elemente und Kräfte ihren Lauf in ihm, und selbst die Tierkreiszeichen sind in seiner Natur klar vertreten. Die Energie des Widders ist in seinem Kopf; der Stier verleiht seinen Schultern mühevolle Ausdauer und Kraft; der Löwe repräsentiert den Mut seines Herzens und das wilde Feuer seines Temperaments, während die Knie, die ihm beim Springen helfen, im Zeichen der Ziege stehen. Dies als Beispiel liefert die Grundlage für eine subjektive Theorie sowohl der Ontologie als auch der Epistemologie; das Universum existiert nur im Bewusstsein des Menschen, ist identisch mit diesem Bewusstsein, und seine Gesetze sind die Gesetze des Geistes.

In meiner früheren Arbeit *A Garden of Pomegranates* wurde eine schematische Entsprechung zwischen den kosmischen Sephiroth, den verschiedenen Teilen des Menschen und den Chakren oder den astralen Nervenzentren, die im psycho-spirituellen Bereich der menschlichen Konstitution existieren, gezogen. Weitere Zuschreibungen im Lichte der vorangegangenen Spekulationen erschließen sich sofort. Als Beispiele hierfür, die beschreiben, wohin meine Spekulationen gehen, sei Folgendes angeführt. Das Anahata Chakra, das Zentrum, das sich im oder in der Nähe des physischen Herzens befindet, ist eine Entsprechung der sechsten Sephira der Harmonie und des Gleichgewichts und steht somit in direkter Entsprechung mit so heiligen Essenzen wie Osiris, Helios, Mithra und dem selbstglitzernden Augoeides. Thoth und alle seine göttlichen Eigenschaften des Willens und der Weisheit stehen in perfekter Übereinstimmung mit dem Ajna-Chakra, das sich in der Mitte der Stirn über den Augen befindet; während das höchste Chakra von allen, der strahlende Lotus mit den tausend Blütenblättern, das Sahasrara-Chakra an der Krone, in dem sich Adonai vergnügt, in völliger Übereinstimmung mit Ptah und Amun steht, der verborgenen kosmischen Essenz, dem geheimen kreativen Zentrum sowohl des Makrokosmos als auch des Mikrokosmos. Die Annahme der subjektiven Theorie bringt weitreichende Schlussfolgerungen mit sich, und ein wahres Verständnis dieses Standpunkts wird die oft leichtfertig geäußerte Aussage, dass im Menschen das gesamte Universum und die gewaltige Ansammlung universeller Kräfte existiert, bewusstmachen. Meine Theorie ist nun, dass die Anrufung von Artemis und Chomse und die Verschwörung, sich mit der Essenz zu vereinen, die diese Namen repräsentieren, beispielsweise bedeutet, eine Aufgabe von höchster Wichtigkeit erfüllt zu haben, die aufgrund unserer Übereinstimmungen mit dem Erwachen der Kräfte des Muladhara-Chakras identisch ist und so die Schlange Kundalini in Bewegung setzt, die den Baum des Lebens zur Krone hinaufsteigt. Während das eine System seine Ergebnisse durch Rituale und Anrufungen erzielte, war das andere erfolgreich durch Konzentration und Meditation. Durch magische Anrufung eine unauflösliche Identität mit der himmlischen Weisheit von Tahuti zu erreichen, bedeutet, die Macht erlangt zu haben, klar durch das innere Auge der Wahren Weisheit zu sehen, da dies einer Stimulation des Ajna-Chakras, des Organs der spirituellen Hellsichtigkeit und des Schöpferischen Willens, durch Meditation gleichkommt. Auch das individuelle Bewusstsein durch die Riten der Theurgie mit Asar-Un-Nefer vereint zu haben und in seine Herrlichkeit und Unaussprechlichkeit aufgenommen worden zu sein, ist vergleichbar damit, die Kundalini die Sushumna hoch zum Gehirn geführt und das Kräftepotenzial im Sahasrara-Chakra geweckt zu haben.

Wie man in einem Werk wie Vivekanandas *Raja Yoga* oder in der annähernd europäischen Adaption seiner Grundlagen, Der *Weg der Initiation* von Rudolf Steiner, deutlich erkennen kann, werden die Ergebnisse dieses Systems - soweit es die Formulierung und Belebung der Chakren betrifft - fast ausschließlich durch die Ausübung von Willen und Vorstellungskraft hervorgebracht. Immer wieder schreiben diese und andere Autoren: *„Stellen Sie sich eine Flamme oder ein weißes Dreieck im Herzen vor"* oder *„einen Lotus über dem Kopf"* und so weiter. Das Erwecken der gewundenen Pracht der Kundalini in den Rückenkammern des Muladhara-Chakras ist von intensiver Konzentration und der Vorstellung einer neuen Art spiritueller Aktivität in dieser Region begleitet, die die schlafende Schlangengöttin dazu veranlasst, ihre Windungen zu glätten und die Sushumna hinauf zum Sitz ihres Inneren Herrn zu schießen. Obwohl Magie eine andere taktische Technik als Yoga verwendet, beruht sie, wie ich ausführlich zu zeigen versucht habe, ebenfalls auf der Verwendung von Willen und Vorstellungskraft mit Mitteln, um diese beiden Fähigkeiten in einer wohlgeordneten Zeremonie zu stimulieren und die höchsten spirituellen Ergebnisse zu erzielen. Und die Warnungen des Yoga sind nicht weniger streng oder wahr als jene, die in der Magie Anerkennung finden. Durch die Vitalisierung der Chakren wie durch die Anrufung der Götter, gefolgt von der Beschwörung der Verwaltungsgeister, können dem Praktizierenden verschiedene Kräfte von enormer Stärke und Kraft verliehen werden. Zu denen, die *The Goetia* den Geistern zuschreibt, gehören ein spontanes Wachstum eines bisher schlummernden Wissens über Wissenschaft, Philosophie und Künste in ihren weitesten Bedeutungen und ein Aufwallen der feinsten emotionalen Fähigkeiten, die alle Menschen zum eigenen zentralen Feuer ziehen. Die von Patanjali in den Yoga-Sutras beschriebenen Kräfte, die durch Samyama auf ein Chakra oder eine Idee übertragen werden, sind nahezu identisch mit jenen, die dem Magier als Ergebnis der *Goetia*-Beschwörungen verliehen werden.

Wehe jedoch dem, der aus Machtgier heraus arbeitet! Denn dann werden die Götter schweigen und keine Antwort geben! Die Geister werden sich bösartig gegen ihn wenden und ihn von Kopf bis Fuß zerreißen. Wenn dem Magier Kräfte verliehen werden, sollten sie dem Heiligen Schutzengel geweiht werden. Darüber hinaus sollte die Schlange des *Ruach* unwiederbringlich vernichtet werden, und sie muss getötet werden, damit die Anwesenheit des Engels nicht eingeschränkt wird. Dann können die Kräfte genommen und nach dem Nehmen so verwendet werden, wie es der Engel für richtig hält. Sowohl im Yoga als auch in der Magie ist der Bewusstseinsaspekt der Meditation und die Gottesanrufungen der wichtigste Aspekt der Arbeit. Wenn dem Praktizierenden zufällig Kräfte zuteilwerden, ist das gut und schön. Aber es ist die Ausdehnung des individuellen Bewusstseins ins Unendliche und die Entdeckung des wahren Mittelpunkts des Lebens, die in beiden technischen Systemen das primäre und heilige Ziel ist. Richtig und ehrlich betrieben, mit einem reinen und einzigen Streben, kann Magie die Seele zu den höchsten Höhen des Baumes führen, wo sie, laut Jamblichus, „eine Befreiung von den Leidenschaften, eine transzendente

Vollkommenheit und eine ganz und gar erhabene Energie erhält und an göttlicher Liebe und unermesslicher Freude teilhat." Und zusätzlich verleiht die Erweiterung des Bewusstseins „Wahrheit und Macht, Rechtschaffenheit der Werke und Gaben der größten Güter."

KAPITEL VIERZEHN

WENN eine Anzahl von Personen an einer zusammengesetzten magischen Zeremonie teilnehmen möchte, bei der jeder von ihnen eine aktive Rolle spielen kann, gibt es eine Form von Gruppenritual, die für diesen besonderen Zweck entwickelt wurde und das sogenannte Dramatische Ritual genannt wird. Somit trägt jede teilnehmende Person Willenskraft und Energie zur Schaffung einer spirituellen Manifestation bei. Fast alle Mysterien der alten Tage nahmen diese Form an, und die Initiationsriten der geheimen Bruderschaften aller Zeiten wurden nach diesem Prinzip durchgeführt. Es ist eine äußerst bekannte Tatsache, dass Rituale bei Initiationsangelegenheiten besonders nützlich sind. Es ist ebenso gut bestätigt, dass solche Zeremonien eine herausragende Rolle in den magischen Mysterien Tibets spielten, wo die Annahme eines *Lanoo* durch ein Ritual gefeiert wurde, bei dem der Schüler zur Durchführung des Großen Werkes geweiht wurde. Die Geschichte des buddhistischen Yogi Milarepa ist vollkommen klar in dem wichtigen Punkt, dass er durch die Hände seines Guru Marpa mehrere zeremonielle Einweihungen empfing, bei denen verschiedene Götter und spirituelle Kräfte in einen Kreis oder ein Mandala hineingerufen wurden, in dem er stand. Darüber hinaus ist es allgemein bekannt, dass der Kandidat für die brahmanische Einweihung Zeuge eines reinigenden und weihenden Rituals wird. Dass es im alten Ägypten Einweihungsrituale gab, ist ebenfalls zu gut bekannt, um es übermäßig zu betonen, und Gerüchte über magische Zeremonien in Ägypten sind mit vielen suggestiven Einzelheiten und bedeutsamen Informationen zu uns gekommen. Wenn das zugrundeliegende Prinzip des gruppendramatischen Rituals, ob nun einweihend oder magisch, die Weihe an das Große Werk und die Erhöhung des Bewusstseins ist, dann haben wir unwiderlegbare Beweise dafür, dass ähnlich konzipierte Zeremonien im gesamten Altertum durchgeführt wurden.

Das Grundprinzip ist identisch mit dem aller magischen Rituale, nämlich die Anrufung eines Gottes in der einen oder anderen Weise. Aber im Falle des dramatischen Rituals erfolgt die Methode durch einen ästhetischen Appell an die Vorstellungskraft, wobei in dramatischer Form der Verlauf der wichtigsten Ereignisse in der Lebensgeschichte eines Gottes und gelegentlich der irdische Zyklus eines idealen Menschen oder Gottmenschen wie Dionyssios, Krishna, Bacchus, Osiris usw. dargestellt wird, der selbst jene Weisheit und spirituelle Fülle erlangt hat, nach der der Theurg ebenfalls sucht. In der neu geschaffenen Atmosphäre zu leben und die vom Gott vollbrachten Taten zu wiederholen, ist eine hervorragende Methode, die Seele zu erheben. Diese Idee wird als Prinzip der Erinnerung bezeichnet und ist ein integraler Bestandteil aller magischen Zeremonien. Aus der *Occulta Philosophia* geht eindeutig hervor, dass Henry Cornelius Agrippa und diejenigen, von denen er sein Wissen bezog, das theoretische Prinzip dieser Form der Magie vollkommen verstanden. Es erfordert die Wiederholung des Charakters des anzurufenden Gottes oder eine Wiederholung der Ereignisse, die sich im Lebenszyklus seines weltlichen Abgesandten ereignen. Dieses Prinzip sollte nicht nur in das anerkannte dramatische Ritual einfließen, sondern jeder Aspekt der magischen Zeremonie, ob von einer Einzelperson oder einer Gruppe durchgeführt, sollte durch die enthusiastische Wiederholung einer Reihe höchst bedeutsamer Ereignisse in der Geschichte des Gottes gekennzeichnet sein, wobei die Wiederholung dazu dient, dem doppelten Prozess der Weihe und Anrufung zusätzliche magische Autorität und Nachdruck zu verleihen. Sogar in einem vergleichsweise trivialen Aspekt wie der vorläufigen Vorbereitung der Waffen und Instrumente empfiehlt Agrippa zu Recht die Wiederholung heiliger Taten; und als Beispiel für das von ihm befürwortete Gedenkprinzip kann das folgende Verfahren aus dem *Vierten*

Buch der okkulten Philosophie für die Weihe des Wassers vorteilhaft angeführt werden: „So also in der Weihe des Wassers sollten wir daran erinnern, wie Gott das Firmament inmitten der Wasser gesetzt hat und auf welche Weise Gott die Wasserquelle in das irdische Paradies gesetzt hat ... auch wie Christus im Jordan getauft wurde und dadurch die Wasser geheiligt und gereinigt hat. Darüber hinaus müssen bestimmte göttliche Namen angerufen werden, die hiermit übereinstimmen; wie, dass Gott eine lebendige Quelle ist, lebendiges Wasser, die Quelle der Gnade und ähnliche Namen."

Dem Leser fällt vielleicht auch die Gedenkform des *Goetia*-Rituals auf, das in meinem letzten Kapitel zitiert wurde. Die Anrufung versucht, die maßgebenden Worte aufzuspüren, die in den Heiligen Schriften zur Ausführung bestimmter Taten verwendet wurden. Es ist jedoch kein besonders gutes Beispiel für diese Art von Ritual. Die *Baccha* des Euripides ist ein erstklassiges Beispiel dafür, welche Form ein vollständiges dramatisches Ritual annehmen sollte. Das Ritual sollte so aufgebaut sein, dass jeder Zelebrant eine Rolle spielt, ohne gleichzeitig die Handlung des Dramas zerstreut und inkohärent zu machen. Die Regeln der Theaterkunst und des Dramas gelten perfekt für die Gestaltung dieser Rituale.

Die uns zur Verfügung stehenden historischen Beweise zeigen deutlich, dass das jährliche „Passionsspiel" des Lebens des großen Gottes Osiris, König der Tuat, in Wirklichkeit ein komplexes dramatisches Ritual zu seiner Anrufung war, eine Gedenkzeremonie, bei der fast jede Handlung wiederholt wurde, die Osiris im Laufe seines legendären Lebens auf Erden unter den Menschen begangen hatte. Dieser Feier und allen anderen ähnlichen Arten liegt die Anrufung eines Gottes oder des Avatars zugrunde, in dem er wohnt, und durch diese dramatische Probe versucht der Theurg, seine Vorstellungskraft und sein Bewusstsein zu steigern, damit es in der ekstatischen Krise der göttlichen Vereinigung kulminieren kann. Für den Menschen, dessen ästhetischer und poetischer Sinn hoch entwickelt ist, ist diese Art von Zeremonie bei weitem die wirksamste. Es ist völlig offensichtlich, dass eine symbolische Darstellung dessen, was früher ein tatsächlicher spiritueller Prozess in einer hoch verehrten Persönlichkeit war, die Wiederherstellung der Vereinigung nur unterstützen kann, indem sie den Theurgen durch die Wirkung auf seine Vorstellungskraft in Sympathie und magische Harmonie mit der aufwärts gerichteten Tendenz des Spiels zum höchsten Ziel versetzt. Kurz gesagt, der Theurg stellt sich in dem Drama vor, der Gott zu sein, der selbst ähnliche Erfahrungen gemacht hat, und die verschiedenen Teile des Spiels und die rezitierten Rituale dienen nur dazu, die Identifizierung vollständiger zu machen. Es ist diese Tatsache, die bestimmte Generationen nicht hoch eingeweihter Magier dazu veranlasste, für zeremonielle Zwecke tatsächliche Masken, Grotesken und legitime Theaterkünste zu übernehmen. Wir haben hier das zentrale Thema des dramatischen Rituals, ob wir nun als unser Beispiel die Messe der römisch-katholischen Kirche, die Durchführung des Adeptus Minor Rituals des Hermetic Order of the Golden Dawn, des dritten Grades der Freimaurerei oder die Feier der dionysischen Feste, wie sie in der Baccha angedeutet werden, wählen. In jedem Fall wird das Leben eines erleuchteten Adepten in voller zeremonieller Form nachgespielt; das heißt, die Geschichte eines Wesens, dessen Bewusstsein vergöttlicht wurde, wird auf magische Weise gefeiert. Die Art der Inszenierung porträtiert einen Menschen, der tatsächlich oder mystisch stirbt und seine eigene Auferstehung als Gott vollbringt, wobei er göttliche Weisheit und Macht ausstrahlt. Da Osiris für die Ägypter das beste Beispiel für jemanden war, der seine Menschlichkeit überwand und göttliche Einheit erlangte und damit für die Nachwelt als Typ und Symbol der Wiedergeburt galt, wird der Verstorbene in verschiedenen Kapiteln und Versen des Totenbuchs so dargestellt, als würde er sich mit diesem Gott identifizieren, wenn er sich im

Gerichtssaal an die Beisitzer wendet. Das dramatische Ritual, das die Ägypter zur Anrufung von Osiris in Abydos durchführten, war ein Theaterstück, das aus acht Akten bestanden zu haben scheint. " Das erste war eine Prozession, bei der der alte Todesgott Upwawet den direkten Weg zu Osiris ebnete. Im zweiten erschien die große Gottheit selbst in der heiligen Barke, die auch einer begrenzten Anzahl der berühmteren Pilger zur Verfügung gestellt wurde. Die Reise des Schiffes wurde durch Schauspieler verzögert, die als Osiris' Feinde, Set und seine Gefährten, verkleidet waren…. Es kam zu einem Kampf, bei dem offenbar tatsächlich Wunden zugefügt und erlitten wurden… Dieses Ereignis scheint während des dritten Aktes stattgefunden zu haben, der eine Allegorie der Triumphe von Osiris war. Der vierte zeigte den Auszug von Thoth, wahrscheinlich auf der Suche nach dem Körper des göttlichen Opfers. Dann folgten die Zeremonien zur Vorbereitung der Beerdigung von Osiris und der Marsch der Bevölkerung zum Wüstenheiligtum jenseits von Abydos, um den Gott in sein Grab zu legen. Als nächstes wurde eine große Schlacht zwischen dem rächenden Horus und Set inszeniert, und im letzten Akt erschien Osiris, wurde wieder zum Leben erweckt und betrat in triumphalem Zug den Tempel von Abydos."[15]

Es gab nicht nur die Mysterien des Osiris, bei denen die Mythen über diesen Gott wiederholt wurden, sondern auch Gruppenrituale zur Anrufung von Isis, Hathor, Amun, Pasht und den anderen, ohne dass auf irgendeine menschliche Person Bezug genommen wurde, die zu ihnen in einer Avatar-Beziehung stand. In der katholischen Messe wird das göttliche Leben und Wirken des Sohnes des christlichen Gottes gefeiert, dann die Kreuzigung ihres Erlösers und seine endgültige Auferstehung in Herrlichkeit und die anschließende Aufnahme in den Himmel.

---

[15] *The Mysteries of Egypt. Lewis Spence*

In früheren Tagen wurde diese Messefeier von prächtigen Prozessionen und Mysterienaufführungen begleitet; obwohl man zugeben muss, dass ohne die magische Technik die gesamte äußere Ausstattung wenig zählte. Der Dritte Grad der Freimaurer dramatisiert die Ermordung des Meisters Hiram Abiff und seine Wiederauferstehung, die danach durch einen magischen Akt erfolgt, und das Aussprechen des verlorenen magischen Worts erweckt H.·.A.·. wieder zum Leben.

Die an Reisen, Errungenschaften und Organisation reichen Ereignisse im Leben des legendären Gründers des Rosenkreuzerordens *Christian Rosencreutz*, auch Symbol für Jesus, den Sohn Gottes, werden im Adeptus Minor Ritual des Ordens des Golden Dawn sehr schön dramatisiert. Sein Zweck ist auch, dass sich der Theurg durch Sympathie, die auf eine verfeinerte Vorstellungskraft einwirkt, mit dem vorbildlichen Bewusstsein identifizieren kann, dessen Symbol Rosencreutz war und dessen Geschichte vor ihm rezitiert wird. In einer Szene, der wichtigsten und beredtsten in diesem Ritual, sieht man den obersten Hierophanten, wie tot im Pastos oder mystischen Grab liegen. Durch Gebete und Anrufungen wird der Adept symbolisch aus dem Grab auferweckt, in Erfüllung der Prophezeiung des großen Gründers. In der feierlichen Stunde der Auferstehung, wenn die Zeremonie die Auferstehung des Adepten als Christian Rosencreutz aus dem Pastos, wo er begraben wurde, offenbart, spricht der oberste Adept triumphierend: „Denn ich weiß, dass mein Erlöser lebt und dass er am letzten Tag auf der Erde stehen wird. Ich bin der Weg, die Wahrheit und das Leben. Niemand kommt zum Vater außer durch mich. Ich bin der Gereinigte. Ich bin durch die Tore der Dunkelheit zum Licht gegangen. Ich habe auf Erden für das Gute gekämpft. Ich habe mein Werk vollendet. Ich bin ins Unsichtbare eingetreten. Ich bin die Sonne bei ihrem Aufgang. Ich habe die Stunde der Wolken und der Nacht durchlebt. Ich bin Amun, der Verborgene, der Öffner des Tages. Ich bin Osiris Onnophris, der

Gerechtfertigte. Ich bin der Herr des Lebens, der über den Tod triumphiert. Es gibt keinen Teil des Lebens, der den Tod besiegt hat. Ich, der nicht zu den Göttern gehört. Ich bin der Bereiter des Pfades; der Retter ins Licht. Aus der Dunkelheit möge dieses Licht aufsteigen! Vorher war ich blind, aber jetzt sehe ich. Ich bin der Versöhner mit dem Unaussprechlichen. Ich bin der Bewohner des Unsichtbaren. Möge der weiße Glanz des göttlichen Geistes herabsteigen! "

Dieses Päan der Ekstase ist nicht als bloße Rede mit wohlklingenden Worten zu verstehen. Wenn der Adept seine magische Arbeit richtig ausgeführt hat, sich perfekt in die richtige magische Form gehüllt und sich mit dem Bewusstsein Gottes identifiziert hat, werden die anderen Teilnehmer der Zeremonie eine Erhöhung erleben, die parallel zur triumphalen Ansprache verläuft.

Die gebräuchlichsten Formen des dramatischen Rituals, wie es bei Initiationen angewendet wird, verlaufen ungefähr so. Nach seinem Eintritt in die äußeren Kammern des Initiationstempels, wo ihm sofort mit einer Täuschung die Augen verbunden, er mit einem schwarzen Gewand bekleidet und dreimal mit einer Kordel um die Taille gefesselt wird, wird der Neophyt von einem Wächter zu den Stationen geführt, wo Beamte an den Himmelsrichtungen den Vorsitz führen. Die Täuschung soll die Blindheit des illusorischen Weltlebens und die Unwissenheit darstellen, in der der unverbesserliche Mensch zappelt, ein unfreiwilliges Opfer der Tragödie, die sich fortwährend aus schmerzhafter Geburt, Verfall und Tod ergibt. Dreifach ist die Kordel, um die drei Hauptelemente Feuer, Luft und Wasser darzustellen; und schwarz ist das Gewand, um auch die Schwärze des Lebens und Saturn, den Tod, den großen Sensenmann von allem, darzustellen. Der Neophyt umrundet den Tempel mehrere Male, währenddessen die Beamten, die in Zukunft seine magischen Lehrer sein werden und die auch die hohen, wohltätigen Götter repräsentieren, vom Neophyten Erklärungen über seine Ziele und Bestrebungen verlangen. Dieses Verfahren lenkt automatisch die Aufmerksamkeit auf das Totenbuch, wo in Kapitel CXLVI und den darauffolgenden die Engel und Götter, die für die heilige Pylone oder die großen Stationen verantwortlich sind, die der Verstorbene auf seinem Weg nach Amentet passieren muss, von ihm nach seinem Anliegen fragen. Als Antwort auf seine Antwort, dass der Name des Wächters bekannt ist – für dessen Wissen der Name nur ein Symbol ist – und dass er gekommen ist, um Thoth zu antworten, also die himmlische Weisheit zu suchen, geben sie ihm nacheinander die Erlaubnis, weiterzugehen. „Geh weiter", sagt der Wächter des Pylonen. „Du bist rein!"

Im Britischen Museum ist ein ausgezeichnetes Initiationsritual mit dem Titel „Das Mysterium des Seelengerichts" zu sehen, das von M. W. Blackden aus jenen Kapiteln des Totenbuchs rekonstruiert wurde, die sich mit dem Aufstieg des Verstorbenen in die Halle des Gerichts und seiner Seligsprechung auf der Insel der Wahrheit befassen. Es zeigt auf äußerst schöne Weise, dass es gut möglich ist, dass die Texte, die uns unter dem Titel des Totenbuchs überliefert wurden, Fragmente eines Initiationsrituals waren, das in den Tagen verwendet wurde, als Ägypten mit den Priesterkönig-Adepten an der Spitze florierte. Das Golden Dawn-Ritual des Neophyten enthält ebenfalls sehr ähnliche ägyptische Elemente. In diesem Ritual verzögern verschiedene Beamte, die die kosmischen Götter repräsentieren, den Fortschritt des Neophyten bei seiner Umrundung der Stationen des Tempels. "Du kannst nicht an mir vorbeigehen, sagt der Wächter des Westens, es sei denn, du kannst mir meinen Namen sagen." Und die Antwort im Namen des Kandidaten lautet: "Dunkelheit ist Dein Name! Du bist der Große auf dem Pfad der Schatten." Darauf wird die Anweisung gegeben: "Kind der Erde, Furcht ist Versagen. Sei deshalb ohne Furcht! Denn im Herzen des Feiglings wohnt keine Tugend! Du hast mich gekannt, also geh weiter!"

Während das Ritual mit vielen solchen Herausforderungen und Antworten fortschreitet, werden verschiedene Punkte magischer Anweisungen gegeben, gefolgt von Weihen mit Feuer und Wasser, wodurch der Neophyt für die weitere Reise gereinigt wird. Diese Weihen durch die Repräsentanten des Tempels an den Kardinalpunkten bereiten die Vollendung des Großen Werkes vor. Durch Anrufungen werden die himmlischen Kräfte aus dem Jenseits in das Wesen des Neophyten eingebracht, die ihm Mut und Willen verleihen, damit er entschlossen bis zum Ende durchhalten kann. Dann werden die Kapuze, die Kordel und das schwarze Gewand entfernt und durch eine weiße Robe oder Schärpe ersetzt, die um die Schultern geworfen wird, um die Reinheit des Lebens und die Erhabenheit der Bestrebungen zu symbolisieren, die der Kandidat erreicht hat. Nach Abschluss der Weihen und der Anrufungen der Essenzen werden bestimmte grundlegende Kenntnisse der Magie und des philosophischen Alphabets unter einem Gelübde der Geheimhaltung vermittelt. Dies als Ganzes und unter Weglassung einer großen Anzahl unwesentlicher und trivialer Variationen bildet die Grundlage des Initiationsrituals des Neophyten.

Ohne die Ausübung praktischer magischer Arbeit in seinem eigenen Interesse sind diese Einweihungen und Rituale für den Neophyten jedoch nutzlos. Dass sie als Vorbereitung dienen, ist wahr, und sie verleihen auch eine gewisse Weihe und Sakramentalität, die seine Aufgabe durch ihre Kraft verständlicher und vielleicht weniger gefährlich macht. Zur Bestätigung sei daran erinnert, dass Milarepa nach seinen Einweihungen sofort von Marpa geraten wurde, mit der praktischen Arbeit zu beginnen, was in seinem Fall Meditation und Konzentration war. Für den Schüler, der entweder durch Training oder durch eine Besonderheit der Geburt vorbereitet wurde - was in jedem Fall aufgrund der Reinkarnation eine frühere Aufmerksamkeit für diese Dinge voraussetzt - hat die zeremonielle Einweihung eine deutliche Wirkung, indem sie ihm eine kurze, aber strahlende Vision des spirituellen Ziels verleiht, das er sucht und das er jetzt schwach vor Augen hat. Dies gilt insbesondere dann, wenn die Beamten des Tempels nicht nur dem Namen nach Hierophanten sind, sondern auch tatsächlich, und aus praktischer Sicht gut mit der magischen Routine und Technik vertraut sind. Denn wenn ein Beamter des Tempels die Rolle eines Gottes probt und mit den magischen technischen Methoden vertraut ist, wird er die Form dieses Gottes so perfekt annehmen, dass die magnetischen Emanationen des Gottes in ihm in die innerste Seele des Neophyten fließen. Diese Annahme von Gottesformen, wie zuvor beschrieben, kann sehr weit getrieben werden, sogar bis zur tatsächlichen Transformation, und es gibt authentische Fälle, in denen der Neophyt, wenn er sensibel genug ist, in der Ferne der Halle nicht einfach einen Menschen sieht, der willkürlich als Hierophant auftritt, sondern eine gigantische göttliche Gestalt, leuchtend und ehrfurchtgebietend, des Gottes, den der Mann zeremoniell repräsentiert. Wenn, wie ich ebenfalls sagte, die Hierophanten ausgebildete Magier sind, wie es im alten Ägypten der Fall war, ist die Initiation der Neophyten kein bedeutungsloser formeller Gottesdienst, sondern eine Zeremonie von höchster Realität und Macht.

Dies betrifft Initiationsrituale. Das dramatische Ritual, bei dem keine Frage der Initiation impliziert wird, ist in Konzeption und Ausführung sehr ähnlich. Mehrere Personen proben gemeinsam zum eigenen gemeinsamen Nutzen das Leben eines Gottes und schaffen es durch wiederholte Anrufungen, die in Wort und Tat an Vorfälle und Ereignisse in der Geschichte dieses Gottes erinnern, den Gott in einen geweihten Bereich zu rufen. Indem sie der magischen Technik folgen und sich ausreichend über die normale dualistische Bewusstseinsebene erheben, findet eine dauerhafte Verbindung zwischen den Teilnehmern und der Gottheit statt. Das *Baccha* ist ein herausragendes Beispiel eines griechischen dramatischen Rituals. Tatsächlich ist es aus zeremonieller Sicht alles, was ein dramatisches Ritual in der Form haben sollte. Es ist so hervorragend, dass diejenigen, die sich heute dafür interessieren, dies tun, weil sie es für eine großartige Theatertragödie halten. Mit einer eingeweihten Gruppe von Personen, die mit der Anrufung gut vertraut sind, einfühlsam zusammenarbeiten und Willen und Vorstellungskraft in der vorgeschriebenen magischen Form einsetzen, kann das Stück in eine äußerst mächtige dramatische Anrufung des Dionysius verwandelt werden. Die Übersetzung in gereimten Versen von Professor Gilbert Murray ist eher ein klassisches Meisterwerk kreativer Poesie als eine wörtliche Übersetzung aus dem Griechischen und vermittelt am getreuesten die religiöse Atmosphäre und den dithyrambischen Geist der bacchischen Anbetung. In diesem Stück gibt es eine Anflehung Gottes in dem für alle Anrufungen so typischen erhebenden Stil:

" Erscheine, erscheine, was auch immer deine
Gestalt oder dein Name sein mag
O Bergstier, hundertköpfige Schlange,
Löwe der brennenden Flamme!
Oh Gott, Tier, Mysterium, komm! . . . "

Mit demselben magischen Thema befasst sich ein herrlicher Hymnus an Dionysius aus *The Mystical Hymns of Orpheus*, übersetzt von Thomas Taylor:

"Komm, gesegneter Dionysius, mit vielen Namen,
mit dem Gesicht eines Stiers, vom Donner gezeugt,
der berühmte Bacchus.
Bassarischer Gott, von universeller Macht,
den Dornschwerter und Blut und heilige Wut erfreuen:
im Himmel jubelnder, verrückter, laut klingender Gott,
wutentbrannter Inspirator, Träger der Rute:
Bei den verehrten Göttern, die du bei den Menschen wohnst,

komm günstig, mit freudigem Herzen."

Um diese dramatischen Rituale wirksam zu machen, bedarf es viel Übung und Versuche, außerdem, wie bereits erwähnt, einer persönlichen magischen Arbeit, die anschließend durchgeführt werden muss. Ohne diese kann überhaupt nichts erreicht werden. Die astrale Technik des Aufsteigens auf die Ebenen, das Erforschen der Symbole durch Vision, die Formulierung der Formen oder Masken der Götter und die Schwingung der Namen sowie die Feier einer Form der Eucharistie sind Notwendigkeiten auf dem Weg der Magie. Es ist zwar sehr viel Geduld erforderlich. Aber das gilt für alle Dinge, die in irgendeiner Weise oder Form wertvoll sind. Tag für Tag muss der Theurg mit diesen Praktiken der Anrufung und des Rituals fortfahren, bevor er das Stadium erreicht, in dem er das Gefühl hat, die Macht unter seiner Kontrolle zu haben. Tatsächlich ist die wichtigste Voraussetzung für den Erfolg in allen Formen der Magie – ob dramatisches Ritual oder irgendetwas anderes – Ausdauer. Ganz gleich, was sonst erreicht wird, der Magier sollte Geduld entwickeln. Er sollte sich ohne Entsetzen an ein vorher festgelegtes Programm magischer Arbeit halten. Der Kurs, den er festgelegt und geschworen hat, ihn einzuhalten, stellt den Logos seines Willens dar, von dem er keinen Zoll oder den Bruchteil eines Zolls abweichen darf. Ängste und Zweifel werden ihn sicherlich gleichermaßen befallen. Freunde und Feinde werden gleichermaßen seinen Seelenfrieden und seine Seelenruhe bedrohen und ihr Möglichstes versuchen, sein geistiges Gleichgewicht mit viel müßigem Geschwätz über die Gefahr der Magie und die Unsicherheit ihrer Ergebnisse zu stören. Das ganze Heer des Himmels, um die Myriaden von Legionen der Hölle nur kurz zu erwähnen, wird sich gegen ihn verschwören und losgelassen werden. Nur wenn er aufgibt, sein Gelübde verwirft und sein Streben ablehnt, ist der Magier unwiderruflich verloren. Eine schreckliche Katastrophe droht! Sobald der magische Schwur zum Erfolg abgelegt ist, muss er entschlossen ausharren, ohne Rücksicht auf das, was geschieht. Wenn ihn der Tod bei der Fortführung seiner Arbeit ereilt, soll er dennoch weiter und weiter gehen, von einem Leben zum anderen, mit konzentrierter Seele und dem spirituellen Blick fest auf die Höhen gerichtet, und einen mächtigen Eid schwören, diese Arbeit fortzuführen. Levi bemerkte einmal, dass der Magier arbeiten müsse, als wäre die Allmacht sein und die Ewigkeit zu seiner Verfügung. Ich erinnere mich an eine einfache, aber schöne Legende, in der dieses Thema vorkommt, die den Magier ohne Unterlass in seinen Bemühungen zum Haus der Ruhe drängt, frei von Zweifel und Furcht, auf das Ziel hinarbeitend, das er zuerst geschaffen hat und das er nun verschwommen in der Ferne der goldenen Morgendämmerung im Heiligen Land vor sich sieht. Heutzutage ist es kaum noch bekannt und wird selten erwähnt. Es steht in einem kleinen Buch mit dem Titel *The Book of the Heart Girl with the Serpent* von Aleister Crowley. Obwohl ich nichts für diesen Dichter übrig habe, glaube ich dennoch, dass es eines der exquisitesten und tiefgründigsten ist, das je geschrieben wurde. Das folgende Zitat dient als Beispiel für seine Prosa und seine Ideen in Bezug auf die Frage, die wir hier behandeln.

"Es gab auch einen Kolibri, der zu dem gehörnten Cerastes sprach und ihn um Gift bat. Und die große Schlange von Khem, dem Heiligen, die königliche Uraus-Schlange, antwortete ihm und sagte: Ich segelte über den Himmel von Nu in dem Wagen namens Millionen von Jahren, und ich sah kein Geschöpf auf Seb, das mir gleich war. Das Gift meines Fangzahns ist das Erbe meines Vaters und des Vaters meines Vaters; und wie soll ich es dir geben? Lebe du und deine Kinder, wie ich und meine Väter gelebt haben, sogar bis in hundert Millionen Generationen, und es kann sein, dass die Barmherzigkeit der Mächtigen deinen Kindern einen Tropfen des Giftes der Urzeit schenkt.

Dann war der Kolibri in seinem Geist betrübt, und er flog in die Blumen, und es war, als ob nichts zwischen ihnen gesprochen worden wäre. Doch nach kurzer Zeit schlug ihn eine Schlange, so dass er starb.

"Aber ein Ibis, der am Ufer des Nils meditierte, wurde von dem schönen Gott gehört und erhört. Und er legte seine Ibis-Wege ab und wurde eine Schlange, die sprach: Vielleicht werden sie in hundert Millionen von Generationen meiner Kinder einen Tropfen des Giftes des Fangzahns des Erhabenen erhalten. Und siehe! Bevor der Mond dreimal zunahm, wurde er zu einer Uräusschlange, und das Gift des Fangzahns wurde in ihm und seinem Samen für immer und ewig verankert."

Es ist dieser erhabene Geist des unbezwingbaren Willens und der Entschlossenheit, den nichts überwinden kann und der für den Magier unverzichtbar ist. Es ist die Willenskraft, die den Magier de facto ausmacht, und ohne diese Kraft kann nichts von Bedeutung jemals erreicht werden. Das Erreichen dieses Ziels ist nicht innerhalb von vierundzwanzig Stunden oder mehreren Sonnenuntergängen zu erreichen; die strahlende Vision und der Duft, der die Substanz der Seele verzehrt, können mehrere Jahre in der Zukunft liegen – sogar viele Inkarnationen in der vagen Dunkelheit der kommenden Zeit. Vielleicht ist für einige die Erfüllung des innersten Wunsches und des Strebens nach Adonai ein Ziel, das einer anderen Welt, einem anderen Sohn angehört und in der Natur eines Traums existiert. Andere Personen finden dies vielleicht als ein Ziel, dessen süße Frucht schnell und mit nur geringem Arbeitsaufwand geerntet werden kann. Auf jeden Fall ist kein Schüler in der Lage, von Anfang an zu sagen, wann das Ziel schließlich erreicht werden kann. Es ist auch kein Problem, über das man sich Sorgen machen sollte. Denn die Seele wächst und entwickelt sich, während Verständnis und Intuition sich durch aufeinanderfolgende Handlungen des Geistes auf dem Weg der Magie des Lichts erweitern.

Die Flügel werden dann stärker, der Flug selbst wird länger und die innere Lampe, die mit dem Öl der Weisheit gespeist wird, brennt ständig. Dieses Licht im Inneren muss der Magier immer beachten und es geduldig auf die Nebenstraßen und Hauptstraßen der Menschen mit sich tragen, bis er zu diesem Licht wird. Was zuallererst erforderlich ist, ist dieses unerschütterliche Streben und der unbezwingbare Wille; dann muss er arbeiten! Lass den Magier danach streben, wie der weise Ibis-Vogel von Khem zu sein. Wende dich von deinen menschlichen Wegen ab und nimm die des Gottes an! Das Wissen und die Konversation mögen ein Geschenk sein, das ihm vielleicht erst in Hunderten und Tausenden von Jahren zuteilwird; doch wer weiß, wohin der Geist wünscht? Vielleicht kann es sein, dass durch grimmige Entschlossenheit, wie die des Ibisses, das Ziel zu erreichen, egal wie lange es dauern mag, die goldene Blume von Adonais Leben im Herzen schneller erblüht, als es sonst der Fall gewesen wäre.

In der Zwischenzeit sollte die magische Arbeit fortgesetzt werden. Täglich sollte der Theurg die Ebenen erklimmen und versuchen, immer höher aufzusteigen und sich seinen Weg in die durchscheinenden Sphären des klaren Lichts des Feuers zu erkämpfen. Mit jeder Jahreszeit wird sein Streben stärker und verleiht ihm die Kraft, seine Aufgabe der magischen Eroberung und Vereinigung zu verfolgen. Alle Dinge müssen in den Bereich seines Willens gebracht werden. Die höchsten Himmel und auch die niedrigsten Höllen. Den niedrigsten Bewohnern des Astrals muss dieser Wille aufgezwungen werden und sie müssen sich jedem seiner Wünsche und jeder seiner Beherrschung beugen. Auf dem Magier ruht offensichtlich eine enorme Verantwortung, die mit jedem Schritt, den er nach vorne macht, und mit jeder Stunde, die in seiner Laufbahn vergeht, zunimmt. „Die Natur lehrt uns, und die Orakel bestätigen es auch, dass selbst die bösen Keime der Materie gleichermaßen nützlich und gut gemacht werden können."[16] Daher ist die Verantwortung, die dem Magier als heiliges Vertrauen zukommt, folgende. Seine Aufgabe, und nur seine, ist es, das Universum umzuwandeln und die Grundelemente der Materie in die Substanz des wahren Geistes umzuwandeln. Sein ganzes Leben muss zu einer ständigen alchemistischen Operation werden, während der er im Geist seines Herzens die Grobheit der Welt in die Essenz des wolkenlosen Himmels destilliert. Auch sein Kopf muss über die Wolken hinausragen, während er aufrecht steht und seine Füße fest auf der vielfarbigen Erde ruhen. Nur Hartnäckigkeit und Beharrlichkeit werden diese Aufrichtigkeit des Geistes und diese unnachgiebige Willenskraft hervorbringen. Und dies sind die beiden Pole, die dem Hinterteil des Magiers Stärke und Länge verleihen. Alle Zweige der Theologie sollten über die Jahre hinweg beibehalten werden, unbefleckt von der Gier nach den Früchten seiner Taten. Wie alle sehen können, baut die göttliche Kunst auf jeden Fall Charakter und Willen auf, und mit der Zeit wird ein günstiges Karma geschaffen, auf dessen Weg sich kein Hindernis wagen darf, wenn der Engel sich beeilt, die Seele - ihre langjährige Geliebte - zu erheben und die mystische Hochzeit zu vollziehen, die so viele mühsame Zeitalter lang angedauert hat. „An jenem Tag wird der Herr eins sein, und Sein Name wird eins sein."

Selbst wenn wir die Einheit mit Adonai nicht erreichen, ist Magie ein großer Gewinn, da wir dadurch das Grobe in das Subtile und Reine verwandeln wollen. Und dies ist die Neuinterpretation der Welt. Sehr bald kreist unser ganzes Wesen um eine unsichtbare Sonne der Pracht, und wir werden immer mehr zu ihr hingezogen, wie Stahl zu einem Magneten. Obwohl es vielleicht noch eine Weile dauern mag, bis wir ihr endlich nahe kommen, fühlen wir uns doch so, wie sich vielleicht Adam

---

[16] *The Chaldean Oracles. Übers. v. W. W. Westcott.*

gefühlt haben muss, wenn er durch die Dunkelheit des Exils, in dem er kämpfte, das Leuchten des Himmlischen Paradieses flackern gesehen hätte und gewusst hätte, dass es nicht wirklich verloren war, sondern ihm nach seiner Reinigung ein wenig gegeben würde, um zu wandeln und hineinzugehen. Diese Sicherheit zu haben, ist keine Kleinigkeit. Es ist eine Vision, die man sich nicht leicht vorstellen kann. Obwohl wir unvermeidlich immer wieder scheitern und fallen müssen, gibt es Stunden und Minuten der Wonne und Freude, wenn die Engel der Höhe vor unseren Augen wieder beginnen, ihre alten glorreichen Gestalten anzunehmen, und wir in der Hitze und im Feuer der Ekstase und Freude dahinschmelzen, im Wissen, dass wir, die wir seit Jahrhunderten und langen Zeitaltern tot sind, vielleicht doch noch auferstehen können.

KAPITEL FÜNFZEHN

D IE theoretische Beziehung, die der moderne Spiritismus in Verbindung mit der Magie einnimmt, wird irgendwann in Frage gestellt werden müssen. Daher muss hier eine Antwort gegeben werden. Es wird nur eine kurze Diskussion dieser Angelegenheit eingeleitet, da sie dem Autor nicht besonders wichtig erscheint. Ein paar Worte genügen, um zu zeigen, in welcher Gestalt diese Beziehung besteht.

Obwohl einige früher vielleicht anders gedacht haben, besteht keine tatsächliche Verbindung zwischen den Phänomenen des Spiritismus und denen, die in der Magie auftreten. Aber ein Wort trennt das eine vom anderen. Ein Wort jedoch, das eine große Kluft zwischen den beiden auflöst, ist WILLE! Alle spiritistischen Phänomene der Trance und Materialisierung sind passiv. Sie liegen gänzlich außerhalb der bewussten Kontrolle des Mediums, das in keiner Weise in der Lage ist, die Zeit solcher Phänomene, die ihm auftreten, zu modifizieren, zu ändern oder auch nur festzulegen. (Aus Gewohnheit sagt man „sie". Ein Medium wird automatisch als Frau angesehen. Natürlich gibt es Ausnahmen.) Der Magier hingegen bemüht sich, seinen Willen so zu trainieren, dass bei seinen Lichtoperationen nichts ohne dessen Einsatz geschieht. Was auch immer er in der Magie tut, wird bewusst, absichtlich und mit voller Absicht ausgeführt. Die einzige wichtige Ausnahme hiervon tritt ein, wenn sich der Wille zu einer so mächtigen thaumaturgischen Maschine entwickelt hat, dass die gesamte Organisation des Magiers vollständig mit diesem Willen identifiziert wurde und alle Form- und Bewusstseinsphänomene automatisch mit seiner Ausdehnung auftreten. Seine Wirkung kann mit der Bewegung eines beliebigen Glieds oder Muskels verglichen werden, die zwar außerhalb des bewussten Willens stattfindet, aber dennoch durch die Kraft des Willens erreicht wird. Sogar was das betrifft, was gemeinhin als „Materialisierung" bezeichnet wird, kontrolliert der Magier die Erscheinung eines Geistes. Nicht nur das, sondern er kann diesen Geist durch seine Beschwörungen erscheinen lassen und seine Aktivitäten durch die Kraft seines Willens auf einen bestimmten, vorgeschriebenen Bereich beschränken. Die sichtbare Form des Geistes besteht aus den groben Rauchpartikeln des Weihrauchs, der absichtlich zu diesem Zweck verbrannt wird. Darüber hinaus hat der Magier die Macht, diesen Geist dazu zu bringen, Fragen intelligent zu beantworten, und ihn zu verbannen, wenn seine Anwesenheit nicht mehr erforderlich ist. Dies gilt, ich wiederhole, nur insoweit, als es den niederen Aspekt der Arbeit betrifft, da Beschwörungen allgemein als Teil der geringeren Grade der theurgischen Technik anerkannt sind. Was ist dann mit der Magie des Lichts? Auch diese steht im Einklang mit dem magischen Willen. Wenn es zu dieser höchsten Krise in der Anrufung kommt, wenn das Ego gegenüber der Ankunft des Bräutigams passiv wird und ängstlich und zitternd sein eigenes Wesen aufgibt, entspricht diese Abdankung einer bewussten und gewollten Entschlossenheit. Diese wenigen Bemerkungen sollten ausreichen, um schlüssig zu zeigen, dass die beiden Arten von Phänomenen auf völlig unterschiedlichen Ebenen liegen und dass keine Verbindung zwischen ihnen besteht. Der Spiritualismus scheint sich fast ausschließlich mit der Erzeugung physischer Phänomene um ihrer selbst willen zu befassen, und diese sind jedenfalls kaum förderlich für irgendeine Art von Beweis für das Überleben und die weitere Existenz der Seele. Das andere System, die Theurgie, befasst sich mit einem edlen Reich und mit der Entwicklung großer Kräfte im Menschen. Der Magier versucht, sein Wesen mit einer tiefen, beständigen Realität zu verbinden und strebt nach spirituellem Wissen, damit er mit Weisheit und Intuition seine höchste Unsterblichkeit, Unbestechlichkeit und Ewigkeit begreifen kann.

Um den Spiritualismus sinnvoll zu diskutieren, ist es notwendig, zu den grundlegenden Prinzipien zurückzukehren, die auf einer früheren Seite dargelegt wurden. Die Theurgie sieht die Entfernung der umschließenden Hüllen von der Seele nach dem Tod des physischen Körpers auf sehr ähnliche Weise vor wie die Theosophie von Madame Blavatsky. Nach dem Tod des Körpers, der das sichtbare Vehikel der höheren Prinzipien ist, wird der wahre Mensch, vollkommen intakt, wenn auch ohne physischen Körper, auf die Astralebene gestoßen. Allmählich steigt er zu den verschiedenen Palästen auf, die er durch die Art des gerade vergangenen Lebens selbst geschaffen hat; Paläste, in denen er vor dem Alten der Tage ruht, seine irdischen Erfahrungen verarbeitet und sie in Fähigkeiten für eine weitere Inkarnation umwandelt. Die Magie umfasst nach den Kabbalisten die philosophische Idee der Reinkarnation oder *Gilgolem* der Seelen. Tatsächlich gehen Magier dieser philosophischen Theorie so weit, dass sie behaupten, dass in bestimmten Entwicklungsstadien, wenn der menschliche Organismus durch wiederholte Weihen und Anrufungen leuchtend, verfeinert und sensibel wird, die Erinnerungen an die *Neschamah* mit ihren höheren Emotionen und Kräften in den *Ruach* eindringen und die klare Erinnerung an Existenzen der Vergangenheit mit sich bringen.

Nach dem physischen Tod verbleibt die Dreifaltigkeit der Prinzipien, die den wahren Menschen ausmacht, auf der Astralebene, eingeschlossen in Ruach und seinem Nephesch. Der Zerfall, der bereits durch den physischen Tod in Gang gesetzt wurde, setzt sich noch weiter fort. Nephesch, das Vehikel der Leidenschaften, Emotionen und instinktiven Prozesse, wird dann aus der Konstitution entfernt. Es verbleibt jedoch als Wesen auf dieser Ebene, das bis zu einem gewissen Grad durch die Kräfte und blinden Energien belebt wird, mit denen es in Kontakt kommt. Wenn es sich selbst überlassen wird, zerfällt es langsam, aber stetig, bis *Nephesch*, so wie der physische Körper in den Staub der Erde, in die Elemente der Astralebene zerfällt. Aus diesem

Grund verbieten die Theurgen Visionen und Erfahrungen in diesem niederen Astralbereich. Nichts von spirituellem Wert kann dort gefunden werden, da es die Welt der verfallenden *Nephesch*-Materie und des Zerfalls ist. Der *Nephesch* wird abgelegt, der im *Ruach* eingeschlossene Innere Mensch „steigt" in die mittleren Schichten des Astrals auf, wo langsam die Essenz der feineren Gedanken, der edleren Erfahrungen und Emotionen aus den gröberen Teilen destilliert und in die wahre Natur des *Neschamah* aufgenommen wird. Diese Trennung der Affinitäten endet, sie werden im göttlichen Astral, Amentet, assimiliert und ausgedehnt. An dieser Stelle ist es notwendig, die Verwendung des Verbs „steigen" und anderer Verben in ähnlichem Sinn zu erwähnen. Es erübrigt sich zu sagen, dass ein metaphysischer Sinn impliziert ist, insofern die subjektiven Ebenen der unsichtbaren Welten nicht wie die Stockwerke eines Wolkenkratzers übereinander angeordnet sind und auch nicht wie die Schichten einer Zwiebel einander umgeben. Da sie metaphysisch sind, durchdringen und vermischen sich alle Welten mit allen anderen, und die physische oder äußerste Welt wird somit von den innersten und feinsten Sphären durchdrungen. Der Aufstieg auf die Astralebene soll daher, obwohl dies im Allgemeinen ein irreführender Begriff ist, die Tatsache des Verlassens einer gröberen Ebene und des Aufstiegs in eine dünnere und weniger dichte Welt ausdrücken.

Die magische Tradition, wenn sie auf den Spiritualismus angewandt wird, besagt, dass sich die Spiritisten hauptsächlich mit den Astralleichen oder den *Qliphos*, wie sie genannt werden, beschäftigen. Durch die passive und negative Trance werden die höheren Prinzipien gezwungen, sich zurückzuziehen, so dass keine Verbindung zu den niederen Vehikeln des Mediums besteht und diese keinen Schutz mehr haben. Die Tür bleibt offen, damit alle Wesenheiten, die sich in der Astralnähe befinden, eintreten können. Da die Seelen der Menschen und Engelwesen in die göttliche Astralebene aufsteigen, sind die meisten dieser Wesenheiten auf der niederen Astralebene die gröberen Elementarwesen, die Verwalter der Naturphänomene und die verfallenden *Qliphos* oder abgeneigten Hirnrinden. Daher impliziert die negative spiritistische Trance im Grunde eine Besessenheit von den verfallenden Überresten und schmutzigen Überresten, die dieser Ebene innewohnen. Daran schließt sich die Frage an: „Wenn die Geister, die mit Medien kommunizieren, bloße Astralhüllen sind, warum kommt es dann gelegentlich zu einem Anschein von Intelligenz und Vernunft?"

Das Wort „gelegentlich" ist sehr erfreulich. Eine der Tatsachen, auf die sich Ermittler am häufigsten beziehen, ist das Fehlen von Kohärenz und Intelligenz in den von „der anderen Seite" erhaltenen Botschaften. Sollte jedoch in dem wortreichen Unsinn, der Medien normalerweise zugeschrieben wird, ein schwacher Schimmer von Intelligenz zu erkennen sein, ist die von Levi gelieferte Begründung eindeutig anwendbar. Man wird sich erinnern, dass Levi das Astrallicht als magisches Mittel definiert und dass in seiner Substanz jeder Gedanke, jede Emotion und jede Tat aufgezeichnet sind. Der Astralkörper, ein Aspekt des *Nephesch*, der aus der subtilen Materie des Astrallichts besteht, entspricht Levis Definition. Auf einer früheren Seite habe ich die Verbindung zwischen der formalen akademischen Konzeption des Unbewussten und der kabbalistischen Konzeption des Nephesch aufgezeigt, von der der Astralkörper ein Aspekt ist. In diesem Vehikel werden dann alle Gedanken aufgezeichnet, die ein Individuum während seines Lebens dachte, alle Wahrnehmungen und Empfindungen, die es empfing, und alle Handlungen, die es ausführte. Wenn dieser abgelegte *Nephesch* nach dem Tod durch die Energie, die sowohl durch das Medium in Trance als auch durch die Gedanken der Teilnehmer freigesetzt wird, zur Aktivität eines scheinbar lebendigen Wesens angeregt wird, das durch Intelligenz belebt wird, kann dieser Astralkörper eine Nachbildung der Intelligenz zeigen, die ihn im Leben nutzte.

Dieser grobe Überblick erklärt die meisten Mitteilungen, die wir über spiritistische Quellen erhalten, obwohl fairerweise gesagt werden muss, dass es von dieser Verallgemeinerung wie von allen anderen Ausnahmen gibt, obwohl Medien, die in die höheren Ebenen des Geistes vordringen können, äußerst selten sind. Sobald das Medium die Tür seiner astralen und psychischen Organisation geöffnet hat, ist es nicht mehr in der Lage, sich selbst zu kontrollieren. Ebenso wenig ist es in der Lage, zu unterscheiden, was durch die offene Tür eintreten und von seiner Persönlichkeit in Besitz nehmen soll und was nicht. Natürlich beziehen sich diese Bemerkungen nur auf die Fälle, in denen die Phänomene echt sind. Da es so viele Fälle von vorsätzlichem Betrug und Trickserei gibt, sind die obigen Aussagen auch ausreichend, um eine Erklärung zu liefern. Da das Medium passiv ist, hat es keine Kontrolle über die Fähigkeit, Phänomene zu erzeugen, wenn der psychische Strom sozusagen abgeschnitten ist; und wenn die Phänomene durch den Erhalt von Geld von ihr verlangt werden, ist es ganz einfach, echten Besitz vorzutäuschen. Noch einfacher ist es, einen Schwall Unsinn von sich zu geben, der sich mit den von den „Verstorbenen" empfangenen Botschaften messen kann. Da das besessene Wesen zudem vom Niedrigsten und Erdenreichsten ist, kann seine Verbindung mit dem Medium kaum als erhebend oder veredelnd betrachtet werden. Es wird zwangsläufig einen verschlechternden Einfluss haben, der dazu führt, dass sich alle bösen Tendenzen oder Eigenschaften des Mediums ausbreiten und entwickeln. Betrug, moralischer Verfall und Verschwendung sind daher keine großen Anstrengungen.

Eine Erklärung der allgemeineren physikalischen Phänomene, die so sehr zum Spiritismus gehören, wäre hier vielleicht vorweggenommen worden, aber da die magische Theorie zu diesem Thema in völliger Übereinstimmung mit der von Blavatsky steht, besteht kaum Bedarf, diese Theorien ausführlich zu wiederholen. Es genügt festzustellen, dass die meisten psychischen Demonstrationen, wenn sie echt sind, ihren Ursprung im Verhalten und den Kräften des Astralkörpers haben. Da die Substanz dieses Vehikels als plastisch, magnetisch und von großer Zugfestigkeit definiert wurde, folgt daraus, dass verschiedene seiner Glieder aufgrund einer abnormalen Entwicklung aus dem Inneren des physischen Körpers ausgeschieden und über eine gewisse Distanz ausgestreckt werden können. Diese Theorie erklärt die Verteilung von Objekten ohne physischen Kontakt, die Phänomene des Poltergeists und viele andere Phänomene ähnlicher Art. Fast alle sind auf eine Gleichgewichtsstörung im substanziellen Aspekt des *Nephesch* zurückzuführen. Sie sind ganz offensichtlich nicht spirituell und beweisen keine einzige der Behauptungen, die Spiritualisten in ihrem Namen aufstellen.

Im Fall des hochgesinnten Mediums, das die innewohnende Wahrheit der obigen Bemerkungen erkennt und seine passiven Kräfte nutzen möchte, kann die magische Technik empfohlen werden. Im Spiritismus gibt es keine Trancetechnik; auch gibt es keine schützenden oder selektiven Methoden, die angewendet werden könnten. Sobald die Astraltür willkürlich angelehnt ist, kann jeder, der eintreten möchte, dies ohne Hemmungen tun. Das Medium ist für Besessenheit ebenso anfällig, und aufgrund der Natur der Astralebene sogar noch mehr, wie für göttliche Inspiration. Mithilfe eines solchen Mittels wie dem Bannritual des Pentagramms kann diese Anfälligkeit für elementare Besessenheit jedoch leicht vermieden werden. Innerhalb eines ordnungsgemäß geweihten Kreises, der durch die formellen göttlichen Namen geschützt ist, kann das Medium ohne Furcht oder Gefahr eine Trance herbeiführen. Das Rezitieren einer geeigneten Anrufung einer göttlichen Kraft und die astrale Annahme einer Gottesform vor der Trance können ein Ergebnis ganz anderer Art sicherstellen, das sich tatsächlich auf einer viel höheren Ebene befindet. Während das Medium zuvor eine hilflose Beute der astralen Präsenz war, die seine Aurasphäre besuchte und Verunreinigung und den üblen Geruch von Verderbnis

und widerlichem Verfall mit sich brachte, können diese Ausscheidungen durch die Anwendung magischer Methoden erfolgreich davon abgehalten werden, in die Sphäre der Persönlichkeit einzudringen. Und nicht nur das, sondern Wesenheiten einer bestimmten Kategorie, göttlicher und spiritueller Natur, die gewöhnlichen spirituellen „Gespenstern" völlig entgegengesetzt sind, können zum höchsten Vorteil des Mediums und zur Steigerung seiner spirituellen Macht
angerufen werden.

Ich habe es nicht für angebracht gehalten, in diesem Buch eine Reihe verschiedener Arten magischer Operationen zu beschreiben, da sie beim Bau des himmlischen Heiligtums keinen ewigen Platz haben. Sie gehören auch nicht zu den angemessenen Beschränkungen, die für den Tempel der Heiligen Magie des Lichts festgelegt werden müssen. Obwohl diese Methoden nicht unbedingt in der Konnotation des Begriffs „Schwarze Magie" enthalten sind, grenzen sie sehr stark an diese Phase der Dinge. Da sie in diese Richtung tendieren, sind sie für den Aspiranten auf der Suche nach Adonai und der Glückseligkeit der Götter von geringem Nutzen. Es gibt eine Vielzahl kleinerer Operationen zum Erwerb begehrter Objekte wie Bücher, Gold, Frauen und dergleichen. Es gibt Werke der Zerstörung und Faszination, Wahrsagerei und Transformation und so weiter. Dies sind nur einige wenige, denen auf Kosten wichtigerer Dinge in Zauberbüchern und den kleineren Lehrbüchern viel zu viel Nachdruck und Aufmerksamkeit gewidmet wird. Ohne die höheren Ansprüche sind sie unbeschreiblich verwerflich.

Ein ziemlich wichtiger Zweig der kleineren, wenn auch nicht schwarzen Magie ist die Kontrolle der Tattvas oder der in der Natur wirkenden lebenswichtigen Prana-Ströme. Durch die Verwendung der Tattva-Symbole und die Kenntnis der spezifischen Tageszeiten, in denen diese Kräfte Vorherrschaft und Reinheit erlangen, kann der Magier, der dies wünscht, die Tore des Körpers und des Geistes für die belebenden und wiederbelebenden Kräfte dieser okkulten Ströme öffnen. Auf diese Weise erlangt er körperliche und psychische Erfrischung, wenn er sich in einer Depression befindet und wenn die Kräfte seines Wesens entkräftet sind. Im Totenbuch werden eine Reihe magischer Transformationen erwähnt, zu denen der Khu oder das magische Wesen im Menschen fähig ist, und es können praktische Formeln für die Erzeugung solcher Transformationen wie die eines Falken, eines Lotus, einer Schwalbe usw. gefunden werden. Wie man sein Wesen für andere Augen unsichtbar macht, selbst in einer großen Menschenmenge, indem man einen einhüllenden Astralschleier bildet, ist ein weiterer Zweig dieser grauen Magie, die zwischen der Magie des Lichts und der Dunkelheit existiert. Ich kann nicht sagen, dass der Anwärter auf den Augoeides viel Nutzen aus solchen zweifelhaften Kräften und Errungenschaften zieht.

Die Natur der Schwarzen Magie, die so vielen Hysterikern so viel Ärger bereitet, besteht fast ausschließlich in den Motiven, die der Anwender im Kopf hat. Wenn Levi sich in seinen Schriften mit diesem Thema und dem der Zauberei beschäftigt, kommt er völlig vom Thema ab, und seine großartigen Übertreibungen, die er mit aller Extravaganz und Rhetorik färbt, die ihm zur Verfügung stehen, sind eine unterhaltsame Lektüre. Dass einige ihn zu diesem Thema ernsthaft zitiert haben, um es wörtlich zu interpretieren, anstatt es als bloße Wortklauberei abzutun, übersteigt mein Verständnis. Seine Beobachtungen über die Ziege von Mendes und die Anbetung von Baphomet im Zusammenhang mit den Templern sind einfach lächerlich. Was kann man zu den absurden Anweisungen, die er als angebliche Schritte der Schwarzen Künste angibt, sagen, außer, dass sie ein hervorragendes Material für moderne „Thriller" abgeben würden? Ich muss noch herausfinden, in welchem Kaufhaus man Kerzen aus menschlichem Fett kaufen kann. Welcher Mensch könnte so dumm oder verrückt sein, auf die Idee zu kommen,

Weihrauch zu beschaffen, der mit dem Blut einer Ziege, eines Maulwurfs und einer Fledermaus vermischt ist? Andere furchtbare Notwendigkeiten sind der Kopf einer kürzlich verstorbenen schwarzen Katze, eine in Blut ertränkte Fledermaus, die Hörner einer jungfräulichen Ziege und der Schädel eines Vatermörders! Doch in seinem *Buch der zeremoniellen Magie* hat sich Mr. Waite die Mühe gemacht, eine furchtbare Warnung vor Goetia auszusprechen, zusammen mit Levis lächerlicher Zeichnung des goetischen Kreises für den Einsatz mit den oben genannten „Requisiten". In Vorbereitung auf eine überwältigende Offensive gegen die schwarze Magie manövrierte Waite seine schwerste Artillerie in Position, obwohl in Wirklichkeit eine Erbsenpistole gegen einen solchen Feind viel wirksamer gewesen wäre. Es besteht kaum ein Zweifel daran, dass Levi einige Leser auf den Arm nehmen wollte und einfach seiner Begabung für unmögliche, grelle Riten nachging, die das Ergebnis einer neugierigen, aber überbordenden Vorstellungskraft sind.

Hypnose und der Akt, einer anderen Person die Wahl oder den Gebrauch ihres Willens zu nehmen, sind eine der abscheulichsten Formen der schwarzen Magie. Diejenigen, die solche Methoden anwenden, sollten vom Theurgen streng gemieden werden, wie er es mit einer schlimmen Krankheit tun würde. Die gewöhnlichen absurden Kunststücke im Zusammenhang mit der Herstellung von Filtraten, Zaubertränken und Wachsfiguren für Werke der Faszination oder Bosheit liegen völlig unter der Würde des aufrichtigen Magiers. Was vielleicht als wahre schwarze Magie gelten kann, ist die Verwendung geladener Siegel und Talismane, die von einer Person hergestellt werden, die magischen Kräfte erworben hat, um ihre Mitmenschen zu verunglimpfen und zu schädigen. Operationen, deren Zweck es ist, den Schatten eines verstorbenen Freundes oder Verwandten in sichtbare Erscheinung zu bringen, bestehen aus Manipulationen der astralen Substanz und können keinem nützlichen Zweck dienen, da sie die ruhigen Prozesse der

Assimilation und des Aufbaus von Fähigkeiten stören, die nach dem physischen Tod im höheren Astral ablaufen. Nur wahnsinnige Eitelkeit und übermäßige Neugier könnten durch Nekromantie befriedigt werden. Dieser besondere Zweig der Zauberei ist dem Spiritismus verwandt, obwohl in aller Fairness und Gerechtigkeit zugegeben werden muss, dass die Motive in diesem letzteren Kult auf einer höheren und aufrichtigeren Ebene existieren. In beiden Fällen ist das Motiv jedoch keine Entschuldigung, denn sie sind eine Abscheulichkeit gegen den gesamten Verlauf der Prozesse der Natur.

Da sich dieses Kapitel weitgehend mit der Astralebene beschäftigt, möchte ich noch einmal auf die Technik des Astralreisens eingehen, die der Magier anwendet. Es ist eine zwingende Pflicht des Theurgen, wie in einem früheren Kapitel dargelegt, in seinem glitzernden und schillernden Lichtkörper die oberen Ebenen des Astrallichts, die an die schöpferischen und archetypischen Welten grenzen, gründlich zu untersuchen. Er muss auch unerschrocken in jedes bewachte Heiligtum darin eindringen und sich mit der wesentlichen Natur und den unterschiedlichen Aspekten vertraut machen, die diese Ebene bietet, obwohl er niemals eine wichtige Tatsache aus den Augen verlieren darf, die ihm immer im Gedächtnis bleiben muss. Er muss immer danach streben, diese Ebene zu transzendieren. Sie ist nur eine Halle des Lernens. So notwendig seine Lektionen auch sind, sobald sie aufgenommen und gelernt sind, ist es nicht mehr nötig, dort zu bleiben, und man sollte die immer prächtigen Häuser des Feuers und der Weisheit aufsuchen. Der vergeistigte Lichtkörper sollte kontinuierlich trainiert und ausgebildet werden, und seine Substanz sollte feinfühliger und verfeinert werden, so dass er aus einem vagen, formlosen Mondkörper als strahlender Sonnenkörper wiedergeboren wird. In diesem Körper kann der Magier zu den durchsichtigen spirituellen Höhen und dem formlosen Feuer aufsteigen, das dahinter verweilt. Es kann sein, dass der Schüler, während er seine systematischen Untersuchungen auf dieser Ebene fortsetzt, um die Natur seiner psychologischen Beschaffenheit zu entdecken, zu bestimmten Toren kommt und bewaffneten Wächtern gegenübersteht. Trotz der Macht des Pentagramms, der magischen Gesten und Zeichen, der Anrufung der vier Engel der Viertel und anderer magischer Hilfsmittel zum Aufstehen und Passieren werden diese Wächter ihm unter keinen Umständen das Recht auf Eintritt gewähren, noch werden sie ihm die Erlaubnis erteilen, durch die Tore zu gehen, die sie bewachen. *The Candle of Vision* erwähnt einen Versuch von *A.E.*, diese Erfahrung mystischer Natur zu beschreiben. „Dann wurde ich wieder weggewirbelt und war die winzigste Gestalt in der weiten Luft, und vor mir war ein gigantisches Tor, das so hoch wie der Himmel schien, und eine schattenhafte Gestalt füllte den Eingang und versperrte mir den Durchgang. Das ist alles, woran ich mich erinnern kann ..." Auch der Schreiber des Totenbuchs versuchte, diese Tatsache zu erwähnen, denn in den Kapiteln, die sich auf die Namen der Pylone beziehen, werden zusammen mit den Namen der Wächter, Wächter und engelhaften Träger einige verschleierte magische Hinweise gegeben, wie diese betreten werden können.

An dieser Stelle, bevor wir uns weiter mit diesem Thema des Aufstiegs auf die Ebenen befassen, ist es notwendig, den Leser mit einem äußerst wichtigen Aspekt der Astraltechnik vertraut zu machen, der immer im Gedächtnis behalten werden sollte. Auf das Pentagramm reagieren die Bewohner der Astralebene auf zwei verschiedene und ganz unterschiedliche Weisen. Die Erfahrung moderner Theurgen in diesem Punkt wird durch die gesamte magische Tradition der Alten hinreichend bestätigt. Sie bezeugen, dass einige Astralwesen angesichts des flammenden fünfzackigen Sterns, der durch den Magischen Willen geformt wurde, merklich schrumpfen und zu verschwinden scheinen. Eine andere Klasse von Wesen wird jedoch wachsen und sich ausdehnen, um den gesamten Horizont mit einer prachtvollen Leuchtkraft und Ausstrahlung zu bedecken. Die Erfahrung aller Zeitalter der Magier zeigt, dass das Wesen, das aus Angst vor dem Pentagramm zusammenzuckt oder rasch davoneilt, entweder ein hundegesichtiger Dämon oder ein Elementarwesen ist und dementsprechend behandelt werden muss. Andererseits ist das Wesen, dessen Erscheinungsbild durch das Pentagramm und das entsprechende Bannritual nicht beeinträchtigt wird, eine spirituelle Intelligenz, ein Engel, ein erhabenes himmlisches Wesen, das respektiert, geliebt und verehrt werden muss.

Eine Variante des Pentagramm-Symbols, die von anderen Menschen mit einem gewissen Grad an Erfolg verwendet wird, ist ein goldenes Kreuz, das von einer purpurnen Rose gekrönt wird. Die Symbolik ist in beiden Fällen identisch, obwohl das Kreuz von manchen als unangenehm theologisch empfunden werden kann. Es ist ein Zeichen der vier Elemente, die sich in die Himmelsrichtungen erstrecken, während sie von der Rose gekrönt werden, dem Symbol der Schönheit, des Adels und des spirituellen Lebens. In der Praxis ist seine Anwendung etwas anders als beim Pentagramm, denn es ist weniger einfach, das Rosenkreuz mit dem Stab zu formulieren als das frühere Symbol; der Magier schiebt dieses Symbol in seiner Vorstellung zwischen das andere Wesen und sich selbst, ohne zu versuchen, es zu verfolgen.

Die Tatsache, dass ein mit Feuer und Ruhm bekleideter Engel, der ein scharfes Flammenschwert trägt, ihm den Zugang zum Pylon versperrt, sollte den Theurgen innehalten und nachdenken lassen. Zum einen bedeutet dies, dass er in seinem Lichtkörper noch nicht ausreichend gereinigt und empfindsam ist, um durch den bestimmten Pylon zu gelangen, von dem er ausgeschlossen ist. Es sollte als seine feierliche Pflicht erachtet werden, als oberste Notwendigkeit die Mittel zu erwägen, mit denen eine weitere Reinigung bewirkt werden kann. In den Lichtkörper sollte eine spirituelle Substanz aus höheren und himmlischeren

Ebenen eingeflößt werden. Die beharrliche Annahme von Gottesformen und die Umwandlung seiner eigenen Astralform in die des Gottes und die Identifikation mit dem erhabenen moralischen und spirituellen Charakter des Gottes werden sich als eine ebenso unfehlbare Methode erweisen wie jede andere. Durch diese Methode wird die Substanz des Lichtkörpers mit der Zeit an der feurigen Pracht und Ausstrahlung der Substanz des Gottes teilhaben. Die vielleicht schönste Gottesform, die man zu diesem Zweck annehmen kann, ist die des auf einem Lotus sitzenden Harpokrates, des Herrn der Stille, der der Zwilling von Horus, dem Herrn der Stärke und des Feuers ist. Die herkömmliche Form, in der er normalerweise dargestellt wird, ist die eines unschuldigen Babys, das mit dem Finger an der Lippe wie ein Embryo auf einem weißen Lotus zusammengerollt ist, der aus dem Meer emporsteigt. Um ihn herum ist eine tiefe blauschwarze Farbe, nicht unähnlich der des Tattva-Symbols des Geistes, das die allumfassende Nacht darstellt. Der Lotus ist das beständige Symbol der Auferstehung und ewigen Jugend, und das Baby steht für Unschuld, Spiritualität und höchste Ruhe. „Durch den Gott, der ‚über dem Lotos sitzt'", bestätigt Jamblichus in den Mysterien, werden eine Transzendenz und eine Kraft, die auf keinen Fall mit dem Sumpf in Berührung kommt, dunkel angedeutet und zeigen auch sein intellektuelles und himmlisches Reich an. Denn alles, was zum Lotos gehört, ist kreisförmig, nämlich sowohl die Form der Blätter als auch der Früchte; und die Zirkulation ist nur mit der Bewegung des Intellekts verbunden, der mit unveränderlicher Gleichheit, in einer Ordnung und gemäß einem Grund Energie erzeugt. Aber der Gott ist durch sich selbst etabliert und steht über einer Herrschaft und Energie dieser Art, ehrwürdig und heilig, übererweitert und in sich selbst verweilend, was sein Sitzen symbolisieren soll." Die magische Annahme dieser Form, insbesondere das Umgeben des Astralkörpers mit dem Ei aus Blauschwarz oder Indigo, ist mächtig genug, um jeden unerwünschten Einfluss zu bannen, insofern es den Magier über dieses Reich erhebt.

HARPOCRATES AUF DEM LOTUS
Der Herr des Schweigens

Diese besondere Technik der Harpokrates-Gottform hat sogar im täglichen Leben eine besondere Bedeutung. Wenn man von unerwünschten Gedanken und hasserfüllten Gefühlen heimgesucht wird, kann man durch die Annahme der Gestalt dieses Gottes Erleichterung von ihrem Druck erlangen, ja sogar spirituelle Hilfe und Kraft. Durch diese Annahme verwandelt sich das eigene Wesen in die Gestalt Gottes, und der Geist wird durch die Assimilation in den Charakter und die Natur der Göttlichkeit über weltliche Kleinlichkeit erhoben. Dies setzt natürlich eine starke Vorstellungskraft und Willenskraft voraus, aber bildliche Vorstellungen können die meisten Menschen leichter im Gedächtnis behalten als abstrakte Ideen, und jeder Mensch kann mit ein wenig Übung lernen, sich eine so einfache und schöne Gestalt wie das Baby auf dem Lotus vorzustellen. Die einzige Schwierigkeit kann bei der Verwandlung des Lichtkörpers und der anschließenden Identifikation und Vereinigung mit Gott auftreten. Hierfür ist natürlich Übung unabdingbar.

Das Vibrieren göttlicher Namen ist eine Praxis, die unter keinen Umständen ausgelassen werden sollte, da bei dieser Übung die groben Elemente gewaltsam aus der gesamten physischen, astralen und moralischen Konstitution vertrieben werden und andere feinere und sensiblere Elemente eingeführt werden, um ihren Platz einzunehmen. Häufige Eucharistiefeiern sind auch ein ausgezeichnetes Mittel, um die Substanz des gesamten Wesens umzuwandeln und zu erhöhen. Auf einer früheren Seite wurde dieser Vorgang kurz beschrieben, und zur Betonung werde ich die dort geltende Theorie rekapitulieren. Losgelöst von allen Dogmen ist das Wesen der Eucharistie folgendes: Sie nehmen eine einfache Substanz, beispielsweise eine Weizenhostie, taufen sie nach Ihrer höchsten Vorstellung von Gott oder, je nach Fall, im Namen einer bestimmten spirituellen Essenz und verzehren sie. Auf diese Weise findet durch sympathische Magie unter dem Druck des Willens eine tatsächliche Transsubstantiation der Elemente statt. Das, was früher irdisch war, wird himmlisch. Das, was irdisch war, wird in etwas Himmlisches verwandelt. Eine Weizenoblate und der Wein scheinen fast direkt vom Blut aufgenommen und vom Ego selbst absorbiert zu werden. In Wirklichkeit ist dies eine Art talismanische Magie, denn mit der Benennung der Substanz ruft der Magier die spirituelle Kraft an, die diesem Namen entspricht, und in diese physischen Telesmata von Brot und Wein ist diese Kraft als ihre irdische Wohnstätte gebunden. Die Tatsache, dass diese Telesmata vom Magier konsumiert werden, führt in sein Wesen eine spirituelle Kraft ein, die aufgrund ihrer innewohnenden Energie unreine Elemente aus seinem Wesen vertreibt und den ganzen Menschen auf eine höhere Ebene erhebt und verwandelt. Auf diese Weise wird die Umwandlung des Lichtkörpers von einem dunklen Mondkörper in einen Sonnenkörper vollzogen, einen Organismus, der glitzernd, klar umrissen und wohlgeformt ist, wie hell polierter Stahl leuchtet und in der Lage ist, jeden Pylon zu durchdringen, die am sorgfältigsten bewachten Heiligtümer zu durchdringen und die Hilfe der Engelswächter in Anspruch zu nehmen. Mit diesem Sonnenkörper aus vergeistigter Substanz, dem prachtvollen Gewand des Hochzeitsmahls, wird der Theurg keine Schwierigkeiten haben, auf den Ebenen von Malkuth über den Pfad des Saturn zur Sphäre der Grundlage aufzusteigen. Von der Grundlage aus kann er sich durch den Pfeil der Sehnsucht und die Kraft der Rüstung und Schönheit nach oben erheben - immer nach oben, über die öde Wüste des Abgrunds hinaus, über die er auf dem kabbalistischen Kamel reitet, und von der Königin im Königspalast, der die ganze Krone des Lebensbaums ist, mit Freude und Bewunderung empfangen wird. Er ist in der Krone angekommen. Der Magier existiert nicht mehr. Es existiert jedoch noch immer dieses himmlische Bewusstsein des Ewigen Lebens, das die wahre Individualität des Magiers ist - dieser wahre Teil von ihm, dessen er sich während seiner früheren Leben auf der Erde vielleicht selten bewusst war - dieser ursprüngliche universelle

Geist, der unsichtbar im Innersten des Herzens von allem pulsiert und vibriert.

Porphyrios schrieb, dass „die Seelen beim Durchqueren der Sphären der Planeten wie aufeinanderfolgende Tuniken die Eigenschaften dieser Sterne anlegen." Da die Planeten und Tierkreiszeichen dem Baum zugeschrieben wurden und in der Bedeutung der Zehn Sephiroth enthalten sind, assimiliert der Magier durch diesen Prozess des Aufsteigens auf den Ebenen die höchsten Eigenschaften und Merkmale jedes Planeten und jeder Sephira. Während der Seher zum himmlischen Licht der unsterblichen Flamme des Lebens aufsteigt, nimmt er die angeborene Kraft der Ebenen, durch die er geht, in sich auf, und da die niederen Eigenschaften seines Wesens kaum mit der feurigen, unpersönlichen Majestät des himmlischen Reiches vereinbar sind, werden erstere ausgestoßen, und letztere bleiben als erhabene Wächter des Bewusstseinsfeldes zurück. Alle Eigenschaften der höheren Welten werden nach und nach vom Magier angenommen und transzendiert, bis er am Ende seiner magischen Reise in das Wesen des Herrn allen Lebens eintaucht. Das endgültige Ziel seiner spirituellen Pilgerreise ist jene friedliche Ekstase, in der die endliche Persönlichkeit, das Denken und das Selbstbewusstsein, ja sogar das hohe Bewusstsein der höchsten Götter, völlig verschwinden und der Magier zu einer Einheit mit dem *Ain Soph* verschmilzt, in der kein Schatten eines Unterschieds mehr auftritt.

KAPITEL SECHZEHN

ALS ich begann, dieses Buch über Magie zu skizzieren und zu schreiben, war es die feste Absicht des Autors, alle magischen Prozesse so einfach und verständlich zu erläutern, wie es sowohl menschlich möglich als auch mit einer angemessenen exegetischen Behandlung eines äußerst schwierigen und komplexen Themas vereinbar war. Da es in der Vergangenheit so viel absichtliche Unklarheit und absichtlich irreführende Inhalte gab, schien es höchste Zeit, eine Erklärung abzugeben, die ein für alle Mal als klare, eindeutige Darstellung verwendet werden könnte. Der Autor hofft, dass er dieser Absicht durchgehend treu geblieben ist, obwohl dies ein Punkt ist, über den der Leser allein urteilen muss. Mehrdeutigkeit und manchmal absichtliche Versuche, durch die Verwendung schwieriger Symbolik und die Erwähnung einer großen Reihe autoritativer Namen zu täuschen, haben eine Reihe magischer Bücher gekennzeichnet und so ihren Wert verfälscht. In diesem Werk muss noch eine geheime Formel der praktischen Magie von so gewaltiger Natur umrissen werden - die in der Vergangenheit immer durch den Zauber geheimnisvoller Symbole umhüllt und durch schwere Schleier verborgen war -, dass der Autor Zweifel hat, ob es klug oder klug wäre, an seiner ursprünglichen Entscheidung festzuhalten. Sie hätte natürlich aus dem allgemeinen Inhalt weggelassen werden können, aber um diese Abhandlung einigermaßen vollständig zu machen, soweit es die wichtigsten, wenn auch elementaren Aspekte der Höheren Magie betrifft, war es notwendig, sie in irgendeiner Form aufzunehmen. Die Methode, über die hier gesprochen werden soll, ist eine so mächtige Formel der Magie des Lichts und eine, die so anfällig für wahllosen Missbrauch und Verwendung in der Schwarzen Magie ist, dass die ursprüngliche Absicht des Autors verworfen werden muss, wenn überhaupt eine Vorstellung ihrer Technik und Theorie präsentiert werden soll. Es wird notwendig sein, auf das Medium einer eloquenten Symbolik zurückzugreifen, die seit Jahrhunderten zur Vermittlung dieser und ähnlicher Ideen verwendet wird. Und der Leser muss sicher sein, dass die Symbolik weder absichtlich durcheinandergebracht noch mehrdeutig, unklar und bedeutungslos gemacht wurde. Bei sorgfältiger Untersuchung der verwendeten Begriffe werden eine Konsistenz und Kontinuität erkennbar, die den richtigen Leuten die Prozesse der Technik auf recht genaue Weise erschließt.

Die Messe des Heiligen Geistes! So heißt diese besondere Technik. Sie ist in der gesamten Magie einzigartig, denn sie umfasst fast jede bekannte Form theurgischer Verfahren. Gleichzeitig ist sie die Quintessenz und die Synthese von allen. Unter anderem betrifft sie die Magie der Talismane. Durch diese Methode wird eine lebendige spirituelle Kraft in eine bestimmte telesmatische Substanz eingebunden. Diese Telesmata sind nicht tot oder inaktiv, wie sie bei der üblichen zeremoniellen Talismanbeschwörung entstehen; sie sind vielmehr zugleich lebendig, dynamisch und enthalten im Keim und im Potenzial die Möglichkeit allen Wachstums und aller Entwicklung. In ganz besonderer Weise betrifft sie außerdem die Formel des Heiligen Grals. Es wird ein goldener Kelch der spirituellen Gnade verwendet, in den das wahre Wesen und das Lebensblut des Theurgen gegossen werden müssen, damit nicht seine eigene Seele erlöst wird, sondern damit die ganze Menschheit gerettet wird. Auch die Eucharistie ist implizit enthalten, und der Kelch wird als Abendmahlskelch verwendet, dessen heiliger Inhalt - wundertätig und schillernd; kurz gesagt, der Sakramentswein - dem Dienst des Allerhöchsten gewidmet und geweiht werden muss. Die mit dem eucharistischen Wein zu verzehrende Opfergabe ist nach dieser Interpretation die geheime Essenz sowohl des berauschten Magiers als auch des höchsten Gottes, den er angerufen hat. Auch dieser

Methode wird in sehr hohem Maße die alchemistische Technik zuge-schrieben, da sie größtenteils die Herstellung des trinkbaren Goldes, des Steins der Philosophen, und des Lebenselixiers Amrita, des Taus der Unsterblichkeit, betrifft.

Vor allem sollte der Leser die philosophische Formel des Tetragramm-atons im Gedächtnis behalten, die die Methode dieser Messe ist. Dies zeigt die Notwendigkeit einer praktischen Kenntnis der numerischen Prinzipien der Heiligen Kabbala, denn je mehr Wissen man besitzt und systematisch unter dem Indexsystem des Lebensbaums klassifiziert hat, desto mehr Bedeutung und Bedeutsamkeit kommt der Tetra-grammaton-Formel zu. Im Kapitel, in dem die magische Theorie des Universums skizziert wird, wurden die allgemeinen Implikationen des heiligen Namens in diesen Zusammenhängen kurz erklärt. Diese Ideen sollten in Bezug auf den Baum gründlich aufgenommen werden. Mit diesem Verständnis sollte der Leser seine Kräfte auf das nun folgende symbolische Schema anwenden.

Eine Kapitelüberschrift in Franz Hartmans *Secret Symbols of the Ro-sicrucians* wird durch die Zeichnung einer Meerjungfrau illustriert, die aus dem Meer aufsteigt. An ihre Brüste hält sie ihre Hände, und aus ihnen entspringen zwei Ströme, die ins Meer zurückfließen. Zur Erläu-terung dieser Figur schrieb Hartman: „Die Figur stellt die Grundlage der Dinge dar, aus der alle Dinge geboren werden. Sie ist ein duales Prinzip der Natur; ihre Eltern sind die Sonne und der Mond; sie bringt Wasser und Wein, Gold und Silber hervor, durch den Segen Gottes. Wenn Sie den Adler quälen, wird der Löwe schwach. Die ‚Tränen des Adlers‘ und das ‚rote Blut des Löwen‘ müssen sich treffen und vermi-schen. Der Adler und der Löwe baden, essen und lieben einander. Sie werden wie der Salamander und bleiben beständig im Feuer." Zur wei-teren Erläuterung des Obengenannten können die folgenden Prinzi-pien postuliert werden. Das Y des heiligen Namens in diesem System wird der Rote Löwe genannt, und das erste H ist der Weiße Adler. Diese beiden Buchstaben werden als Darstellungen zweier kosmischer Prinzipien angesehen, zwei Flüsse scharlachroten Blutes, die aus der Brust der Meerjungfrau ins Meer fließen, zwei unterschiedliche, ewig fließende Ströme des Lebens, des Lichts und der Liebe, die ewig aus dem Leben selbst hervorgehen. In ihnen liegt die Kraft der Berührung und der Kommunikation, die einander erneuert, ohne dass die subtilen Grenzen der fließenden Ströme aufgebrochen oder die Substanz vermischt wird. Sie sind einander ergänzend und von Natur aus entgegengesetzt; doch in ihnen ist die gesamte Existenz begründet. Alle alchemistischen Operationen erfordern der Autorität zufolge zwei Hauptinstrumente: „ein rundes, kristallines Gefäß, das der Qualität seines Inhalts angemessen ist" oder der Cucurbite, und „einen theosophischen, kabbalistisch versiegelten Ofen oder Athanor."[17] Der Athanor wird dem Y zugeordnet und der Cucurbite ist eine Zuschreibung des H.

Obwohl das erwähnte reine Gold eine homogene Substanz ist, eine unteilbare, dynamische und mit unendlichen Möglichkeiten beladene Substanz, werden dennoch zwei verschiedene Substanzen bei seiner Herstellung verwendet. Diese werden die Schlange oder das Blut des roten Löwen und die Tränen oder das Gluten des weißen Adlers genannt. Die Schlange ist eine Zuordnung zum V des Tetragrammatons, und dem letzten H dieses Namens wird das Gluten zugeordnet. Diese beiden Substanzen sind sozusagen die Nachkommen des Löwen und des Adlers. Die oben erwähnten alchemistischen Instrumente sind als Lagerhäuser oder Generatoren dieser beiden göttlichen Prinzipien oder schnell fließenden Ströme aus Blut, Feuer und Kraft zu betrachten, wobei der Athanor die Quelle oder das Vehikel der Schlange ist und das Gluten im Cucurbite untergebracht ist.

---

[17] *Amphitheatrum. H. Khunrath.*

Die Herstellung des alchemistischen Goldes, des Taus der Unsterblichkeit, besteht aus einem besonderen Vorgang mit mehreren Phasen. Durch die Stimulierung des Athanors durch Wärme und spirituelles Feuer sollte eine Übertragung, ein Aufstieg der Schlange von diesem Instrument in den Cucurbite erfolgen, der als Retorte verwendet wird. Die alchemistische Verbindung oder Vermischung der beiden Kraftströme in der Retorte bewirkt sofort die chemische Verderbnis der Schlange im Menstruum des Glutens, wobei dies der Teil der allgemeinen alchemistischen Formel „solve et coagula" ist. Kurz nach der Verderbnis der Schlange und ihrem Tod entsteht der strahlende Phönix, der als Talisman durch eine kontinuierliche Anrufung des spirituellen Prinzips aufgeladen werden sollte, das der vorliegenden Arbeit entspricht. Der Abschluss der Messe besteht entweder in der Einnahme der transsubstantiierten Elemente, also dem Amrita, oder in der Salbung und Weihe eines besonderen Talismans.

Bevor ich mit der Analyse der Aspekte dieser Operation fortfahre, möchte ich dem Leser ein Zitat vorlegen, in dem diese Messe unter Verwendung der herkömmlichen Nomenklatur der Alchemie ausführlich wiederholt wird. "Ich bin eine Göttin der Schönheit und der berühmten Herkunft, geboren aus unserem eigenen Meer, das die ganze Erde umgibt und immer ruhelos ist. Aus meinen Brüsten gieße ich Milch und Blut; koche diese beiden, bis sie zu Silber und Gold werden. Oh vortrefflichstes Subjekt, aus dem alle Dinge geboren sind, obwohl du auf den ersten Blick Gift bist, geschmückt mit dem Namen des fliegenden Adlers. ... Deine Eltern sind die Sonne und der Mond; in dir gibt es Wasser und Wein, Gold und Silber auf der Erde, damit der sterbliche Mensch sich freuen kann. ... Aber bedenke, oh Mensch, was Gott dir auf diese Weise schenkt. Foltere den Adler, bis er weint und der Löwe geschwächt ist und verblutet. Das Blut dieses Löwen, vereint mit den Tränen des Adlers, ist der Schatz der Erde." Dies ist zweifellos auch eine Erklärung für die von Franz Hartman wiedergegebene Abbildung.

Einige Experten gehen grob davon aus, dass der Vorgang von der vorläufigen Anrufung mit der Bindung der Kraft in den Elementen bis zur Teilnahme an der Kommunion aus dem geweihten Kelch nicht weniger als eine Stunde dauern sollte. Manchmal ist sogar ein viel längerer Zeitraum erforderlich, insbesondere wenn der Talisman vollständig und gründlich aufgeladen werden muss. Es ist große Sorgfalt erforderlich, um den unbedachten Verlust der Elemente zu verhindern. Es besteht die Möglichkeit eines tatsächlichen Auslaufens oder Überlaufens aus dem Cucurbite, und die Aufnahme oder Verdunstung der verdorbenen Elemente in diesem Instrument ist ebenfalls ein sehr zu bedauernder Unfall. Es kann nicht stark genug oder oft genug betont werden, dass der gesamte Vorgang ungültig werden kann, wenn die Elemente nicht richtig geweiht sind oder wenn die angerufene Kraft nicht richtig auf die Elemente einwirkt oder nicht sicher in ihnen gebunden ist. Und es kann leicht bis in die tiefsten Tiefen degenerieren, was zur Erschaffung eines qliphotischen Schreckens führt, der wie ein Vampir auf den unnatürlich Empfindsamen und jenen nistet, die zu Hysterie und Besessenheit neigen. Wenn das Elixier richtig destilliert wird und als Medium des angerufenen Geistes dient, dann öffnen sich die Himmel, und die Tore öffnen sich für den Theurgen, und die Schätze der Erde werden ihm zu Füßen gelegt. „Wenn du es entdeckst, schweige und bewahre es heilig. Vertraue niemandem außer Gott."

Das Problem der Verbindung zwischen der magischen Operation und dem gewünschten Ergebnis sollte in all seinen zahlreichen Aspekten betrachtet werden. Wenn die Operation tatsächlich einen äußeren Talisman für die sichtbare Erzielung ihrer Wirkung erfordert, sollte ein geeignetes Siegel aus Metall, Wachs oder Pergament hergestellt werden. Es kann geweiht und mit dem Elixier gesalbt werden, das durch die Kanäle der hermetischen Arbeit geschaffen wurde. Die im *Schlüssel des Königs Salomo* und des *Magus* beschriebenen Siegel und Talismane sind für diesen Zweck durchaus geeignet. Sollte die vom Theurgen vorgeschlagene Operation die Eigenschaften des Jupiters betreffen, sollte vor der Operation ein geeignetes Pentakel vorbereitet werden. Während der Herstellung des Elixiers sollte die Gottesmaske von Maat angenommen und eine Beschwörung des erforderlichen Engels oder der erforderlichen Intelligenz rezitiert werden. Nach Abschluss der Messe sollte eine winzige Menge des himmlischen Taus auf das Siegel oder den Talisman des Jupiters gegeben werden, um ihn so mit einer unüberwindlichen Kraft aufzuladen, die die gewünschten Ergebnisse hervorbringt. Mit der Zeit werden wahrscheinlich Variationen dieses Verfahrens auftreten.

Bei einer Zeremonie, die zu einem Zweck durchgeführt wird, bei dem sich der Kreis und das Dreieck oder der Dämon und der Exorzist auf derselben Ebene befinden, kommt es nicht auf eine Verbindung an. Das heißt, wenn der Theurg ausschließlich auf sein eigenes Bewusstsein einwirkt, ohne Bezug auf äußere Einflüsse. Die Messe des Heiligen Geistes erreicht in einem solchen Fall automatisch ihren Höhepunkt durch den Gebrauch der geladenen Elemente, wobei die angerufene Kraft ganz selbstverständlich im Magier inkarniert. Ich denke, bei dieser Art von Operation erzeugt die Messe des Heiligen Geistes die größte Kraft und erreicht die höchste Effizienzstufe.

Selbst bei gewöhnlichen Operationen besteht der große Vorteil dieser Methode darin, dass auf Zeremonielles fast gänzlich verzichtet werden kann. Der Magier kann das Bannritual ganz einfach auf der Astralebene durchführen, und die Anrufungen können still rezitiert werden, so dass keine Magie zeremonieller Natur von den Laien wahrgenommen werden kann. Bei Operationen jedoch, bei denen das gewünschte Ergebnis auf einer anderen Ebene oder außerhalb des Bewusstseins des Magiers liegt, scheinen die Effekte nicht immer mit der gleichen Unfehlbarkeit und Reihenfolge zu erfolgen wie bei subjektiven Arbeiten. Die

Durchsicht privater Aufzeichnungen von Magiern, die diese magische Maschine verwendet haben, zeigt, dass sie am besten für Arbeiten innerhalb des Bewusstseins des Magiers eingesetzt werden kann. In diesen Angelegenheiten ist die Messe des Heiligen Geistes am mächtigsten und wirksamsten. Für die Entwicklung des magischen Willens, die Steigerung der Vorstellungskraft und die Anrufung sowohl von Adonai als auch der universellen Götter, damit sie im geweihten Tempel des Heiligen Geistes wohnen, könnte kaum eine bessere oder geeignetere Methode erdacht werden. Es ist kein Verbrauch von Lebensenergie erforderlich, denn jede Energie, die bei der Operation verwendet wird, kehrt am Ende verstärkt und bereichert durch die Geburt des goldenen Phönix, des „Symbols der Auferstehung und Wiedergeburt", zum Magier zurück.

Die höchste Kraft, die bei dieser Technik wirkt, ist die Liebe. So banal es auch erscheinen mag und so abgedroschen das Wort selbst geworden ist, muss wiederholt werden, dass die Liebe die treibende Kraft ist; eine Liebeskraft, die immer vom Willen in Schach gehalten und von der Seele kontrolliert wird. Die zerstörerische Kraft des Schwertes und alles, was das Schwert impliziert, der zerstreuende Charakter des Dolches oder einer der anderen Elementarwaffen haben hier keinen Platz. Diese Methode empfiehlt sich daher als die allerhöchste. Da sie an Liebe teilhat, ist sie der Stoff und die Essenz des Lebens selbst.

In der Praxis ist diese Technik außerordentlich einfach. Tatsächlich hat ein Magier festgestellt, dass sie nicht komplizierter ist als Fahrradfahren, das heißt, wenn man einmal gewisse Vorarbeiten und Training absolviert hat. Mehr als alles andere erfordert sie einen besonders starken und distanzierten Willen, was natürlich auf vorherige Disziplin hindeutet, und einen Geist, der über lange Zeiträume auf Konzentration trainiert wurde. Eine der Besonderheiten dieser Technik ist, dass der Magier leicht die Kontrolle über seine alchemistischen Instrumente verlieren und so die gesamte Operation verderben kann, wenn er nicht von Anfang an außerordentlich vorsichtig und aufmerksam ist. Die Freude an der bloßen technischen Ausführung der Technik bis hin zur Vermeidung richtiger magischer Arbeit stellt die größte und höchste Gefahr dar. Andererseits übertrifft diese Technik alle anderen, weil dieses Element der Freude und des Vergnügens darin enthalten ist. Der Geist muss darauf trainiert sein, sich unter allen Umständen zu konzentrieren. Als Vorbereitung auf magische Übungen dieser Art ist die Yoga-Technik ein enormer Vorteil. Man könnte sogar sagen, dass für wahren Erfolg in der gesamten Magie eine gründliche Ausbildung in der Yoga-Technik absolut notwendig ist.

Eine weitere Beobachtung ist vielleicht nicht unangebracht. Oberflächlich betrachtet und auf den ersten Blick mag es so aussehen, als ob zwischen dieser Art von magischer Operation, die so zögerlich beschrieben wird, und der üblichen zeremoniellen Arbeit eine große Lücke besteht. Es ist wahr, dass die Messe des Heiligen Geistes ein Fortschritt gegenüber der mühsamen und langsamen zeremoniellen Arbeit ist, obwohl letztere zu Beginn der magischen Ausbildung unerlässlich ist. Diese Methode ist wesentlich direkter und auf den Punkt gebrachter, und aufgrund der besonderen Art von Energien, die sie auf die Seele ausübt, sind ihre Auswirkungen weitaus mächtiger und weitreichender als die der zeremoniellen Arbeit allein. Obwohl sie als zwei unterschiedliche Arbeitsklassen bestehen, können sie dennoch mit großem Vorteil kombiniert und in Verbindung miteinander verwendet werden.

Die allgemeine Meinung der alchemistischen Autoritäten, von denen diese Methode geschätzt wurde, war, dass, so erhaben sie auch sein mag, ihre Ergebnisse ohne Gebet nicht erreicht werden könnten. Ohne aufrichtiges Gebet könnte nichts Dauerhaftes oder Göttliches erreicht werden. Daher sollte, während die Durchführung der Messe im Gange ist und das Feuer im Athanor intensiver wird, eine enthusiastische Anrufung, entweder astral oder hörbar, rezitiert werden. Sie sollte die Art eines kurzen Mantras haben, das der Art und Weise der Arbeit angemessen ist und rhythmisch zusammengesetzt ist. Der Durchführung als Ganzes könnte eine allgemeinere Anrufung zur Legitimierung der Arbeit vorangehen. Während die astrale Schöpfungsarbeit fortschreitet, wird das rhythmische Mantra dabei helfen, die durch Willen und Eingebung geschaffenen Formen zu formulieren und zu beleben und die gewünschte spirituelle Kraft anzuziehen. Wenn dann die Schlange vom Athanor übertragen wird und die alchemistische Verderbnis im Gluten des Weißen Adlers beginnt, wird der Kürbis zum Gefäß einer neuen Substanz, lebendig und dynamisch, die den unauslöschlichen Abdruck der Anrufungen trägt, die seine Formbarkeit und sein Potenzial mit einem überwältigenden Impuls in eine bestimmte Richtung ausgestattet haben. Daraus folgt, dass mit der Einnahme dieser Substanz, die der philosophische Merkur ist, der mit einer Intelligenz dynamischer spiritueller Energie durchdrungen ist, die in der Lage ist, innerhalb der Grenzen seiner Sphäre die gewünschte Veränderung hervorzubringen, die vollständige und zufriedenstellende Erfüllung das Streben des Magiers auf den Höhepunkt bringt. Wenn die Zeremonie in einem ordnungsgemäß geweihten Kreis durchgeführt wird, nach einer gründlichen Verbannung, gefolgt von einer mächtigen Beschwörung der göttlichen Kraft und der Annahme der entsprechenden Gottesform, kann sie sich als von unvergleichlicher Macht erweisen, die Tore des Himmels weit zu öffnen. Wenn man nur den Kelch und den Stab als elementare Waffen verwendet, zusammen mit dem Mantra oder der speziellen rhythmischen Anrufung, kann die Messe selten ihre Wirkung verfehlen. Diese Vereinigung zweier verschiedener magischer Waffen, so weit voneinander entfernt sie auch zunächst erschienen sein mögen, verstärkt die Wirksamkeit jeder einzelnen, da sie in einer einzigen Operation die besten Aspekte und größten Vorteile beider kombinieren.

KAPITEL SIEBZEHN

D IE wichtigsten Aspekte der Magie wurden nun behandelt. Bevor ich dieses Buch jedoch abschließe, möchte ich einige Beispiele der verschiedenen Arten von Ritualen und Anrufungen geben, die in einer vollständigen Zeremonie enthalten sind. Auf den vorhergehenden Seiten wurden mehrere Arten von Ritualen erwähnt, und es ist nun notwendig, diese Hinweise deutlicher zu machen. Ein vollständiger Zeremonienvorgang besteht sozusagen aus einer Anzahl kleinerer Zyklen. Abgesehen von allen Fragen der Vorbereitung und Weihe der Waffen der Kunst, des Kreises und des Dreiecks und der Talismane, deren Methode beschrieben wurde, kann die eigentliche Zeremonie bis zu acht verschiedene Phasen umfassen, ganz zu schweigen von der Tatsache, dass viele von ihnen zur Betonung zwei- oder dreimal wiederholt werden müssen. Die Zeremonie beginnt mit einem gründlichen Bannritual, das bereits zitiert wurde, um den Arbeitsbereich rein und sauber zu machen. Normalerweise folgt eine allgemeine Anrufung oder Rede an den Herrn des Universums. Dann folgt die genaue Arbeit. Es sollte eine Anrufung des Gottes erfolgen, der die Operation leitet, die Rezitation eines Appells an den Erzengel oder Engel, gefolgt von einer mächtigen Beschwörung des Geistes oder der Intelligenz in sichtbarer Erscheinung. Seine Manifestation im Dreieck wird durch einen besonderen Empfang begrüßt, wenn Weihrauch als Opfergabe verbrannt wird und ihm Gestalt verleiht. Dann folgt die Erlaubnis zum Abschied, und die Operation wird durch eine vollständige zeremonielle Verbannung abgeschlossen. Es wird daher vorgeschlagen, in diesem letzten Kapitel mehrere Beispiele für jeden der wichtigeren Arbeitszyklen zu geben und jene Anrufungen wiederzugeben, die von den Autoritäten als vorbildlich angesehen werden.

Die Vorbereitung eines geeigneten Tempels oder Raums, der als Schauplatz für magische Operationen verwendet werden soll, ist eine der wichtigsten Vorarbeiten, die der Theurg erledigen muss. Die kontinuierliche Verwendung eines speziellen Raums, in dem man sich hauptsächlich mit Meditation und allgemein magischen Dingen beschäftigt, führt automatisch dazu, dass dieser begrenzte Bereich dem Großen Werk geweiht wird und alle unerwünschten und störenden Einflüsse ausgestoßen werden. Eine einfache Form der Zeremonie, bei der ein spezieller Raum für einen magischen Zweck geweiht wird, kann ganz einfach entwickelt werden, indem das Pentagramm-Ritual mit mehreren Aphorismen der chaldäischen Orakel kombiniert wird, wie beispielsweise im folgenden Ritual.

„Der Magier soll nach Osten blicken, den Lotusstab am schwarzen Teil halten und die folgenden Worte sagen:

HEKAS, HEKAS, ESTI BEBELOI !

„Dann soll das Kleine Bannritual des Pentagramms durchgeführt werden, so dass ein Kreis entsteht, der die gesamte Kammer umschließt. Danach soll der Stab auf den Altar gelegt werden.

„Reinige die äußeren Grenzen des Kreises mit Wasser und sage: ‚Deshalb muss der Priester, der die Werke des Feuers leitet, zuerst das Wasser des laut widerhallenden Meeres besprengen.'

„Reinige mit Feuer und sage: ‚Und wenn du nach all den Phantomen das Heilige Formlose Feuer sehen wirst, das Feuer, das durch die verborgenen Tiefen des Universums blitzt und zuckt, dann höre die Stimme des Feuers.'

„Dann nimm den Lotusstab wieder am weißen Ende und wiederhole die Anbetung:

> „Heilig bist Du, Herr des Universums.
> Heilig bist Du, den die Natur nicht geformt hat.
> Heilig bist Du, der Große und Mächtige,
> Herr des Lichts und der Dunkelheit."

Unmittelbar nachdem die ersten Bannungen durchgeführt wurden und unmittelbar bevor die Zeremonie beginnt, wird eine Anrufung des Höheren empfohlen. So wie der niedere Wille nach dem strebt, was oben ist, so strebt der höhere Wille nach der Vereinigung mit dem, was unten ist. Um die Zeremonie auszugleichen, wird eine Anrufung des Höheren Willens – ob als Augoeides oder als Herr des Universums – als unverzichtbarer Teil jeder Operation angesehen. Das unten aufgeführte Gebet erscheint erstmals in *„The Secret Symbols of the Rosicrucians"* von Franz Hartmann und ist eine der beredtsten und erhabensten Hymnen, die für den oben genannten Zweck geeignet ist. Es wurde wie folgt geschrieben:

„Ewiger und universeller Quell der Liebe, Weisheit und des Glücks; die Natur ist das Buch, in dem Dein Charakter geschrieben steht, und niemand kann es lesen, wenn er nicht in Deiner Schule gewesen ist. Deshalb sind unsere Augen auf Dich gerichtet, wie die Augen der Diener auf die Hände ihrer Herren und Herrinnen gerichtet sind, von denen sie ihre Gaben empfangen.

"O Du Herr der Könige, wer sollte Dich nicht unaufhörlich und für immer mit seinem ganzen Herzen preisen? Denn alles im Universum kommt von Dir, aus Dir, gehört Dir und muss wieder zu Dir zurückkehren. Alles, was existiert, wird letztlich wieder in Deine Liebe oder Deinen Zorn, Dein Licht oder Dein Feuer eingehen, und alles ob gut oder böse, muss Deiner Verherrlichung dienen.

" Du allein bist der Herr, denn Dein Wille ist die Quelle aller Kräfte, die im Universum existieren; niemand kann Dir entkommen. Du bist der König der Welt, Dein Wohnsitz ist im Himmel und im Heiligtum des Herzens der Tugendhaften.

"Universeller Gott, Ein Leben, Ein Licht, Eine Kraft, Du Alles in Allem, jenseits von Ausdruck und Vorstellung. O Natur! Du Etwas aus dem Nichts, Du Symbol der Weisheit! In Mir bin Ich Nichts, in Dir bin Ich Ich. Ich lebe in Deinem Ich, das ich aus dem Nichts gemacht habe; Lebe Du in mir und bringe mich aus der Region des Selbst in das Ewige Licht."

In *„Die heilige Magie des Magiers Abramelin"* verzichtet Abraham der Jude sorgfältig auf Gebete oder Anrufungen, da er meint, dass die besten Anrufungen diejenigen seien, die jeder Einzelne für seine persönlichen Bedürfnisse selbst verfasst. Er gibt jedoch auf den Seiten seines Buches ein Gebet, das wie das vorangehende Rosenkreuzergebet geeignet ist, die Zeremonie zu eröffnen, den Geist des Magiers zu erheben und die göttliche Inspiration herabzuziehen, um die anstehende Arbeit zu segnen.

"O Herr und Gott der Barmherzigkeit, geduldiger, gütiger und freigebiger Gott, der Du Deine Gnade auf tausend Arten und bis in tausend Generationen gewährst; der Du die Missetaten, Sünden und Verfehlungen der Menschen vergisst, in dessen Gegenwart niemand unschuldig ist; der Du die Verfehlungen des Vaters an den Kindern und Neffen bis in die dritte und vierte Generation heimsuchst; ich kenne meine

Erbärmlichkeit und weiß, dass ich nicht würdig bin, vor Deiner göttlichen Majestät zu erscheinen, ja nicht einmal um Deine Güte und Barmherzigkeit um die geringste Gnade zu flehen und zu betteln.

„Aber, o Herr der Herren, die Quelle Deiner Güte ist so groß, dass sie von sich aus jene ruft, die sich wegen ihrer Sünden schämen und sich nicht nähern wagen, und sie einlädt, von Deiner Gnade zu trinken. Darum, o Herr mein Gott, erbarme Dich meiner und nimm von mir alle Ungerechtigkeit und Bosheit; reinige meine Seele von aller Unreinheit der Sünde; erneuere in mir meinen Geist und tröste ihn, so dass er stark und fähig wird, das Mysterium Deiner Gnade und die Schätze Deiner göttlichen Weisheit zu begreifen. Heilige mich auch mit dem Öl Deiner Heiligung, mit dem Du alle Deine Propheten geheiligt hast; und reinige in mir damit alles, was mir gehört, damit ich der Unterhaltung mit Deinen heiligen Schutzengeln und Deiner göttlichen Weisheit würdig werde, und gewähre mir die Macht, die Du mir unter Deinen Propheten gegeben hast über alle bösen Geister."

Eine der vielleicht schönsten einleitenden Hymnen, die dem Autor bekannt sind, stammt von Aleister Crowley. Sie kommt in einem mystischen Stück mit dem Titel *The Ship* vor, das vor einigen Jahren geschrieben wurde, und frei von all den unangenehmen metaphysischen Implikationen ist, die in anderen Gebeten vorhanden sind und die philosophischen Empfindungen des Menschen verletzen können. Da sie auch in Versform verfasst ist, ist die Wirkung kumulativ, was die Erhöhung zu einem viel einfacheren Prozess macht:

> „Du, der ich bin, jenseits von allem, was ich bin,
> Der keine Natur und keinen Namen hat,
> Der du bist, wenn alle außer dir gegangen sind,
> Du, Mittelpunkt und Geheimnis der Sonne,
> Du, verborgene Quelle aller bekannten
> Und unbekannten Dinge, Du, fern, allein,

Du, das wahre Feuer im Schilf,
Brütend und brütend, Quelle und Samen
von Leben, Liebe, Freiheit und Licht,
Du jenseits von Sprache und Sicht,
Dich rufe ich an, mein schwaches, frisches Feuer,
Das ich tröste, während meine Absichten danach streben.
Dich rufe ich an, der ich immer eins bin,
Dich, Mittelpunkt und Geheimnis der Sonne,
Und dieses heiligste Mysterium,
dessen Träger ich bin.
Erscheine, höchst furchtbar und höchst mild,
Wie es rechtmäßig ist, in Deinem Kind.

Denn vom Vater und vom Sohn ist
Der Heilige Geist die Norm;
Männlich-weiblich, Inbegriff, eins,
Mannwesen verschleiert in Frauengestalt.
Ehre und Anbetung in der Höhe,
Du Taube, Menschheit, die du vergötterst,
Als jene Rasse, die königlich rennt,
Zur Frühlingssonne durch den Wintersturm.
Ehre und Anbetung sei Dir
Saft der Weltesche, Wunderbaum I

Ehre Dir aus vergoldetem Grab.
Ehre Dir aus wartendem Mutterleib.
Ehre Dir aus ungepflügter Erde!
Ehre Dir aus jungfräulichem Gelöbnis I
Ehre Dir, wahre Einheit
der ewigen Dreifaltigkeit!
Ehre Dir, Du Vater und Mutter
Und Selbst von Ich bin, der ich bin!

Ehre Dir, ewige Sonne,
Du Einer in Drei, Du Drei in Einem!
Ehre und Anbetung sei Dir,
Saft der Weltesche, Wunderbaum ! "

In den Schriften des herausragenden Platonikers Thomas Taylor finden sich einige heilsame Beispiele für Hymnen und Anrufungen, die für magische Zwecke geeignet sind. Tatsächlich gibt es einen Band, den Taylor 1787 aus dem Griechischen übersetzte und den Titel *The Mystical Hymns of Orpheus* trägt. Darin finden sich Anrufungen an fast alle großen Götter. Daher wird dieser Band dem Theurgiestudenten bei seiner praktischen Arbeit von größter Hilfe sein, insbesondere angesichts der Tatsache, dass Taylor der Meinung war, dass der Inhalt des Buches in den eleusinischen Mysterien verwendet wurde. Was die Art allgemeiner Ansprache betrifft, die einer Zeremonie vorangeht, gibt es einen herausragenden Hymnus an den Himmel, der für diesen Zweck unvergleichlich ist.

„Großer Himmel, dessen mächtige Gestalt keine Ruhe kennt,
Vater von allem, aus dem die Welt entstand;
Höre, großzügiger Vater, Quelle und Ende von allem,
der sich ewig um diese irdische Kugel dreht;
Wohnsitz der Götter, dessen schützende Macht
die ewige Welt mit ewig währenden Grenzen umgibt;
dessen weitläufiger Busen und umschließende Falten
die schreckliche Notwendigkeit der Natur in sich birgt.
Ätherisch, irdisch, dessen vielfältige Gestalt,
azurblau und voller Formen, keine Macht zähmen kann.
Allsehend, Quelle des Saturn und der Zeit,
für immer gesegnet, erhabene Gottheit,
gnädig auf einem neuartigen mystischen Glanz,
und kröne seine Missionen mit einem göttlichen Leben."

Im selben Band befindet sich eine Hymne an die Mutter der Götter, und sie kann in ähnlicher Weise als Anrufung vor der eigentlichen zeremoniellen Arbeit verwendet werden. Sie ist es eindeutig wert, zitiert zu werden:

„Mutter der Götter, große Amme von allem, nahe,
göttlich geehrt, und erhöre mein Gebet.
Auf einem Wagen thronend, von Löwen gezogen,
von Stiere zerstörenden Löwen, schnell und stark,
schwingst Du das Zepter der göttlichen Stange,
und der mittlere Sitz der Welt, vielgerühmt, ist Dein.
Daher ist die Erde Dein, und bedürftige Sterbliche teilen ihre
ständige Nahrung unter Deiner schützenden Obhut.
Von Dir fließen das Meer und jeder Fluss.
Wir finden Deinen Namen als die beste und Quelle des Reichtums, für Sterbliche, die sich freuen, freundlich zu sein;
für alles Gute, das Deine Seele erfreut. Komm, mächtige Kraft,
unsere Riten begünstigend, alles zähmend, gesegnet, phrygische Erlöserin, komm, große Königin des Saturn, die sich an der
Trommel erfreut
Himmlische, uralte, lebenserhaltende Jungfrau,
die Wut einflößt; gewähre Deine flehende Hilfe;
mit freudigem Anblick beleuchte unseren Weihrauch
und nimm erfreut das göttliche Opfer an."

Das folgende Gebet ist ein Auszug aus einer Zeremonie zur Anrufung des Heiligen Schutzengels, die der verstorbene Alan Bennett, einer der Adepten des Golden Dawn, durchführte, bevor er der buddhistischen Sangha beitrat und zum Bhikkhu Ananda Metteya wurde:

„Anbetung sei Dir, Herr meines Lebens, denn Du hast mir gestattet, so weit in das Heiligtum Deines unaussprechlichen Mysteriums einzutreten, und hast geruht, mir ein kleines Fragment der Herrlichkeit Deines Wesens zu offenbaren. Erhöre mich, Engel des allmächtigen Gottes; erhöre mich und erhöre mein Gebet! Gib mir die Kraft, dass ich immer das Symbol der Selbstaufopferung hochhalten kann, und gewähre mir das Verständnis von allem, was mich Dir näherbringen kann! Lehre mich, sternenklarer Geist, mehr und mehr von Deinem Mysterium und Deiner Meisterschaft; lass mich jeden Tag und jede Stunde näher zu Dir bringen. Lass mich Dir in Deinem Leiden beistehen, damit ich eines Tages an Deiner Herrlichkeit teilhaben kann, an jenem Tag, wenn der Menschensohn vor dem Herrn der Geister und sein Name in der Gegenwart des Alten der Tage angerufen wird!

„Und lehre mich heute eines: wie ich von Dir die Geheimnisse der höheren Magie des Lichts lernen kann. Wie ich von den Bewohnern der hellen Elemente ihr Wissen und ihre Macht erlangen kann und wie ich dieses Wissen am besten einsetzen kann, um meinen Mitmenschen zu helfen.

„Und schließlich bitte ich Dich, lass eine Verbindung der Pflicht zwischen uns bestehen; damit ich immer Hilfe und Rat von Dir suchen und erhalten kann, der Du mein wahres Ich bist. Und vor Dir verspreche und schwöre ich: dass ich mit der Hilfe dessen, der auf dem Heiligen Thron sitzt, mein Herz und meinen Geist so reinigen werde, dass ich eines Tages wahrhaftig mit Dir vereint sein kann, der Du in Wahrheit mein höheres Genie, mein Meister, mein Führer, mein Herr und König bist! "

Obwohl die Form der gnostischen Anrufungen unter den Studenten der Magie und Mystik ziemlich bekannt geworden ist, gibt es dennoch eine besonders schöne, die ich aus dem Bruce-Manuskript reproduzieren möchte. Sie enthält eine Reihe barbarischer Namen der Beschwörung und wurde von Jesus zur Reinigung seiner Jünger ausgesprochen:

„Erhöre mich, oh mein Vater, Vater aller Vaterschaft, Unendliches Licht, mache diese meine Jünger würdig, die Feuertaufe zu empfangen, vergib ihnen ihre Sünden, reinige die Sünden, die sie bewusst oder unbewusst begangen haben, jene, die sie von Kindheit an bis zum heutigen Tag begangen haben, ihre gedankenlosen Worte, ihre bösen Reden, ihre falschen Zeugenaussagen, ihre Diebstähle, ihre Lügen, ihre betrügerischen Verleumdungen, ihre Unzucht, ihre Ehebrüche, ihre Habgier, ihren Geiz und alle Sünden, die sie begangen haben mögen, lösche sie aus, reinige sie davon, und lass den ZOROKOTHORA im Verborgenen kommen und ihnen das Wasser der Feuertaufe der Jungfrau des Schatzes bringen.

„Erhöre mich, oh mein Vater: Ich rufe Deine unvergänglichen Namen an, die für immer in den Äonen verborgen sind. AZARAKA ZAAMATHKRATITATH Iólóló ZAMEN ZAMEN ZAMEN IAOTH IAOTH IAOTH PHAOPH PHAOPH PHAOPH KHIOEPHOZPE KHENOBINYTH ZARLAI LAZARLAI LAIZAI, AMEN AMEN ; ZAZIZAYA NEBEOYNISPH PHAMOY PHAMOY PHAMOY AMOYNAI AMOYNAI AMOYNAI AMEN AMEN AMEN ZAZAZAZI ETAZAZA ZOTHAZAZAZA. Erhöre mich, mein Vater, Vater aller Vaterschaften, Unendliches Licht, ich rufe Deine unvergänglichen Namen an, die im Äon des Lichts sind, damit ZOROROTHORA mir das Wasser der feurigen Taufe von der Jungfrau des Lichts schickt, damit ich meine Jünger taufen kann. Erhöre mich noch einmal, o mein Vater, Vater aller Vaterschaft, Unendliches Licht, dass die Jungfrau des Lichts kommen möge, damit sie meine Jünger mit Feuer tauft, damit sie ihre Sünden verzeiht, ihre Missetaten läutert, denn ich rufe Deinen Unvergänglichen Namen an, der lautet: ZOTHOOZA THOITHAZAZZAOTH AMEN AMEN AMEN. Erhöre mich auch, o Jungfrau des Lichts, o Richter der Wahrheit, vergib die Sünden meiner Jünger; und wenn Du, o mein Vater, ihre Missetaten auslöschst, mögen sie als Erben des Königreichs des Lichts niedergeschrieben werden und zu diesem Zweck ein Wunder an diesen Räuchergefäßen mit süß duftendem Parfüm vollbringen."

Es erfordert sehr wenig Einfallsreichtum seitens des Novizen, die notwendigen Änderungen an diesen Ritualen vorzunehmen und sie seinen eigenen Zwecken anzupassen. Ein Pronomen hier und ein Wort dort, und das Ergebnis ist ein persönliches Ritual. Dasselbe gilt auch für die Rituale des Totenbuchs, von denen viele lyrisch und panegyrisch sind. Kapitel CLXXXII enthält eine kurze Anrufung, in der Thoth als mit dem Verstorbenen identifiziert dargestellt wird.

„Ich bin Thoth, der vollkommene Schreiber, dessen Hände rein sind. Ich bin der Herr der Reinheit, der Zerstörer des Bösen, der Schreiber des Rechts und der Wahrheit, und was ich verabscheue, ist Sünde."
„Sieh mich an, denn ich bin das Schreibrohr des Gottes Neb-er-tcher, des Herrn der Gesetze, der das Wort der Weisheit und des Verständnisses verkündet und dessen Sprache über das Doppelland herrscht. Ich bin Thoth, der Herr des Rechts und der Wahrheit, der den Schwachen den Sieg erringen lässt und der den Elenden und Unterdrückten an dem rächt, der ihm Unrecht tut.
„Ich habe die Dunkelheit zerstreut!
„Ich habe den Sturm vertrieben und den Wind zu Un-Nefer gebracht, die schöne Brise des Nordwindes, so wie sie aus dem Schoß seiner Mutter kam.
„Ich habe ihn in die verborgene Wohnstätte geführt, und er wird die Seele des Stillen Herzens, Un-Kefer, des Sohnes von Nuit, des triumphierenden Horus, beleben!"

Es erübrigt sich zu sagen, dass bei der Verwendung der obigen Anrufung die Form des Gottes Thoth auf magische Weise angenommen wird und das Ritual selbst einige der Eigenschaften und Kräfte des Gottes aufzählt, deren Rezitation bei der Vereinigung und Vermischung von Substanzen hilft. Das von E. A. Wallis Budge in *The Gods of the Egyptians* gegebene Ritualbeispiel, das als Anrufung von Osiris verwendet wird, ist ein weitaus besseres Beispiel. Es war notwendig, es etwas zu überarbeiten, da es zu lang und unzusammenhängend war.

„Sei gegrüßt, Herr Osiris. Sei gegrüßt, Herr Osiris. Sei gegrüßt, Herr Osiris.

„Sei gegrüßt, schöner Jüngling, komm sogleich zu deinem Tempel, denn wir sehen dich nicht. Sei gegrüßt, schöner Jüngling, komm zu deinem Tempel und komm näher, nachdem du uns verlassen hast.

„Sei gegrüßt, der Du die Stunde führst, der Du zunimmst, außer zu seiner Zeit. Du bist das erhabene Bild Deines Vaters Tenen, Du bist die verborgene Essenz, die aus Atmu hervorgeht. O Du Herr, O Du Herr, wie viel größer bist Du als Dein Vater, O Du ältester Sohn aus dem Leib Deiner Mutter. Komm zurück zu uns mit dem, was Dir gehört, und wir werden Dich umarmen; geh nicht weg von uns, o Du schönes und vielgeliebtes Gesicht, Du Bild von Tenen, Du Männlicher, Du Herr der Liebe. Komm in Frieden und lass uns sehen, o unser Herr ...

„Sei gegrüßt, Prinz, der Du aus dem Mutterleib hervorgehst ... der urzeitlichen Materie. Sei gegrüßt, Herr der Vielzahl von Aspekten und erschaffenen Formen, Kreis aus Gold in den Tempeln; Herr der Zeit und Spender der Jahre. Sei gegrüßt, Herr des Lebens für alle Ewigkeit; Herr von Millionen und Myriaden, der sowohl beim Auf- als auch beim Untergang leuchtet. Sei gegrüßt, du Herr des Schreckens, du Mächtiger des Zitterns.

„Sei gegrüßt, Herr der Vielzahl von Aspekten, sowohl männlich als auch weiblich; Du bist mit der Weißen Krone gekrönt, Du Herr der Urerer-Krone. Du heiliges Baby von Her-hekennu, Du Sohn von Ra, der im Boot der Millionen von Jahren sitzt, Du Führer der Ruhe! Komm zu Deinen verborgenen Orten.

„Sei gegrüßt, Du Herr, der Du Dich selbst erschaffen hast. Sei gegrüßt, Du, dessen Herz ruhig ist, komm in Deine Stadt. Du Geliebter der Götter und Göttinnen, der Du in Nu eintauchst, komm zu deinem Tempel; Du bist im Tuat, komm zu deinen Opfergaben. . ..

„Sei gegrüßt, Du heilige Blume des Großen Hauses. Sei gegrüßt, Du, der das heilige Tauwerk des Sekti-Bootes bringt; Du, Herr des Hennu-Bootes, der Deine Jugend im Geheimen erneuert, Du vollkommene Seele. ... Sei gegrüßt, Du Verborgener, der der Menschheit bekannt ist.

„Heil! Heil! Du leuchtest auf den, der im Tuat ist, und zeigst ihm die Scheibe, Du Herr der Ateph-Krone. Heil, Mächtiger des Schreckens, Du, der in Theben aufsteigt, der ewig blüht. Heil, Du lebende Seele des Osiris, mit dem Mond geschmückt."

Ein weiteres Ritual aus ägyptischen Quellen ist der Hymnus an Amon-Ra, reproduziert aus dem berühmten Harris Magical Papyrus.

„Oh Ammon, verborgen in der Mitte seines Auges, Geist, der im heiligen Auge leuchtet, Anbetung den Heiligen Verwandlern, jenen, die unbekannt sind! Brillant sind seine Formen, verhüllt in einem Feuer aus Licht.

" Mysterium der Mysterien, verborgenes Mysterium, Heil Dir inmitten der Himmel. Du, der Du die Wahrheit bist, hast die Götter hervorgebracht. Die Zeichen der Wahrheit sind in Deinem geheimnisvollen Heiligtum. Durch Dich wird Deine Mutter Meron zum Leuchten gebracht. Du sendest leuchtende Strahlen aus. Du umgibst die Erde mit Deinem Licht, bis Du zum Berg zurückkehrst, der im Land Aker liegt. Du wirst im Wasser angebetet. Die fruchtbare Erde betet Dich an. Wenn Dein Gefolge zum verborgenen Berg zieht, erhebt sich das wilde Tier in seiner Höhle, die Geister des Ostens loben Dich, sie fürchten das Licht Deiner Scheibe. Die Geister des Khenac jubeln Dir zu, wenn Dein Licht ihnen ins Gesicht scheint. Du durchquerst einen anderen Himmel, den

Dein Feind nicht passieren kann. Das Feuer Deiner Hitze greift das Monster an Ha-her. Der Fisch Teshtu bewacht die Gewässer um dein Boot. Du befiehlst die Behausung des Monsters Oun-ti, das Nub-ti mit seinem Schwert schlägt.

"Dies ist der Gott, der Himmel und Erde in seinem Sturm eroberte. Seine Tugend ist mächtig genug, um seinen Feind zu vernichten. Sein Speer ist das Todesinstrument für das Monster Oubn-ro. Plötzlich ergreift er ihn und hält ihn nieder; er macht ihn zu seinem Herrn und zwingt ihn, seine Behausung wieder zu betreten; dann verschlingt er seine Augen und darin liegt sein Triumph; dann wird das Monster von einer brennenden Flamme verschlungen; vom Kopf bis zu den Füßen verbrennen alle seine Glieder in ihrer Hitze. Du bringst deine Diener mit einem günstigen Wind zum Hafen. Unter dir finden die Winde Frieden. Dein Schiff freut sich, deine Pfade sind erweitert, weil du die Wege des Urhebers des Bösen überwunden hast.

"Segelt, wandernde Sterne! Segelt auf leuchtenden Sternen; ihr, die ihr mit den Winden wandert! Denn du ruhst im Schoß des Himmels, deine Mutter umarmt dich; wenn du an den westlichen Horizont kommst, streckt die Erde ihre Arme aus, um dich zu empfangen. Du, der von allen existierenden Dingen angebetet wird!"

Es sollte angemerkt werden, dass die letzten paar Zeilen der obigen Anrufung auf einer viel höheren Ebene der Poesie liegen als der Hauptteil der Anrufung. Es ist ein äußerst guter Schluss. Diese Rituale sollten eingehend studiert werden, und im Lichte der Prinzipien der Kabbala kann man eine beträchtliche Menge Philosophie daraus ziehen und in ihnen erkennen.

Ein Ritual, das seitdem allgemein als „Bornless Invocation" bekannt geworden ist, scheint dem Autor vielleicht eines der besten Rituale zu sein, die ihm bekannt sind. Die früheste Aufzeichnung davon findet sich in einem Werk mit dem Titel *Fragment of a Greco-Egyptian Work upon Magic* von Charles Wycliffe Goodwin, M.A., das 1852 für die Cambridge Antiquarian Society herausgegeben wurde. Ende der neunziger Jahre wurde es von Budge in seinem Buch *Egyptian Magic* neu aufgelegt, wurde unter den Anhängern der Theurgie weithin bekannt und wurde von erfahrenen Magiern sorgfältig redigiert und ausgearbeitet. Nachfolgend ist die verbesserte Version wiedergegeben:

> „Dich rufe ich an, den Ungeborenen.
>
> „Du, der die Erde und die Himmel erschaffen hat.
>
> „Du, der die Nacht und den Tag erschaffen hat.
>
> „Du, der die Dunkelheit und das Licht erschaffen hat.
>
> „Du bist Osorronophris, den kein Mensch je gesehen hat.
>
> „Du bist Iabas. Du bist Iapos. Du hast zwischen Gerechten und Ungerechten unterschieden. Du hast das Weibliche und das Männliche erschaffen.
>
> „Du hast den Samen und die Frucht hervorgebracht. Du hast die Menschen so geformt, dass sie einander lieben und einander hassen.
>
> „Ich bin Mosheh[18], dein Prophet, dem du deine Mysterien, die Zeremonien Israels, anvertraut hast.
>
> „Du hast das Feuchte und das Trockene hervorgebracht und das, was alle erschaffenen Dinge nährt.
>
> „Höre mich an, denn ich bin der Engel von Paphro Osorronophris; dies ist Dein Wahrer Name, der den Propheten Israels überliefert wurde.
>
> „Höre mich an: Ar : Thiao : Iiheibet : Atheleberseth : A ; Blatha: Abeu : Ebeue : Phi : Thitasoe : Ib : Thiao.

---

[18] *Hier kann der Magier seinen eigenen Namen und Platz in der magischen Hierarchie einfügen.*

„Erhöre mich und mache mir alle Geister untertan, so dass jeder Geist des Firmaments und des Äthers, auf der Erde und unter der Erde, auf dem Trockenen und im Wasser, der wirbelnden Luft und des rauschenden Feuers und jeder Zauberspruch und jede Plage Gottes mir gehorchen kann.

„Ich rufe Dich an, den schrecklichen und unsichtbaren Gott, der im leeren Raum des Geistes wohnt: Arogogorobrao: Sothou: Modorio: Phalarthao: Doo: Ap.: Ungeborener.

„Erhöre mich und mach mir alle Geister untertan, damit jeder Geist des Firmaments und des Äthers, auf der Erde und unter der Erde, auf dem Trockenen und im Wasser, der wirbelnden Luft und des rauschenden Feuers und jeder Zauberspruch und jede Plage Gottes mir gehorsam sein kann.

„Erhöre mich: Roubriao: Mariodam: Balbnabaoth: Assalonai: Aphnaio: I; Thoteth: Abrasar: Aeoou: Ischure, Mächtiger und Ungeborener.

„Erhöre mich und unterwirf mir alle Geister, so dass jeder Geist des Firmaments und des Äthers, auf der Erde und unter der Erde, auf dem Trockenen und im Himmlischen, der strömenden Luft und des rauschenden Feuers und jeder Zauberspruch und jede Geißel Gottes mir gehorsam sein kann.

„Ich rufe Dich an: Ma: Barraio: Ioel: Kotha: Athorebalo: Abraoth!

„Erhöre mich und unterwirf mir alle Geister. damit jeder Geist des Firmaments und des Äthers, auf der Erde und unter der Erde, auf dem Trockenen und im Innern, der wirbelnden Luft und des rauschenden Feuers und jeder Zauber und jede Plage Gottes mir gehorsam sei.

„Erhöre mich! Aoth: Abaoth: Basum: Isak: Sabaoth: Isa!

„Dies ist der Herr der Götter! Dies ist der Herr des Universums! Dies ist Er, den die Winde fürchten!

„Dies ist Er, der durch Sein Gebot seine Stimme erhob, der Herr aller Dinge, König, Herrscher und Helfer.

„Erhöre mich und mache mir alle Geister untertan, so dass jeder Geist des Firmaments und des Äthers, auf der Erde und unter der Erde, auf dem Trockenen und im Wasser, der wirbelnden Luft und des rauschenden Feuers und jeder Zauber und jede Plage Gottes mir gehorsam sein kann.

„Erhöre mich: Ieou : Pur ; IOU : Pur : Iaot : Iaeo : Ioou : Abrasar: Sabrium: Do: Uu: Adonaie: Ede: Edu: Angelos ton Theon: Anlala Lai: Gaia: Ape: Diarthanna Thorun.

„Ich bin Er! Der ungeborene Geist! Mit Augen in den Füßen! Stark und das unsterbliche Feuer!

„Ich bin Er! Die Wahrheit!

„Ich bin Er! Der es hasst, dass Böses in der Welt geschieht !

„Ich bin Er, der blitzt und donnert. Ich bin Er, von dem der Regen des Lebens auf der Erde kommt. Ich bin Er, dessen Mund immer flammt. Ich bin Er: Der Erzeuger und Offenbarer des Lichts.

„Ich bin Er: Die Gnade der Welt!"

„Das von einer Schlange umgürtete Herz" ist mein Name.

„Komm und folge mir und mache mir alle Geister untertan, damit mir jeder Geist des Firmaments und des Äthers, auf der Erde und unter der Erde, auf dem Trockenen und im Wasser, der wirbelnden Luft und des rauschenden Feuers und jeder Zauberspruch und jede Plage Gottes gehorsam sein kann.

IAO: SABAO
„Das sind die Worte!

Vielleicht ist die Folgende eine noch bessere Art der Gottesanrufung. Es gibt viele Theurgen, die diese Art von Ritual dem Vorhergehenden vorziehen. Die Anrufung von Thoth, die ich jetzt zitieren werde, basiert weitgehend auf dem Totenbuch, insbesondere auf dem Kapitel der Hervorbringung bei Tag, und einem Abschnitt einer Priesteransprache an den Pharao, der von Maspero zitiert wird. Das gesamte Ritual zeigt jedoch keine Anzeichen von Flickwerk, sondern ist vollkommen kohärent, stimmig und ekstatisch.

„Oh Du Majestät der Gottheit, weisheitsgekrönter Tahuti,
Herr der Tore des Universums, Dich, Dich rufe ich an!

„O Du, dessen Kopf der eines Ibis ist, Dich, Dich rufe ich an.
„Du, der Du in Deiner rechten Hand den Zauberstab der doppelten Macht hältst und in Deiner linken Hand die Rose und das Kreuz des Lichts und des Lebens trägst, Dich, Dich rufe ich an!
„Du, dessen Kopf wie ein Smaragd ist und dessen Nemyss wie das Nachthimmelblau ist, Dich, Dich rufe ich an!
„Du, dessen Haut flammend orange ist, als ob sie in einem Glutofen gebrannt hätte: Dich, Dich rufe ich an.

„Siehe, ich bin gestern, heute und der Bruder des Morgens!
Ich werde wieder und wieder geboren. Mein ist die unsichtbare Kraft, aus der die Götter hervorgehen, die den Bewohnern der Wachtürme des Universums Leben gibt.
„Ich bin der Wagenlenker im Osten, Herr der Vergangenheit und Zukunft, der durch sein eigenes inneres Licht sieht. Ich bin der Herr der Auferstehung, der aus der Dämmerung hervorkommt und dessen Geburt aus dem Haus des Todes stammt. O ihr zwei göttlichen Falken auf euren Spitzen, die ihr über das Universum wacht! Ihr, die ihr die Bahre zu ihrem Haus der Ruhe begleitet, die ihr das Schiff von Ra steuert, das immer weiter in die Höhe des Himmels vordringt. Ich, Herr des Schreins, der im Zentrum der Erde steht!

"Siehe! Er ist in mir und ich in Ihm! Mein ist der Glanz, in dem Ptah über seinem Firmament schwebt. Ich reise hoch hinaus! Ich betrete das Firmament von Nu! Ich lasse eine blitzende Flamme mit dem Blitz meines Auges aufsteigen, eile immer weiter in der Pracht des täglich gepriesenen Ra und gebe mein Leben den Bewohnern der Erde. Wenn ich sage: Kommt herauf auf die Berge, werden die himmlischen Wasser auf mein Wort hin fließen. Denn ich bin der fleischgewordene Ra; Khephra, im Fleisch erschaffen! Ich bin das Eidolon meines Vaters Tmu, des Herrn der Stadt der Sonne.

"Der Gott, der befiehlt, ist in meinem Mund. Der Gott der Weisheit ist in meinem Herzen. Meine Zunge ist das Heiligtum der Wahrheit, und ein Gott sitzt auf meinen Lippen. Mein Wort erfüllt sich jeden Tag, und der Wunsch meines Herzens erfüllt sich wie der von Ptah, als er seine Werke schuf. Da ich ewig bin, handelt alles nach meinen Plänen und alles gehorcht meinen Worten.
Deshalb kommst Du zu mir aus Deiner Wohnstätte in der Stille, der unaussprechlichen Weisheit, dem Licht des Alls, der Allmacht.
„Thoth, Hermes, Merkur, Odin. Bei welchem Namen ich Dich auch nenne, Du bist für alle Ewigkeit namenlos und unbenannt. Komm Du hervor, sage ich, und hilf und beschütze mich bei diesem Kunstwerk.
„Du Stern des Ostens, der die Heiligen Drei Könige geleitet hat. Du bist derselbe, allgegenwärtig im Himmel und in der Hölle. Du, der zwischen Licht und Dunkelheit schwingt, auf- und absteigst, dich für immer veränderst und doch immer derselbe bist. Die Sonne ist dein Vater, deine Mutter der Mond! Der

Wind hat dich in seinem Schoß getragen: Und die Erde hat immer die unveränderliche Gottheit deiner Jugend genährt.

"Komm hervor, sage ich. Komm hervor und mache mir alle Geister untertan, damit jeder Geist des Firmaments und des Äthers, auf der Erde und unter der Erde, auf dem Trockenen und im Wasser, in der wirbelnden Luft und im rauschenden Feuer und jeder Zauber und jede Plage Gottes mir gehorsam sei."

Unter heutigen Studenten der Magie ist wenig bekannt, dass der große Neuplatoniker Proklos mehrere Hymnen und Anrufungen verfasste. Die meisten davon sind leider verloren gegangen, und nur wenige sind erhalten und an uns überliefert. Thomas Taylor hat fünf dieser Hymnen übersetzt und sie 1793 in einem Anhang zu seinem Buch *Sallustius on the Gods and the World* veröffentlicht. Jede der fünf ist außerordentlich gut, und der Student täte gut daran, sich mit ihnen vertraut zu machen. Um eine Vorstellung von ihrem Wert zu vermitteln, wird die Hymne an die Sonne nachstehend wiedergegeben:

„Höre, goldener Titan! König des geistigen Feuers,
Herrscher des Lichts; Dir allein gehört der herrliche Schlüssel der fruchtbaren Quelle des Lebens; und von oben gießt Du harmonische Ströme in reicher Fülle in die Welten der Materie.

Höre! Denn hoch erhoben über den ätherischen Ebenen und im hellen mittleren Himmelskörper der Welt herrschst Du, während alle Dinge durch Deine souveräne Macht mit geisterregender, vorsorglicher Fürsorge erfüllt sind. Die Sternenfeuer umgeben Dein kräftiges Feuer, und immer in unermüdlichem, unaufhörlichem Tanz breitet sich über die Erde mit weitem Busen lebendiger Tau aus. Durch Deinen beständigen und wiederholten Lauf heben sich die Stunden und Jahreszeiten nacheinander; und die Konflikte der feindlichen Elemente hören auf, sobald sie Deine furchtbaren Strahlen sehen, großer König: Von Gottheit, unbeschreiblich und im Verborgenen geboren. . ..

O bester aller Götter, gesegneter, mit Feuer gekrönter Gott, Bild alles Guten der Natur, und Führer der Seele in das Reich des Lichts. Höre! und läutere mich von den Flecken der Schuld;

nimm das Flehen meiner Tränen an, und heile meine Wunden, die mit giftigem Blut befleckt sind;

verzeihe die Strafen, die ich durch die Sünde auf mich gezogen habe, und mildere das schnelle, scharfsinnige Auge der heiligen Gerechtigkeit, das in seinem Blick grenzenlos ist.

Durch Dein reines Gesetz, furchtbare Übel, ständiger Feind, lenke meine Schritte und gieße Dein heiliges Licht in reicher Fülle auf meine umwölkte Seele;

Vertreibe die düsteren und bösartigen Schatten der Dunkelheit, die voller giftiger Krankheiten sind, und gib meinem Körper die nötige Kraft, mit Gesundheit, deren Schein wunderbare Gaben verleiht.

Gib mir bleibenden Ruhm; und möge die heilige Sorgfalt, die die blonden Gaben alter, sehr frommer Vorfahren bewahrt haben, mir gelten.

Füge, wenn es Dir gefällt, allschenkender Gott, bleibenden Reichtum hinzu, die Belohnung der Frömmigkeit;

Denn die allmächtige Macht umgibt Deinen Thron, mit unermesslicher Kraft und universeller Herrschaft.

Und wenn die wirbelnde Spindel des Schicksals Drohungen aus den Sternennetzen abwehrt,

schicke Deine schallenden Pfeile mit unwiderstehlicher Kraft.
Und besiege das drohende Übel, bevor es uns befällt."

Ich möchte noch eine weitere Anrufung in dieser Kategorie angeben, bevor ich mit Zitaten der Rituale fortfahre, die in Anrufungszeremonien verwendet werden. Leider musste ich aus Platzgründen einen großen Teil des folgenden Rituals weglassen, und so wie es hier steht, ist es etwa die Hälfte seiner eigentlichen Länge. Es wurde von Crowley geschrieben und von ihm in Oracles veröffentlicht und basiert auf bestimmten magischen Formeln und Dokumenten, die im Hermetic Order of the Golden Dam verwendet wurden. Seine Vortrefflichkeit und feurige Hingabe erfordern kein Wort des Kommentars aus meiner Feder.

"O göttliches Selbst! O mein lebendiger Herr!
Selbstleuchtende Flamme, gezeugt jenseits!
Unbefleckte Gottheit! Schnelle Feuerzunge,
Entzündet von jenem unermesslichen Licht,
dem Grenzenlosen, so Unveränderlichen. Komm hervor,
bei Gott, mein Herr, Geist meines Herzens,
Herz meiner Seele, weiße Jungfrau der Morgenröte,
große Quelle aller Vollkommenheit, komm hervor
aus Dir; von Jenseits der Stille zu mir, dem Gefangenen, dem sterblichen Menschen, in diesem Lehm gefangen: komm hervor, sag mir, Initiiere meine belebte Seele; komm näher, und lass die Herrlichkeit Deiner Gottheit bis zur Erde leuchten, Deinem Schemel. . . .
Du Königlicher Engel meines Höheren Willens,
Entfache in meinem Geist ein feineres Feuer Gottes, damit ich die heilige Reinheit Deiner göttlichen Essenz besser begreifen kann!

Oh Königin, oh Göttin meines Lebens, ungezeugtes Licht, funkelnder Funke des Allselbst! 0 Heiliger, heiliger Gemahl meiner gottähnlichsten Gedanken, komm hervor! sage ich und offenbare Dich Deinem Anbeter. . ..

Mein wahres Selbst! Komm hervor, o Blendender,
Eingehüllt in die Herrlichkeit des Heiligen Ortes,
Von wo ich Dich gerufen habe: Komm hervor zu mir,
Und durchdringe mein Wesen, bis mein Gesicht
Im Widerschein Deines Lichtes erstrahlt, bis meine Brauen
mit Deinem Sternensymbol strahlen, bis meine Stimme
das Unaussprechliche erreicht; komm hervor, sage ich,
Und mache mich eins mit Dir, damit alle meine Wege
vom heiligen Einfluss glitzern,
Damit ich am Ende für würdig befunden werde,
Vor dem Heiligen zu opfern. . ..
Erhöre mich!

Eca, zodocare, Iad, goho,
Torzodu odo Kikale qaa !
Zodacare od zodameranu I
Zodorje, Iape zodiredo 01
Noco Mada, das Iadapiel !
Ilas I Hoatahe Iaida !

Oh, gekrönt mit Sternenlicht! geflügelt mit Smaragden
Weiter als der Himmel! Oh, tieferes Blau
des Abgrunds des Wassers! Oh Du Flamme
Aufblitzend durch alle Höhlen der Nacht,
Zungen springend aus dem Unermesslichen
Hinauf durch die glitzernden, unmanifestierten Steilhänge
Zum Unaussprechlichen! Oh Goldene Sonne!
Schwingende Herrlichkeit meines höheren Selbst I

Ich hörte Deine Stimme im Abgrund widerhallen:
Ich bin das einzige Wesen in der Tiefe
der Dunkelheit: lass mich aufstehen und mich gürten
um den Pfad der Dunkelheit zu beschreiten: nur so
kann ich das Licht erreichen. Denn aus dem Abgrund
kam ich vor meiner Geburt: aus diesen dunklen Hallen
und der Stille eines Urschlafs! Und Er,
die Stimme der Zeitalter, antwortete mir und sprach:
Siehe! Denn ich bin Der, der in der Dunkelheit formuliert, Kind
der Erde! Das Licht scheint in der Dunkelheit, doch die Dunkelheit versteht keinen Strahl dieses öffnenden Lichts!'

. . . Lass mich nicht allein,
Oh Heiliger Geist! Komm, um mich zu trösten,
um mich anzuziehen und mich zu manifestieren,
Osiris an die weinende Welt; dass ich
auf das Kreuz des Schmerzes
und des Opfers erhoben werde, um die ganze Menschheit
und jeden Keim der Materie, der Leben hat,
auch nach mir, in das unaussprechliche
Königreich des Lichts zu führen! O heilige, heilige Königin!
Lass Deine weiten Schwingen mich überschatten! . . .

Ich bin die Auferstehung und das Leben!
Der Versöhner von Licht und Dunkelheit,
Ich bin der Retter der sterblichen Dinge,
Ich bin die Kraft in der Materie, die sich manifestiert.
Ich bin die Gottheit, die sich im Fleisch manifestiert.
Ich stehe oben, unter den Heiligen.
Ich bin durch Leiden vollkommen geläutert.
Allvollkommen im mystischen Opfer,
und im Wissen um mein Selbst, das

eins gemacht wurde mit den ewigen Herren des Lebens,
Der durch Prüfung Verherrlichte ist mein Name.
Der Retter der Materie ist mein Name. . ..
Ich sehe die Dunkelheit hereinbrechen, wie ein Blitz einschlägt!
Ich sehe, wie die Zeitalter wie ein Sturzbach an mir
vorbeirollen; und wie ein Gewand schüttele ich die
anschmiegsamen Röcke der Zeit ab. Mein Platz ist
festgesetzt, im Abgrund jenseits aller Sterne und Sonnen.
ICH BIN die Auferstehung und das Leben.

Heilig bist Du, Herr des Universums!
Heilig bist Du, den die Natur nicht geformt hat!
Heilig bist Du, der Große und Mächtige!
Oh, Herr der Dunkelheit und Oh Herr des Lichts!

In einem der früheren Kapitel wurde auf die Dee-Anrufungen und ihre Macht Bezug genommen. Die Fakten, die diese Anrufungen oder Schlüssel, wie sie genannt wurden, kennzeichnen, sind ungefähr folgende. Über einhundert Seiten voller Buchstaben wurden von Dee und seinem Kollegen Kelly auf eine Weise beschafft, die noch niemand ganz entschlüsselt hat. Dee zum Beispiel hatte eine oder mehrere dieser Tabellen, in der Regel 49 x 49 Zoll groß, vor sich, einige voll, einige nur auf abwechselnden Feldern beschriftet. Sir Edward Kelly setzte sich an den sogenannten Heiligen Tisch und starrte in einen Schaustein oder Kristall, in dem er nach einer Weile einen Engel sah, der mit einem Zauberstab nacheinander auf Buchstaben auf einer dieser Tabellen zeigte. Kelly berichtete Dee, dass der Engel beispielsweise auf Spalte 4, Rang 29, der Tabelle usw. zeigte, wobei er den Buchstaben, den Dee auf dem Tisch vor sich fand und aufschrieb, offenbar nicht erwähnte. Als der Engel seine Anweisungen beendet hatte, wurde die Nachricht rückwärts neu geschrieben. Der Engel hatte sie falsch herum diktiert, da es als zu gefährlich angesehen wurde, sie direkt mitzuteilen. Jedes Wort war eine so mächtige Konfusion, dass seine direkte Aussprache und Erwähnung Kräfte und Kräfte hervorgerufen hätte, die in diesem Moment nicht erwünscht waren.

Rückwärts geschrieben erschienen diese Anrufungen in einer Sprache, die die beiden Magier Henochisch nannten. Weit davon entfernt, ein bedeutungsloser Jargon zu sein, hat es eine ganz eigene Grammatik und Syntax, wie man sehen kann, wenn man Casaubon befragt, der eine Übersetzung vieler der Schlüssel liefert. Viele halten es für weitaus klangvoller und eindrucksvoller als sogar Griechisch oder Sanskrit, und die englischen Übersetzungen, obwohl an manchen Stellen schwer verständlich, enthalten wunderbare Passagen von einer anhaltenden Erhabenheit und lyrischen Kraft, die viele Dichter und sogar die Bibel nicht übertreffen.

Zum Beispiel: „Können die Flügel des Windes deine Stimmen des Staunens verstehen? O du Zweiter der Ersten, den die brennenden Flammen in den Tiefen meines Rachens geformt haben! Den ich bereitet habe wie Kelche für eine Hochzeit oder wie Blumen in ihrer Schönheit für die Kammer der Gerechtigkeit. Stärker sind deine Füße als der kahle Stein: und mächtiger sind deine Stimmen als die mannigfaltigen Winde! Denn du bist zu einem Gebäude geworden, das es nur im Geist des Allmächtigen gibt."

Neunzehn dieser Schlüssel existieren; die ersten beiden rufen das Element namens Geist herauf; die nächsten sechzehn rufen die vier Elemente herauf, von denen jedes vier Unterteilungen hat; der neunzehnte kann verwendet werden, um einen der sogenannten Dreißig Äthyren durch die Änderung eines oder zweier spezieller Wörter heraufzubeschwören. Ich schlage vor, einen weiteren dieser Schlüssel auf Henochisch zu zitieren, gefolgt von einer englischen Übersetzung:

" Ol Sonuf Vaoresaji, gohu IAD Balata, elanusaha caelazod; sobrazod ol Roray i ta nazodapesad, Giraa ta maelpereji, das hoel ho qaa notahoa zodimezod, od comemahe ta nobeloha zodien; soba tahil ginonupe perje aladi, das vaurebes obolehe giresam. Casarem ohorela caba Pire : das zodonurenusagi cab : erem Iadanahe. Pilae farezodem zodernurezoda adana gono Iadapiel das homo-tohe ; soba ipame lu ipamis : das sobolo vepe zodomeda poamal, od bogira sai ta piapo Piamoel od Vaoan. Zodacare, eca od zodameranu! odo cicale Qaa ; zodorje, lape zodiredo Noco Mada, Hathahe IAIDA!"

"Ich herrsche über euch, spricht der Gott der Gerechtigkeit, in Macht erhaben über das Firmament des Zorns, in dessen Händen die Sonne wie ein Schwert und der Mond wie ein durchdringendes Feuer ist; der eure Gewänder inmitten meiner Gewänder misst und euch wie meine Handflächen zusammengebunden hat. Dessen Sitze ich mit dem Feuer des Gemetzels schmückte und eure Gewänder mit Bewunderung verschönerte. Ihm erließ ich ein Gesetz zur Herrschaft über den Heiligen und übergab euch einen Stab samt der Bundeslade des Wissens. Darüber hinaus habt ihr eure Stimmen erhoben und Ihm Gehorsam und Treue geschworen, der lebt und triumphiert, dessen Anfang nicht ist und dessen Ende nicht sein kann; der wie eine Flamme inmitten eurer Päläste leuchtet und unter euch als Waage der Gerechtigkeit und Wahrheit herrscht.
„Bewegt euch also und zeigt euch! Öffne die Geheimnisse Deiner Schöpfung. Sei freundlich zu mir, denn ich bin der Diener desselben, Deines Gottes; des wahren Anbeters des Höchsten."

Obwohl die Ritualbeispiele, die Eliphas Levi in seinen verschiedenen Schriften liefert, in der Regel von sehr schlechter Qualität sind und sich für den praktischen Einsatz überhaupt nicht empfehlen, gibt es in seiner *Transzendentalen Magie* eine bemerkenswerte Ausnahme. Er betitelt dieses Ritual das *Gebet der Sylphen*:

„Geist des Lichts, Geist der Weisheit, dessen Atem allen Dingen Form gibt und nimmt; Du, vor dem das Leben jedes Wesens ein Schatten ist, der sich verwandelt, und ein Dunst, der vergeht; Du, der auf den Wolken aufsteigst und auf den Flügeln des Windes fliegst; Du, der ausatmet und die grenzenlosen Unermesslichkeiten bevölkert werden; Du, der anzieht und alles, was von Dir hervorkam, zu Dir zurückkehrt; endlose Bewegung in ewiger Stabilität, sei gesegnet für immer!

"Wir preisen Dich, wir segnen Dich im flüchtigen Reich des geschaffenen Lichts, der Schatten, Spiegelungen und Bilder: und wir streben ohne Unterlass nach Deiner unveränderlichen und unvergänglichen Pracht. Möge der Strahl Deiner Intelligenz und die Wärme Deiner Liebe auf uns herabsteigen; das Flüchtige soll sich festigen, der Schatten soll zum Körper werden, der Geist der Luft soll eine Seele erhalten und der Traum zum Gedanken werden. Wir werden nicht mehr vom Sturm weggefegt, sondern werden die geflügelten Rosse des Morgens zügeln und den Lauf der Abendwinde lenken, damit wir in Deine Gegenwart fliehen können. O Geist der Geister, o ewige Seele der Seelen, o unvergänglicher Atem des Lebens, o schöpferischer Seufzer, o Mund, der das Leben aller Wesen im Auf und Ab Deiner ewigen Sprache, die der göttliche Ozean der Bewegung ist, hervor- und zurückzieht und der Wahrheit! "

Die folgenden Rituale befassen sich alle mit dem Zweig der Magie, der sich auf die Beschwörung von Geistern bezieht, und benötigen nur wenige Kommentare oder Erklärungen, außer denen, die bereits in den Kapiteln zu diesem Thema gegeben wurden. Die Form der zweiten Beschwörung der *Goetia*, die beste von allen in diesem Werk, ist folgende:

"Ich rufe dich an, beschwöre und befehle dir, o du Geist N., zu erscheinen und dich mir sichtbar vor diesem Kreis zu zeigen, in schöner und anmutiger Gestalt, ohne jede Missbildung oder Verkrümmung; bei dem Namen und im Namen IAH und VAU, die Adam hörte und sprach; und bei dem Namen Gottes AGLA, den Lot hörte und mit seiner Familie gerettet wurde; und bei dem Namen IOTH, den Jakob hörte vom Engel, der mit ihm rang, und wurde aus der Hand seines Bruders Esau befreit; und bei dem Namen ANAPHAXETON, den Aaron hörte und sprach und weise wurde; und bei dem Namen ZABAOTH, den Moses nannte, und alle Flüsse wurden in Blut verwandelt; und bei dem Namen ASHER E-HYEH ORISTON, den Moses nannte, und alle Flüsse brachten Frösche hervor, und sie stiegen in die Häuser und zerstörte alles; und mit dem Namen ELION, den Moses nannte, und es gab großen Hagel, wie es ihn seit Anbeginn der Welt nicht gegeben hatte; und mit dem Namen ADO-NAI, den Moses nannte, und es kamen Heuschrecken, die über das ganze Land kamen und alles verschlangen, was der Hagel übrig gelassen hatte; und mit dem Namen SCHEMA AMATHIA, den Josua anrief, und die Sonne hielt ihren Lauf an; und mit dem Namen ALPHA und OMEGA, den Daniel nannte, und zerstörte Bel und erschlug den Drachen; und mit dem Namen EMMANUEL, den die drei Kinder Schadrach, Meschach und Abednego mitten im Feuerofen sangen und errettet wurden; und mit dem Namen HAGIOS; und mit dem Siegel ADONAIs; und mit ISCHYROS, ATHANATOS, PARACLETOS; und bei O THEOS, ICTROS, ATHANATOS und bei diesen drei geheimen Namen AGLA ON TETRAGRAMMATON beschwöre und beschwöre ich dich. Und bei diesen Namen und bei allen anderen Namen des LEBENDIGEN und WAH-REN Gottes, des HERRN, des ALLMÄCHTIGEN, exorziere und befehle ich dir, O Geist N., ja bei Ihm, der das Wort sprach und es geschah, und dem alle Geschöpfe gehorsam sind; und bei den furchtbaren Urteilen Gottes; und bei dem unsicheren gläsernen Meer, das vor der göttlichen Majestät liegt, mächtig und kraftvoll; bei den vier Tieren vor dem

Thron, die Augen vorn und hinten haben; bei dem Feuer rund um den Thron; bei den heiligen Engeln des Himmels; und bei der gewaltigen Weisheit Gottes; Ich exorziere dich mit aller Macht, dass du hier vor diesem Kreis erscheinst, um meinen Willen in allen Dingen zu erfüllen, die mir gut erscheinen; durch das Siegel von BASDATHEA BALDACHIA; und durch diesen Namen PRIMEUMATON, den Moses nannte, und die Erde öffnete sich und verschlang Kora, Dathan und Abiram. Deshalb sollst du alle meine Forderungen treu beantworten, oh Geist N., und alle meine Wünsche erfüllen, soweit du in deinem Amt dazu in der Lage bist. Deshalb komm du jetzt ohne Verzögerung sichtbar, friedlich und freundlich, um das zu offenbaren, was ich wünsche, und sprich mit klarer und perfekter Stimme, verständlich und zu meinem Verständnis."

In *The Magus* gibt Barrett eine leichte Variation des obigen Rituals. Identisch mit der *Goetia*-Version bis auf den Vers, in dem Kora, Dathan und Abiram erwähnt werden, mit Ausnahme einiger kleiner Änderungen hauptsächlich in den Namen, folgt ein ganzer Abschnitt, der nur für Barretts Ritual einzigartig ist und wegen der darin enthaltenen barbarischen Worte ein Zitat verdient:

"Und in der Macht dieses Namens PRIMEUMATON, der dem ganzen Heer des Himmels gebietet, verfluchen wir euch und berauben euch eures Amtes, eurer Freude und eures Platzes und binden euch in die Tiefe des bodenlosen Abgrunds, damit ihr dort bleibt bis zum schrecklichen Tag des Jüngsten Gerichts; und wir binden euch ins ewige Feuer und in den See aus Feuer und Schwefel, wenn ihr nicht unverzüglich vor diesem Kreis erscheint, um unseren Willen zu tun; daher kommt mit diesen Namen ADONAI, ZABAOTH, ADONAI, AMIORAM; kommt, kommt, kommt, befiehlt Adonai; Sadai, der mächtigste König der Könige, dessen Macht kein Geschöpf widerstehen kann, sei für euch am schrecklichsten, wenn ihr nicht gehorcht und unverzüglich freundlich vor diesem Kreis erscheint, lasst elenden Regen und unauslöschliches Feuer bei euch bleiben; daher kommt ihr, im Namen Adonais, Zabaoths, Adonais, Amiorams; Komm, komm, komm, warum bleibst du? Beeile Dich! Adonai, Sadai, der König der Könige, befiehlt dir: El, Aty, Titcip, Azia, Hin, Hen, Miosel, Achadan, Vay, Vaah, Eye, Exe, A, El, El, El, A,.Hau, Hau Hau, Vau, Vau, Vau.

Aus den Methoden von Honorius habe ich die folgende Anrufung übernommen und leicht gekürzt. Da es sich um eine Beschwörung des Geisterkönigs Amaimon handelt, der als einer der Hierarchen in der Goetia auftritt, und da seine Gedenkfeier christlichen Charakter hat, wird sie unten wiedergegeben, damit ein Vergleich mit dem vorhergehenden Ritual gezogen werden kann, dessen Charakter jüdisch ist.

"O du Amaimon, König und Kaiser der nördlichen Teile, ich rufe, rufe, exorziere und beschwöre dich, durch die Tugend und Macht des Schöpfers und durch die Tugend der Tugenden, mir sofort und ohne Verzögerung Madael, Laaval, Bamlahe, Belem und Ramath, mit allen anderen Geistern deines Gehorsams, in anmutiger und menschlicher Form zu senden! Wo auch immer du jetzt bist, komm her und erweise die Ehre, die du dem wahren lebendigen Gott schuldest, der dein Schöpfer ist. Ich exorziere dich, rufe dich an und erlege dir das höchste Gebot auf durch die Allmacht des ewig lebenden Gottes und des wahren Gottes; durch die Tugend des heiligen Gottes und die Macht dessen, der sprach und alle Dinge gemacht wurden, ja durch Sein heiliges Gebot wurden Himmel und Erde gemacht, mit allem, was in ihnen ist! Ich beschwöre dich beim Vater, beim Sohn und beim Heiligen Geist, bei der Heiligen Dreifaltigkeit, bei jenem Gott, dem du nicht widerstehen kannst, unter dessen Herrschaft ich dich zwingen werde: Ich beschwöre dich bei Gott dem Vater, bei Gott dem Sohn, bei Gott dem Heiligen Geist, bei der Mutter Jesu Christi, der heiligen und ewigen Jungfrau, bei ihrem heiligen Herzen, bei ihrer gesegneten Milch, die der Sohn des Vaters saugt, bei ihrem heiligsten Körper und ihrer heiligsten Seele, bei allen Teilen und Gliedern dieser Jungfrau, bei allen Leiden, Nöten, Mühen, Qualen, die sie während seines ganzen Lebens ertrug, bei allen Seufzern, die sie ausstieß, bei den heiligen Tränen, die sie vergoss, während ihr geliebter Sohn vor der Zeit seines schmerzlichen Leidens und am Kreuzeskreuz weinte, bei allen heiligen Dingen, die dargeboten und getan werden, und auch bei allen anderen, wie im Himmel, so auch auf Erden in Ehre unseres Erlösers Jesus Christus und der seligen Maria, seiner Mutter, bei allem Himmlischen. Ich beschwöre dich bei der Heiligen Dreifaltigkeit, beim Zeichen des Kreuzes, beim kostbarsten Blut und Wasser, das aus der Seite Jesu floss, beim Schweiß, der aus seinem ganzen Körper floss, als er im Garten auf dem Ölberg sagte: ‚Heiliger Vater, wenn es dein Wille ist, lass diesen Kelch an mir vorübergehen'; bei seinem Tod und Leiden, bei seiner Beerdigung und glorreichen Auferstehung, bei seiner Himmelfahrt. Ich beschwöre dich außerdem bei der Dornenkrone, die auf sein Haupt gesetzt wurde, bei dem Blut, das von seinen Füßen und Händen floss, bei den Nägeln, mit denen er an das Kreuz genagelt wurde, bei den heiligen Tränen, die er vergoss, bei allem, was er aus großer Liebe zu uns freiwillig erlitt, bei allen Gliedern unseres Erlösers Jesus Christus.

"Ich beschwöre dich beim Gericht über die Lebenden und die Toten, bei den Worten des Evangeliums unseres Erlösers Jesus Christus, bei seinen Predigten, bei seinen Aussprüchen, bei all seinen Wundern, bei dem Kind in Windeln, bei dem weinenden Kind, das die Mutter in ihrem reinsten und jungfräulichsten Leib trägt, bei der glorreichen Fürsprache der jungfräulichen Mutter unseres Erlösers Jesus Christus und bei allem, was von Gott und der heiligsten Mutter ist, wie im Himmel so auf Erden. Ich beschwöre dich, o du großer König Amaimon, bei den heiligen Engeln und Erzengeln und bei allen gesegneten Geisterorden, bei den heiligen Patriarchen und Propheten und bei allen heiligen Märtyrern und Bekennern, bei allen heiligen Jungfrauen und unschuldigen Witwen und bei allen Heiligen Gottes."

Sehr ähnlich dem Vorangegangenen ist dieses nächste Ritual, das aus dem *Schlüssel des Königs Salomon* zitiert wird. Es ist jedoch eine kabbalistische Anrufung und enthält keinerlei christliche Elemente. Der Hauptpunkt von Interesse ist, dass nach der Einleitung jeder Abschnitt eine Beschwörung durch und mit dem Namen und der Macht jedes der Zehn Sephiroth des Baums des Lebens ist. Dieses Ritual ist das erste Ritual der Beschwörung im Schlüssel, das zweite ist tatsächlich der zweiten Beschwörung der *Goetia* sehr ähnlich.

"O ihr Geister, euch beschwöre ich bei der Macht, Weisheit und Tugend des Geistes Gottes, bei dem ungeschaffenen göttlichen Wissen, bei der unermesslichen Barmherzigkeit Gottes, bei der Stärke Gottes, bei der Größe Gottes, bei der Einheit Gottes und beim Heiligen Namen EHEIEH, der die Wurzel, der Stamm, die Quelle und der Ursprung aller anderen göttlichen Namen ist, woher sie alle ihr Leben und ihre Tugend beziehen, die Adam anrief und durch die er das Wissen über alle geschaffenen Dinge erlangte. Ich beschwöre euch beim unteilbaren Namen IOD, der die Einfachheit und die Einheit der göttlichen Natur vermarktet und ausdrückt, die Abel anrief und durch die er es verdiente, den Händen seines Bruders Kain zu entkommen. „Ich beschwöre euch mit dem Namen TETRAGRAMMATON ELOHIM, der die Erhabenheit einer so erhabenen Majestät ausdrückt und bezeichnet, dass Noah, als er ihn aussprach, sich selbst rettete und sich mit seiner ganzen Familie vor den Wassern der Sintflut schützte.

„Ich beschwöre euch beim Namen des starken und wunderbaren Gottes EL, der die Barmherzigkeit und Güte Seiner göttlichen Majestät bezeichnet, die Abraham anrief, und der für würdig befunden wurde, aus dem Ur der Chaldäer hervorzugehen.

„Ich beschwöre euch beim mächtigsten Namen ELOHIM GIBOR, der die Stärke Gottes zeigt, eines allmächtigen Gottes, der die Verbrechen der Bösen bestraft, der die Missetaten der Väter aufspürt und an den Kindern bis in die dritte und vierte Generation straft; die Isaak anrief, und der für würdig befunden wurde, dem Schwert seines Vaters Abraham zu entrinnen.

„Ich beschwöre euch und ich exorziere euch beim heiligsten Namen ELOAH VA-DAATH, den Jakob anrief, als er in großer Not war, und der für würdig befunden wurde, den Namen Israel zu tragen, der Bezwinger Gottes bedeutet, und der aus der Wut seines Bruders Esau befreit wurde.

„Ich beschwöre euch beim mächtigsten Namen EL ADONAI TSABAOTH, der der Gott der Heerscharen ist, der im Himmel herrscht, den Joseph anrief und der für würdig befunden wurde, aus den Händen seiner Brüder zu entkommen.

„Ich beschwöre euch beim mächtigsten Namen ELOHIM TSABAOTH, der Frömmigkeit, Barmherzigkeit, Pracht und Gotteserkenntnis ausdrückt, den Moses anrief und der für würdig befunden wurde, das Volk Israel aus Ägypten und aus der Knechtschaft des Pharaos zu befreien.

"Ich beschwöre euch beim mächtigsten Namen SHADDAI, der bedeutet, allen Gutes zu tun; den Moses anrief, und nachdem er das Meer geschlagen hatte, teilte es sich in der Mitte in zwei Teile, auf der rechten Seite und auf der linken Seite. Ich beschwöre euch beim heiligsten

Namen EL CHAI, der der des lebendigen Gottes ist, durch dessen Kraft ein Bund mit uns und eine Erlösung für uns geschlossen wurde; den Moses anrief und alle Wasser in ihren vorherigen Zustand zurückkehrten und die Ägypter umhüllten, so dass nicht einer von ihnen entkam, um die Nachricht in das Land Mizraim zu bringen.

„Schließlich beschwöre ich euch alle, ihr rebellischen Geister, beim heiligsten Namen Gottes ADONAI MELEKH, den Joshua anrief und den Lauf der Sonne in seiner Gegenwart anhielt, durch die Kraft von Metraton, sein Hauptbild; und durch die Scharen der Engel, die Tag und Nacht nicht aufhören zu rufen, QADOSCH, QADOSCH, QADOSCH, ADONAI ELOHIM TSABAOTH, das heißt Heilig, Heilig, Heilig, Herr Gott der Heerscharen, Himmel und Erde sind voll Deiner Herrlichkeit; und durch die Zehn Engel, die über die Zehn Sephiroth wachen, durch die Gott seinen Einfluss auf niedere Dinge ausdehnt und mitteilt, nämlich KETHER, CHOKMAH, BINAH, GEDULAH, GEBURAH, TIPHERETH, NETSACH, HOD, YESOD und MALKUTH.

„Ich beschwöre euch von neuem, oh Geister, bei allen Namen Gottes und bei all seinen wunderbaren Werken; bei den Himmeln; bei der Erde; beim Meer; bei allen Tiefen des Abgrunds und bei jenem Firmament, das der Geist Gottes selbst bewegt hat; bei der Sonne und bei den Sternen; bei den Wassern und bei den Meeren und allem, was sie enthalten; bei den Winden, den Wirbelstürmen und den Stürmen; bei der Kraft aller Kräuter, Pflanzen und Steine; bei allem, was in den Himmeln, auf der Erde und in allen Abgründen der Schatten ist.

„Ich beschwöre euch von neuem und ich fordere euch, oh Dämonen, eindringlich auf, in welchem Teil der Welt ihr auch sein mögt, so dass ihr nicht in der Lage sein werdet, in der Luft, im Feuer, im Wasser, auf der Erde oder in irgendeiner anderen Welt zu bleiben. Teil des Universums oder an jedem angenehmen Ort, der euch anziehen könnte; sondern dass ihr unverzüglich kommt, um unseren Wunsch zu erfüllen und alles, was wir von eurem Gehorsam verlangen.

"Ich beschwöre euch von neuem bei den beiden Gesetzestafeln, bei den fünf Büchern Mose, bei den sieben brennenden Lampen auf dem Leuchter Gottes vor dem Thron der Majestät Gottes und beim Allerheiligsten, in das nur der KOHEN HA-GODUL, das heißt der Hohepriester, eintreten durfte. Ich beschwöre euch bei Ihm, der Himmel und Erde gemacht hat, und der jene Himmel mit Seiner hohlen Hand gemessen und die Erde mit drei Seiner Finger umschlossen hat, der auf den Kerubim und Seraphim sitzt, und bei den Kerubim, die Kerub genannt werden, die Gott schuf und zur Bewachung des Lebensbaums einsetzte, bewaffnet mit einem flammenden Schwert, nachdem der Mensch aus dem Paradies vertrieben worden war. „Ich beschwöre euch von neuem, Abtrünnige von Gott, bei Ihm, der allein große Wunder vollbracht hat, beim Himmlischen Jerusalem; und bei Ihm, der alle Dinge erleuchtet und auf alle Dinge scheint durch seinen Ehrwürdigen und Unaussprechlichen Namen, EHEIEH ASHER AHEIEH, dass ihr unverzüglich kommt, um unseren Wunsch auszuführen, was auch immer er sein mag.

„Ich beschwöre euch und befehle euch uneingeschränkt, oh Dämonen, in welchem Teil des Universums ihr auch sein mögt, kraft all dieser Heiligen Namen: ADONAI, YAH, HOA, EL ELOHA, ELOHINU, ELOHIM, EHEIEH, MARON, KAPHU, ESCH, INNON, AVEN, AGLA, HAZOR, EMETH YIII ARARITHA, YOVA HAKABIR MESSIACH, IONAH MALKA, EREL KUZU, MATZPATZ, EL SHADDAI ; und bei all den Heiligen Namen Gottes, die mit Blut geschrieben wurden als Zeichen eines ewigen Bündnisses.

„Ich beschwöre euch erneut bei diesen anderen Namen Gottes, den Allerheiligsten und Unbekannten, kraft derer ihr jeden Tag zittert: RA-RUC, BACURABON, PATACEL, ALCHEEGHEL AQUACHI, HOMORION, E-HEIFH, ABBATON, CHEVON, CEBON, OYZROYMAS, CHAI, EHEIEH, AL-RAMACHI, ORTAGU, NALE, ABELECH, YEZE; dass Ihr schnell und ohne Verzögerung aus jedem Winkel und jedem Klima der Welt, in der Ihr Euch aufhaltet, in unsere Gegenwart kommt, um alles auszuführen, was wir Euch im Großen Namen Gottes befehlen werden."

Agrippas *De Occulta Philosophia* enthält mehrere kurze Rituale für den täglichen Gebrauch, von denen jedes speziell für die Beschwörung jener Wesenheiten bestimmt ist, die dem Tag entsprechen. Das Ritual für Sonntag ist zum Beispiel:

'(Ich beschwöre und bestätige euch, ihr starken und heiligen Engel Gottes, im Namen Adonai, Auge, Auge, Eya, das ist der, der war, und ist, und kommen wird, Auge, Abray; und im Namen Saday, Cados, Cados, Cados, der hoch oben auf den Cherubim sitzt; und beim großen Namen Gottes selbst, stark und mächtig, der über alle Himmel erhaben ist; Auge, Saraye, der die Welt erschaffen hat, die Himmel, Erde, Meer und alles, was darin ist, am ersten Tag, und versiegelte sie mit seinem heiligen Namen Phaa; und beim Namen der Engel, die im vierten Himmel herrschen und vor dem allmächtigen Salamia dienen, einem großen und ehrenwerten Engel; und beim Namen seines Sterns, der Sol ist, und bei seinem Zeichen und bei dem gewaltigen Namen des Lebendigen Gottes und bei allen oben genannten Namen beschwöre ich dich, Michael, o großer Engel! der du der oberste Herrscher dieses Tages bist; und beim Namen Adonai, des Gottes Israels, beschwöre ich dich, o Michael! dass du für mich arbeitest und alle meine Bitten gemäß meinem Willen und Wunsch in meiner Sache und meinem Geschäft erfüllst."

Wenn während der Zeremonie der Beschwörung Anzeichen dafür erkennbar sind, dass die Manifestation des Geistes stattfindet, wenn der Weihrauch in Richtung des Dreiecks gewirbelt wird und eine greifbare Form annimmt, sollte eine Rede oder ein Willkommensgruß an die Geister rezitiert werden. Die von Barrett empfohlene Form ist:

„BERALANENSIS, BALDACHIENSIS, PAUMACHIA und APOLOGIA SEDES, bei den mächtigsten Königen und Mächten und den mächtigsten Fürsten, Genien, Liachidae, Ministern des Tartarischen Sitzes, oberster Fürst des Apologia-Sitzes in der neunten Legion, ich rufe euch an und beschwöre euch durch Anrufung; und bewaffnet mit der Macht der höchsten Majestät befehle ich euch streng, bei Ihm, der sprach und es geschah, und dem alle Geschöpfe gehorsam sind; und bei diesem unaussprechlichen Namen, Tetragrammaton Jehovah, bei dessen Hören die Elemente umgeworfen werden, die Luft erschüttert wird, das Meer zurückweicht, das Feuer erlischt, die Erde bebt, und das ganze Heer der Himmlischen, Irdischen und Höllischen zittern gemeinsam und sind beunruhigt und verwirrt; weshalb kommt ihr nun unverzüglich und ohne Verzögerung aus allen Teilen der Welt und gebt vernünftige Antworten auf alles, was ich von euch verlangen werde; und kommt jetzt friedlich, sichtbar und freundlich, ohne Verzögerung, und zeigt, was wir wünschen, beschworen durch den Namen des lebendigen und wahren Gottes, Heliorten, und erfüllt unsere Befehle und beharrt bis zum Ende und gemäß unseren Absichten, indem ihr sichtbar und freundlich mit klarer Stimme zu uns sprecht, verständlich und ohne jede Zweideutigkeit."

Im selben Buch gibt uns Francis Barrett eine weitere kurze Ansprache, die rezitiert werden soll, wenn die Manifestation der erforderlichen Entität abgeschlossen ist; das heißt, wenn der Geist vollkommen klar und sichtbar im Dreieck steht.

„Seht das Pentagramm Salomons, das ich in eure Gegenwart gebracht habe; seht die Person des Exorzisten inmitten des Exorzismus, der von Gott bewaffnet ist, ohne Furcht und gut ausgerüstet, der euch machtvoll anruft und ruft, indem er exorziert; kommt daher eilends, kraft dieser Namen: :Aye Saraye, Aye Saraye ; zögert nicht zu kommen, kraft der ewigen Namen des lebendigen und wahren Gottes, Eloy, Archima, Rabur und kraft des Pentagramms Salomons, das hier anwesend ist und machtvoll über euch herrscht; und kraft der himmlischen Geister, eurer Herren; und kraft der Person des Exorzisten inmitten des Exorzismus; beschworen, beeilt euch und kommt und gehorcht eurem Meister, der Octinomos genannt wird. Bereitet euch darauf vor, eurem Herrn gehorsam zu sein. im Namen des Herrn, Bathat oder Vachat stürmt über Abrae her, Abeor kommt über Aberer her.“

Wenn alle Fragen des Exorzisten vom heraufbeschworenen Geist ordnungsgemäß beantwortet wurden und alle Wünsche des Magiers so befriedigt wurden, dass es nicht länger notwendig ist, ihn im Dreieck der Manifestation zu behalten, sollte ihm die Erlaubnis erteilt werden, den Schauplatz der Hervorrufung zu verlassen. Das übliche Verfahren besteht darin, eine Erlaubnis zur Abreise zu rezitieren, und die Form der Erlaubnis, die im Schlüssel des Königs Salomon gezeigt wird, lautet wie folgt:

„Bei der Wirksamkeit dieser Pentagramme und weil ihr gehorsam gewesen seid und die Gebote des Schöpfers befolgt habt, fühlt und atmet diesen anmutigen Duft ein und geht danach zu euren Wohnstätten und Rückzugsorten. Es herrsche Frieden zwischen uns und euch. Seid immer bereit zu kommen, wenn ihr zitiert und gerufen werdet. Und möge der Segen Gottes, soweit ihr ihn empfangen könnt, mit euch sein, vorausgesetzt, ihr seid gehorsam und kommt unverzüglich zu uns, ohne feierliche Riten und Bräuche von unserer Seite.“

ANHANG

ZUM STUDIUM EMPFOHLENE BÜCHER

The Candle of Vision. A. E. (Macmillan & Co., 1918.)
Mysteries of Magic. Eliphas Levi. (London, 1897.)
The Secret Doctrine. H. P. Blavatsky.
The Holy Kaballah. Arthur Edward Waite. (Williams & Norgate, 1926.)
Raja Yoga. Swami Vivekananda.
Introduction to the Study of the Kaballah. W. W. Westcott.
The Chaldean Oracles. W. W. Westcott.
Equinox. Aleister Crowley. (Privately printed, 1909-1914.)
Magick. The Master Therion. (Lecram Press, Paris, 1929.)
The Egyptian Book of the Dead.
The Sacred Magic. S. L. McGregor Mathers. (Redway, 1889,)
The Key of Solomon the King. (Redway, 1889.)
The Ocean of Theosophy. Wm. Q. Judge.
The Mysteries: Iamblichus. (Transl. Thomas Taylor.)
The Gods of the Egyptians. E. A. W. Budge. (Methuen, 1904.)
Mystical Hymns of Orpheus. (Transl. Thomas Taylor,)